JN411944

희망의
목회자

영산 조용기 목사 평전

희망의 목회자

초판 1쇄 발행 2022년 10월 08일
초판 2쇄 발행 2022년 10월 28일

편 저 자 이영훈

편 집 인 김호성
발 행 처 서울말씀사

출판등록 제2016-000172호
주 소 서울시 영등포구 은행로 55, 5층
전 화 02-846-9222
팩 스 02-846-9225

ISBN 978-89-8434-893-6 03230

값 25,000원

영산 조용기 목사 평전

희망의 목회자

이영훈 목사 편저

서울말씀사

믿음은 희망에서

희망은 십음에서

십음은 입술의 고백에서 옵니다

조용기 원로목사

발간사

『희망의 목회자: 영산 조용기 목사 평전』을 펴내며 …

사랑하는 영산(靈山) 조용기 목사님께서 하나님의 품에 안기신 지 1년이 지났습니다. 저에게는 영적인 아버지이자 스승이셨으며 사역을 위한 든든한 후원자가 되어주셨던 목사님의 빈자리는 제 남은 평생 그 무엇으로도 채울 수 없을 것입니다.

'영산'이라는 아호(雅號)에 담긴 뜻처럼 목사님은 저의 눈에 언제나 큰 산과 같은 분이셨습니다. 그 큰 산 가운데 불어오는 급하고 강한 바람 같은 성령의 역사는 수많은 영혼들에게 따라 걸을 수 있는 신앙의 길을 내어 주었습니다. 목사님을 따라 신앙의 길을 걷던 사람들은 그 길 위에서 예수님을 만나고 삶의 희망을 얻었습니다. 저 역시도 목사님을 따라 걸었던 그 길에서 얼마나 행복했는지 모릅니다. 이 책을 펴내면서 제 마음에 새록새록 떠올랐던 그 행복한 기억이 여러분 가슴 속에도 가득하길 소망합니다.

한 사람의 생애와 사상에 대한 진정한 평가는 그가 이 세상을 떠난 후에야 본격적으로 시작되기 마련입니다. 그러기에 이제부터 조용기 목사님의 생애와 신학을 다시금 되돌아보고 조명하려는 시도가 많이 있을 것입니다. 이번에 출간되는『희망의 목회자: 영산 조용기 목사 평전』은 그러한 작업의 출발을 알리는 신호탄이 될 것이며 더 나아가 매우 가치있는 자료가 될 것입니다. 그간 출간된 목사님의 인생과 신학에 관한 저작들과 달리, 당신이 평생을 몸담고 사역하신 여의도순복음교회에서, 무엇보다 정확한 사료와 증언들을 기반으로 목사님의 삶과 신학을 반추하여 출간한 평전이기 때문입니다.

이 책에 수록된 목사님의 일생, 그리고 목사님이 남기신 신학의 유산들이 잘 계승·발전되어 새로운 세대 가운데에서도 오순절 성령충만의 영성이 거대한 불꽃처럼 일어나길 기도합니다. 나아가 이 평전이 한평생 복음을 위해 헌신하셨던 희망의 목회자 조용기 목사님에 관한 진솔하고 건설적인 연구에 기여할 수 있기를 기대합니다.

이 책의 발간을 위해 자료를 모으고 정리하느라 수고해주신 국제신학연구원의 모든 분들과 내용을 처음부터 끝까지 자세히 살펴주신 김호성 목사님, 끝으로 조 목사님의 평전을 이렇게 훌륭한 모습으로 탄생시켜 주신 서울말씀사 관계자 모든 분들께 깊은 감사를 드립니다.

여의도순복음교회 위임목사

이영훈

추천사

극동방송 이사장 **김장환** 목사

조용기 목사님과 함께했던 수많은 사역과 교제의 시간이 주마등처럼 지나갑니다.

조 목사님은 세계적인 부흥사요, 탁월한 설교가요, 기도와 성령의 사람이요, 참 목회자요, 목회자들의 스승이요, 그리고 해외 교계 지도자들이 가장 만나보고 싶어 하는 분이셨습니다. 조용기 목사님이 계셨기에 한국교회가 부흥했고 세계선교가 가능했다고 믿습니다. 또한 방송 선교를 위해 아낌없는 지원과 기도를 해주셨던 분이고 저와는 둘도 없는 귀한 동역자요, 친구이셨습니다.

조용기 목사님의 평전이 발간됨을 진심으로 축하드리며, 이 책을 통해, 조 목사님의 삶을 통해 보여주신 위대한 하나님의 역사가 많은 분에게 선한 영향력으로 전달되기를 간절히 기도드립니다.

조용기 목사님! 참 보고 싶어요!

추천사

독일 튀빙엔 대학교 **위르겐 몰트만** 명예교수

조용기 목사님이 세상을 떠나셨을 때 나는 훌륭한 친구를 잃어 깊은 슬픔에 잠겼습니다. 그러나 동시에 조 목사님이 그리스도 안에서 부활의 생명으로 일어나 하나님의 영광을 보고 있을 것이라는 충만한 희망을 느끼기도 했습니다.

조용기 목사님은 세계적인 설교자셨을 뿐 아니라 탁월한 신학자이기도 하셨습니다. 나는 예전에 조 목사님과 깊은 대화를 함께 나눈 적 있고, 그때 목사님에게 많은 것을 배웠습니다. 목사님은 신학 학회를 개최하여 저를 한국에 여러 번 초청하시기도 했고, 그의 집무실에서 함께 시간을 보내기도 했습니다. 목사님은 위대한 복음 증거자이자 뛰어난 신학자이면서 동시에 기도의 사람이셨습니다. 나는 조 목사님이 나를 위해서 얼마나 자주 기도하시는지를 느낄 수 있었습니다. 한 번은 목사님이 나의 건강을 위해 안수기도를 해주셨는데 그때 나를 괴롭히던 심한 천식이 떠나간 적도 있습니다.

이렇게 나와 우리 모두가 결코 잊을 수 없는 목회자로 사셨던 조용기 목사님의 평전을 출간하는 이영훈 목사님의 노고에 찬사를 보내는 바입니다.

추천사

연세대학교 **민경배** 명예교수

조용기 목사님은 세계적 인물입니다. 21세기 세계에 가장 빛나는 인사입니다. 조용기 목사님은 세계 5대양 6대주에 역사상 처음으로 기독교 복음을 전파한 제2의 사도 바울입니다.

심지어 공산주의의 수도인 모스크바 크렘린 광장에서, 그리고 힌두교의 중심인 인도에서 백만여 명 집회를 열고 성령의 강림을 함께 체험하게 하였습니다. 성령강림 평양 대부흥의 전통에 직계로 세계 최대의 교회 여의도순복음교회의 목회자, 세계 최대의 교회 오순절교회의 최고의 지도자, 세계 최대의 도시 미국 뉴욕시의 명예시민으로 '조용기 목사의 날'이 선포된 저명인사, 그 저서가 436권에 이르고, 세계적인 신학자인 『세속도시』의 하비 콕스나 독일의 몰트만 박사가 찾아오고, 신학 고등교육과 대학교육에 헌신하시며, 성령/성례, 율법/복음, 경건/조직, 권위/자유, 이런 신앙 구도를 연계시키는 성육신 신앙의 구현, 그래서 그에게 성령신학은 실질상 그리고 정확하게 성례신학인 것입니다. 거기에 거대교회 조밀한 구도의 목회, 국민일보의 창간, 그리고 경이로운 한국 현대화의 동력 동원원(動員源). 이런 사역 업적으로 빛나는 우리 조용기 목사님이십니다.

더구나 신앙이 우리 생활과 현실 속에 지금 실체로 역동하고 있는 현장의 신앙으로 구도화시킨 것이 조용기 목사님이십니다. 이런 인물이라면 버금가는 정확한 실록과 드높은 기념비가 있어야 할 것입니다.

가까이 있어서 그 거대 이미지가 오히려 멀었던 조용기 목사님. 이제 우리는 정밀과 문향(文香)이 함께 한 기념비적인 본 평전에서 그 생생한 모습 실체를 보고 고도화한 한국교회의 세계사적 사명을 확인하고 고무하는 계기가 되었으면 합니다.

추천사

경동교회 **박종화** 원로목사

호랑이는 죽어서 가죽을 남기고, 사람은 이름을 남긴다고 합니다. 단 이름값을 제대로 해야 오래 기억되고 존경을 받습니다. 조용기 목사님은 하늘이 사랑하고 세계가 존경하는 이름의 소유자이십니다. 이 평전은 바로 그분의 삶, 신학, 노작을 새롭게 조명한 소천 일주기 추모의 기념 문집입니다.

우리는 '말씀이 육신이 되신' 그리스도를 주님으로 고백하며 삽니다. 주님이 하신 '말'(=복음)과 그것을 기록한 '씀'(=성경)을 우리가 선포하고 설교하며 가르치며, 그 말씀대로 '삶'(=육신)을 살아갑니다. 이 평전 역시 조 목사님이 직접 몸으로 살아온 신앙의 모습과 설교하고 가르친 내용을 꾸밈없이 허심탄회하게 담고 있기에 진정한 신앙생활의 길잡이가 되리라고 믿습니다.

이제 추모 일주기를 맞아 추모집을 손에 들고 읽고 공감을 나눌 때 꼭 유념할 점이 있다고 믿어 강조하고자 합니다. 조용기 목사님이 선포하고 살아온 '말씀'의 핵심이 '희망의 말씀'이라는 점입니다. 단순히 절망의 반대인 희망을 말한 것이 아니고 또 인간이 만든 특이한 이념이나 사상이 설파하는 세속적 희망이 아닙니다. 그것은 오직 우리의 삶 속에 이루어지는 '하나님 나라의 희망'이며, 이 희망은 '하늘에서 이룬 것 같이 땅에서도 이루어지는 하늘나라'를 믿고 소망하는 산 희망이라는 점입니다.

주님께서 직접 명하신 기도 곧 '주기도'의 복음이 하늘과 이 땅에서 동시에 이루어지는 전인적 구원과 전 세계적 구원을 선포한 '희망의 설교자'로 동시에 '희망의 목회자'로 사신 점을 추모하며 공감으로 받기를 기원하는 마음입니다. 조 목사님의 희망 신앙은 죽음이라 이름하는 최악의 절망을 십자가에서 이기시고 승리하신 최상의 희망인 부활의 삶을 설교하고 목회하셨다고 믿습니다. 이 평전을 통해 희망의 '말씀'을 직접 듣고 공감하며 맛을 보시기 바랍니다.

조용기 목사 평전이 삶의 모든 영역에서 절망을 넘어 희망을 찾으려는 모든 이에게 진정한 위로의 동행자로 또 희망의 안내자로 역사하리라 믿어 추천합니다.

추천사

한국중앙교회 **최복규** 원로목사

먼저 우리 주 하나님 앞에 감사드립니다. 평생을 사모하며 헌신해온 본향에서 큰 상급을 받으시고 주님과 함께 영광을 누리시고 있음을 알면서도 때로는 아쉽고 섭섭하던 차에 조용기 목사님 소천 1주기를 맞아 기념 책을 발행하여 온 성도들이 은혜를 나눈다고 하니 감개무량합니다. 내용은 목사님 생애 일대기(1부)와 신학 사상(2부)이라 하니 유족은 물론 전 성도와 국내외 은혜를 입고 기도해 오신 신앙의 가족들에게 큰 기쁨이 아닐 수 없습니다.

특히 신학과 목회와 성령운동을, 그리고 민족 복음화를, 세계선교를 외치며 국내 방방곡곡과 5대양 6대주 지구촌을 함께 달려온 불초 종은 여의도순복음교회 당회와 이영훈 담임목사님께 만감 감사드립니다.

제가 말씀드릴 수 있는 것은 목사님의 생애 일대기 중에서도 지극히 작은 부분 몇 가지뿐입니다. 예전부터 조용기 목사님과 몸담아 섬겨온 여의도순복음교회는 모든 면에서 '세계 제일'이라는 것을 기독교계에서는 모두 잘 알고 있으며, 그러므로 모두가 부러워하며 배우려고 노력을 하고 있습니다. 나 개인적으로는 생명의 은인이요, 10여 명의 부흥사들이 주도한 77년 민족복음화 대성회를 4박 5일간 금식하면서도 하나의 불상사 없이 성황리에 마칠 수 있었던 것은 목사님의 극비에 큰 공로였음을 밝힙니다. 그리고 국내외 각처에서 중상모략과 소나기처럼 집중되는 돌팔매에도 불평불만, 변명, 흥분, 반격함 없이 참아내는 인내로 각종 모든 사람을 사랑하고 끌어안는 포용력, 정직한 공신력, 태산 같은 믿음, 나 무너져도 모든 사람 살려야 한다는 사생결단의 사랑 등등 수도 없다고 하겠습니다.

그러나 친구인 나 최복규는 조용기 목사님이야말로 '가장 고독한 사람, 가장 예수님처럼 사신 목사님'이라고 하겠습니다.

추천사

강변교회 **김명혁** 원로목사

제가 조용기 목사님을 처음 만난 때는 대학생입니다. 조용기 목사님이 전도사님이었을 때 제가 다니던 창동교회에 오시곤 했습니다. 창동교회에서 열리는 부흥회 강사의 통역과 김치선 목사님의 지도를 받으며 목사님을 보필하기 위해서였습니다. 그 당시 김치선 목사님은 한국교회의 회개운동과 부흥운동의 중심에 서 계신 분이었습니다. 조용기 목사님은 그때 김치선 목사님으로부터 은혜를 받던 이야기를 저에게 해주시곤 했습니다.

하지만 제가 12년 동안의 미국 유학 생활을 마치고 총신대의 교수가 되었을 때 저는 보수주의적인 입장에서 4차원적 꿈과 적극적 사고를 강조하는 조용기 목사님의 순복음 신학을 비판하는 자리에 서게 되었습니다. 강원용 목사님도 저의 비판의 대상이었습니다. 그러나 시간이 흐르면서 저는 조용기 목사님이 보수적인 목사님들보다 기도의 무릎을 더 많이 꿇는 모습과 한경직 목사님을 존경하는 모습에 감동을 받았고 조용기 목사님을 차츰 존경하게 되었습니다. 강원용 목사님에 대한 비판의 태도도 차츰 존경과 사랑의 태도로 바뀌었습니다.

제가 조용기 목사님을 아주 존경하게 된 계기는 한국교회를 바라보며 안타까운 마음으로 '제가 잘못했습니다'라는 회개 기도 모임을 준비했을 때 조용기 목사님이 김창인 목사님 강원용 목사님과 함께 2005년 4월 8일 강변교회에서 모인 한복협 월례 모임에 오서서 진솔하고 처절한 참회의 고백과 기도를 드렸을 때였습니다. "저는 값싼 은혜를 가지고 살아왔습니다. 말로만 사랑하고 사랑을 실천하지 못하고 살아왔습니다. 이웃의 고난에 동참하는 일을 하지 못했고 사회악에 대해 침묵하며 살아왔습니다. 70평생 살아온 세월을 돌아보니 죄밖에 없습니다. 죄인 중의 괴수라고 할 수밖에 없습니다." 아주 진솔하고 처절한 참회의 고백이었습니다.

그리고 2008년 1월 11일에는 '주여 우리를 살려주시옵소서!'라는 주제를 가지고 강변교회에서 모인 한복협 월례 모임에 조용기 목사님이 방지일 목사님, 옥한흠 목사님, 최희범 목사님, 박종화 목사님, 손인웅 목사님, 김상복 목사님, 유재필 목사님, 전병금 목사님과 함께 오셔서 발표하시면서 북한에 가서 할 수 있는 일은 사상이나 정치를 논하는 대신 사랑을 베푸는 일이라고 고백했습니다. 그리고 조용기 목사님은 평양에 어린이 심장병원을 짓기 시작했습니다. 조용기 목사님은 여의도순복음교회에서 설교하면서 수재를 당한 북한에 쌀을 보내야 한다고 분명하고 강하게 역설하셨습니다. 저는 점점 조용기 목사님을 존경하며 사랑하게 되었습니다. 이것으로 조용기 목사 평전 추천사를 마무리합니다.

차례

2부 조용기 목사의 신학 323

프롤로그

메울 수 없는 조용기 목사님의 빈자리

이영훈 | 여의도순복음교회 위임목사

훌쩍 우리 곁을 떠나가신 조용기 목사님

사랑하는 어르신이 그 긴 시간 삶과 죽음의 경계선에서 희망의 끈을 붙들고 투병하시다 2021년 9월 14일 주님 품에 안기셨다. 아직 못 다 이루신 세계 선교의 꿈에 대한 안타까움 때문일까, 아니면 그 어떤 간절한 소망이 남아 있었을까? 1주일이 모자란 1년 2개월 동안 그 끈을 꼭 잡고 계시다 끝내 손을 놓으셨다.

코로나19로 면회가 금지됐던 기간을 제외하고, 매주 병원에 가서 뵐 때마다 나는 조 목사님의 쾌유를 믿어 의심치 않았다. 아니, 지금 당장 일어나 성도들 앞에 다시 서는 목사님의 모습을 꼭 보고 싶었다. 원로목사님이 안 계시면 이 거대한 교회와 성도들을 나 홀로 어찌 감당할 것인지 막막했기 때문이다.

그런 내 마음을 아시는 것처럼 병실에서 간절히 기도드릴 때면 목사님도 내 손을 꼭 잡으시며 온몸으로 함께 기도하시곤 했다. 그저 누워계시기만 해도 참 의지가 되고 좋았었는데 훌쩍 떠나가신 목사님의 내 마음속 빈자리는 1년이 지난 지금도 메울 수 없는 허전함으로 남아 있다.

초등학교 4학년 때부터 58년 동안 한결같이 내 마음속 영웅이셨고 인생의 멘토이자 신앙의 스승이셨던 조용기 목사님, 항상 따뜻한 가르침을 주시고 사랑으로 이끌어주셨던 목사님, 그분의 빈자리를 대신할 분은 이 세상 어디에도 없다.

11살 때 목사님 설교를 처음 들었던 순간, 길가에서 놀던 내게 웃으며 다가와 말을 건네시던 모습, 어린 시절 목사님이 우리 집에 심방 오셨던 일, 연세대 입학 원서를 들고 가서 기도 받았던 일, 미국 유학 갈 때 기뻐하시며 격려해 주셨던 일, 아득한 옛날이야기지만 내게는 여전히 아름다운 추억으로 남아 있다.

천국 가신 조용기 목사님의 1주기를 맞아 유난히 목사님과 함께했던 추억의 시간들이 새록새록 떠오르고 그리움이 한없이 밀려온다.

조 목사님을 만나게 해주신 할아버지, 이원근 장로님

내가 어린 시절 조용기 목사님을 만난 것은 할아버지 덕분이었다. 할아버지 이원근 장로님은 인품으로나 경륜으로나 내가 진정으로 존경하는 분이셨다. 신앙적으로도 내가 범접하기 힘든 경지에 오른 분이셨다.

실제로 할아버지는 한국교회의 큰 어른이신 영락교회 한경직 목사님이나 새문안교회 강신명 목사님조차 신앙의 선배라고 고개 숙일 정도로 존경받던 분이다.

할아버지가 우리 집에 오신 것은 내가 초등학교 4학년이 되기 직전이었다. 미국 남장로교 선교부 탈미지 선교사님의 부탁을 받아 제주도에 가서 남원교회 등을 세우고, 6·25 전쟁 중 피난 내려온 교인들을 중심으로 한경직 목사님과 함께 부산영락교회를 창립하고 장남 내외로 교회를 섬기게 하는 등 왕성하게 활동하시던 할아버지가 연로하시게 되자 차남인 아버지가 모시고 살게 된 것이다.

서울에서 활동하시던 할아버지가 부산영락교회 장로였던 장남 집으로 내려가려 하지 않으셨기 때문이다. 그때 마침 할아버지의 막내딸(고모)이 캐나다로 이민을 가게 되면서 본인이 살던 집에서 할아버지를 모시도록 아버지에게 부탁했는데, 그 집이 서대문구 냉천동 45번지였다. 알고 보니, 순복음중앙교회가 지척에 있고 조용기 목사님 댁(41번지)이 우리 집에서 세 집 아래에 위치하고 있었다.

그렇게 찾아온 우연이 훗날 우리 집안을 완전히 변화시키는 운명적인 사건이 됐다. 물론 그 동네 사람이라고 해서 다 순복음 교인이 되는 것도 아니고 조용기 목사님과 친하게 되는 것도 아니지만, 우리 집은 달랐다. 영적으로 깨어 있는 할아버지가 계셨으니까.

할아버지는 날마다 교회에 가서 새벽기도를 드리는 것을 철칙으로 삼고 계셨기 때문에 이사한 후에는 교회를 옮겨야만 했다. 처음에는 집에서 가장 가까운 예장통합측 교회인 새문안교회에 가시려고 했다.

그곳 담임 강신명 목사가 평양 최대의 교회인 서문밖교회 교육전도사로 섬기셨을 때, 할아버지가 그 교회의 핵심 장로였기 때문에 두 분은 서로 잘 알고 또 신뢰하는 사이였다.

하지만 일제강점기 때 독립운동하시다가 체포되어 6개월 옥고를 치르신 후부터 불편했던 다리가 문제였다. 주일예배와 수요예배는 괜찮지만, 30-40분 걸어가야 하는 새벽기도회는 거의 불가능했다. 자가용도 없고 새벽 교통수단도 없던 시절이었기 때문이다.

할아버지는 어쩔 수 없이 바로 근처에 있는 순복음중앙교회로 가서 새벽기도를 드리게 되었다. 할아버지가 조용기 목사님을 처음 만나게 된 순간이었다.

조용기 목사님과의 운명적인 만남

조용기 목사님을 처음 만난 순간, 할아버지가 어떤 생각을 하셨을지 궁금하다. 평양에서 베어드 선교사로부터 신앙을 배우셨고 평생 장로교 신자였던 할아버지가 마음 문을 열기가 쉽지는 않았을 텐데, 어쨌든 3개월 동안 하루도 빠짐없이 순복음교회로 새벽기도를 드리러 가셨다.

그렇게 약 3개월이 지나고 1964년 4월, 우리 집에 엄청난 사건이 발생했다. 할아버지가 부모님과 우리 형제들을 앉혀 놓고 강하게 말씀하신 것이다. 초등학교 4학년이던 나도 그날 저녁 일이 또렷이 기억난다.

"이번 주일부터 우리 가정은 순복음교회로 옮긴다. 나이는 서른도 안 됐지만, 젊은 목사가 아주 말씀에 능력이 있고, 성령이 충만하다."

당신만 새벽예배 드리러 다니면 될 텐데, 왜 교회를 옮기자고 하신 걸까? 그것은 오랜 고민 끝에 내린 할아버지의 믿음의 결단이었다. 천국 가실 날이 가까운 노년에, 그것도 장로로서 목회자 이상으로 교회에 헌신한 분이 평생을 지켜온 장로교회를 버리고 순복음으로 간다는 것은 있을 수 없는 일이었다.

게다가 당시에는 순복음이 존재감 없는 교파로서 장로교와 예배형식이 달라 교계에서 이단시하고 무시하고 있었기 때문에 더욱 어려운 결정이었다. 당연히 주위 사람들의 반대가 심했다고 한다. 당시 충무로에 있는 장로교 충현교회에 잘 다니고 있던 부모님에게도 따르기 힘든 청천벽력 같은 말씀이었다.

실제로 김창인 충현교회 담임목사님이 "절대 안 된다."라며 반대하셨다고 한다. 부모님 입장에서는 다 같은 이북 출신 실향민들이었던 교우들과 헤어지는 것도 힘든 일이었다. 평양 출신인 아버지도, 황해도 장연 출신인 어머니도 얼마나 곤혹스러웠을지 짐작이 되고도 남는다.

그런 사정을 잘 아시기에 할아버지는 최종 결심까지 꽤 오랜 시간 고민하셨던 것 같다. 인간적인 모든 이해관계를 떠나서 할아버지는 오직 신앙적 관점에서 어려운 결단을 내리신 거였다. 비록 처음 알게 된 29세 젊은 목사였지만 조용기 목사의 메시지가 당신이 보시기에 더 합당하다고 판단하시고, 신앙의 어른으로서 우리 집안 모두를 위해 내린 부탁이자 명령이었던 것이다.

결국 부모님은 할아버지의 깊은 뜻을 이해하고 나서 기꺼이 순종하셨고, 얼마 지나지 않아 교회의 핵심 일꾼이 되었다. 훗날 아버지는 장로회장을 지내셨고, 어머니는 구역장으로 전도사로 활약하셨다. 당연히 어린 나도 할아버지와 부모님을 따라 순복음 교인이 되었다. 드디어 조용기 목사님과의 운명적인 만남이 이루어진 것이다.

왜 나만 순복음교회에 남아있게 됐을까?

그 시절에 교회를 옮기게 되니까 부모님만 힘드신 게 아니었다. 나도 충현교회 친구들과 헤어지는 것이 싫었고, 처음 접해보는 이상한 예배도 낯설고 어색해서 싫었다. 4대째 장로교 집안에서 자라나 엄숙과 고요, 침묵 속에서 드리던 예배에 익숙했던 나로서는 가히 문화적 충격이라 할만했다.

열광적으로 박수 치고 큰북 치면서 빠른 속도로 부르는 찬송, 교회가 떠나갈 듯 큰소리로 부르짖어 기도하는 통성기도 시간, 경상도 센 발음으로 불을 뿜듯 속사포처럼 쏟아 내는 설교 말씀 등 모든 것이 이상했고, 같은 서울 하늘 아래 정말 별천지에 와 있는 듯했다. 어린 나는 한동안 적응할 수가 없었다.

그런데 왜 4남 1녀 중 차남인 나만 순복음교회에 남아있게 됐을까? 서울공대를 졸업한 형님은 미국에서 장로교회 소속 장로님이 됐고, 누님도 신앙생활 열심히 해서 감리교회 소속 권사님이 됐고, 동생은 아프리카 케냐에서 사역하는 감리교회 소속 선교사가 됐고, 막내는 지구촌교회 안수집사인데, 형제들 중에서 왜 나만 순복음일까?

세월이 지나 돌이켜보니, 다른 형제들은 성장하여 모두 다른 교단으로 갔는데 왜 나만 순복음교회에 남았는지 생각할수록 참 신기한 일이었다. 심지어 140명쯤 되는 할아버지의 자손들 중에서 나만 빼고 다 장로교, 감리교, 성결교, 침례교라는 사실에는 정말 놀라지 않을 수 없다.

결과적으로, 할아버지가 교회를 옮긴 것은 나를 장로교회에서 순복음교회로 옮겨주기 위함이었다고 할 수밖에 없다. 아니, 조 목사님과 나 사이에 운명의 다리를 놓아주시려는 할아버지의 선견지명이었다고 생각하고 싶다. 아전인수 격이지만, 정말 하나님의 인도하심이 오묘하다는 생각이 든다.

일찍 찾아온 내 인생의 터닝 포인트

언젠가 나는 이런 생각을 해본 적이 있다. 어려서부터 교회 열심히 다니고 할아버지의 철저한 신앙교육을 받은 우리 집 4형제 중 한 명이 뽑

혀야 한다면, 왜 서울고등학교에서 전교 1, 2등을 하던 서울대 출신의 출중한 형님이 아니라 차남인 내가 선택됐을까? 내가 짐작할 수 있는 가장 중요한 한 가지 해답은 이것이다.

"성령침례! 그리고 성령충만!"

하나님은 외모를 보지 않으시고 마음 중심을 보시는 분이다.

"… 내가 보는 것은 사람과 같지 아니하니 사람은 외모를 보거니와 나 야훼는 중심을 보느니라 하시더라"(삼상 16:7)

유독 내가 다른 형제들과 달랐던 점이 한 가지 있었다. 교회가 너무 좋았고, 조용기 목사님이 너무 좋았다. 당시 조용기 목사님이 "성령을 받으라."고 날마다 말씀하셔서 나도 성령 받게 해달라고 기도했다. 간절히 그리고 끈기 있게 기도했다. 아무것도 모르고 그저 떼쓰듯 기도하는 열세 살 소년에게 하나님은 응답해주셨다. 기도한 지 2년 만에 받은 응답, 그것은 내게는 작은 기적이었다.

교회 부흥회에 5일 동안 하루도 빠지지 않고 꼬박 참석하여 드디어 성령침례를 받은 날, 그날부터 내 생활은 완전히 달라졌다. 성령침례는 일찍 찾아온 내 인생의 터닝 포인트였다. 그전까지만 해도 그저 평범한 소년이었던 내가 예배를 드리기만 하면 눈물이 나고, 성경 말씀이 쉽게 깨달아지는 놀라운 변화가 일어난 것이다.

내 입술에서는 찬송이 끊이지 않았고 내 눈에는 예수님만 보였다. 어떨 때는 하염없이 눈물이 흘러내렸고, 어린 것이 무슨 죄가 그리 많았는지 예배시간에 회개기도가 술술 나오기도 했다. 조용기 목사님의 설교 말씀이 너무 좋아서 교회에서 드리는 거의 모든 어른예배와 요즘과 달리 1주일 동안 계속되던 부흥회에 항상 참석했다.

고등학교를 졸업할 때까지 성령충만한 상태는 계속됐다. 교회에서는 중·고등부 회장으로 봉사했고, 학교에서는 자타공인 전도사요 목사님이었다. 반장을 맡았던 대광고 1학년 때는 아침 일찍 등교해서 출석부를 보고 한 사람씩 이름을 부르면서 예수님을 믿게 해달라고 기도하기도 했다. 지금 생각해보면, 그때가 지금보다 더 열정적이었는지도 모르겠다.

모든 게 다 순복음교회에 와서 조 목사님을 만났기 때문에 생긴 변화였다. 그때부터 내 머릿속에 다른 생각은 나지도 않았다. 성경공부 하는 게 너무 재밌고 친구들을 교회로 데려오는 일이 제일 신났다. 조 목사님이 너무나 위대해 보였다. 학창시절 내내 조 목사님은 내 마음속 영웅이었다.

조 목사님을 바라보며 목회자의 길로 들어서다

학창시절부터 나는 조용기 목사님을 가까이서 뵐 기회가 많았다. 조 목사님을 만나면 그저 좋았다. 행복했다. 그리고 조 목사님도 나를 기특하게 여겨 사랑을 듬뿍 주셨다. 나는 내가 신앙이 좋아서 그런 줄 알았었다. 나중에서야 그것이 유명한 장로님이셨던 할아버지와 교회에서 열심히 봉사하신 부모님 덕분이었음을 알게 됐다.

중고생도 입학시험을 치르던 시절, 나는 중학교 갈 때도, 고등학교 갈 때도, 대학교 갈 때도 항상 목사님께 여쭤보고 학교를 결정했고, 원서를 들고 조 목사님을 찾아가서 기도를 받은 후 입학시험을 치렀다. 그 정도로 조 목사님과 가까운 사이였다.

항상 조 목사님을 바라보고 목사님을 닮고 싶었던 나는 자연스레 목회자의 길을 가게 되었다. 내 뜻과 조 목사님의 뜻이 다르지 않았다. 내가 전도사가 되고, 목사가 되고, 신학공부를 더 하기 위해 미국유학을 가는 그 모든 일들이 다 조 목사님의 가이드에 따라 행한 일이었다.

어려서부터 목사님을 하늘같이 여겼기에 나는 목회자가 된 후에도 목사님 말씀에는 절대 순종했다. 하나님께서 조 목사님을 통해 내게 말씀하시고 지시하신다고 믿었기 때문이다. 형식적인 순종이 아니었다. 목사님의 그 명령 속에 담겨있을 하나님의 뜻이 무엇일까 기대하는 마음으로 기꺼이 순종한 것이다.

그런 믿음이 있었기에 때론 이해하기 어려운 명령도 있었지만, 목사님 말씀 앞에는 그저 '네, 아멘'뿐이었다. 서라 하면 서고, 앉으라 하면 앉고, 가라 하면 가고 그것이 목사님을 섬기던 내 모습이었다.

미국 가서 신학공부하고 오라 하실 때에도 "네", 처음으로 담임목사가 되어 성전을 건축하고 워싱톤순복음제일교회를 잘 섬기고 있을 때 급히 한국으로 돌아오라는 말씀에도 "네" 하고 순종했다.

다시 미국 베데스다대학교에 가서 대학교 학력 인가를 받도록 하라는 말씀에도 "네", 학력 인가 문제를 해결하자마자 "일본 동경에 가서 교회를 건축하라"는 말씀에도 "네", 하나님의 은혜로 교회 건물을 좋은 조건으로 구입하여 입당예배를 드리고 순복음동경교회를 잘 섬기고 있을 때 한국으로 다시 돌아오라는 말씀에도 대답은 오직 "네"뿐이었다. 솔직히 아쉬움이 남을 때도 없지는 않았지만 언제나 기꺼이 순종했다.

내 마음을 알아주신 유일한 분

아무리 작은 교회일지라도 담임목사는 훗날 하나님 앞에서 열배 백배 책임을 져야 하는 두렵고 떨리는 자리이다. 세상의 월급 사장이 경영에 실패하면 그저 자리에서 물러나면 그만이지만, 하나님의 몸 된 교회와 양들을 잘못 섬기면 그 대가는 무엇으로도 갚을 수 없는 것이기 때문이다. 하물며 세계 최대의 교회임에랴.

그 담임목사직을 맡은 지 14년, 원로목사님이 소천하신지 1년이 되는 요즘 나는 절실하게 깨닫는 것이 있다. 세상 어느 누구도 함께 질 수 없는 무거운 짐을 지고 가야 하는 이 자리의 무게를, 그리고 여의도순복음교회라는 세계 최대의 교회를 직접 세우고 부흥시킨 성역 50년의 세월 동안 조 목사님이 겪으셨을 그 무거운 중압감과 한없는 외로움을.

원로목사님이 계실 때는 그래도 의지할 데가 있어 좋았다. 1,500여 명이나 되는 장로님들과 목소리 크신 분들의 틈바구니에서 이러지도 저러지도 못할 때, 조용기 목사님은 내 마음을 알아준 유일한 분이셨다. 초등학교 4학년 때부터 나의 성장과정을 지켜본 조 목사님은 부모님 못지않게 나에 대해 잘 아는 분이셨다.

나를 담임목사 자리에서 몰아내겠다고 공언하며 모함하고 이간질하던 사람들로 인해 잠시 오해하신 적도 있었지만, 조 목사님은 끝까지 나를 이해해 주셨다. 그리고 담임목사로서 나의 리더십이 뿌리내릴 수 있도록 지원과 격려를 아끼지 않으셨다. 생각할수록 목사님께 받은 사랑이 너무나 큰 것이었음을 깨닫게 된다.

내가 잘나서가 아니라, 파벌 많고 사건 많은 대형교회에서 담임목사가 숙명적으로 받을 수밖에 없는 오해와 질시에 대해 너무나 잘 알고 계시기 때문이었으리라. 요즘도 거짓 증거와 그럴듯한 시나리오를 만들어 나를 음해하는 사람들을 보면, 항상 든든한 울타리가 되어주셨던 조 목사님이 더욱 그리워진다.

조 목사님의 뜻밖의 말씀, "이 목사, 참 고맙다!"

내가 조 목사님의 뒤를 이어 2008년 쉰다섯 나이에 여의도순복음교회의 담임목사가 되리라고는 꿈에도 생각지 못했다. 조 목사님이 아직 강건하셨고, 목사님이 안 계신 여의도순복음교회는 상상할 수조차 없었기 때문이다. 왜 내가 선택됐는지 정확히 알 수는 없지만 담임목사 서리가 되기 직전에 있었던 주요 사건과 그 과정만큼은 또렷이 기억한다.

앞서 언급한 것처럼 나는 목사님 말씀 앞에 단 한 번도 토를 단 적이 없었다. 목사님도 그것을 당연하게 생각하시고 항상 내게 부담 없이 명령을 내리셨다. 그런데 딱 한 번 목사님이 내 뜻을 먼저 물어보신 적이 있었다.

교무담당 부목사로 열심히 교회를 섬기고 있을 때였다. 2005년 6월, 어느 날 목사님께서 나를 부르시더니 이상한 느낌이 들 정도로 반갑게 맞아주셨다. 곧이어 평소보다 훨씬 온화한 말투로 내게 말씀을 건네셨다.

"지금 미국 LA에 있는 순복음교회에 큰 문제가 생겨서 교회가 어렵다고 하네. … 그곳 성도들이 자네를 보내달라고 하는데 … 미국에 갈 수 있겠나?"

그때 나는 일본 순복음동경교회 담임목사를 마치고 돌아온 지 2년밖에 안 됐을 때였다. 미국에서 박사학위를 취득한 아내는 대학교에서 가르치고 있었고, 결혼 17년 만에 얻은 외동딸 성은이가 이제 아홉 살로 초등학교 2학년이었다. 나도 담임목사의 무거운 짐을 내려놓고 오랜만에 비교적 여유있는 생활을 하고 있을 때였다. 나이도 어느덧 쉰두 살이 되어 유랑생활 그만하고 한국에 정착하여 살고 싶었다.

그런 형편 사정을 잘 알고 계셨기 때문에 조 목사님은 나를 다시 이삿짐 싸야 하고 고생하는 자리로 보내는 것을 안타까워하시는 듯했다. 목사님을 만난 지 40년 만에 그렇게 부드러운 말투와 다정한 모습은 처음 보았다. 오히려 내가 황송한 마음이 들어 즉석에서 얼른 대답해버리고 말았다.

"네, 가겠습니다!"

조 목사님은 "이 목사, 참 고맙다!" 하시며 내 손을 꼭 잡아 주셨다. 카리스마가 넘치던 평소 모습과 달리 당연한 일에 고마워하시는 그 따뜻한 말씀을 들으면서 나는 문득 이런 느낌을 받게 되었다. '조 목사님도 칠순이 되시고 나니, 이제 마음이 많이 약해지셨구나!'

마음속에서는 연로하신 목사님에 대해 가슴 찡한 무언가가 올라오는데, 일과를 정리하고 집으로 돌아가는 발걸음은 가볍지 않았다. 또다시 국제이삿짐을 싸야 하는 아내에게 한없이 미안한 마음이 들었기 때문이다. 남들은 한 번도 안 하는 일을 벌써 여섯 번째 시키는 나는 참 무심한 남편, 나쁜 남자란 소리를 들어도 할 말이 없게 되어버렸다.

LA에서 다시 만난 조 목사님

나는 서둘러 서울 일을 정리하고 LA로 건너가 2005년 7월, 나성순복음교회 담임목사직을 맡았다. 여의도에서 해외에 개척한 교회 중 가장 크고 역사가 오래된(1975년 창립) 매우 중요한 교회가 장로님들 간의 갈등과 다툼으로 깊은 상처를 입고 혼란에 빠져 있었다. 워싱톤순복음제일교회와 순복음동경교회에서 담임목사 경험이 두 번 있었지만, 이번에는 그때보다 책임이 더 큰 상황이었다.

교회 내 분쟁은 인간적인 방법으로는 해결이 쉽지 않다는 것을 나는 경험을 통해 잘 알고 있었다. 그래서 부임하자마자 새벽기도회를 적극 권면하면서 기도와 사랑으로 서로 용서하고 화합하는 교회가 되자고 설득했다. 하나님의 은혜로 얼마 지나지 않아 모든 문제가 원만히 해결되었고, 기쁜 소식을 조 목사님께 보고드릴 수 있었다.

그 후 조 목사님과 헤어진 지 9개월 만에 다시 만날 기회가 생겼다. 2006년 4월에 '아주사 부흥 100주년'을 기념하는 대규모 성회가 LA에서 개최됐는데 이 행사의 주 강사로 조 목사님이 초청을 받아 미국에 오신 것이었다. 그때 윌리엄 윌슨 목사(현, 세계오순절연합회 총회장)가 대회장이고, 내가 대회 준비위원장을 맡았기 때문에 조 목사님을 잘 모실 수 있었다.

조 목사님이 LA에 와 계시는 그 기간에 맞춰 내가 담임하는 LA나성순복음교회에서 제31회 순복음북미총회 정기총회를 3일간 개최하고, 총회가 끝난 후에는 내가 조 목사님께 부탁을 드려 강사로 모시고 대성전에서 부흥성회를 열었다.

두 가지 성회를 통해 성령충만 받고 신앙을 회복한 성도들이 많아서 교회 부흥의 계기가 되었고 이후 목회에 큰 도움이 됐다. 나는 조 목사님께 깊이 감사드렸고, 조 목사님은 교회를 잘 안정시키고 부흥시킨 공을 치하해주시며 격려의 말씀을 해주셨다.

한국으로 귀국하시는 조 목사님을 배웅하는 날, 내가 불과 6개월 후에 LA나성순복음교회 담임목사를 사임하고 한국으로 돌아가게 될 줄을 누가 알 수 있었을까? 혹시 조 목사님은 알고 계셨을까? 아마 그때까지는 조 목사님도 모르셨던 것 같다. 오직 하나님만이 아시는 일이었다.

갑작스런 조 목사님의 은퇴 선언

누구도 예상하지 못했고 전혀 계획에도 없던 일들이 갑자기 전개되기 시작했다. 조용기 목사님이 돌연 은퇴를 선언하고 민주적인 절차로 후임 목사를 선출하도록 지시하신 것이다. 그때부터 여의도순복음교회 소속 교역자들과 제자 목사들 그리고 선교사들 사이에 후임을 놓고 설왕설래 말들이 오고갔다.

하지만 나는 후임 자리에 대해서는 이미 50세가 넘은 나이라 전혀 생각지도 않았고 그럴만한 야심도 없었다. 오직 LA나성순복음교회의 부흥을 위해 전심전력할 뿐이었다. 담임목사 취임한지 이제 갓 1년이 넘었을 뿐인데 한국으로 돌아가는 것도 순리가 아닌 것 같았다.

그런데 얼마 지나지 않아 서울에서 연락이 왔다. 후임 목사 후보자로 추천된 7명(후보자격을 만 55세 이하로 제한했음) 중에 내가 포함되었고, 7명을 대상으로 제6차 운영위원회에서 무기명 비밀투표를 한 결과 내가 최다득표를 했으며, 강동성전 최명우 목사와 원당순복음교회 고경환 목사도 최종 후보 3인에 선정됐다는 소식이었다. 참고로, 최초 7명의 후보자 명단에는 청년국장 하용달 목사, 김포성전 김삼환 목사, 뉴욕순복음연합교회 양승호 목사, 영국런던순복음교회 김용복 목사가 포함되어 있었다.

1차 투표 후에 이상한 일이 벌어지다

이상한 일이 벌어진 건 그 다음 날부터였다. 최종 투표를 위한 임시특별당회가 열리기 전까지 2주일 동안 나는 LA에 있으면서 조용히 결과를 기다리고 있었는데, 한국에 있는 다른 후보자들은 선거 운동을 한다는 소문이 들렸고, 여러 경로를 통해 나에게 지속적으로 사퇴 압박이 들어온 것이다. 알고 보니, 다른 두 사람을 미는 두 그룹에서 내가 되는 것은 절대 반대한다고 하였고, 그들은 숫자는 많지 않아도 목소리가 꽤 큰 사람들이었다.

그때 나는 심각하게 사퇴를 고민했다. 반대 세력이 강력한 경우에 후임목사가 누명을 뒤집어쓰고 쫓겨나는 경우가 많다는 얘기를 들었기 때문이다. 우리 교회는 창립공신들의 영향력이 너무 커서 3대, 4대와는 달리 제2대 담임목사 자리는 독이 든 성배가 될 가능성이 컸다.

그때 나는 마음이 너무 불편해서 조용기 목사님에게 나에 대한 모든 결정을 위임하는 사퇴서를 보냈다. 그랬더니 나의 사퇴를 종용하던 분들이 다음 주일 한국에 들어와 투표하기 전 사퇴 선언을 하라고 강력히 요청했다. 내가 알겠다고 대답하니 그분들이 조 목사님에게 들어가 "이 목사가 들어와 사퇴 선언하기로 했습니다."라고 보고 드렸다. 그런데 보고를 받으신 조 목사님께서 "이 목사, 일부러 한국에 들어올 필요없다."고 말씀하셔서, 한국에 잠시 다녀오려던 계획은 취소되었다.

여의도순복음교회 제2대 담임목사가 되기까지

예정대로 2주 후에 임시특별당회가 개최됐고, 비밀투표를 통해 여의도순복음교회 제2대 담임목사로 내가 최종 선출됐다. 영원히 잊지 못할 그날은 2006년 11월 12일이었다. 1년 4개월 전 LA행 비행기를 탈 때만 해도 정말 상상할 수 없었던 일이 현실이 된 것이다. 투표 결과는 내가 435표, 최명우 목사가 285표, 고경환 목사가 204표, 무효표가 9표였다.

사실 그날 내가 선출된 것은 하나님의 은혜였고, 결과적으로 보면 조용기 목사님 때문이라고 생각한다.

나를 반대하는 사람들이 조 목사님의 뜻이 다른 누구에게 있다고 소문을 냈는데, 조 목사님께서 투표 직전 "세 사람 모두 내가 사랑하는 제자들이다. 성령의 인도하심에 따라 투표하라."라는 입장을 천명하셨고, 그에 따라 자유로운 투표가 진행됐기 때문이다.

그날 당회가 끝난 후 조용기 목사님께서 집으로 들어가시는 길에 차 안에서 LA에 있던 나에게 직접 전화를 주셨다. 전화기 너머로 목사님의 미소 짓는 얼굴이 보이는 듯했다.

"이 목사, 자네가 됐어. 축하하네. 어서 한국으로 돌아오게."

조 목사님의 그 특유의 억양과 밝고 따뜻한 목소리를 나는 잊을 수 없다. 지금도 귓가에 쟁쟁하다. 내 인생에서 가장 큰 감동을 느꼈던 순간이었다.

당회의 결정에 따라 나는 곧 귀국하여 1년 반 동안 담임목사 서리로서 목사님을 보필하다가 공동의회 투표를 통과한 후에 2008년 5월 21일 여의도순복음교회 제2대 담임목사 취임예배를 드렸다. 나는 그때 모든 장로님들 앞에서 말했다.

"나는 평생 조 목사님을 아버님처럼 모시고, 부목사 같이 목회하겠습니다."

보고 싶은 조용기 목사님

내가 취임한 후에도 몇몇 부정적인 장로님들이 뒤에서 수군거리는 소리가 들려왔다.

"그 자리 얼마나 가나 보자. 3-4달이나 갈까? 1년 가면 잘 간 것이다."

그분들은 뒷담화에 그치지 않고 거짓 소문을 내서 조 목사님과 나 사이를 이간질하고, 또 끊임없이 거짓 증거를 꾸며내서 나를 음해했다. 다행히 조 목사님은 의심을 하셨다가도 내 성품을 워낙 잘 알고 계셨기 때문에 이내 오해를 푸셨고, 천국 가시는 날까지 나를 믿고 존중해주셨다. 너무나 부족한 제자인데도 많은 가르침을 주셔서 원로목사님을 모시고 대과 없이 교회를 이끌어 올 수 있었다고 생각한다.

그렇게 원로목사님으로 13년을 모셨는데 작년 이맘때 그 크신 어르신이 훌쩍 우리 모두의 곁을 떠나셨다. 성도님들의 슬픔이 큰 것처럼 내 마음도 한없이 허전하고 슬프다. 영적 아버지를 떠나보낸 그날의 아픔이 지금도 내 가슴에 파고든다.

조 목사님에 대한 마음은 내가 11살 때 처음 뵈었을 때나 지금이나 변한 것이 없다. 지금 그저 그립고, 이런저런 골치 아픈 일들로 괴로울 때면 조 목사님을 모시고 사역할 때가 참 행복한 때였다는 생각이 든다.

지금 저 천국에서 나를 지켜보고 계시며 기도로 중보하고 계실 목사님, 물가에 내놓은 아이 보듯 나를 애틋한 마음으로 지켜보고 계실 목사님, 내게는 한 분뿐인 목사님을 생각하면서 목사님이 넘겨주신 소임을 완수하기 위해 오늘 새벽에도 하나님 앞에 무릎 꿇어 기도한다.

언젠가 주님께서 부르시면 천국에 가서 사랑하는 목사님께 하소연하고 싶다.

"목사님, 저 힘들었어요. 정말이요."

그리고 목사님께 위로의 말씀을 꼭 듣고 싶다.

"이 목사, 고생 많이 했다. 참 잘했다. 고맙구나!"

오늘따라 목사님이 많이 보고 싶다.

1부

조용기 목사의 생애와 목회

1. 어린 시절

하나님이 쓰시는 큰 종이 태어나다 | 기우는 가세와 밀려오는 가난

2. 청소년 시절

일찍이 준비된 영어 실력 | 시한부 선고와 믿음의 씨앗 |
켄 타이즈 선교사와의 만남 | 나의 종이 되겠느냐

3. 순복음신학교 시절

북을 치며, 전도하며 | 다시 깨닫게 된 소명 |
선교사 설교 통역과 부친의 회개

1장

하나님의 부르심이 있기까지

(1936 – 1958)

1장

하나님의 부르심이 있기까지

(1936 – 1958)

아무리 인생이 힘들고 곤할지라도 꿈과 희망이라는 씨앗을 심어야 합니다.

- 2018년 9월 2일 주일예배 설교

1. 어린 시절

하나님이 쓰시는 큰 종이 태어나다

조용기 목사는 1936년 2월 14일 경남 울주군 삼남면 교동리에서 조두천 장로와 김복선 권사의 5남 4녀 중 장남으로 태어났다. 부친 조두천 장로는 일제 강점기에 민족의 장래를 위해 귀농 운동에 투신할 것을 결심하고 선조에게 물려받은 옛 언양군 진장의 황무지를 개간하여 뿌리를 내렸다. 조두천 장로는 한학에 조예가 깊었고 유교, 불교, 철학 등 다방면에 해박한 지식이 있었다. 어렸을 때부터 남달리 총명했던 조용기 어린이는 사고력이 뛰어났으며 정서적인 면이 풍부했다. 일상의 많은 일을 예사로이 넘기지 않고 호기심을 갖곤 했던 조용기는 그의 부친에게 많은 질문을 하곤 했다. 그러나 그럴 때마다 진지하게 설명해주는 부친 덕분에 그는 일찍부터 다방면의 인문학적 소양을 쌓을 수 있었다.

어린 시절 조용기 목사와 가족들

그는 부친이 개간하여 뿌리를 내린 진장 인근 언양국민학교에 입학했다. 1학년 때부터 학업 성적이 뛰어나 1등은 물론 급장을 지냈고, 3학년 되던 때에는 2년 남짓 배운 일본말을 능숙히 구사했다. 그는 언어 습득에 남다른 재능이 있어 영어 실력도 뛰어났으며 이 재능은 이후 세계 선교 사역에 크게 쓰임을 받았다.

그는 어려서부터 인생과 죽음에 대한 사색의 시간을 많이 가졌다. 그의 집은 읍내에서 동떨어진 고지대에 위치하고 있었기에 마을을 한눈에 살펴볼 수 있었고 사람들의 살아가는 모습을 관찰하고 상상하기에 적합했다. 통학길에는 음침한 공동묘지를 지나야 했는데 죽음을 애통해하는 많은 사람을 볼 수 있었다. 이러한 상황과 환경은 그의 인생관 형성에 큰 영향을 미쳤고 하나님이 쓰시는 위대한 사역자가 갖추어야 할

소중한 자산이 되었다.[1)]

기우는 가세와 밀려오는 가난

이후 조용기는 동래중학교에 입학했다. 그의 백부와 부친, 숙부가 모두 이 학교 출신이었다. 2년 남짓 가족과 떨어져 있었던 그에게 온 가족이 함께 거주하는 것은 큰 기쁨이었다. 그러나 1950년 5월 30일에 실시된 민의원 선거에서 부친 조두천 장로가 낙선하여 집안에 큰 시련이 다가왔다. 온 집안 식구와 친척까지 물적, 인적 투자를 엄청나게 했음에도 불구하고 낙선했기에 가세는 급속히 기울었다. 앞서 1946년 6월 21일에 공포된 '농지개혁법'으로 인해 가지고 있던 농토마저 소작인들에게 넘겨주어 가산이 별로 남지 않은 상태인데다가, 설상가상으로 부친의 낙선 이후 한 달 만에 한국 전쟁이 터졌다.

밀려오는 가난 속에서 조용기 학생은 값싼 군화를 신고 매일 20리 등굣길을 걸어 다녔다. 발에 상처가 생기고 피가 엉겼지만, 그는 결코 학교에 가서 공부하는 것을 게을리하지 않았다.[2)]

1) 여운학 편, 『주여 뜻대로 이루소서』 (서울: 규장문화사, 1982), 58.
2) 여의도순복음교회 30년사 편찬위원회, 『여의도순복음교회 30년사』 (서울: 여의도순복음교회, 1989), 284-285.

2. 청소년 시절

일찍이 준비된 영어 실력

조용기의 부모는 아들이 동래중학교를 우수한 성적으로 졸업하자 부산공고에 입학시켰다. 그들은 어려워진 가정 형편을 고려하여 아들이 장차 훌륭한 기술자가 되기를 원했다. 그런데 부산공고 진학은 평소 어학에 뛰어난 재질을 가졌던 조용기에게 영어를 더 깊이 배울 수 있는 기회를 제공해주었다. 그가 다니던 부산공고에 미군 부대가 주둔하고 있어서 미군 병사들을 만나 영어로 대화할 기회가 많았던 것이다. 그는 틈만 있으면 운동장에 나온 미군 병사들에게 다가가 영어로 대화하며 어울렸고, 그의 영어 실력은 하루가 다르게 늘었다. 급기야 회화 실력은 그의 학교 영어 선생님보다 더 능숙해져서, 고등학교 1학년 말 즈음에

미군 부대 예배 설교를 마치고

는 학교장과 미군 부대장 간의 통역을 그가 맡게 될 정도였다.[3)]

시한부 선고와 믿음의 씨앗

뛰어난 영어 실력만큼 그의 학교생활은 자신감이 넘치고 의욕에 차 있었다. 그는 학업 성적도 우수했고 운동 실력도 뛰어났다. 특히 체조를 즐겨하면서 건강한 체구를 만들어갔다. 그러다 고등학교 2학년, 뜻밖의 사고로 인생에 칠흑 같은 어두운 그림자가 드리웠다. 하루는 그가 철봉에서 여러 동작으로 연습을 하던 중 실수로 가슴이 바닥에 세게 부딪히게 되었다. 통증 때문에 숨도 쉬지 못할 정도였지만 그는 가족들이 걱정할까 봐 '빨간 약'을 바르는 정도로 치료를 그쳤다. 어려운 가정 형편을 생각해서 병원에도 가지 않고 고통을 참아보려고 했으나 병색이 점점 드러나기 시작했다.

깜짝 놀란 부친의 손에 이끌려 병원 진찰을 받은 결과 폐결핵 3기 상태로 6개월 시한부 선고를 받았다. 폐절제술까지 검토되는 상태인데다가 폐병은 전염병이므로 가족들과도 격리되었다. 그는 병마의 고통과 더불어 심한 외로움과도 싸워야 했다. 가족들은 죽음의 위기에 있는 그를 살릴 방법을 찾아 뛰어다녔고, 그는 고통 가운데에서도 삶의 의미와 가치 그리고 죽음 등에 대해 깊이 생각하게 되었다. 친분이 있는 지인으로부터 병원을 소개받아 새롭게 기흉 치료를 시도해보았다. 그러나 늑막에 바람을 불어 넣는 기구가 가슴에 닿을 때마다 견딜 수 없는 아픔과

---

3) 여운학 편, 『주여 뜻대로 이루소서』, 24.

충격을 겪어야만 했다. 한편 치료가 계속될수록 집안의 경제적인 부담은 커졌고 극도의 고통을 겪은 보람도 없이 병세 호전의 기미는 보이지 않았다.

이렇게 절망과 외로움 속에서 헤매던 어느 날 세 살 위 누나 조혜숙의 친구인 동래여고 김정애가 찾아왔다. 폐결핵이 전염병이라며 아무도 찾아오지 않았던 때에 그녀는 성경 한 권을 선물로 가져왔다. 또한 예수를 구주로 모셔 들이면 병을 이기고 죽음의 두려움을 벗어날 수 있다고 말했다. 그러나 조용기는 마음속에 거부감만을 느낄 뿐 성경은 펼쳐볼 생각조차 하지 않았다. 그는 오히려 영어책을 가까이했고 죽음을 앞둔 환자임에도 영어 공부에 열을 올렸다.

그는 홀로 방에 누워 피를 토하면서도 자기 손으로 직접 약을 주사하며 병마와 싸웠다. 그러던 어느 날 그에게 성경을 선물했던 누나의 친구가 다시 찾아왔다. 그녀는 공부를 좋아하던 조용기 학생에게 성경 통신학교 교재를 소개해주고 강좌에 등록하도록 권면했다. 엉겁결에 그는 성경을 공부하게 되었다. 시험을 보면 항상 100점을 맞을 정도로 열심이었지만, 기독교 신앙을 받아들인 것은 아니었다. 그는 훗날 당시를 회고하며, 성경 통신 강좌를 통해 자신의 마음에 믿음의 씨앗이 심어졌다고 술회했다.[4)]

4) 여의도순복음교회 40년사 편찬위원회, 『여의도순복음교회 40년사』 (서울: 신앙계, 1998), 39.

켄 타이즈 선교사와의 만남

6개월 요양도 별 효과를 거두지 못한 채 다시 부산으로 돌아와 통원 치료를 받았는데, 우연한 기회에 조용기의 영어 실력을 알게 된 주치의가 뜻밖의 제안을 했다. 치료비와 용돈을 줄 테니 자신과 함께 생활하며 영어와 의학 공부는 물론 기흉 치료까지 해보자는 것이었다. 받은 용돈으로 동생 용우의 등록금을 대어주는 일은 너무도 기뻤지만, 몸이 성치 않은 그에게 있어 병원 생활은 여간 힘에 부치는 일이 아니었다.

그러던 어느 날 우연히 켄 타이즈 선교사의 천막 부흥성회 포스터를 보게 되었다. 평소 기독교에 대한 지식은 있었으나 복음을 받아들일 생각은 없었던 그였지만 그 포스터를 보자 이상하리만치 강한 호기심이 생겼다. 그는 성회 장소를 찾아갔다. 이 발걸음이 하나님을 향한 발걸음이 될 줄은 그 자신조차 몰랐다. 그곳은 수많은 사람으로 붐비고 있었다. 열변을 토하는 켄 타이즈 선교사의 메시지는 그에게 깊은 감동을 주었다. 그는 켄 타이즈 선교사에게 다가가 설교에 은혜를 받았다며 감사의 말을 전했다. 그의 영어 솜씨에 놀란 켄 타이즈 선교사는 언제 영어를 배웠느냐고 되물었고 자신의 통역인이 되어 줄 것을 부탁했다. 켄 타이즈 선교사가 부산에서 활동하는 기독교대한하나님의성회 소속 선교사라는 사실도 그때 알게 되었다.

집으로 돌아온 조용기는 고심 끝에 부모에게 그동안의 병원 생활의 고통을 말하고 켄 타이즈 선교사와 함께 일하고 싶은 심정을 토로했다. 켄 타이즈 선교사와 함께 열심히 하나님의 일을 하는 동안 폐병도 고침 받을 것을 믿는다고 힘주어 말했다. 그리하여 조용기는 인생의 새로운 전기를 맞게 되었다. 인간의 생각으로는 도저히 헤아릴 수 없는 하나님의 특별하신 부르심이었다. 조용기는 켄 타이즈 선교사와 지내면서 기독교의 진리를 조금씩 이해하기 시작했고 많은 기독교 서적을 탐독할 수 있었다. 그러나 청년 조용기의 신앙은 아직 기독교 신앙의 초보 단계를 넘지 못했다. 성경에서 말하는 예수 그리스도는 아직 그의 마음에 와 닿지 않았고, 믿음에 대한 회의감이 들기 시작했다.

나의 종이 되겠느냐

계속되는 번민과 회의에 빠져 지내던 어느 날 저녁, 그는 확신도 없는 무의미한 신앙생활을 더 이상 계속할 수 없다는 생각이 들었다. 그는 결단을 내려야겠다는 심정으로 하나님께 엎드려 기도했다. "하나님, 정말 살아계신 분이시라면 제가 예수를 믿어야 하는지, 안 믿어도 되는지 깨달을 수 있는 확실한 증거를 보여 주세요. 오늘 밤이라도 주님이 나타나 주신다면 진정 주님을 섬기며 주님께 일생을 바치겠습니다. 그러지 않으신다면 언제까지나 선교사에게 붙어서 지낼 수는 없으니 차라리 의사가 되어 평생 불우한 환자를 돌보겠습니다."라며 간절히 기도했다. 그리고 만약 응답이 없다면 오늘 밤이라도 보따리를 싸서 떠나겠다고 굳게 결심했다. 시간은 흘러 밤이 깊어졌다. 비몽사몽간에 있던 그는 놀라운 환상을 보게 되었다.

온 천지가 불길로 인하여 환하게 타오르고 있었다. 그는 깜짝 놀라 일어나 앉았다. 대낮처럼 환한 가운데 흰옷 입은 예수님이 광채를 발하며

서 있는 것이 아닌가! 그 흰옷은 평소 켄 타이즈 선교사가 설교할 때 즐겨 입던 옷과 비슷해 보였다. 그는 너무도 빛나고 영광스러운 예수님 앞에서 감히 얼굴을 들 수가 없었다. 황홀하면서도 두려움에 떨려 그저 머리를 파묻고 엎드려 있었다. "용기야!" 하는 주의 부드러운 음성이 들렸다. "내가 네 병을 고쳐 줄 터이니 평생 나의 종이 되겠느냐?"라는 위엄 있는 주의 음성이 들렸다. "네, 물론 그렇게 하겠습니다." 병을 고쳐 주신다는데 두말할 나위도 없거니와 그 순간 예수님의 사랑에 감격하여 눈물과 콧물이 뒤범벅되어 대답도 간신히 할 정도였다.

대화가 끝나자 예수님은 자취를 감추셨다. 그러나 그가 정신을 가다듬을 사이도 없이 또다시 이상한 현상이 일어났다. 갑자기 그의 온 전신이 불덩이처럼 뜨거워지더니 입술이 떨리며 이상한 말이 터져 나왔다. 그는 감사와 기쁨의 눈물로 밤을 지새웠다. 다음 날 켄 타이즈 선교사에게 자초지종을 설명했다. 깜짝 놀란 켄 타이즈 선교사는 그의 손을 꼭 잡으며 말했다. "두려워하지 말고 하나님께 감사하세요! 이는 하나님께서 조 형제를 대단히 사랑하신다는 뚜렷한 증거입니다!"라며 기쁨을 감추지 못했다. [5)]

그날 이후 청년 조용기의 태도는 완전히 달라졌다. 확신에 차 있었고 복음을 전하지 않고서는 견딜 수 없었으며 통역보다는 그날 밤의 체험을 간증하며 직접 복음을 전하기 시작했다. 예수를 믿으면 구원받고 병도 고침 받을 수 있다고 소리를 높였다. 폐병으로 죽어 가던 자신도 예

5) 여운학 편, 『주여 뜻대로 이루소서』, 50.

수님께서 고쳐 주셨다며 확신에 찬 모습으로 전도했다.

신유 체험의 감격 속에 청년 조용기는 선교사들의 설교 통역에 더욱 열심을 냈다. 키가 큰 선교사 옆에 그가 서 있으면 그의 바짝 마른 체구로 인해 사람들의 눈길을 끌었다. 선교사가 영어로 한마디 설교하고 곧이어 그가 더 큰 소리의 한국말로 열변을 토했다. "예수님을 믿읍시다!"라는 그들의 열정적인 선포에 온 시장이 들썩거렸다. 그러던 가운데 당시 경남 수산진흥회 회장직에 있던 작은 아버지가 벼락같은 항의를 해왔다. 그는 "친척 중에 평소 조카 조용기를 눈여겨보면서 나중에 훌륭한 의사를 시켜야겠다고 내심 생각하고 있던 차였는데, 들려오는 소문에 의하면 키만 멀대같이 큰 양키들과 시장 한복판에 서서 예수 믿으라고 고함고함 소리 지르며 다닌다고 하니, 집안 망신도 망신이려거니와, 대체 어쩌려고 그러느냐?"라며 윽박지르는 것이었다. 이 일을 결국 조용기의 부친도 알게 되었고, 사랑하는 아들에 대한 실망과 분노로 불호령이 떨어졌다.

켄 타이즈 선교사와 함께

영문도 모른 채 집으로 돌아온 조용기는 매우 감격한 표정으로, "하나님의 은혜로 이제 병이 다 나았다."라고 말했다. 그의 부친은 스스로 병이 나았다고 말하는 아들의 밝은 얼굴과 자신감 넘치는 태도에 압도되어 화가 난 것도 새까맣게 잊어버린 채 "예수님이 병을 고쳐 주셨으면 더 잘 믿고 하루빨리 완전히 건강을 회복하라."라며 꾸중은커녕 격려의 말만 한가득 해주었다.

며칠 뒤, 해방 직후 '한국의 성자'로 불렸던 돈 라이스 선교사가 그의 집을 찾아왔다. 두 사람은 반갑게 인사를 나눈 뒤 곧바로 무릎을 꿇고 방언으로 기도하기 시작했다. 기도 소리가 어찌나 컸던지 이웃집 사람들이 무슨 일이 생긴 줄 알고 구경 올 정도였다. 그런 상황이 벌어지자 그의 부친은 화가 치밀었다. "예수 믿으려면 혼자서 곱게 믿을 것이지 선교사들까지 데려와 동네 망신시키기냐?"라며 야단을 쳤다. 그 말에 조용기는 "우리 가족 모두가 예수를 믿어야 구원을 받고 평안한 삶을 누릴 수 있고 축복받습니다."라고 말하며 복음 전도의 의지를 굽히지 않았다.[6]

그날 밤이었다. 집안에서 찬송가 소리가 울려 퍼졌다.

주 안에 있는 나에게 딴 근심 있으랴
십자가 밑에 나아가 내 짐을 풀었네
주님을 찬송하면서 할렐루야 할렐루야

6) 국제신학연구원 편, 『여의도의 목회자』 (서울: 서울말씀사, 2008), 193-199.

조용기가 방에서 눈물을 흘리며 하나님을 찬송하고 있었다. 부친은 다시 화가 치밀었다. "집안이 망하려니까 예수쟁이가 생기고 한밤중에 청승맞은 소리가 나면 집안 망한다는데 이 녀석 혼 좀 나야겠다!"라며 벌떡 일어서려 했다. 그 순간 그의 모친이 눈물을 흘리며 만류했다. "아픈 아이가 그만큼인 것도 다행한 일인데 믿음 생활하는 것이 얼마나 고마운 일이며, 노래를 하건 춤을 추건 마음대로 하게 제발 가만두라."라며 애원했다. 그의 부친은 아들도 아내도 너무 불쌍한 마음이 들어서 더 이상 화를 낼 수가 없었다.

사실 부모로서 이런 반응을 보이는 것은 당연했다. 폐병 환자가 절대 안정을 해야 하고 병원도 자주 가야 하는데 무리하게 소리를 내어 떠드는 데다가 밥까지 굶어가면서 기도하니 걱정이 이만저만이 아니었다. 그러나 예수님만이 자신의 유일한 친구요 위로자임을 그 어느 때 보다 절실히 깨달은 조용기의 방에서는 밤새 찬송 소리가 끊일 줄 몰랐다.

얼마 후 조용기는 부친에게 자신의 심정을 털어놓으며 집을 떠나겠다고 말했다. "예수님을 믿는다고 집안 식구들이 반대만 하니 더 이상 집에 머무를 수 없습니다. 서울에 있는 신학교에 들어가서 우리 가족 모두가 예수님을 믿게 해달라고 계속 기도하겠습니다." 그의 결심은 확고했다. 그는 부모에게 작별 인사를 올리고 허겁지겁 집을 떠났다. 사실 그는 이미 켄 타이즈 선교사가 소개해준 리처드 선교사와 의논한 끝에 신학교에 입학하기로 약속되어 있었다. 무엇보다 그는 하나님의 살아계심을 체험했고, 하나님의 종이 될 것을 서원했기 때문에 부모뿐만 아니라 그 누구도 그의 결심을 말릴 수 없었다.[7)]

3. 순복음신학교 시절

북을 치며, 전도하며

1956년 20세의 나이로 서울에 올라온 청년 조용기는 곧바로 순복음신학교에 응시하여 수석으로 입학했다. 어려운 형편이었지만 다행히 탁월한 영어 실력을 인정받아서 학교장이었던 존 허스톤 선교사의 통역을 맡을 수 있었고, 이를 통해 학비를 조달할 수 있었다. 그가 어렸을 때부터 품었던 세속적인 성공이라는 목표는 신학교를 다니면서부터 하나님을 위한 삶으로 바뀌었다. 매사에 열정적이었던 당시 조용기 신학생은 학업이든 전도든 모든 일에 자발적으로 앞장서곤 했다.

이러한 점에서 큰 지지를 받아 학생회장이 된 그는 학생들을 설득하여 매주 토요일마다 노방전도에 나섰다. 당시 전도부장이었던 최자실 신학생도 여기에 함께 나섰고, 그들은 서울역과 파고다공원 등지를 순회하며 복음을 전했다. 파고다공원에서 북을 치면서 큰 소리로 찬송가를 불렀고 호기심에 많은 사람이 모여들었다. 몰려든 군중 앞에서 조용기 학생회장은 자신의 경험을 간증하며 뜨겁게 설교했다.

---

7) 『여의도순복음교회 30년사』, 290-291.

여러분, 우리는 순복음신학교에서 기쁜 소식을 가지고 왔습니다. 예수님 믿고 복 받으십시오. 나는 불교 가정에서 태어났고 폐결핵으로 의사가 사형신고를 내린 사람입니다. 그러나 지금은 예수님 믿고 다 고침 받았습니다. 여러분께서도 예수를 믿기만 하면 병도 낫고 축복도 받게 됩니다. 여러분, 예수님을 꼭 믿으십시오![8]

신학교 시절은 그가 이제껏 알지 못했던 주의 말씀을 배우는 기쁨을 일깨워 준 시간이었으며, 쉼 없는 기도와 전도 실습 가운데 목회자로 착실히 준비되는 시간이었다. 주위 사람들은 그가 성실함은 물론 학문적인 재능까지 겸비한 것을 보고 그에게 미국 유학을 권유하곤 했다. 마침 박사학위를 받고 신학 교수가 되고 싶다는 막연한 생각을 품고 있던 조용기 신학생은 미국 유학을 위한 절차를 밟기 시작했다.

다시 깨닫게 된 소명

그러던 중 예기치 못한 상황이 벌어졌다. 1956년 11월 하순에 그는 급성 폐렴으로 쓰러져 40도가 넘는 고열로 심하게 앓기 시작했다. 간호해주는 사람도 없이 담요를 뒤집어쓴 채 나흘 동안 아무것도 먹지도 못하고 기숙사 방 한구석에 누워 꼼짝도 하지 못했다. 그를 돌봐달라는 학감의 말에 급히 달려온 최자실 신학생은 방문을 열고 들어가려는 순간 “네 사윗감이니 잘 기도해주어라.”[9]라는 성령의 음성을 들었다. 하지만

8) 여운학 편, 『주여 뜻대로 이루소서』, 58.
9) 여의도순복음교회 50년사 편찬위원회, 『여의도순복음교회 50년사』 (서울: 여의도순복음교회, 2008), 81.

조용기 신학생의 건강 회복이 무엇보다 급박했기 때문에 간호에 전념하느라 그 일을 까맣게 잊고 말았다. 당시 조용기 신학생은 스물한 살, 김성혜 학생은 열다섯 살이었다.

최자실 신학생의 간호와 간절한 기도로 조용기 신학생은 얼마 후 건강을 되찾을 수 있었다. 그는 급성 폐렴을 앓으면서 누워있는 동안 미국 유학이 하나님의 뜻이 아니었음을 확신했다. 그때부터 그는 신학교 생활에 더욱 최선을 다했다. 신학교 강의가 끝난 후에도 언제나 혼자 앉아 책을 펴서 공부했고, 밤이 되면 삼각산에 학생들과 함께 올라가 성령충만을 받기 위해 통성으로 기도했다.

급성 폐렴을 계기로 조용기 신학생과 최자실 신학생은 영적인 아들과 어머니의 관계를 맺게 되었다. 조용기 신학생은 최자실 신학생을 찾아가서 "저는 이제 목사가 될 사람입니다. 그런데 제 주위에는 믿지 않는 가족들뿐이라 저를 위해 기도해주시는 분이 한 분도 없습니다. 전도부장님이 제 믿음의 어머니가 되어주셔서 저를 위해 기도해주십시오."라고 부탁했다.[10] 처음에 당황해하던 최자실 신학생도 그의 진지한 모습에 흔쾌히 승낙했다.

조용기 목사는 훗날 믿음의 어머니인 최자실 목사님에 대해 다음과 같이 회고한 바 있다.

---

10) 국제신학연구원 편, 『여의도의 목회자』, 228.

믿음의 어머니가 되어주기로 약속한 이후 당시 최자실 집사님은 저를 위해 밤중이고 새벽이고 꿇어앉아 능력 있는 종이 되게 해달라고 기도해 주셨습니다. 그때부터 최자실 집사님은 평생을 다 바쳐 나의 목회 생활의 밑거름이 되어주셨습니다.[11)]

최자실 신학생과의 소중한 인연은 조용기 신학생이 본격적으로 목회를 시작하는 결정적인 계기가 되었고, 나아가 그녀는 평생 조용기 신학생의 목회 사역의 든든한 동역자가 되었다.

제4회 순복음신학교 졸업식 때의 모습

선교사 설교 통역과 부친의 회개

1957년 10월 중앙청 광장에서 세계적인 부흥사 해럴드 허만 목사를 주 강사로 한 부흥회가 열렸고, 여기에서 조용기 신학생은 통역을 맡게

11) Ibid., 229.

되었다. 은혜를 사모하는 사람들이 연일 구름떼처럼 몰려들었고 매시간 놀라운 성령충만의 역사가 있었다. 부흥회의 성공에 조용기 신학생이 크게 기여했음에도 불구하고 합당한 대우를 받지 못했다. 당시 그는 목회자가 아니라 신학생 신분이었기 때문이다. 일례로 선교사들과 한국 목회자들은 끼니마다 곰탕을 먹었지만, 조용기 신학생은 강단에서 내려오면 신학교 기숙사로 돌아가서 반찬도 없이 안남미 밥(동남아에서 생산되는 인디카 품종의 쌀)을 먹어야 했다. 그마저도 너무 오랜 시간 통역하느라 혀가 아려서 제대로 먹지도 못했다.

그러나 조용기 신학생은 그런 일에 전혀 개의치 않았고 오직 은혜만을 사모했다. 부흥회 기간이면 저녁마다 신학생들이 중앙청 광장에 모여앉아 밤새워 기도하곤 했는데, 조용기 신학생은 피곤한 몸을 이끌고 새벽까지 방언으로 기도할 정도였다. 최자실 신학생과 주위 사람들은 제발 몸을 생각해서라도 철야기도는 그만하는 것이 어떠냐고 만류했지만, 조용기 신학생은 "이 기회에 은혜를 받지 못하면 언제 받느냐?"라며 기도를 멈추지 않았다.

허만 목사의 부흥회가 끝나고 얼마 지나지 않아 부산에 있던 부친이 갑자기 그를 찾아왔다. 당시 부친은 장갑 장사를 하고 있었는데 그해 겨울이 따뜻한 이상 기온을 보이는 탓에 판로를 찾지 못하다가 아들의 도움을 기대하고 서울로 올라온 것이다. 이전부터 부모와 가족을 위해 기도해왔던 조용기 신학생은 이 기회에 부친이 하나님을 믿게 해달라고 간절히 기도했다. 마침 겨울 방학을 앞둔 부흥회가 열리고 있었기에 그는 최자실 신학생과 함께 여관에 있는 부친을 찾아가서 부흥회에 참석하시라고 권유했다. 두 사람의 간절한 부탁에 그는 마지못해 참석하게 되었다.

부흥회 강사는 스텟츠 목사였다. 그는 "다른 종교들은 단지 종교에 불과하지만, 기독교는 종교가 아니라 생명이다."라고 역설했다. 조용기 신학생 또한 열정적으로 스텟츠 목사의 설교를 통역했다. 부흥회 한쪽 구석 마루에 앉아 아래만 내려다보고 있던 그의 부친은 설교 후 합심기도 시간에 울음을 터트렸다. 이를 본 스텟츠 목사와 조용기 신학생, 최자실 신학생이 그의 등에 손을 얹고 간절히 기도하자, 그의 입에서는 지난날의 잘못을 회개하는 기도가 멈추지 않았다.

허만 목사의 중앙청 부흥회

훗날 조두천 장로는 당시를 다음과 같이 회상했다.

> 스텟츠 목사님이 설교하고 용기가 통역할 때 두 사람이 입에서 불을 토하는 환상을 보았습니다. 그러면서 내 귀에 '복을 앉아서 기다리지 말고 쟁취하라.'라는 음성이 들려왔습니다. … 고생하는 아내와 9남매 자식들의 얼굴이 하나둘씩 떠오르는데, 죄책감이 들어와 그만 오열한 것입니다. 그러면서 마음 한가운데서 '네가 언제까지 회개하지 않겠느냐?' 하는 호령 소리가 들리는 것이었습니다. 그래서 나는 지난날의 일들, 특히 예수 믿는다고 아들을 핍박하던 일 등을 회개한 것입니다. [12)]

그때부터 부친은 예수님을 구주로 영접하여 믿기 시작했고, 아들 조용기 목사의 목회를 위해 매일 기도하게 되었다. 부친은 후에 장로 직분을 받아 주님과 교회를 위해 충성을 다하며 살다가 2006년 10월 3일에 소천했다.[13)]

한편, 부산으로 내려가기 전에 부친은 조용기 신학생에게 설날에 집으로 와서 예배를 인도해달라고 부탁했다. 조용기 신학생은 이번 기회에 독실한 불교 신자였던 할머니가 예수님을 구주로 영접하고 구원받으시도록 해야겠다고 다짐했다. 얼마 후 그는 부산에 내려가 가정예배를 인도했다. 그가 가족들 앞에서 온 힘을 다해 설교한 후에 찬송을 인도하는데 갑자기 누이 조혜숙의 입에서 방언이 터져 나왔다. 할머니도

---

12) 여운학 편, 『주여 뜻대로 이루소서』, 182.
13) "조용기 목사 부친 조두천 장로 빈소 애도물결", 파이낸셜뉴스 (2006. 10. 04).

"내 마음이 너무나 시원하구나. 참 평안하다."[14]라며 크게 기뻐했다. "주 예수를 믿으라 그리하면 너와 네 집이 구원을 받으리라"(행 16:31)라는 성경 말씀이 조용기 신학생의 가정에 이루어지게 된 것이다.

14) 국제신학연구원 편, 『여의도의 목회자』, 254.

1. 다섯 명으로 시작된 천막교회

하나님의 뜻이 이루어지기를 | 영적 유치원, 교회학교를 먼저 세우다 |
두 눈을 의심케 한 치유 사건 | 좋으신 하나님 나의 하나님

2. 천막교회에 나타난 신유의 기적과 영적전쟁

주님! 신유의 능력이 필요합니다 | 공중권세 잡은 악한 영들과의 전쟁 |
내가 원하는 것과 하나님이 원하시는 것 |
야훼 이레, 모든 것을 예비하신 하나님

2장

성령이 뜨겁게 역사하신 천막교회 시절

(1958 – 1962)

2장

성령이 뜨겁게 역사하신 천막교회 시절

(1958 – 1962)

우리가 인생을 살아가며 계산을 할 때 반드시 하나님을 계산에 넣어야 합니다. 저는 빈손으로 대조동 달동네에서 목회를 시작했지만, 예수님을 모시고 계산하니까 주님이 기적을 행하신 것입니다. "나는 빈손 들고 살아간다."라고 말하지 마시고 "나는 예수님과 더불어 살아간다."라고 기도하면 주님이 들으시고 응답하시는 것입니다.

- 2015년 6월 28일 주일예배 설교

1. 다섯 명으로 시작된 천막교회

하나님의 뜻이 이루어지기를

1958년 5월 18일, 한 통의 전화가 걸려 왔다. 최자실 전도사의 전화였다. 신학교를 졸업한 후 최자실 전도사는 대조동에서 사역을 시작했다. 조용기 전도사는 미국 유학의 꿈을 꾸었고, 최자실 전도사는 고아원을 지어 아이들을 돌볼 꿈을 꾸고 있었다. 신학교를 졸업하고 각자의 꿈을 향해 나아가던 중 최자실 전도사에게 시련이 다가왔다. 대조동에 있는 3천 평 땅에 고아원을 지어 운영하려고 했지만 사기를 당하는 바람에

모든 것이 수포로 돌아가게 된 것이었다.[15)]

크게 낙심한 최자실 전도사는 뒷동산에 올라가 기도하고 있었는데, 동네 아이들이 눈에 들어왔다. 부모가 새벽에 일하러 나가면 온종일 방치되어 제대로 먹지도 못하는 아이들이었다. 최자실 전도사는 아이들이 너무 불쌍해서 그냥 버려둘 수 없었다.[16)] 그 아이들을 불러 모아 씻기고 돌보며 하나님의 말씀을 가르쳤다. 아이들을 돌보며 가르치다 보니 조금씩 회복되는 자신을 발견했다. 그래서 밭에 나가 일손도 거들며 아줌마들에게 복음을 전했다. 일손을 거들며 이야기할 때는 예배에 나오겠다고 약속했던 사람들이 막상 예배 시간이 되면 아무도 오지 않았다.

그런데 항상 약속을 어기던 사람들이 그날따라 다섯 명이나 교회에 오겠다고 했다. 최자실 전도사는 마음이 급했다. 당장 그날 저녁 예배를 준비해야 했고 먹거리도 마련해야 했기 때문이다. 문득 자신보다 젊고 설교도 잘하는 조용기 전도사를 부르는 것이 좋겠다는 생각이 들어서 급히 그에게 전화했다.

전화를 받은 조용기 전도사는 준비하고 대조동으로 출발했다. 두 시간이 넘게 걸려 최자실 전도사가 가르쳐준 장소에 도착했는데 공동묘지 옆 깨밭에 천막으로 지어진 교회가 눈에 들어왔다. 최자실 전도사가 동대문시장에서 6천 환에 사 온 천막으로 그녀의 거처로 지은 집 브로

---

15) Ibid., 260.
16) 『여의도순복음교회 40년사』, 71.

크 담에 연결해 세운 천막교회였다. 예배 준비를 마치고 사람들을 기다렸지만 언제나 그랬듯 교회에 오는 사람은 아무도 없었다. 결국 첫 예배에 함께한 성도는 최자실 전도사와 그녀의 자녀 삼 남매(성혜, 성수, 성광) 그리고 비를 피해 들어왔던 동네 할머니까지 총 다섯 명이었다. 강대상이라고 해봐야 낡은 사과 상자에 보자기를 씌운 것이었다. 훗날 이날의 예배가 한국 교회사에 어떻게 기록될지 그 누구도 알지 못했다.

대조동 천막교회의 모습

예배를 마치고 최자실 전도사가 조용기 전도사에게 한 가지 제안을 했다. 천막교회 성도를 30명까지 부흥시킨 후 미국 유학을 가라는 것이었다. 다른 사람도 아닌 최자실 전도사의 제안이었기에 그는 흔쾌히 수락했다. 이에 조용기 전도사는 천막교회에서의 사역을 위해 거처를 상도동에서 대조동으로 옮겨왔고 이렇게 해서 최자실 전도사의 대조동 천막교회 사역이 시작되었다.

영적 유치원, 교회학교를 먼저 세우다

고아원을 설립하려던 최자실 전도사의 꿈은 수포로 돌아갔지만, 천막교회를 세우고 그곳을 돌봄이 필요하고 갈 곳이 없는 아이들을 위한 영적 유치원으로 삼았다. 최자실 전도사는 부모가 일하러 간 사이 아무도 돌보아 주지 않는 아이들을 불러 모아 씻겨 주고 사랑으로 품어 주며 교회학교를 영적 유치원처럼 일구어 갔다. 아이들 사이에서도 소문이 퍼졌는지 삼삼오오 짝을 지어 교회로 모여들었고 10명, 20명 되던 아이들에게 찬송가도 가르쳐주고 성경 이야기도 들려주었다. 그러다 보니 천막교회가 설립되기 이전부터 이미 60여 명의 아이가 모이는 교회학교가 세워져 있었다.

천막교회가 설립된 이후 교회학교는 더욱 빠르게 성장했다. 천막교회 설립 초기에는 주로 최자실 전도사가 몇몇 교인들과 함께 아이들에게 성경을 가르쳤다. 이후 조용기 전도사의 사역과 천막교회의 소문을 들은 사람들이 모여들자 교회는 부흥했고, 계속 천막을 잇대어 교회를 확장해야 했다. 이와 함께 교회학교도 부흥하게 되었다. 어린이가 50여 명, 중고등학생이 30여 명이 되었고, 대학생도 10여 명 이상으로 부흥했다. 조용기 전도사는 장년 성도 30명을 목표로 열심히 사역했고 최자실 전도사는 어린아이들을 대상으로 열심히 사역했다. 비록 좋은 시설을 구비하고 있지는 않았지만 대조동 천막교회 시절인 3년 반 동안 교회학교 학생 수는 350여 명, 교사는 20여 명까지 이르게 되었다.[17] 환경은 어렵고 절망적인 상황만 눈에 보였지만, 천막교회는 하나님이 운행

17) 『여의도순복음교회 50년사』, 84.

하시며 그분의 역사를 이루어가고 계셨다.

조용기 전도사와 교회학교 아이들

두 눈을 의심케 한 치유 사건

6·25 전쟁으로 폐허가 된 우리나라는 당시 세계 최빈곤 국가 중 하나였다. 그중에서도 가장 가난하고 어려운 빈민촌이 있었으니 바로 대조동 달동네였다. 상황이 이렇다 보니 대부분의 사람이 낮에는 일을 다녔고 남아있는 사람들은 노인들과 어린아이들, 그리고 병자들뿐이었다. 그들의 삶은 대부분 비참했다.[18] 먹을 것이 없는 상황 속에서 배고픔은 일상이었고 돌봐주는 사람이 없는 아이들은 온갖 질병과 범죄에 노출되어 있었다. 어느 누가 보아도 희망 하나 없는 동네가 바로 대조동 달동네였다.

18) 이영훈, 『신앙계 2022년 5월호』 (서울: 신앙계, 2022), 30.

대조동 달동네의 옛 모습

모두가 가난하고 어려운 삶을 살고 있었지만, 그중에서도 유독 가난하고 비참한 형편의 가정이 하나 있었는데 바로 '무성이네' 가정이었다. 무성이 아빠는 지게꾼으로 일하면서 벌어들인 돈을 전부 술 마시는 데 써버리고, 무성이 엄마는 어린 나이에 시집을 와서 고생했던 터라 무성이를 낳은 후 중풍병으로 누워지낸 지 이미 7년이나 되었다.[19] 가정 상황이 이렇다 보니 집안 꼴은 말이 아니었다. 조용기 전도사와 최자실 전도사가 그 집에 들어갔을 때 심한 악취와 더불어 도저히 사람이 살 수 없을 만큼 더러운 환경이 눈앞에 펼쳐졌다. 다시 되돌아 나갈 수도 그렇다고 안으로 들어갈 수도 없는 상황에서 조용기 전도사와 최자실 전도사는 이들을 위해 무엇을 할 수 있을까 생각하다 일단 집 청소를 해주기로 마음먹었다.

19) "영산 조용기 목사의 삶과 목회", 국민일보 (2021. 09. 16).

먼저 물을 떠서 무성이 엄마와 아이들을 씻겨 주었고 집안 곳곳을 청소하기 시작했다. 어느 정도 청소를 하고 시간이 지나자 악취도 덜 나게 되었고 집안 정리도 되었다. 이제 조용기 전도사와 최자실 전도사가 해야 할 일은 무성이 엄마를 위해 예배드리고 기도하는 일이었다. 보혈 찬송을 부르며 무성이 엄마를 위해 뜨겁게 통성으로 기도했다. "하나님, 무성이 엄마의 중풍병을 고쳐주세요. 주님은 38년 된 중풍 병자를 고쳐주지 않으셨습니까? 주님, 이 가정을 불쌍히 여겨주옵소서. 이 더러운 중풍 귀신아, 나사렛 예수의 이름으로 명하노니 묶음을 놓고 떠나갈지어다!"[20]

처음에는 퉁명스럽게 대하던 무성이 아빠도 조용기 전도사와 최자실 전도사의 헌신적인 사랑과 섬김에 감동을 하고 점차 마음의 문을 열기 시작했다. 매일 무성이네 집에 찾아가 기도하고 간호한 지 4일째 되던 날 무성이 아빠가 환한 미소로 두 사람을 반갑게 맞이했다. 그러면서 곧 죽을 것으로 보였던 아내가 어제부터 살겠다는 생각을 가지게 되었다고 말했다. 최자실 전도사는 이때가 기회라 생각하고 복음을 전했다. 예수님께서 우리의 질병을 위해 채찍을 맞으시고 십자가에 못 박혀 돌아가셨으니 무성이 엄마는 틀림없이 고침 받고 살아나게 될 것이라고 말했다. 그 자리에 모인 모두가 확신에 차서 병이 나을 것을 입술로 고백했다. 그러면서 조용기 전도사와 최자실 전도사는 계속해서 무성이 엄마의 팔다리를 주물러 주며 기도했다.

20) 국제신학연구원 편, 『여의도의 목회자』, 268.

그때 무성이 엄마가 갑자기 소리쳤다. "예수님! 할렐루야, 시원해요. 시원해요." 순간적으로 성령님의 역사하심을 직감한 조용기 전도사는 무성이 엄마의 머리에 손을 얹고 기도하며 목청을 높여 귀신을 꾸짖었다. 그렇게 몇 시간을 통성으로 기도하자 조금씩 변화가 일어났다. 7년 동안 한 번도 일어나 본 적이 없던 무성이 엄마가 자리에서 일어나려고 몸을 움직였다. 상반신을 일으켜 세웠고 조용기 전도사와 최자실 전도사가 부축하자 이번에는 하반신에 힘을 주고 일어서기 시작했다. 일어났다 넘어지기를 몇 차례 반복했고 얼마 걷지도 못했지만 무성이 엄마는 하루가 다르게 좋아졌다. 최자실 전도사는 무성이네 집에 찾아가 집안일을 계속 도와주었다. 보름이 지나면서 무성이 엄마는 혼자 힘으로 집안일을 할 수 있을 만큼 완전히 치유를 받았다. 무성이 엄마가 곱게 단장을 하고 교회에 나오던 날 대조동 달동네가 발칵 뒤집혔고 많은 사람이 천막교회에 관심을 가지게 되었다.[21)]

좋으신 하나님 나의 하나님

무성이 엄마가 고침 받은 사건은 엄청난 사건이자 화제가 되었다. 천막교회로 가면 병이 낫고 문제가 해결된다는 소문이 퍼지면서 동네 주민뿐만 아니라 먼 곳에서도 찾아오는 사람들이 늘어났다. 그때부터 전도의 문이 열렸고 어느새 20여 명의 사람이 모이게 되었다.[22)] 조용기 전도사는 노방전도를 하거나 이집 저집 방문하며 전도했다. 교회에서 조

---

21) Ibid., 269-271.
22) Ibid., 271

금 떨어진 곳에 집이라 부르기도 힘든 집 한 채가 있었다. 그곳에는 함경북도에서 피난 온 유화문, 이초희 부부가 열 명의 아이들과 살고 있는 곳이었다. 다 떨어져 나간 문짝과 내려앉은 처마 밑으로 아이들이 들락거리고 있었기에 사람이 살고 있음을 겨우 알 수 있을 정도였다.

무성이네 가정도 너무 가난하고 비참한 환경이었지만 이들도 둘째가라면 서러울 만큼 가난하고 비참한 삶을 살고 있었다. 이 가정에 있는 이불에는 '백두산 한라산 이불'이라는 이름이 붙여졌다. 여러 명의 식구가 이불 안에 들어가 서로 자기 쪽으로 이불을 끌어당기니 이불 속 솜이 양쪽 끝으로 몰려 산처럼 볼록하게 튀어나와 붙여진 이름이었다. 이들에게는 이 솜이불 한 장이 전 재산이었다. 남편 유화문은 알코올 중독으로 10년째 매일 술에 절어 있었고 아내 이초희는 심장병과 위장병을 앓고 있었다. 부모가 이러한 상황이다 보니 아이들의 상태는 말도 못할 정도였다.

하루는 조용기 전도사가 이 집에 방문하여 전도하면서 천당에 대해 이야기했다. 하지만 먹고 살기 힘든 이들에게 천당은 뜬구름 잡는 소리와도 같았다. 특히 예수 믿지 않으면 '지옥'에 간다는 말은 이들의 심기를 불편하게 했다. "무엇이 어쩌고 저째? 지옥에 간다고? 이보다 더 무서운 지옥이 어디에 있어? 당신들 예수쟁이들은 '천당, 천당' 하지만 천당이 그렇게 좋거들랑 천당 부스러기라도 좀 갖다줘. 천당 부스러기도 갖다주지 못하면서 무슨 천당이야. 이곳보다 더 처참한 지옥이 있을 수 있어? 우리 집이 바로 지옥이야. 우리는 매일같이 지옥에서 살고 있다고!"[23)]

23) 최자실, 『나는 할렐루야 아줌마였다』 (서울: 서울말씀사, 2010), 212.

매서운 눈으로 노려보며 언성을 높이는 그녀의 말을 듣는 순간 천당 부스러기라도 갖다주지 못하는 조용기 전도사는 아무런 대꾸도 할 수 없었다. 교회로 돌아오는 길에 그는 주변을 살펴보았다. 그녀의 말이 옳았다. 가난과 질병의 저주를 짊어지고 살아가는 사람들, 도박과 술에 빠져있는 사람들, 싸우는 소리가 끊이지 않는 동네가 눈에 들어왔다. 그리고 자신이 지금까지 했던 설교의 내용을 돌아보았다.

그의 설교는 성도들을 바르게 인도하기 위함이었다지만 성도들의 삶을 꾸짖으며 회개하지 않으면 지옥에 가게 될 것이라는 내용이 전부였다. 교회로 돌아온 조용기 전도사는 성경을 보며 예수님의 사역을 다시 묵상하기 시작했다. 예수님은 불쌍한 사람들을 꾸짖으신 적이 없었다. 오히려 연약한 죄인들을 용서해 주셨고 오랫동안 질병으로 괴로워하는 병자들을 고치시며 이 땅에서 천국을 경험하게 해주셨다. 그리고 이러한 깨달음으로 성경을 읽던 중에 요한삼서 2절의 말씀이 눈에 들어왔다. "사랑하는 자여 네 영혼이 잘됨 같이 네가 범사에 잘되고 강건하기를 내가 간구하노라."[24] 이 말씀은 폐결핵에서 고침 받고 주의 종이 된 조용기 전도사 같이 폐결핵에서 죽음과 씨름하다가 성회 장소에 들 것으로 실려가 하나님의 말씀을 듣고 신유의 기적을 체험하여 세계적인 부흥사가 된 오랄 로버츠(Oral Roberts) 목사가 한평생 선포한 말씀이기도 하다. 조용기 전도사는 오랄 로버츠 목사의 저서를 통해 요한3서 2절의 축복에 대해 폭넓은 이해를 가졌고, 그 내용을 한국적 상황에 접목시킨 삼박사 구원의 메시지를 강력히 선포하게 되었다.

---

24) "영산 조용기 목사의 65년 목회", 국민일보 (2021. 09. 14).

하나님은 자기 백성들이 이 땅에서 건강하고 복된 삶을 살아가며 천국을 경험하기를 원하고 계셨다. 이를 통해 조용기 전도사는 자신의 설교 내용도 변화되어야 함을 깨달았다. 이후 꾸짖는 설교에서 영적인 문제뿐만 아니라 물질과 삶의 문제까지 해결해주신다는 설교로, 꿈과 소망이 가득 찬 설교로 생명의 말씀을 선포했고 이는 고통 가운데 처한 사람들에게 큰 위로와 소망을 심어주게 되었다.[25)]

2. 천막교회에 나타난 신유의 기적과 영적전쟁

주님! 신유의 능력이 필요합니다

조용기 전도사가 희망의 메시지를 전하기 시작하면서 대조동 달동네 사역은 점차 활기를 띠었다. 하지만 몰려드는 사람들을 볼수록 가슴이 아팠다. 몰려드는 사람들 대부분이 질병으로 고통받고 있었지만, 병원에 가기는커녕 약조차 사 먹기 어려웠다. 그래서 조용기 전도사는 신유의 필요성을 절감하게 되었고 신유의 능력을 사모하며 매일 기도하며 부르짖었다.

하루는 교회 바닥에 엎드려 기도하고 있는데 서울역에서 구두닦이를 하며 장애로 못 걷는 소년이 조용기 전도사를 만나기 위해 교회로 찾아왔다. 이 교회에만 오면 자신도 고침 받고 일어나 걸을 수 있다는 믿음

25) 국제신학연구원 편, 『여의도의 목회자』, 278.

으로 그 먼 거리를 기어서 오게 된 것이었다. 갑작스럽게 나타나 자신의 다리를 고쳐달라고 요청하는 못 걷는 소년 때문에 당혹스러웠지만 이내 조용기 전도사의 머릿속에 떠오른 성경 속 사건이 있었다. 바로 사도 베드로가 성전 미문에 앉아있던 나면서부터 못 걷던 사람을 일으킨 사건이었다.

조용기 전도사와 못 걷는 소년을 둘러싸고 모인 몇몇 성도들은 재미있는 구경거리라도 생긴 듯 웅성거리기 시작했다. 그런데 조용기 전도사가 아무리 소리치고 예수 그리스도의 이름으로 일어나 걸으라고 명령해도 소년은 일어날 기미가 전혀 보이지 않았다. 그렇게 다섯 시간 이상을 맨바닥에 무릎을 꿇고 간절히 기도하는데 갑자기 그의 마음속에 믿음이 생겨나기 시작했다. "하나님은 기적의 하나님이시다!" 조용기 전도사는 소년을 눕게 하여 구부러진 다리를 앞으로 뻗게 하고 무릎 위에 올라가 온 힘을 다해 다리를 눌렀다. 다리에서 "우두둑" 소리가 났다.

소년은 고통스러워 크게 비명을 질렀다. 주위에 있던 성도들도 어찌할 바를 몰랐고 하나둘씩 놀라서 뒷걸음질만 쳤다. 바로 얼마 전까지 조용기 전도사의 마음속에는 치유 받고 기뻐하며 걷고 있는 소년의 모습이 그려져 있었다. 하지만 눈앞에는 아프다고 소리치는 소년의 모습만 보였다. 조용기 전도사는 두근거리는 마음을 겨우 진정시키고 옆에 있던 성도들에게 소년을 일으켜 세워달라고 부탁했다. 하지만 누구도 선뜻 나서지 못했다. 잠시 후 옆에서 지켜보던 조병호, 박종선 두 청년이 머뭇거리며 앞으로 나와 소년을 일으켜 세웠다. 부축을 받은 채 일으켜진 소년은 계속해서 소리를 질렀고 그의 두 다리는 힘없이 흔들거리고 있었다.

이때 조용기 전도사가 소년의 뒤로 가서 예수님의 이름으로 크게 선포하며 그의 등을 힘껏 밀었다. 이후의 상황을 차마 눈 뜨고 볼 수 없어서 두 손으로 눈을 가리고 있는데 갑자기 큰 박수와 환호 소리가 들렸다. 장애로 못 걷는 소년이 걷고 뛰기 시작한 것이다.[26] 조용기 전도사의 눈앞에는 더이상 고통에 소리치며 괴로워하는 소년이 아닌 고침 받은 다리로 기뻐 뛰는 소년이 있었다. 이러한 소문은 순식간에 서울 장안에 퍼져나갔다.

이 기적을 통해 조용기 전도사의 마음에 큰 용기가 생겼다. 그래서 그 다음 주일 저녁에 병자들을 위해 기도하는 시간이 있으니 주위의 병자들을 데리고 오라고 광고를 했다. 자신이 괜한 일을 하는 것은 아닌지 걱정스러웠지만 그만둘 수는 없었다. 조용기 전도사는 점심도 먹지 않고 간절히 기도하며 예배를 준비했다. 이윽고 예배가 시작되었다. 설교를 마치고 신유기도를 하려는데 누군가의 손에 이끌리어 두 자매가 조용기 전도사 앞으로 걸어 나왔다. 태어나면서부터 청각 장애와 언어 장애를 가진 두 자매였다.[27] 순간 정신이 아득해졌지만 고칠 수 없으니 돌아가라고 할 수도 없는 노릇이었다. 조용기 전도사는 두 자매 중 키가 큰 자매의 귀에 손가락을 넣고 간절히 기도하기 시작했다.

얼마쯤 지났을까? 기도가 길어질수록 사람들의 웅성거리는 소리가 커졌다. 하지만 조용기 전도사는 그녀의 귀에서 손을 뗄 수가 없었다.

---

26) 『여의도순복음교회 50년사』, 83.
27) 국제신학연구원 편, 『여의도의 목회자』, 295.

조급해진 마음으로 다시 한번 간절히 부르짖어 기도하는 그 때 그의 마음속에 믿음이 솟아오르기 시작했다. 하나님이 반드시 고쳐주신다는 믿음이 처음에는 희미했지만, 점차 분명하게 민어졌고 어느 순간 청각 장애와 언어 장애의 상태에서 해방되어 소리를 잘 듣고 말도 잘 하는 자매의 그림이 그려졌다. 조용기 전도사는 그녀의 귀에서 손가락을 떼며 예수님의 이름으로 담대하게 선포했다. 그리고 그녀의 뒤로 가서 크게 박수를 쳤다. 이내 박수 소리에 반응하듯 그녀의 어깨가 움찔거렸다. 소리가 들린 것이다. 조용기 전도사는 '할렐루야'를 외쳤다. 그러자 그녀도 어색한 어투로 '할렐루야'라고 말했다. 기적이 일어난 것이다.

천막교회 안에 모인 수많은 사람이 박수를 치며 소리를 질렀고 어떤 사람은 춤을 추고 어떤 사람은 소리 내어 울기도 했다.[28] 이어서 조용기 전도사는 함께 나왔던 다른 자매에게 다가갔다. 조금 전에 했던 것처럼 그녀의 귀에 손가락을 넣고 담대히 선포하며 기도했다. 마찬가지로 그녀가 잘 듣고 말하게 되는 모습이 마음속에 그려졌다. 그리고 예수님의 이름으로 그녀의 귀가 잘 들리고 말도 잘 하게 되었음을 선포하자 그대로 되었다. 믿을 수 없는 광경을 목격한 사람들이 모두 조용기 전도사 앞으로 몰려들었고 이날 밤 많은 병자들이 고침을 받았다.

조용기 전도사의 간절한 기도대로 하나님이 그에게 신유의 능력을 허락하신 것이었다. 이 사건으로 인해 병들고 굶주리고 헐벗은 사람들은 마음속에 큰 희망을 갖게 되었다. 그리고 조용기 전도사는 인간을 사

---

28) Ibid., 299.

랑하시는 좋으신 하나님과 우리를 대신해 가난과 질병과 저주를 짊어지고 돌아가신 예수님에 대해 담대하게 선포했다.[29)]

공중권세 잡은 악한 영들과의 전쟁

신유의 능력이 나타나자 대조동 달동네의 30여 가구가 모두 교회에 나오기 시작했다. 그러자 동네 무당 할멈이 심술을 부리며 민감한 반응을 보였다. 자신이 굿을 하며 고치지 못한 병들이 천막교회에서 고침을 받자 칠성신의 위력과 위신이 땅에 떨어졌다는 것이었다. 하지만 실상은 병자들의 집에 찾아가 일 년에 한두 번씩 굿을 하며 생계를 이어갔는데 동네 사람들이 모두 천막교회로 옮겨가면서 생계에 큰 타격을 받았기에 심술을 부린 것이었다.[30)]

그러던 어느 날 무당 할멈의 아들이 술에 취해 화장실에 빠지는 사고가 일어났다. 조용기 전도사는 이때가 무당 할멈을 전도할 수 있는 기회라고 생각해서 그녀의 집으로 뛰어갔다. 화장실에서는 무당 할멈의 아들이 살려달라고 소리를 지르고 있었다. 조용기 전도사에게는 냄새나 오물이 중요하지 않았다. 급히 안으로 들어가 무당 할멈의 아들을 건져내고 우물 곁으로 데리고 가서 깨끗이 씻겨 주었다. 조용기 전도사 자신의 몸에도 온통 더러운 오물이 묻었지만 아랑곳하지 않았다. 무당 할멈의 아들을 방 안으로 들여보내고 조용기 전도사는 무당 할멈에게 다가갔다. 그리고 예

---

29) "다시보는 영산의 신학과 목회-오중복음과 삼중축복", 여의도순복음교회 홈페이지.
30) 최자실, 『나는 할렐루야 아줌마였다』, 184.

수님을 믿으면 아들이 착한 아들로 바뀌게 될 것이라고 말했다.

무당 할멈의 아들은 노름에 빠져서 논까지 팔아먹고 매일 술에 절어 있는 사람으로 동네에 소문이 자자했다. 그런 그녀에게 예수님을 믿으면 아들이 착한 아들로 바뀔 것이라는 말은 그녀의 눈을 반짝이게 했다. 이렇게 해서 무당 할멈은 조용기 전도사의 전도를 받고 교회로 나오게 되었고 그동안 칠성신을 섬길 때 사용했던 모든 집기를 불에 태워버렸다.[31] 그러자 조용기 전도사의 말처럼 하나님은 그녀의 아들을 변화시켜 주셨다.

귀신을 섬길 때 사용했던 집기를 불 태우는 조용기 전도사와 성도들

이러한 소문이 퍼져나가자 이번에는 동네 언덕에 살던 박수무당과 그를 따르던 사람들이 교회에 찾아왔다. 동네를 당장 떠나지 않으면 가만두지 않겠다고 협박했지만, 조용기 전도사는 아랑곳하지 않고 담대

31) 『여의도순복음교회 30년사』, 25.

하게 복음을 전했다. 그러자 박수무당이 다시 찾아와 한 가지 제안을 했다. 동네에는 중풍병에 걸려 오랫동안 누워있는 여인이 있었다. 이 여인이 얼마 전에 딸 아이를 낳았는데 엄마도 딸도 아파서 죽어가고 있었다. 만약 조용기 전도사가 한 달 안에 여인과 딸을 고쳐낸다면 하나님이 살아있다는 것을 인정하고 이곳에서 교회를 할 수 있도록 허락하겠다는 것이었다. 만약 못 해낸다면 천막교회를 철수하라는 것이었다. 조용기 전도사는 담대하게 그 제안을 받아들였다. 그리고 자신이 그 여인과 딸을 고치면 박수무당이 동네를 떠나야 한다는 조건도 내밀었다.

이제 물러날 곳이 없었다. 그 여인과 딸을 고쳐내지 못하면 천막교회는 문을 닫아야 했다. 조용기 전도사는 매일 아침 그녀를 찾아가 복음을 전했다. 그런데 그가 다녀가고 나면 오후에는 박수무당이 그녀를 찾아와 예수를 믿으면 죽을 것이라고 위협했다. 이러한 사실을 알아챈 조용기 전도사는 박수무당과 자신 사이에 영적전쟁이 벌어지고 있음을 깨달았다. 그래서 공중권세 잡은 악한 영들과 그 배후에 있는 사탄을 향해 꾸짖고 선포하며 강력하게 기도했다.[32] 그렇게 기도한 지 30일째 되던 날 조용기 전도사는 놀라운 환상을 보았다.

큰 뱀 한 마리가 그의 방으로 들어와 이상한 음악에 맞춰 춤을 추고 있었다. 그 뱀은 서로 그만 싸우고 사이좋게 지내자며 조용기 전도사를 유혹했다. 그때 조용기 전도사는 뱀을 향해 소리치며 꾸짖었다. "나를 미혹해 넘어뜨리려고 하는 악한 사탄아, 예수 이름으로 지금 당장 내 앞에서

32) 국제신학연구원 편, 『여의도의 목회자』, 307.

물러가라!" 그러자 이내 뱀은 본색을 드러내며 사탄의 형체로 얼굴을 바꿔 조용기 전도사에게 달려들었다. 사람의 힘으로는 감당할 수 없는 힘이었다. 이렇게 사탄의 세력에 지고 마는 것인가 하는 생각이 들 때 조용기 전도사는 마음속으로 예수님의 이름을 부르짖었다. 그때 뱀이 힘을 잃고 바닥에 쓰러졌다. 그 틈을 놓치지 않고 조용기 전도사는 발로 뱀의 머리를 밟아서 죽였다. 그리고 죽은 뱀을 집어 올려 동네 사람들에게 보여 주었고 뱀에게서 해방되었음을 선포하며 환상에서 깨어났다.

서둘러 옷을 입고 교회로 나가 새벽 예배를 인도하고 강대상에서 내려와 교회 밖으로 나왔는데 저 멀리 사람들이 떼를 지어 교회로 다가오고 있었다. 그리고 사람들 앞에는 중풍에 걸려 죽어가던 여인이 있었다. 여인은 조용기 전도사 앞에 무릎을 꿇고 울면서 이야기했다. "오늘 새벽 두 시에 전도사님께서 우리 집 마당에 오셔서 큰 소리로 '예수 그리스도의 이름으로 명하노니 일어나라'고 외치셨잖아요. 전도사님의 음성을 듣자마자 온 다리에 힘이 나기 시작했어요."[33] 그런데 그 시간은 조용기 전도사가 환상에서 뱀과 싸우고 있던 시간이었다. 그녀는 조용기 전도사가 아니라 주의 사자의 음성을 들었던 것이다. 그녀는 그렇게 고침을 받았고, 박수무당은 산당을 버리고 도망치듯 동네를 떠났다. 공중 권세 잡은 악한 영들과의 전쟁은 조용기 전도사의 승리로 끝이 났다. 달동네에는 복음의 불길이 더욱 뜨겁게 타오르게 되었다.

---

33) Ibid., 311-312.

내가 원하는 것과 하나님이 원하시는 것

천막교회가 하루가 다르게 부흥하다 보니 천막을 이어 확장한 공간도 점점 비좁게 느껴졌다. 조용기 전도사는 더 큰 교회를 지어 그곳에서 예배드리는 꿈을 품었다. 하지만 현실은 냉혹했다. 눈을 뜨면 보이는 것은 궁색한 환경뿐이었다. 간혹 선교사들이 구제 물자와 강냉이 가루를 보내기도 했지만 어려움은 끝이 없었다. 조용기 전도사는 눈을 감고 기도만 하면 큰 교회에서 설교하는 자신의 모습이 아른거렸지만, 기도를 마치고 눈을 뜨면 낡고 볼품없는 천막교회의 현실에 절망할 수밖에 없었다.

그러던 어느 날 신문에서 복권 추첨에 관한 내용을 보게 되었다. 1등은 국민주택, 2등은 자동차였다. 조용기 전도사는 문득 이것이 하나님의 기도 응답일 수 있겠다는 생각이 들었다. 탐욕으로 구하는 것도 아니고 교회를 위해 구하는데 하나님이 주실 수도 있겠다고 생각했다.[34] 하지만 조용기 전도사에게는 복권을 살 돈조차 없었기에 최자실 전도사에게 달려가 신문을 보여주고 설득하며 복권을 구매하게 돈을 달라고 청했다. 하지만 그녀도 돈이 없기는 마찬가지였다. 하는 수 없이 순이네 집에서 5백 환을 꾸어왔다. 이 돈이면 복권을 각각 하나씩 구매할 수 있었다. 두 사람은 5백 환을 손에 쥐고 부푼 꿈을 꾸며 간절히 기도했다. 다음 날 아침 일찍 두 사람은 기도하며 복권 판매 장소인 당시의 중앙청으로 향했다.

---

34) "조용기 목사의 희망 목회 45년", 아이굿뉴스, (2004. 02. 29).

전차에서 내리니 중앙청 앞에는 "1등 국민주택, 2등 시발(始發)택시, 3등 재봉틀, 4등 자전거, 5등 빨랫비누"라고 적힌 현수막이 걸려있었다. 어찌나 사람이 많았는지 해가 중천에 떠오르고 나서야 겨우 복권 두 장을 구매할 수 있었다. 두 사람은 두근거리는 마음을 진정시키고 복권을 확인하기 위해 광장 구석으로 갔다. 먼저 최자실 전도사가 복권을 펼쳤다. '꽝'이었다. 하지만 아직 조용기 전도사의 복권이 남아있었다. "하나님, 천막교회가 계속해서 운영되는 것을 보시려거든 꼭 당첨시켜 주세요." 하나님께 협박 아닌 협박을 하며 복권을 펼쳤다. 그러나 역시 '꽝'이었다. 온몸에 힘이 쫙 빠지고 허탈감이 밀려와 하늘이 노래졌다. 최자실 전도사는 어찌나 속이 상했던지 눈물을 흘리기도 했다. 교회로 돌아가는 전차를 타고 두 사람은 아무 말도 하지 않은 채 창밖만 응시했다.

전차가 당시 서대문 지역에 있던 동양극장 앞을 지나가고 있는 그때 조용기 전도사의 마음에 하나님의 음성이 들려왔다. "내가 저 동양극장보다 더 큰 예배당을 너에게 줄 것을 믿느냐? 네가 요행을 바라지 않고 성실하게 목회한다면 장차 매주마다 온 한국 전체 극장에 오는 사람보다 훨씬 더 많은 사람이 너의 교회로 몰려들게 될 것이다. 네가 이것을 믿느냐?"[35] 조용기 전도사는 그 음성을 듣자마자 큰 소리로 '아멘'을 외쳤다. 그리고 최자실 전도사에게도 이러한 사실을 알리고 함께 '아멘'을 외쳤다. 조용기 전도사는 하나님의 확실한 약속을 받았기에 더 이상 주변의 환경에 흔들리지 않았다. 그리고 동양극장보다 더 큰 교회를 꿈꾸며 기도했다.

---

35) 국제신학연구원 편, 『여의도의 목회자』, 318.

뜨겁게 기도하는 천막교회 성도들

야훼 이레, 모든 것을 예비하신 하나님

1961년 1월 3일 새해를 맞이한 조용기 전도사에게 우편물 하나가 도착했다. 바로 군대에서 보낸 통지서였다. 예전에 신학교 다닐 때 몸이 약해서 군 면제 판정을 받았었는데 재검 통지서가 날아온 것이었다. 천막교회는 개척 후 3년 만에 성도가 약 400명이 되었고, 심장병을 고침 받은 성도의 감사헌금으로 교회 지을 부지도 600평이나 사놓은 상황이었다.[36] 이제 날씨가 풀리면 새로운 성전을 지으려 했는데 재검 통지서는 청천벽력과도 같았다. 당장 조용기 전도사가 입대하고 나면 교회를 돌봐줄 사람도 없었다. 교회를 위해 두 사람의 철야기도가 이어졌고 입영일이 이틀 앞으로 다가온 어느 날 부산에서 존 허스톤 선교사가 급히 올라왔다. 이상하게 기도만 하면 성령님이 천막교회로 가라고 말씀하시기에 서둘러 왔다는 것이었다.

36) 『여의도순복음교회 50년사』, 84.

존 허스톤 선교사와 조용기 전도사

조용기 전도사의 사정을 들은 선교사는 그때서야 성령님이 자신을 급하게 보내신 이유를 알게 되었고 흔쾌히 천막교회를 맡아주기로 했다. 1961년 1월 30일 아침, 조용기 전도사는 논산훈련소에 도착했다. 그리고 신체검사에서 합격 판정을 받고 2개월간의 훈련을 마친 뒤 3월 15일, 서울 인근의 미군부대로 배치를 받았다.[37] 하나님의 도우심으로 부대가 교회와 가까운 곳에 있었고 조용기 전도사는 매 주일 외출을 나와 교회를 도울 수 있었다. 하나님은 이미 모든 것을 예비하고 계셨던 것이었다.

4월 첫 주 부활주일에 조용기 전도사는 예배를 마치고 성도들에게 침례를 베풀기 위해 수색천으로 향했다. 부슬부슬 내리는 봄비로 인해 아직은 바람이 매섭고 물은 손이 시릴 정도로 차가웠다. 두 시간여 동안 찬물에 몸을 담그고 침례를 베풀었던 조용기 전도사는 몸을 녹일 겨를

37) 국제신학연구원 편, 『여의도의 목회자』, 348.

도 없이 다 마르지도 않은 군복을 입고 부대로 복귀했다. 이러한 상황이 내심 불안했던 최자실 전도사는 조용기 전도사의 건강을 위해 간절히 기도하던 중 한 통의 전화를 받았다. 조용기 전도사가 탈장으로 육군병원에 실려 갔다는 전화였다. 급히 병원으로 가보니 이미 시작된 수술은 오후 4시가 넘어서야 끝났다. 소식을 들은 존 허스톤 선교사 내외가 병원을 찾아왔다. 기도하던 중 듣게 된 주님의 음성에 대해 말했다. 조용기 전도사가 7개월 만에 군대에서 나오게 될 것이라는 하나님의 음성이 들렸다는 것이었다.

그 이야기를 통해 조용기 전도사는 큰 힘을 얻었다. 하지만 현실을 바라볼 때마다 죽음의 공포가 엄습해 왔다. 하루가 멀게 옆에 누워있던 환자가 시신이 되어 실려 나가는 모습은 조용기 전도사를 위축시켰다. 고열과 극심한 고통 속에서 그는 죽음의 문턱을 넘나들었다. 의사는 이 상태로는 어렵다는 말만 했고 결국 그는 정신을 잃었다. 그때 놀라운 환상이 이어졌다. 어디선가 큰 구렁이 한 마리가 나타나 요단강에 혼자 서 있는 조용기 전도사의 몸을 감쌌다. 도저히 이겨낼 수 없는 힘이 몸을 조여왔고 그는 하나님께 도움을 요청하며 부르짖었다. 그 순간 요단강 건너편에서 자욱한 연기가 피어올랐다. 그리고 그 연기는 조용기 전도사를 덮었고 그를 감싸고 있던 구렁이는 그 자리에서 죽었다. 몸에서 새로운 기운이 솟아나는 것을 느끼며 그는 눈을 떴다.

조용기 전도사는 이후 차츰 몸이 회복되는 것을 느꼈고 4개월 동안 마산휴양소에 머물며 휴식을 취하던 중 1961년 8월 25일 의병제대 통보를 받았다. 존 허스톤 선교사의 말대로 하나님은 조용기 전도사가 입대한 지 7개월 만에 그를 다시 교회로 돌려보내신 것이다.[38] 까까머리 조용기 전도사가 돌아오자 천막교회는 잔칫집과 같았고 성도들은 모여 하나님께 감사예배를 드렸다. 야훼 이레, 하나님이 이미 모든 것을 예비해 놓으셨다.

---

38) 이영훈, 『성령과 함께한 기독교대한하나님의성회 60년사』 (서울: 하늘창, 2013), 89.

1. 천막에서 서대문으로

아버지의 뜻을 따라 | 믿는 자에게는 능히 하지 못할 일이 없느니라 | 성령님, 인정합니다! 환영합니다! 모셔 들입니다! | 하나 그리고 둘

2. 교회 성장의 토대를 다지다

목회 가운데 찾아낸 보석, 구역 사역 | 시대를 초월한 결정 | 충성스러운 일꾼과 교회 조직의 체계화

3. 선교적 사명과 성전 건축

복음으로 세계를 정복하라 | 교회학교는 우리의 미래 | 매스컴 선교, 한국교회를 선도하다 | 성전건축의 시련을 믿음으로 극복하다

3장

하나님의 역사하심을 따라 서대문으로

(1962 – 1973)

3장

하나님의 역사하심을 따라 서대문으로

(1962 – 1973)

우리 신앙생활도 자꾸 넘어졌다 일어나고, 넘어지고, 또 일어나고를 반복합니다. 이를 통해야 온전한 신앙인에 이를 수 있습니다.

- 2008년 1월 9일 수요예배 설교

1. 천막에서 서대문으로

아버지의 뜻을 따라

조용기 전도사가 군대에서 조기 전역한 이후 대조동 천막교회는 새로운 국면에 접어들었다. 그가 1961년 9월 한 달 동안 서대문 사거리에서 개최된 샘 토드 목사 초청 부흥 집회에서 통역을 맡게 되었기 때문이다. 사실 조용기 전도사는 아직 수술받은 부위의 상처가 아물지 않아 붕대를 칭칭 감고 있었고 작은 자극에도 극심한 통증에 시달리던 상태였다. 그러나 어떤 고통도 그의 열정을 막을 수 없었다. 찌는 듯한 무더위가 계속되는 날씨임에도 불구하고 은혜를 사모하는 마음으로 부흥 집회에 참석한 성도들로 인해 천막은 발 디딜 틈이 없었다.

조용기 전도사는 수많은 성도 앞에서 열정적으로 통역했다. 예배 후에는 병 고침을 사모하는 2백여 명의 병자들이 안수를 받기 위해 강대상 쪽으로 몰려왔다. 아직 회복이 덜 된 조용기 전도사에게 매일 진행되는 부흥 집회는 무리가 될 법도 했지만, 그는 피곤한 기색 없이 모든 사람에게 안수해주었다. 그렇게 한 달 동안 수많은 사람이 성령충만과 신유의 역사를 경험했고, 이 부흥 집회는 온 장안에 화제가 되었다.

샘 토드 목사 부흥회 당시 조용기 전도사와 성도들

부흥 집회가 끝난 지 얼마 지나지 않아 존 허스톤 선교사가 조용기 전도사를 찾아왔다. 당시 존 허스톤 선교사는 미국에서 모금한 자금으로 서대문에 1천 5백 명을 수용할 수 있는 부흥회관을 짓고 있었다. 그는 조용기 전도사에게 서대문 부흥회관에서 함께 사역할 것을 제안했다.[39) 조용기 전도사는 그의 갑작스러운 요청에 당황했지만, 처음에는 그 제안을 거절했다.

---

39) 『여의도순복음교회 50년사』, 89.

사실 조용기 전도사는 존 허스톤 선교사의 부탁이라면 무엇이라도 순종할 마음이 있었다. 하지만 당시 그는 대조동 천막교회의 성장에 온 힘을 다하고 있었기에 서대문으로 갈 수 없다고 생각했다. 조용기 전도사는 매주 5백여 명의 성도가 자신의 설교를 기다리고 있다는 것을 알고 있었다. 설령 그가 존 허스톤 선교사의 제안을 받아들여 서대문으로 옮긴다 해도 천막교회 성도 중에 서대문까지 올 수 있는 성도는 거의 없다는 사실을 누구보다 잘 알고 있었다. 가난한 성도들에게 서대문까지 가는 차비는 부담스러운 비용이었기 때문이다. 조용기 전도사는 사랑하는 천막교회 성도들을 두고 다른 곳으로 갈 수 없었다.

그럼에도 존 허스톤 선교사는 자신과 함께 서대문으로 옮기는 것이 '하나님의 뜻'이라고 말하며 조용기 전도사를 설득했다.[40] 자신은 서대문에 교회를 지어 놓고 시간이 지나면 떠나야 할 사람이기 때문에 자신이 떠난 후 누가 교회를 이어받아야 하는지를 두고 기도해왔다고 말했다. 그런데 기도할 때마다 하나님이 조용기 전도사에게 맡기라는 마음을 주셨다고 털어놓았다. 존 허스톤 선교사의 입에서 '하나님의 뜻'이라는 말이 나오자 조용기 전도사는 더 이상 거절할 수 없었다. 결국 그는 존 허스톤 선교사에게 하나님께 기도하며 최자실 전도사님과 의논한 다음 답을 드리겠다고 말했다. 그렇게 존 허스톤 선교사가 떠난 후 홀로 천막교회 바닥에 무릎을 꿇고 앉은 조용기 전도사는 '하나님의 뜻'이 무엇인지 구하며 간절히 기도했다.

---

40) 국제신학연구원 편, 『여의도의 목회자』, 360-362.

당시 대조동 천막교회는 새롭게 성전 건축할 땅을 이미 매입해 놓은 상태였기 때문에 조용기 전도사가 굳이 서대문으로 가는 모험을 할 필요가 없었다. 그러나 조용기 전도사는 서대문으로 가는 문제를 두고 기도할 때마다 그의 눈앞에 서대문에 세워질 교회의 모습이 그려지며 '하나님의 뜻'이라던 존 허스톤 선교사의 음성이 귀에 맴돌았다. 고민 끝에 조용기 전도사는 최자실 전도사를 찾아갔다. 존 허스톤 선교사가 자신에게 서대문에서 함께 개척할 것을 제안했다는 사실과 기도할 때마다 하나님이 그곳으로 가라는 마음을 주셨던 것까지 모두 이야기했다. 조용기 전도사의 이야기를 들은 최자실 전도사는 하나님이 주시는 마음에 순종하면 된다고 답했다. 그러자 조용기 전도사는 서대문에 혼자 갈 수는 없다고 말하며 최자실 전도사에게 함께 서대문으로 갈 것을 요청했다.

천막교회 성도들에게 조용기 전도사가 서대문에 새롭게 개척한다는 소식이 전해졌다. 성도들은 지금까지 온갖 고생을 다 하고 이제야 교회가 안정되었는데 왜 힘들게 서대문으로 가서 개척하냐며 조용기 전도사의 결정을 만류했다. 더욱이 서대문 인근에는 장로교, 감리교, 성결교에서 가장 크다는 새문안교회, 정동제일교회, 아현교회가 자리하고 있었다. 성도들은 조용기 전도사가 서대문으로 옮기면 대형 교회들에 치여 절대로 성공하지 못할 것이라고 말했다. 시간이 지날수록 천막교회 성도들의 반발은 더 심해졌다.

조용기 전도사가 천막교회 성도들을 설득하고 있을 무렵 존 허스톤 선교사 역시 교단의 몇몇 목사들로부터 거센 항의를 받고 있었다. 그 이유는 조용기 전도사의 나이가 너무 어리고 경험이 부족하다는 것이었다. 거센 반대에 부딪히자 존 허스톤 선교사도 조용기 전도사도 모든 것을 하나님께 맡기고 기도하는 것 외에는 아무것도 할 수 없다는 것을 절실하게 느꼈다. 두 사람은 믿음으로 성도들을 설득하고 일부 교역자들의 비난을 물리치며 묵묵히 하나님의 뜻을 따랐다. 우여곡절 끝에 1961년 10월 15일, 조용기 전도사는 최자실 전도사와 존 허스톤 선교사와 함께 부흥 집회가 열렸던 서대문 사거리에 천막을 치고 개척 예배를 드릴 수 있게 되었다. 당시 대조동 천막교회의 성도 중 개척 예배에 참여한 가정은 두 가정뿐이었다.

믿는 자에게는 능히 하지 못할 일이 없느니라

서대문에서 개척을 시작한 조용기 전도사는 성전이 완공될 때까지 예배 처소로 샘 토드 목사의 부흥 집회 때 썼던 천막을 잠시 사용하기로 했다. 존 허스톤 선교사와 조용기 전도사는 교회 성장을 위해 개척 예배 이후 3주 동안 아침, 저녁으로 연속 부흥회를 가졌다. 아침에는 두 사람이 번갈아 가며 설교했고 저녁에는 샘 토드 목사를 초청하여 조용기 전도사의 통역으로 예배를 드렸다. 매일 수십 명이 회심하고 병 고침을 받았으며 강력한 성령충만의 은혜를 경험했다. 그렇게 시간이 지나면 지날수록 조용기 전도사의 설교는 능력을 더해갔다.[41] 평상시에는 말이 적은 편이었지만 강단에 올라가기만 하면 천막을 쪼갤 듯한 강렬한 음성으로 폭포수처럼 말씀을 쏟아냈다.

---

41) 최자실, 『나는 할렐루야 아줌마였다』, 359.

잠언 4장 23절에는 '모든 지킬 만한 것 중에 더욱 네 마음을 지키라 생명의 근원이 이에서 남이니라'라고 기록되어 있습니다. 여러분은 마음을 지키십시오. 말씀으로 지키고 성령으로 지키십시오. 그 마음에 아브라함의 믿음을 지키십시오. 성경 갈라디아서 3장 9절에는 '그러므로 믿음으로 말미암은 자는 믿음이 있는 아브라함과 함께 복을 받느니라'고 했습니다. 여러분 눈앞에 가난이 산더미처럼 쌓여있습니까? 병고가 뿌리 깊이 박혀있습니까? 허무와 무의미가 안개처럼 서려있습니까? 믿음은 '보이지 않는 실상'이라고 했습니다. 보이는 것 배후에 보이지 않는 축복의 세계를 보십시오. 아브라함은 약속의 말씀을 좇아 갈대아 우르를 떠났습니다. 지금 이 시간에 아브라함의 믿음으로 근심과 고통과 허무의 땅을 떠나십시오. 축복의 가나안 땅으로 가십시오. 여러분은 산을 옮길 만한 믿음이 있습니다. 예수 그리스도의 사랑과 능력을 가지고 보혜사 성령이 여러분을 돕기 위해 와계십니다. 여러분은 가난하지 않습니다. 여러분은 약하지 않습니다. 여러분은 절대 무용한 인간이 아닙니다. 여러분은 부자이고 건강하고 하나님이 그 아들의 피로 값주고 사신 귀한 존재입니다.[42)]

말씀이 선포될 때마다 수많은 기사와 이적이 일어났다. 그러나 하나님의 뜻에 순종하며 시작한 서대문에서의 생활은 대조동 천막교회 시절보다 더 어려웠다. 밥 지을 쌀이 없어서 수돗물로 배를 채우는 날이 더 많았다. 하루는 조용기 전도사가 배고픔을 잊기 위해 거울을 보며 이렇게 외쳤다. "폐병 환자였던 내가 지금 얼마나 건강한지 보라!", "조용

42) 『여의도순복음교회 40년사』, 107-108.

기 너의 믿음은 태산을 옮길 만하다. 믿는 자에게는 능히 하지 못할 일이 없다.", "다음 해에는 우리 교회에 1천 명의 성도가 몰려올 것이다.", "가난하다고 말하지 말라! 너는 부자다!" 그때 갑자기 그의 마음속에 "너는 곧 한국 최대 교회를 세우게 될 것이다."라는 음성이 들려왔고, 이어서 수많은 성도 앞에서 설교하는 자신의 모습이 그려졌다.[43]

그러나 조용기 전도사에게 '한국 최대 교회'라는 꿈은 도저히 이룰 수 없는 꿈처럼 여겨졌다. 존 허스톤 선교사를 찾아간 그는 자신이 하나님으로부터 받은 꿈을 이야기했다. 조용기 전도사의 이야기를 들은 존 허스톤 선교사는 매우 기뻐했다. 그는 근심하는 조용기 전도사에게 지금 한국에서 가장 큰 교회가 어디냐고 물었다. 당시 한국에서 가장 큰 교회는 한경직 목사가 시무하는 영락교회였다. 교인 수는 6천 명에 이르렀고, 여러 번의 예배가 드려지고 있었다.

꿈을 구체화하기 위해 두 사람은 영락교회가 얼마나 큰지 보러 가기로 했다. 기왕 보러 가는 김에 자세히 살펴보기 위해 줄자와 종이, 연필을 챙겨서 갔다. 그러나 영락교회의 사찰 집사는 예배가 없는 날이라며 두 사람을 돌려보내려고 했다. 조용기 전도사는 예배드리러 온 것이 아니라 교회 건물의 치수를 재고 교회 의자의 수가 얼마나 있는지 알아보기 위해 왔다고 말했다. 그러자 사찰 집사는 외부인이 왜 자신의 교회 치수를 재냐며 나가라고 떠밀었다. 조용기 전도사는 어떻게 하면 한경직 목사님처럼 훌륭한 목회를 할 수 있는지 배우고 싶어서 영락교회를

43) 국제신학연구원 편, 『여의도의 목회자』, 367-368.

자세히 살펴보고자 온 것이라 설명했다. 잠시 고민하던 사찰 집사는 두 사람을 교회 안으로 들어갈 수 있도록 허락해주었다.

조용기 전도사는 줄자를 가지고 교회 건물의 길이와 폭을 자세히 재기 시작했다. 그동안 존 허스톤 선교사는 성도들이 앉는 의자의 개수를 꼼꼼히 세었다. 영락교회의 치수를 다 재고 의자 개수를 확인한 두 사람은 곧바로 공사가 진행 중인 서대문으로 달려가 건물의 크기를 비교해 보았다. 놀랍게도 서대문에 짓고 있는 성전의 길이와 폭이 각각 2m 정도 더 길었다. 영락교회보다 의자가 두 줄은 더 들어갈 수 있는 규모였다. 이를 확인한 존 허스톤 선교사는 이제 성전을 다 채우기만 하면 한국에서 가장 큰 교회가 탄생하겠다며 조용기 전도사를 독려했다.

순복음부흥회관 증축 모습

1961년 11월, 순복음부흥회관이 완공되었다. 1962년 2월 18일에 완공된 순복음부흥회관에서 헌당 예배를 드리게 되었다. 서대문으로 교회를 옮긴 지 4개월 만의 일이었다. 이날 1천 5백석 규모의 부흥회관은 국회

부의장과 문교부 장관을 포함한 3천여 명의 축하 손님과 성도들로 가득했다.[44] 이날 저녁에 가진 성전 완공 기념부흥회에는 더 많은 성도가 몰려왔다. 이때 걷지 못하는 한 여인이 설교를 듣는 도중 마비된 근육이 살아나는 것을 느끼기 시작했으며, 신유 기도가 끝날 무렵에는 자유롭게 걷게 되는 등 수많은 기적이 나타났다.

그러나 성전 완공의 기쁨은 오래가지 않았다. 축하하기 위해 왔던 성도들이 돌아가고 자체 출석 성도들과 드린 첫 주일예배에서 조용기 전도사는 앞자리만 조금 차 있고 그 뒤로는 텅 빈 성전 좌석을 마주해야만 했다. 성전의 1천 5백석 의자가 부담스럽게만 다가왔다. 때때로 조용기 전도사는 자신이 최선을 다해 설교하는 동안 고개를 푹 숙이고 잠을 자는 노숙자들을 보면 힘이 빠지곤 했다. 성전을 채우기 위해 전도 용지를 들고 길거리로 나가서 노방전도를 시작했지만, 사람들은 모이지 않았다. 전도가 잘되지 않아서 유명 부흥사를 초청하여 부흥회를 열기도 했다. 부흥회는 성공적이었고 많은 사람이 몰려와 함께 예배를 드렸지만 그때뿐이었다. 계속해서 비어있는 성전을 보며 조용기 전도사는 점점 지쳐갔다.

그러던 중 부흥강사로 초청했던 알 리드 목사의 아들인 토미 리드 목사가 조용기 전도사를 찾아왔다. 그는 자기가 꾼 꿈에 대해 조용기 전도사에게 이야기했다. 그 꿈의 내용은 수천, 수만의 사람이 모여 자기들을 이끌어 줄 사람을 기다리고 있었고 조용기 전도사가 그들 앞에 서자 모

44) 『여의도순복음교회 50년사』, 91.

두 기뻐하며 따랐다는 것이었다. 그러면서 조용기 전도사가 수천, 수만 명의 양을 목회하게 될 것 같다는 말을 덧붙였다. 토미 리드 목사가 떠난 후 조용기 전도사는 무릎을 꿇고 자신의 힘으로는 아무것도 할 수 없으니 하나님만 의지하겠다고 기도하기 시작했다. 하나님이 직접 교회를 이끌어달라고 간절히 기도하던 중 조용기 전도사 마음 가운데 "네가 수천, 수만의 양을 인도하리라."라는 음성이 들려왔다.

하나님의 음성을 들은 후 조용기 전도사는 매일 아침, 저녁으로 교회의 부흥을 위해 하나님께 간절히 부르짖었다. 기도 외에는 다른 방법이 없다는 것을 깨달았기 때문이다. 그는 하루를 시작하기 전 앞으로 일어날 일을 두고 기도로써 하나님과 의논했다. 그에게 있어 기도는 비현실적이고 신비적인 영성이 아닌 삶 자체였다.[45] 그렇다고 해서 교회의 상황이 곧바로 좋아진 것은 아니었다. 조용기 전도사는 강단에 서서 빈 좌석을 볼 때마다 가슴이 답답했다. 그래서 차라리 눈을 감고 설교하기로 마음먹었다. 그는 당시의 상황을 이렇게 회고했다.

> 사실 눈을 뜨는 것이 무서웠습니다. 현실을 잊고 싶었습니다. 하지만 하나님은 '없는 것을 있는 것 같이 부르시는 분'이시므로 나도 현실의 눈으로는 보이지 않지만 이제 곧 이 성전을 가득 채울 성도들을 내 마음속에 그렸습니다. 그리고 "할렐루야, 오늘 이 성전을 가득 메운 성도 여러분 환영합니다. 지금 너무 많은 분이 오셔서 자리가 부족합니다. 불편하시더라도 양해해주시기 바랍니다."라고 마음속으로 인사말

45) 명성훈, 『교회성장과 기도』 (서울: 서울서적, 1992), 21.

을 한 후 온몸이 땀에 젖을 정도로 최선을 다해 설교했습니다. 내가 이렇게 열정적으로 설교하자 내 마음속에 있는 수많은 성도가 계속해서 "아멘"을 외치며 나의 설교에 귀를 기울이는 것처럼 느껴졌습니다.[46]

조용기 목사는 포기하지 않고 계속 기도하면서 믿음의 눈으로 수많은 성도가 교회로 몰려올 것을 바라보았다. 그러자 "믿는 자에게는 능히 하지 못할 일이 없느니라"(막 9:23)라는 성경 말씀처럼 놀라운 일이 벌어졌다. 주일마다 30여 명 이상의 성도가 새신자로 등록하기 시작한 것이다. 서대문으로 이전한 지 1년도 채 안 되었을 때 재적 성도가 2천 명을 넘어섰다.

1962년 4월 26일, 조용기 전도사는 기독교대한하나님의성회로부터 목사 안수를 받았다. 그리고 같은 해 5월 13일에 순복음부흥회관의 명칭을 '순복음중앙교회'로 변경하고 새로운 마음으로 교회를 이끌었다. 존 허스톤 목사는 서대문에 교회를 지을 때부터 한국교회의 담임목사는 한국인이 담당해야 한다고 생각했기에 순복음중앙교회 목회권을 조용기 목사에게 이양할 계획이었다. 그래서 조용기 전도사가 목사 안수를 받자 존 허스톤 선교사는 담임목사 직분을 내려놓고 협동 목사가 되었다. 존 허스톤 선교사는 자신은 조용기 목사가 정식으로 담임 사역을 맡아서 할 수 있을 때까지 봉사하는 역할을 할 뿐이라고 말하며 조용기 목사의 사역을 적극적으로 도왔다.

46) 국제신학연구원 편, 『여의도의 목회자』, 373-374.

순복음중앙교회 위임목사가 된 조용기 목사와 성도들

성령님, 인정합니다! 환영합니다! 모셔 들입니다!

서대문 순복음중앙교회가 개척한 지 3년에 접어든 1964년에는 재적 성도 수가 3천 명에 이르게 되었다. 기존의 성전 규모로 늘어나는 성도를 감당할 수 없게 되자 1964년 5월 17일 주일부터 1부(오전 10시)와 2부(낮 12시)로 나눠서 예배를 드리게 되었으며, 1965년 6월 27일 주일부터는 1부(오전 8시)와 2부(오전 10시) 그리고 3부(낮 12시)로 예배를 세 번으로 나눠서 드리게 되었다.[47] 이는 한국교회 역사상 유례없는 일이었다. 날이 갈수록 교회가 부흥하자 조용기 목사의 마음에는 1만 성도를 향한 소원이 불타올랐다. 그러나 어느 순간부터 더 이상 교회가 성장하지 못하고 정체되기 시작했다.

---

47) 여의도순복음교회 60년사 편찬위원회, 『여의도순복음교회 60년사』 (서울: 서울말씀사, 2018), 38-39.

날이 갈수록 부흥하는 순복음중앙교회

조용기 목사는 이른 아침부터 늦은 저녁까지 쉬지 않고 심방을 다녔으며 최자실 전도사와 함께 새벽예배, 철야예배, 수요예배, 금요예배를 인도했다. 이 같은 노력에도 성도 수는 늘어나지 않았다. 어느 추운 겨울, 새벽예배를 마친 조용기 목사가 홀로 성전에 남아 기도하고 있을 때였다. 주위가 갑자기 조용해지더니 "성도가 3천 명 이상으로 성장하는 것을 보기 원하느냐?"라는 하나님의 음성이 들려왔다. 조용기 목사는 당연히 더 많은 성도를 섬기길 원한다고 대답했다.

하나님은 조용기 목사에게 이스라엘 백성들이 광야에서 먹을 것이 없었을 때 맨손으로 메추라기를 잡으려 했다면 얼마나 잡을 수 있겠느냐고 다시 물으셨다. 조용기 목사는 당연히 거의 잡지 못했을 거라고 답했다. 이스라엘 백성들은 하나님이 성령의 바람을 일으켜 보내주신 메추라기를 그저 줍기만 했다는 것을 기억한 조용기 목사는 큰 깨달음을 얻었다. 지금까지 자기의 열심으로 교회를 성장시키려고 무리하게 자신을 혹사했던 것이 광야에서 맨손으로 메추라기를 잡으려는 모습과 같았다는 것을 알게 되었다.

그러면서도 한편으로는 '나는 이미 성령을 받았고 성령의 도우심을 인정하는데 무엇이 문제일까?' 하는 의문이 들었다. 그 마음을 아신 하나님은 지금까지 조용기 목사가 성령을 교회 성장을 위한 도구로만 생각했었다는 것을 알게 하셨다. 교회가 성장하지 못하고 정체 상태에 빠지게 된 이유가 자신에게 있다는 것을 깨달은 조용기 목사는 당황스러운 마음을 감출 수 없었다. 하나님은 조용기 목사에게 성령은 인격자이시기 때문에 인격적으로 대해야 한다고 말씀하셨다. 이를 계기로 조용기 목사는 성령을 인격적으로 인정하고, 환영하고, 모셔 들이며 깊은 교제를 할 때 참된 교회가 된다는 것을 마음 깊이 새기게 되었다.

그의 마음속에는 "성령과 인격적인 교제를 나누라!"라는 하나님의 음성이 계속해서 메아리치고 있었다.[48] 그러나 어떻게 성령과 인격적인 교제를 나눌 수 있는가에 관해서는 여전히 감이 잡히지 않았다. 조용기 목사는 성경을 깊이 연구하기 시작했다. 특별히 사도행전과 바울 서신

48) 국제신학연구원 편, 『여의도의 목회자』, 396.

을 보며 성령의 사역에 대해 묵상하게 되었다. 그리고 초대교회 지도자들과 성도들이 언제나 성령을 모시고 사역을 했다는 사실을 발견했다. 그들은 예루살렘 회의를 개최하면서 "성령과 우리는 이 요긴한 것들 외에는 아무 짐도 너희에게 지우지 아니하는 것이 옳은 줄 알았노니"(행 15:28)라고 고백했다. 조용기 목사는 그동안 성령을 교회 성장의 도구로만 이용하려 했었던 자신의 잘못을 인정하지 않을 수 없었다. 그리고 겸손하게 무릎을 꿇고 회개했다.

> 하나님, 제 잘못입니다. 지금까지 성령님을 교회 성장을 위한 도구로만 여기고 제대로 섬기지도 못하고 잘 모시지도 못했습니다. 성령님은 언제나 제 안에 거하셔서 함께하시는 인격자이신데 성령님을 인격적으로 대하지 못했습니다. 이제부터는 제 안에 계신 성령님을 인격자로 모셔들이기 원합니다. 앞으로는 결코 성령님보다 앞서 행동하지 않겠습니다. 성령님이 우리 교회의 담임 목회자이시고 저는 단지 성령님의 사역을 돕는 부교역자에 불과합니다.[49]

그 후부터 조용기 목사는 성령을 인격적으로 인정하기 시작했다. 매일 아침, 잠에서 깨자마자 "성령님, 좋은 아침입니다. 오늘도 저를 사용하셔서 예수 그리스도의 복음이 잘 증거될 수 있도록 해주옵소서."라고 고백하게 된 것이다. 설교를 준비하면서도, 설교를 위해 강단에 올라서기 전에도 성령의 도우심을 구하며 기도했다. 조용기 목사는 날마다 "성령이 앞장서 주시면 그저 뒤따라가겠다."라고 고백했다. 이렇게 성

49) Ibid., 397.

령을 인격적으로 인정하고 환영하고 모셔 들이자 성령의 놀라운 계시와 능력이 충만하게 부어지는 것을 느낄 수 있었다. 이후 조용기 목사는 성령이 인격적인 존재라는 사실을 강력하게 주장했고, 그의 성령의 인격 이해는 한국과 세계교회에 지대한 영향을 미치게 되었다.

하나 그리고 둘

성령의 인도하심에 따라 조용기 목사가 서대문 순복음중앙교회 사역을 안정적으로 하고 있을 무렵 성도들 사이에서는 조용기 목사에게 아내와 가정이 필요하다는 여론이 급속하게 퍼지기 시작했다. 하루는 교회의 몇몇 중직자들이 조용기 목사의 결혼 문제를 논의하고자 그의 자취방을 찾아갔다. 그러자 조용기 목사는 결혼 문제에 대해 자신도 매우 중대하게 고민하며 기도하고 있으니 재촉하지 말라며 돌려보내고자 했다. 그럼에도 권사들은 목회를 위해서는 옆에서 도울 사모가 필요하다면서 최자실 전도사의 딸 김성혜 양과의 결혼을 적극적으로 추진했다.

갑작스러운 제안에 조용기 목사는 적잖이 놀랐다. 그도 그럴 것이 조용기 목사는 지금까지 김성혜 양을 친동생처럼 여겨왔기 때문이다. 당황한 조용기 목사의 마음을 눈치챈 성도들은 김성혜 양과 결혼하면 최자실 전도사하고도 영원히 한 팀이 되어 사역할 수 있으니 좋지 않겠냐며 둘의 만남을 독려했다. 성도들이 돌아간 후 조용기 목사는 자신의 결혼 문제에 대해 진지하게 상의하고자 존 허스톤 선교사를 찾아갔다. 허스톤 선교사는 조용기 목사가 결혼 이야기를 꺼내자마자 기다렸다는 듯 김성혜 양과 결혼을 하는 것이 좋겠다며 조언했다. 그는 조용기 목사의 결혼을 두고 하나님께 기도할 때마다 김성혜 양과 결혼하는 것이 하나님이 원하시는 일이라는 확신이 들었다고 말했다. 더욱이 최자실 전도사가 조용기 목사를 신학생 시절부터 사윗감으로 생각해두지 않았냐면서 김성혜 양이 배우자로 어떤지 기도해보라고 권면했다.

결혼 문제를 두고 본격적으로 기도하기 시작한 조용기 목사는 기도하면 할수록 김성혜 양과 결혼하는 것이 하나님의 인도하심이라는 생각이 들었다. 김성혜 양과 결혼을 결심한 조용기 목사는 그녀에게 시계를 약혼예물로 선물하며 마음을 표현했다. 김성혜 양 역시 조용기 목사가 싫지 않았다. 그가 최선을 다해 사역에 임하는 모습이 보기 좋았기 때문이다.[50] 대조동 시절, 조용기 목사가 폐결핵을 앓고 나은 지 얼마 지나지 않았을 때 성도 20여 명을 앞에 두고 매우 큰 소리를 설교하는 모습을 보며 김성혜 양은 그의 건강이 염려되어 적당히 해도 되지 않냐고 물었다고 한다. 조용기 목사는 여기에 2천 명의 성도가 있다는 마음으로 설교하고 있다고 대답했던 모습을 그녀는 오래도록 잊을 수 없다고 회상했다.

그리고 마침내 1965년 3월 1일, 두 사람은 3천여 명의 성도들의 축복 속에서 평생의 동반자로 맺어졌다.[51] 주례는 미국 하나님의성회 선교사로 한국에 있던 루이스 리처드 목사가 맡았는데 유능한 젊은 목사의 결혼을 축하하는 마음이 넘친 나머지 한 시간이나 주례사를 했다. 당시 몸이 좋지 않았던 조용기 목사는 쓰러지지 않기 위해 안간힘을 써야만 했

50) "초대형 교회 목사의 아내, 세 아들 엄마로 내가 겪은 애환", 여성동아 (2003. 11. 10).
51) 최자실, 『나는 할렐루야 아줌마였다』, 383.

다. 두 사람은 백금 반지를 결혼예물로 교환하고 부산 해운대로 신혼여행을 떠났다.

조용기 목사 결혼식

조용기 목사는 결혼 전후 6개월가량 부흥회 때문에 정신없는 시간을 보냈다. 지방에서 열리는 부흥회에 참석하기 위해 월요일에 집을 나가면 토요일에 돌아오곤 했다. 그리고 주일이 되면 교회에서 예배를 드리고 다시 월요일이 되면 지방으로 내려가는 생활이 반복되었다. 당시 조용기 목사의 꿈은 한국의 빌리 그래함이 되는 것이었다.[52] 그래서 쉬는

52) 국제신학연구원 편, 『여의도의 목회자』, 413.

날도 없이 열심히 부흥회를 인도했다. 그는 부흥회를 위해 지방에 내려갈 때 출발 시간보다 두 시간 먼저 역에 도착하기도 하고 심방 가는 성도의 집에 약속 시간보다 한 시간 먼저 도착하여 성도들을 난처하게 한 적이 있을 정도로 급한 성격을 가졌다고 한다.[53] 이를 다르게 보면 그만큼 모든 일을 철저하고 부지런하게 준비하는 성격이었음을 알 수 있다.

결혼 초 조용기 목사는 가정을 돌보는 일보다 사역에 더 매진했다. 서대문 순복음중앙교회를 확장하는 공사를 할 때 조용기 목사는 3년 동안 교회에서 받은 사례비 전액을 건축헌금으로 드렸다. 이런 이유로 가정 경제는 피아노 수업을 하는 김성혜 사모의 수입에 의존할 수밖에 없었다.[54] 어려운 상황 속에서도 조용기 목사는 힘들고 가난한 사람을 돕는 일에 열심을 냈다. 하루는 저녁에 집에 돌아오자마자 김성혜 사모에게 오토바이가 없어 힘들어하는 군목을 위해 오토바이를 기증하자고 제안했다. 사실 피아노 수업으로 가정 살림을 감당하는 것도 빠듯했지만 김성혜 사모는 불평하지 않고 조금씩 저금해두었던 돈을 내놓았다. 조용기 목사는 자신의 결정에 묵묵히 따라주는 아내에게 항상 고마운 마음을 가졌다.

그렇다고 조용기 목사의 가정에 아무런 문제가 없던 것은 아니었다. 조용기 목사가 교회 일에 전념하느라 가정 살림을 전혀 돌보지 못했기 때문이다. 심지어 이사갈 때 김성혜 사모가 "오늘 이사 가요."라고 말하면 조용기 목사는 "알겠다. 나중에 이사 한 집에서 만나자."라고 대답할

53) "초대형 교회 목사의 아내, 세 아들 엄마로 내가 겪은 애환", 여성동아.
54) 『여의도순복음교회 50년사』, 92.

정도였다.[55] 그렇게 김성혜 사모가 홀로 집을 지키는 시간이 많아졌다. 조용기 목사의 머릿속에는 온통 교회뿐이었기에 아내를 돌아볼 마음의 여유가 없었다. 그러자 김성혜 사모는 점점 말수가 적어지더니 신경질적으로 변해갔다. 서로를 이해하지 못하고 언성을 높이며 싸우는 횟수가 늘어만 갔다.

아내와의 문제가 지속되자 이를 두고 조용기 목사는 하나님께 부르짖어 기도하기 시작했다. 자신은 하나님의 일을 하는 목회자로서 교회와 사역에 최선을 다하는 것이 마땅하다고 생각했는데 도대체 왜 아내가 자신을 힘들게 하는지 이해할 수 없다고 하소연했다. 그렇게 한참을 기도하는 도중 하나님이 화목한 가정 위에 아름다운 교회가 세워진다고 말씀해주셨다. 처음엔 교회보다 가정을 더 우선시하라는 하나님의 말씀을 이해할 수 없었다. 그러나 하나님은 건강하고 화목한 가정이 버티고 있어야 비로소 교회도 굳건한 반석 위에 세워질 수 있다는 사실을 깨닫게 하셨다. 이후 조용기 목사는 아내와 함께하는 시간을 점차 늘렸고 가정 살림에 관심을 가지기 시작했다.

아내와의 관계가 회복되면서 조용기 목사는 결혼을 통해 아내라는 귀한 사역의 동역자를 얻게 된 것에 감사하게 되었다. 특별히 아내는 자신의 설교를 그 누구보다 객관적으로 평가해 줄 수 있는 사람이었다. 조용기 목사는 주일 설교를 위해 한 주 동안 열심히 설교문을 준비한 후 김성혜 사모를 앉혀두고 설교하기 시작했다. 처음에는 서로 어색해서

---

55) "초대형 교회 목사의 아내, 세 아들 엄마로 내가 겪은 애환", 여성동아.

웃기도 했지만, 시간이 지나면서 진지하게 임했다. 조용기 목사는 수많은 성도 앞에서 설교하는 것처럼 열정적으로 설교했다. 설교가 끝나면 김성혜 사모는 좋았던 점과 개선해야 할 점을 일목요연하게 알려주었다. 가끔은 자존심이 상할 때도 있었지만 조용기 목사는 아내의 조언을 귀담아듣고 적극적으로 반영했다.

가정의 역할이 중요하다는 사실을 깨달은 조용기 목사는 부교역자를 뽑을 때도 가정을 충실히 돌보는 사람을 택했다.[56] 어느 날 한 신학생이 순복음중앙교회에서 사역하고 싶다며 찾아왔다. 마침 급격하게 늘어나는 성도를 잘 돌보기 위해서는 부교역자가 필요하다고 생각하던 참이었다. 그래서 조용기 목사는 찾아온 신학생에게 성경관과 신앙관에 대해 질문했다. 신학생이 성실하게 답변하는 모습을 보고 부교역자로 부족함이 없다는 생각이 들었다. 그러나 이러한 생각은 곧 뒤바뀌게 되었다. 조용기 목사가 신학생에게 결혼했냐고 물었을 때 그는 결혼해서 아이도 있지만, 하나님의 일을 하기 위해 아내와 아이를 배설물과 같이 버렸다고 대답했기 때문이다.

깜짝 놀란 조용기 목사는 자신의 가정을 배설물과 같이 버리는 사람이 어떻게 성도들의 삶을 돌보고 하나님의 일을 할 수 있냐고 되물었다. 신학생은 하나님의 일을 하기 위해서는 사역 외에 다른 것들은 버리는 것이 좋지 않겠냐고 답했다. 그러자 조용기 목사는 가정을 소중히 생각하지 않는 사람이 성도들을 귀히 여기고 주어진 사역을 잘 감당할 수 있을지 의문이

56) 국제신학연구원 편, 『여의도의 목회자』, 415.

든다고 말하며 단호하게 그를 돌려보냈다. 이후로도 조용기 목사는 화목하고 건강한 가정 위에 올바른 교회가 세워진다는 사실을 잊지 않았다.

2. 교회 성장의 토대를 다지다

목회 가운데 찾아낸 보석, 구역 사역

고난을 통해 깨달은 동역의 가치

서대문 순복음중앙교회는 급속한 성장을 이루고 있었지만, 조용기 목사는 만족할 수 없었다. 많은 성도가 있었으나 그가 하나님께 기도한 것에 비해서는 못 미치는 숫자였기 때문이다. 그래서 더욱더 사역에 매진했다. 그 결과 하루도 온전히 쉬지 못하며 몸을 혹사하게 되었다. 조용기 목사는 몸에 점점 무리가 된다는 것을 알면서도 쉬지 않고 열심히 일하는 것이 하나님을 기쁘시게 하는 것이라고 여겼다. 그럴수록 피곤은 누적되고 몸의 기력은 약해졌다.

순복음중앙교회 시절의 예배 모습

그러던 어느 주일, 오전 예배를 마치고 3백여 명의 성도들에게 침례를 베풀기로 한 날이었다. 조용기 목사가 지쳐있음을 잘 알고 있던 존 허스톤 선교사가 자신이 대신 침례를 베풀면 어떻겠냐고 제안했다. 교회의 담임목사로서 모든 것을 스스로 해야 한다고 생각했던 조용기 목사는 괜찮다며 존 허스톤 선교사의 제안을 거절했다. 그의 마음속에는 하나님이 특별히 선택하신 그릇인 자신을 통해서만 성도들에게 축복이 임할 거라는 착각이 자리하고 있었다. 그러나 침례가 진행될수록 점점 힘에 부치는 것을 온몸으로 느낄 수 있었다. 그는 하나님께 힘을 달라고 기도하면서 3백여 명에게 침례를 주었다. 마지막 성도에게 침례를 베풀고 물 밖으로 나오자 극심한 현기증이 느껴졌다.[57]

그러나 그의 일정이 아직 다 끝난 것이 아니었다. 그날 오후에는 미국에서 오는 부흥사를 마중 나가야 했고, 저녁에는 그 부흥사의 설교를 통역하기로 되어 있었다. 조용기 목사의 창백해진 얼굴을 보고 존 허스톤 선교사가 자신이 부흥사를 마중 나가겠다고 했다. 최자실 전도사도 조용기 목사에게 쉴 것을 권면했지만 그는 스스로 모든 일을 감당하고자 했다. 그래서 점심 식사조차 하지 않고 급히 공항으로 달려가 부흥사를 맞이했다. 존 허스톤 선교사와 최자실 전도사는 통역만큼은 다른 사람을 알아보자고 했지만, 조용기 목사는 거절했다. 몸이 힘든 것은 사실이었지만 하나님의 능력이 자신에게 넘쳐나고 있으니 모든 것을 거뜬히 할 수 있다고 생각했기 때문이다.

57) Ibid., 399.

저녁 집회가 시작되었다. 전형적인 오순절 설교자였던 부흥사는 이리저리 뛰며 큰 소리로 설교하기 시작했다. 그러자 설교를 통역하던 조용기 목사 또한 부흥사를 따라 이리저리 뛰며 큰 소리로 통역했다. 그러던 중 조용기 목사는 심장 주변에 심한 경련이 일어나는 것을 느낄 수 있었다. 똑바로 서 있을 수 없었고 숨 쉬는 것조차 벅차게 느껴졌다. 결국 조용기 목사는 강대상 위에서 쓰러지고 말았다. 병원으로 옮겨진 그가 의식을 되찾았을 때는 이미 집회가 끝난 후였다.

조용기 목사는 강대상 위에서 쓰러져 병원에 실려 온 자신의 모습이 한없이 부끄럽게 여겨졌다. 아픈 사람들을 위해 기도하며 병을 낫게 하던 목사가 병원에 누워있는 것이 말이 되지 않는다고 생각했다. 그래서 병원에서 치료받는 것보다 하나님께 기도로 고침을 받아야 한다고 믿었다. 의사는 조용기 목사에게 매우 약한 심장을 가졌고 다른 신체 조직 또한 약해진 상태이기 때문에 목회를 포기하고 다른 직업을 찾는 것이 좋겠다고 말했다. 28세의 젊은 나이의 조용기 목사에게 목회를 포기하라는 말은 사형선고와 같았다. 그는 하나님이 기적적으로 자신을 치료하실 것을 기대하며 그 어떤 치료도 거부했다. 의사들은 그의 고집에 치료를 포기했다.

집으로 온 조용기 목사는 신유와 관련된 성경 말씀을 가지고 하나님께 간절히 기도했다. 그러나 몸 상태는 나아질 기색이 없었다. 교회 성도 중에는 의사들도 있었다. 그들이 조용기 목사를 찾아와 도움을 주고자 했지만, 그는 한사코 거절했다. 온몸에 힘이 들어가지 않고 부들부들 떨려왔지만, 그는 설교하는 것을 멈추지 않았다. 결국 희미한 목소리로 간신히 설교하던 조용기 목사는 또다시 쓰러지고 말았다.

의식을 되찾은 조용기 목사는 마태복음 8장 17절 "우리의 연약한 것을 친히 담당하시고 병을 짊어지셨도다"와 이사야 53장 5절 "그가 채찍에 맞으므로 우리는 나음을 받았도다"라는 성경 말씀을 반복하며 기도했다. 아무리 간절히 기도해도 신유에 대한 확신은 생기지 않았다. 스스로 죽어가고 있다는 절망적인 생각만 들 뿐이었다. 하나님께 힘을 달라고 기도하며 강대상에 올라가도 설교한 지 5분 정도 지나면 다시 쓰러졌다. "정말 치료해주지 않으실 것입니까?"라며 원망 섞인 기도를 하고 있을 때 갑자기 하나님의 음성이 들려왔다. "아들아, 나는 너를 치료할 것이지만 그 치료는 10년이 걸릴 것이다." 그때부터 그는 죽음의 두려움이 엄습할 때마다 치료해주시겠다고 말씀하신 하나님의 약속을 의지하곤 했다.[58)]

이후 수년간 조용기 목사는 강대상을 꼭 붙잡고 간신히 설교했고, 때로는 존 허스톤 목사에게 설교를 맡겨야 할 때도 있었다. 언제 어디서 쓰러질지 모른다는 두려움 때문에 설교할 때를 제외하고는 거의 모든 시간을 방에서 기도하거나 책을 보는 데 할애했다. 그에겐 견디기 힘든 고통의 시간이었고, 한국에서 가장 큰 교회를 일궈내겠다는 그의 꿈도 점점 희미해지는 것 같았다. 이러한 절망 가운데 조용기 목사는 자신의 목회를 돌아보게 되었다. 그는 지금까지 하나님으로부터 목회를 배워왔다. 불을 지나고 거센 강물을 건너기도 했으며 때로는 생명이 끊어질 듯

58) 조용기, 『희망목회 45년』 (서울: 교회성장연구소, 2004), 66.

한 위기 앞에 서기도 했다.[59] 목회가 잘 될 때는 자만심에 빠져 실패를 경험해보기도 했다.

그는 이런 과정을 지나오며 목회는 개인의 일이 아니라 하나님의 일이라는 사실을 깨닫게 되었다. 그리고 교회의 모든 일을 혼자서 할 수 없다는 사실을 인정하게 되었다. 1964년부터 1965년까지 조용기 목사는 건강상의 문제로 대부분의 시간을 침대에서 보내야 했지만, 이 시간은 곧 기회가 되었다. 그가 혼자서 모든 것을 다 할 수 있다는 자만심을 내려놓고, 성도들을 훈련하여 평신도 지도자로 세우는 계기가 되었기 때문이다.

교회에서, 집에서

조용기 목사는 성도들을 훈련하여 그들과 함께 사역해야 한다는 걸 깨달았지만 어떻게 순복음중앙교회에 적용할 수 있을지 방법을 알지 못했다. 그래서 매일 하나님의 도우심을 구하며 부르짖어 기도했다. 그러던 중 출애굽기 18장을 묵상하며 큰 깨달음을 얻었다.[60] 모세는 광야에서 홀로 이스라엘 백성들을 돌보았다. 매일 아침부터 늦은 저녁까지 다른 사람의 도움을 받지 않고 이스라엘 사람들에게 생긴 분쟁을 듣고 옳고 그름을 판단하는 일을 해나갔다. 장인 이드로는 모세가 이스라엘 백성의 재판관으로서 분쟁을 해결하는 데 많은 힘을 쏟고 있는 것을 보았다. 그래서 모세가 무리하게 모든 재판을 감당하다가 기운이 빠져 지치지 않도

59) Ibid., 71.
60) 국제신학연구원 편, 『여의도의 목회자』, 402-409.

록 다른 사람들과 일을 나눠서 하는 것이 어떻겠냐고 제안했다.

"너는 또 온 백성 가운데서 능력 있는 사람들 곧 하나님을 두려워하며 진실하며 불의한 이익을 미워하는 자를 살펴서 백성 위에 세워 천부장과 백부장과 오십부장과 십부장을 삼아 그들이 때를 따라 백성을 재판하게 하라 큰 일은 모두 네게 가져갈 것이요 작은 일은 모두 그들이 스스로 재판할 것이니 그리하면 그들이 너와 함께 담당할 것인즉 일이 네게 쉬우리라"(출 18:21-22)

조용기 목사는 홀로 이스라엘 백성들을 돌보았던 모세의 모습이 혼자서 교회의 모든 일을 감당하려 했던 자신의 모습과 비슷하다는 생각이 들었다. 모세가 장인 이드로의 조언을 듣고 천부장, 백부장, 오십부장, 십부장을 선출하여 이스라엘 백성들을 돌보았다는 성경 말씀을 보며 목회의 권한을 성도들에게 위임하는 것이 하나님의 뜻이라는 것을 확신하게 되었다. 또한 에베소서 말씀에서도 이미 초대교회에서부터 평신도들이 교회 안팎에서 사역을 수행하고 있었다는 사실을 확인할 수 있었다.

"그가 어떤 사람은 사도로, 어떤 사람은 선지자로, 어떤 사람은 복음 전하는 자로, 어떤 사람은 목사와 교사로 삼으셨으니 이는 성도를 온전하게 하여 봉사의 일을 하게 하며 그리스도의 몸을 세우려 하심이라"(엡 4:11-12)

이어서 조용기 목사는 사도행전 말씀을 통해 초대교회 당시 제자들이 성전에 정기적으로 모이는 예배뿐 아니라 개인의 집에 모여 떡을 떼고 교제를 했다는 사실을 새롭게 발견했다.

"날마다 마음을 같이하여 성전에 모이기를 힘쓰고 집에서 떡을 떼며 기쁨과 순전한 마음으로 음식을 먹고"(행 2:46)

특별히 조용기 목사는 '집에서'라는 단어가 마음에 와닿았다. 그동안 그는 가정집에서 예배를 드릴 수 있다고는 전혀 생각해보지 않았다. 교회에서만 예배를 드릴 수 있다고 생각한 것이다. 그러기에 초대교회 성도들이 가정집에 모여 예배를 드렸다는 성경 구절이 충격적으로 다가왔다. 조용기 목사는 지금까지 성도들에게 교회에 모여 예배드리라고 권면했을 뿐이었다. 그러나 예배 이외의 시간에 모임을 갖고 교제를 하는 것이 성도들의 신앙 성장에 도움이 된다는 사실을 깨닫게 되었다.[61]

그렇다고 모든 문제가 한 번에 해결된 것은 아니었다. 집에서 예배를 드리면 누가 예배를 인도하고 설교를 해야 하는지 도무지 답을 찾을 수 없었다. 이에 대해 사도행전을 계속 묵상하는 가운데 답을 얻을 수 있었다. 조용기 목사는 사도행전 6장을 묵상하며 사도들이 늘어나는 성도들을 양육하기 위해 스데반과 같이 성령이 충만한 일곱 집사를 선출하여 함께 사역했다는 것을 보게 되었다.

또한 사도행전 8장에서는 사마리아 성에 내려가 복음을 전했던 빌립을 통해 사도들만이 아니라 집사들에게도 설교할 권한이 위임되었다는

---

61) 국제신학연구원 편, 『여의도의 목회자』, 404.

것을 보았다. 이를 통해 조용기 목사는 신분상으로 평신도이지만 목회자의 역할을 하는 평신도 지도자를 세우는 것이 필요하다는 것을 알게 되었고 자신의 목회에도 적용하기로 다짐했다. 그렇게 소그룹 목회 원리인 구역모임 제도가 탄생했다.

성도들에게 목회 권한을 위임하는 일이 하나님의 뜻이라는 사실을 분명히 확인했지만, 성도들에게 이를 설명하고 실제로 위임하기까지의 과정은 결코 쉽지 않았다. 조용기 목사는 남성 성도들로 구성되어 있던 제직회에서 교회의 모든 사역, 그중에서도 심방과 상담 사역을 홀로 감당하기가 벅차다는 것을 밝혔다. 그는 몸이 너무나도 쇠약해져 있었기 때문에 교회의 모든 일을 혼자 해낼 수 없다고 고백했다. 그러면서 성경을 연구하며 목회는 혼자서 하는 것이 아니라 동역하는 것이라는 사실을 깨달았다고 말했다.

성도들과 어떻게 동역할 수 있을지 고민하며 하나님께 부르짖어 기도했을 때 평신도 지도자를 세우고 교회뿐 아니라 가정집에서도 예배를 드릴 수 있게 하라는 응답을 받았다고 이야기했다. 그러면 수많은 성도를 효율적으로 돌볼 수 있게 되고 교회가 더욱 부흥하게 될 것이라 설명했다. 예상과 달리 성도들의 반응은 냉담했다. 성도들은 조용기 목사가 언급한 구역조직이 성경적이라는 것에는 동의했지만 받아들이기 힘들어했다.[62] 몸이 약해진 조용기 목사가 성도들에게 자신이 해야 할 일을 떠넘긴다는 오해가 성도들 사이에 싹트기 시작했다. 어떤 성도는 일

62) Ibid., 405.

해야 해서 구역예배를 인도할 시간이 없다고 거절했고, 어떤 성도는 예배를 인도하고 설교하라고 목사님에게 사례비를 지급하는데 그 일을 왜 성도가 해야 하냐고 불만을 터뜨렸다.

심지어 조용기 목사가 목회하는 것이 힘들면 새로운 목사를 찾아야 하는 것 아니냐는 이야기까지 흘러나오기 시작했다. 순복음중앙교회에 구역모임을 도입하려고 했던 조용기 목사의 계획은 망망대해 위에 표류하는 배와 같이 제자리를 맴돌 뿐이었다. 성도들의 반대로 인해 낙심한 조용기 목사는 최자실 전도사와 마주 앉아 이 문제를 이야기하며 구역조직에 관해 설명했다. 조용기 목사의 말을 들은 최자실 전도사는 구역조직이 하나님의 놀라운 계시라며 조용기 목사를 다독였다. 그리고 여성 성도들을 평신도 지도자로 세우면 어떻겠냐는 제안을 했다.

시대를 초월한 결정

당시 사회적 분위기상 여성을 평신도 지도자로 세우는 것은 매우 파격적인 일이었다. 조용기 목사는 최자실 전도사에게 그런 일은 미국에서나 가능하지, 한국에서는 이루어지기 힘들다고 말했다. 당시 한국 사회는 여성이 남성에게 순종해야 하는 유교 문화가 만연했다. 남존여비 사상이 만연했던 사회에서 여성 성도를 평신도 지도자로 세우는 일은 상상조차 못 한 일이었다.[63] 유교적 전통이 팽배했던 한국 사회에서 여

---

63) 홍영기, 『조용기 목사로부터 배우는 10가지 리더십 비밀』 (서울: 교회성장연구소, 2008), 146.

성 성도를 평신도 지도자로 세우면 교회가 무너질 수도 있다는 조용기 목사의 우려는 당연했다. 이런 이유로 조용기 목사의 마음속에는 여성 성도에게 목회 권한을 위임하면 더 많은 사람이 자신을 등질지도 모른다는 염려로 가득했다.

깊은 고민 가운데 조용기 목사는 하나님께 성경 말씀으로 증거를 보여달라고 기도했고, 성경을 묵상하던 중 바울에게 많은 여성 동역자들이 있었다는 사실을 알게 되었다. 로마서 16장 1절은 뵈뵈를 겐그레아 교회의 여성 집사라고 소개하고 있다. 조용기 목사는 로마서 말씀을 통해 바울이 뵈뵈에게 교회를 돌보는 일과 심지어 설교하는 것까지도 위임했다는 사실을 확인할 수 있었다. 곧이어 언급되는 3절, 6절, 12절에서도 브리스가와 마리아 그리고 드루배나와 드루보사와 같은 여성들이 하나님을 위해 일하는 일꾼으로 언급되고 있음을 깨닫게 되었다.[64] 바울이 언급한 여성들은 바울과 같이 기도하고 설교하는 일에 힘썼으며 초대교회의 부흥에 중대한 역할을 했다(롬 16:1, 3, 6, 12).

그럼에도 여전히 조용기 목사는 여성 성도를 평신도 지도자로 세우는 것이 부담스러웠다. 계속해서 기도하는 가운데 하나님의 음성이 들려오기 시작했다. 하나님은 조용기 목사에게 누구로부터 태어났는지 물으셨다. 이어서 하나님은 내가 십자가에 못 박힐 때 마지막까지 남아서 지켜본 자는 누구이고, 내가 무덤에 있을 때 나의 몸에 기름을 바르러 온 자들이 누구이며, 부활을 처음으로 목격한 사람은 누구인지에 관해

64) 국제신학연구원 편, 『여의도의 목회자』, 407.

물으셨다. 조용기 목사는 예수님이 이 땅에서 공생애 사역을 하실 때 충성스럽고 훌륭한 여성들의 섬김을 받았다는 것을 깨닫게 되었다. 그리고 그의 마음에는 무엇 때문에 여성들을 평신도 지도자로 세우는 일을 주저하는가 하는 하나님의 음성이 메아리치고 있었다.

조용기 목사는 여성을 구역의 지도자로 세우는 것이 하나님의 뜻임을 더 이상 부인할 수 없었다. 그는 곧바로 주일에 여선교회 회의를 소집했다. 대략 20명쯤 되는 여성 집사들이 모였고 조용기 목사는 구역조직에 관해 설명했다. 그는 예수님도 이 땅에서 사역하실 때 결정적인 순간마다 여성들의 섬김을 받으셨고 하나님은 여성을 통해 그리스도의 몸인 교회를 굳건히 세우길 원하신다는 것을 알려주었다. 그러자 여성 집사들은 최선을 다해 목사님의 사역을 돕겠다고 대답했다.

최자실 전도사의 제안에 따라 구역의 지도자를 '구역장'으로 부르고, 서울을 20개의 교구로 나누는 구역조직을 만들었다.[65] 여의도순복음교회의 폭발적인 성장의 핵심이 된 구역조직이 시작되는 순간이었다. 조용기 목사는 구역조직이 자의적으로 계획해서 세운 것이 아니라 하나님의 뜻이었다는 사실을 강조했다. 그리고 원활한 구역모임 운영을 위해 성도들에게 언제, 어디서, 어떻게 구역모임이 진행될 것인지도 상세하게 안내해주었다. 구역모임이 하나님의 뜻임이 분명하기에 첫 모임부터 순탄하게 잘 진행될 것이라 여겼다. 하지만 남성들은 물론 여성들조차 여성 구역장 아래 있는 것을 거부했다. 남존여비 사상이 팽배했던 당시 사회

65) Ibid., 409.

에서 여성이 남성을 가르치는 것을 받아들이기 어려웠던 것이다.

조용기 목사는 남성들의 반대를 어느 정도 예상했지만, 여성들마저 반대하리라곤 생각하지 못했다. 그러나 여성 성도들 역시 남성 지도자를 원하고 있었다. 이 문제로 인해 교회는 시끄러워졌고, 첫 번째 모임에서 2천여 명의 성도 중 단 6백여 명의 성도만이 구역모임에 참석했을 뿐이었다. 남성들은 병이 낫기 위해, 성령의 충만함을 받기 위해 여성 구역장이 손을 얹고 기도하는 것을 거부했다. 어떤 구역장은 이 일로 남편과 다퉜다는 보고까지 들어왔다. 여성 구역장의 권위에 대한 문제는 사그라들 기미가 보이지 않았다.

문제는 그것뿐이 아니었다. 초기 구역조직에서 구역장들은 말씀을 인도하는 일에 큰 어려움을 겪었다. 당시 조용기 목사는 구역장들에게 두 가지 제안만 했을 뿐이었다. 하나는 성도들의 신앙과 삶이 퇴보하지 않도록 잘 돌보라는 것이었고 다른 하나는 나가서 이웃을 전도하는 것이었다.[66] 그러기에 여성 구역장들은 구역에서 가르칠 공과를 혼자 고민하고 연구해야 했다. 이 같은 상황은 곧바로 여러 문제를 야기했다. 성경을 체계적으로 배우지도 못하고 신학적인 교리에도 미숙했던 어떤 구역장은 예수님과 성령님이 하나님보다 아래에 있는 신이라고 생각하기도 했다. 또 다른 구역장은 방언을 받기 전까지는 구원받은 것이 아니라고 가르치기도 했다. 이는 교회에 적잖은 혼란을 가져왔다.

---

66) 조용기, 『희망목회 45년』, 96.

구역모임이 제대로 운영되지 않자 조용기 목사는 계속해서 기도에 매달릴 수밖에 없었다. 그러자 그에게 하나님은 혼돈 가운데 천지 만물이 창조되있음을 기억하라고 하시며 구역모임을 계속하라고 말씀하셨다. 그가 불안한 마음을 가다듬고 다시 돌이켜 보니 구역모임이 부정적인 부분만 있는 건 아니라는 사실을 깨달았다. 어떤 구역장은 이웃에게 다가가 복음을 전하면서 훌륭하게 구역모임을 인도하고 있었다. 조용기 목사는 구역모임을 잘 이끄는 구역장들은 하나같이 설교 말씀을 잘 정리하여 전달하고 있다는 공통점을 발견하게 되었다.

이후 조용기 목사는 매주 수요일 저녁 예배 직전에 전체 구역장을 소집했다. 그리고 자신의 설교를 정리한 종이를 나눠주었다. 거기에는 구역장들이 구역모임에서 성도들에게 가르칠 내용이 상세하게 적혀있었다. 그는 또한 예배를 어떻게 인도해야 할지도 자세히 일러주었다. 구역모임의 순서를 묵도와 사도신경, 찬양, 합심 기도, 구역장의 설교, 봉헌 순으로 하라고 가르쳤다. 그리고 모든 구역모임은 치유와 성령충만을 위한 기도를 한 후 주기도문으로 마무리하게 하자 비로소 질서가 잡히기 시작했다.[67]

교회 부흥의 발판이 된 구역조직

구역모임은 시간이 지날수록 더욱 체계를 갖춰갔다. 모임 시간은 한 시간 이내에 마치고 간단한 다과 시간을 갖는 형태로 발전되었으며 구역장이 설교하면 다른 한 사람이 사회를 보는 식으로 역할이 분담되었다.

---

67) 조용기, 『성공적인 구역』 (서울: 서울서적, 1989), 20-21.

구역모임에서 성도들은 하나님을 예배하고 말씀을 배웠다. 그리고 뜨거운 기도를 통해 성령의 충만과 은사를 체험했다. 나아가 구역모임을 통해 하나님의 사랑을 이웃에게 전하며 누리는 기회를 가질 수 있었다.

담임목사 혼자서 모든 성도와 일일이 만나기 어려운 상황에서 구역장들은 자기가 담당하게 된 구역 성도들과 자주 만나 함께하며 친밀감을 형성해나갈 수 있었다. 구역 안에서 성도들은 자신의 문제에 대해 자유롭게 상담하고 도움을 요청할 수 있었다. 서로의 문제를 자기 일처럼 생각하며 함께 기도하고 도왔다. 구역원들은 한마음이 되어 오랫동안 남편이 실직한 성도에게 필요한 물품을 제공하거나, 병들어 있는 성도의 집을 방문에 청소해주며 위로와 격려를 아끼지 않기도 했다. 이처럼 구역모임에 속한 성도들은 서로 하나가 되어 다른 사람을 돕기도 하고 도움을 받기도 하며 아름다운 공동체 생활을 이루어 나갔다.

여성 봉사자들과 함께

그렇게 구역이 성장하면서 한 구역에 30-50 가정을 담당하는 구역장이 생겨났다. 모임을 위해 모인 구역원들로 인해 집 전체는 물론 마당까지 발 디딜 틈이 없었다. 구역장 혼자 그들을 돌볼 수 없게 된 것이다. 그 모습을 본 조용기 목사는 구역을 다시 작은 구역으로 나눠야 한다는 것을 깨달았다. 그래서 구역원이 15명 정도가 되면 새로운 구역으로 분리시켜야 한다고 권면했다. 처음에 구역원들은 분리되는 것을 거부했다. 이미 끈끈한 공동체로 묶여있었기 때문이었다.

그러자 조용기 목사는 성도들에게 구역이 모여야 하는 것도 맞지만 세포처럼 분열되어 다른 새로운 영혼들이 머물 수 있는 곳이 되어야 한다고 가르쳤다. 구역 안에서 예수 그리스도의 인도함을 받아 새로운 세포를 만들어야지 하나의 큰 덩어리로 머무르면 안 된다고 강조했다. 어떤 구역장은 잘되고 있는 구역을 찢는다고 오해하기도 했지만 얼마 지나지 않아 분리의 필요성을 받아들이기 시작했다. 그렇게 한 구역이 2개가 되고 4개가 되고 8개가 되었다. 새로운 구역으로 분리된 구역조직이 순조롭게 성장하면서 수백 개의 구역모임으로 확대되었다.

그때까지 구역모임에 미온적이었던 남성 성도들도 여성 구역장들의 성공적인 활동에 자극을 받아 구역모임에 적극적으로 참여하기 시작했다. 남성들은 주로 일과를 마친 저녁에 모임을 가졌는데, 구역모임을 시작한 지 얼마 지나지 않아 크게 부흥하여 다시 구역을 분리해야 할 정도로 활성화되었다. 이처럼 여성과 남성 구역장들의 활약에 힘입어 순복음중앙교회는 1968년, 8천여 명의 성도를 아우르는 규모로 성장했다.

구역모임은 신앙의 성장과 전도의 통로가 되었으며 성령의 체험과 은혜가 충만한 곳이 되었다. 조용기 목사는 세포의 신진대사가 촉진됨으로써 생명체가 기능을 발휘하듯 구역모임을 통해 교회가 성장할 수 있었다고 회고했다.[68] 그는 구역모임을 '목회 가운데 찾아낸 보석'이라고 언급했다.[69] 그리고 이영훈 목사는 구역모임에 대해 다음과 같이 말했다.

> 조용기 목사는 교회의 이중적 사역을 감당했는데 하나는 성전사역이었고 또 다른 하나는 가정사역이었다. 이 평범한 진리의 재발견은 조용기 목사와 그의 교회가 평신도 사역 특히 구역제도를 시작하게 된 획기적인 계기가 되었다. 그래서 성도들을 목양하는 일에 평신도 지도자를 참여시키게 되었다. 특히 구역조직은 '그물 목회'라는 조용기 목사의 독특한 목회방식에 잘 나타나 있다. 즉 평신도 지도자를 양육하고 훈련시켜 구역을 관리하게 함으로써 마치 그물처럼 광범위한 현장 사역을 하도록 하는 것으로써 이로 인해 보다 조직적이고 효과적인 교회 성장을 가져오게 되었다.[70]

조용기 목사는 이처럼 남들이 생각하기 어려운 생각을 하고 그 생각을 현실에 과감히 실천하여 도전하고 시행착오를 겪으면서 성공적인 단계로 끌어올렸다. 결과적으로 구역모임을 통해 교회는 세계 최대 규모로 성장할 수 있었다.

성도의 수가 늘어남에 따라 부교역자를 세워 성도들을 섬기게 하고

68) Ibid., 16.
69) 조용기, 『희망목회 45년』, 71.
70) 이영훈, 제61회 춘계 지구역장세미나 특강 (2005. 04. 27).

성도들의 신앙 성숙을 돕기 위해 성경 공부와 기도 모임을 만들었다. 하지만 부교역자 역시 모든 성도의 삶을 세심하게 살피기란 쉬운 일이 아니었고, 자발적으로 성경 공부와 기도 모임에 참석하는 성도의 수는 한정되어 있었다. 그러나 구역모임이 성도 수가 폭발적으로 성장한 교회의 부족한 부분을 채워주었다.

나아가 구역모임은 교회 생활에서 의미 있는 참여를 원하는 사람들에게 자연스러운 기회를 제공하는 통로가 되었다. 구역모임 안에서 예배와 신앙교육, 신앙상담과 친밀한 교제가 이뤄지기 때문이었다. 구역원들은 구역예배를 통해 신앙을 키우고 믿음의 선배들의 삶을 본받을 수 있다. 구역모임은 교회 속에 작은 교회로서 역할을 감당했다. 바로 이 점 때문에 조용기 목사는 "여의도순복음교회가 75만 명 이상의 성도를 가진 세계에서 가장 큰 교회이지만 동시에 모든 성도가 15명 이하로 구성된 구역에 속해있기 때문에 세계에서 가장 작은 교회이기도 하다."라고 말한 바 있다.[71]

많은 성도가 예배 후 흩어져 자기 삶의 영역 안에서 세상과 접촉하며 살게 된다. 그런데 구역이라는 조직이 꾸려지게 되면 구역이 넓은 그물망이 되어서 흩어져 있는 성도들을 작은 단위로 묶어 주게 된다.[72] 그래서 성도들은 삶의 영역 안에서도 세상으로 빠져나가지 않고 하나님 말씀으로 양육되고 지속적으로 영적 성장을 이루어 나갈 수 있게 된다. 구

71) 조용기, 『희망목회 45년』, 110.
72) 교회성장연구소, 『여의도순복음교회 성장동력』 (서울: 교회성장연구소, 2008), 131.

역모임의 가장 중요한 역할은 구역에 속한 성도들을 예수님의 사람으로 변화시키고 성장시키는 것이다. 또한 새로운 성도들이 빨리 적응할 수 있도록 돕고 하나님의 말씀을 체계적으로 배울 수 있는 장소를 마련한다는 점이다. 결국 구역모임이 얼마나 성장하고 부흥하느냐에 따라 교회의 부흥이 달라진다고 할 수 있다. 조용기 목사의 구역모임 제도 도입은 한국과 세계교회에 큰 영향을 주었고, 그 결과로 지금도 세계 곳곳에서 구역, 셀 목회가 활성화되고 있다.[73)]

충성스러운 일꾼과 교회 조직의 체계화

서대문 순복음중앙교회 성도의 수가 늘어감에 따라 성도들 사이에서 친목 모임의 필요성이 대두되었다. 이런 이유로 송재덕 집사를 비롯해 김웅호, 이학천, 박재형, 백남순, 강형인, 이재열, 이경화 집사 8명이 모여 남성 친목회 발족을 논의하게 되었다.[74)] 1963년 3월, 창립총회를 열어 남성 친목회를 본격적으로 결성했다. 같은 해 12월 30일에는 박영호 집사의 자택에 조용기 목사를 초청하여 제2차 정기총회를 가지고 임원들을 선출했으며 교회 봉사와 노방전도를 시작함으로 교회 봉사를 위한 활동을 적극적으로 펼쳤다. 이후 교회의 환경미화와 시설 정비도 남성 친목회에서 관리하게 되었다.

교세의 성장과 맞물려 남성 친목회 역시 성장을 이어갔다. 친목회 회

73) Ibid., 98-99.
74) 『여의도순복음교회 50년사』, 97.

원 수가 늘어나자 봉사 내용을 세분화하기 시작했다. 그리고 각자가 가진 재능대로 교회에서 봉사할 수 있는 체제를 마련했다. 1968년 4월 21일, 임시총회를 거쳐 순복음중앙교회 '남선교회'로 이름을 바꾸게 되었다.[75] 이때부터 친목의 범위를 넘어서 교회를 위해 봉사할 수 있는 기반을 다지게 되었다.

남선교회에 소속된 봉사자들은 교회에 대한 소속감과 맡겨진 봉사에 책임감을 갖고 헌신했다. 성도들의 폭발적인 증가로 인해 서대문 순복음중앙교회가 위치했던 서대문 사거리에 매 주일 극심한 교통체증이 발생하게 되자 남선교회에서는 교통정리 봉사를 시작했다. 이 봉사는 남선교회의 중요한 봉사 가운데 하나로 자리 잡게 되었으며, 지금도 매 주일 남선교회 교통실 소속 집사들이 이른 새벽부터 늦은 저녁까지 교회 주변 교통질서 정리를 담당하고 있다.

남성 성도들뿐 아니라 여성 성도들 역시 교회를 위해 봉사하는 모임이 마련되었다. 대조동에서 천막을 치고 처음 교회를 시작한 지 1년이 지난 1959년, '여전도회'란 이름의 모임이 만들어졌다. 조용기 목사와 최자실 전도사가 전도한 대여섯 명의 여성 집사들로 이루어진 여전도회는 주일예배 후 길거리에 나가 전도하는 일에 힘썼다. 여집사들은 직접 손으로 쓴 전도지를 들고 대조동 구석구석을 다니며 전도했다. 여전도회가 본격적으로 조직을 구성하여 교회의 궂은일을 담당하게 된 것은 서대문 순복음중앙교회 시절부터이다. 여전도회는 노방전도뿐 아니

---

75) 『여의도순복음교회 40년사』, 112.

라 가정 심방, 병문안, 결신자 심방, 장례 심방에 적극적으로 참여했다. 목회자를 위한 기도 사역에도 열심을 내었는데 토요일 오후가 되면 주일에 설교하는 조용기 목사를 위해 기도하는 시간을 가졌다.

이웃사랑을 실천하는 봉사자들

여전도회는 교회 내 봉사뿐 아니라 사회봉사와 구제를 위해서도 힘썼다. 1965년부터 서대문 구치소와 영등포 구치소에 방문하여 수감자들에게 말씀을 전하고 다과를 나눠주며 예수님의 사랑을 전했다. 1968년에는 여전도회 주관으로 세계선교를 위한 첫발을 내딛게 되었다. 여전도회는 태국에 교회를 세워 매달 선교비를 지급했다. 또한 해외 신학생들과 국내 신학생들에게 장학금을 주며 훌륭한 주의 종이 되도록 후원하는 일도 담당했다.

1970년에 이르러 여전도회의 이름을 '부인선교회'로 바꾸었다.[76] 부

76) 『여의도순복음교회 60년사』, 39-40.

인선교회 봉사자들은 최자실 전도사와 함께 각종 봉사활동을 이어가던 중 여의도 성전공사가 자금 문제로 어려움을 겪을 때 매일 저녁 철야기도를 시작했다. 이를 계기로 성전이 완공된 후 나라와 민족을 위해, 교회와 목사님을 위해, 성령충만을 위해, 개인과 가정을 위해 기도하는 중보 기도회로 발전하게 되었다. 1975년에 부인선교회 이름을 다시 '여선교회'로 변경했으며 이때부터 매월 실시하는 성찬 준비를 위해 떡을 만들고 포도주를 담그는 일을 시작했다.

순복음중앙교회 제1회 부인회 총회

3. 선교적 사명과 성전 건축

복음으로 세계를 정복하라

쉼 없이 이어지는 국내 부흥회와 선교

1961년, 교회가 서대문으로 이전한 이후 조용기 목사는 각종 부흥성회 사역에 더욱 힘썼다. 직접 인도할 때도 있었고, 세계적인 부흥사를 초청해 통역을 맡기도 했다. 특별히 목사 안수를 약 한 달 앞두고 1962년 3월 18일부터 3주간 열린 심령부흥회를 시작으로 큰 부흥성회가 계속해서 이어졌는데 당시 서대문으로 이전하여 뜨겁게 부흥하기 시작하던 교회의 내적인 분위기뿐만 아니라 1960년대 이후 한국교회 부흥의 분위기를 반영하는 것이었다.[77)]

1962년 4월 1일부터 5월 3일까지 열린 알 리드 목사와 토미 리드 목사 초청 대부흥회를 시작으로, 1963년 4월 21일부터 28일까지는 젠 스코트 박사 초청 심령부흥회를 개최했다. 1964년 7월 1일부터 12일까지는 미국 랄프 버드 목사 초청 심령대부흥회가 있었으며, 1965년 1월에는 학생 심령부흥회, 1966년 11월 7일부터 11일까지는 사무엘 토드 목사 초청 부흥회, 1967년 4월 23일부터 28일까지는 쇠브체크 목사 초청 부흥회가 잇달아 열렸다. 1969년 3월 30일부터 4월 6일까지 미국 베다니 성서대학 바넷 총장 초청 춘계대부흥성회가 열렸고, 1970년 8월 27일부터 30일까지는 세계적인 부흥사인 모리스 세룰로 목사 초청 대전도대회를 남산 야외음악당에서 가졌다. 이듬해 조용기 목사는 8월 23일부터 27일까지는 같은 장소에서 세계오순절협의회 총무 부루스터 목사와 함께 대부흥성회를 인도했다.[78)]

77) 한국기독교역사학회 편, 『한국 기독교의 역사 III』 (서울: 한국기독교역사연구소, 2009), 125-135.
78) 『여의도순복음교회 50년사』, 109.

알 리드 목사와 토미 리드 목사 초청 대부흥회 포스터

그뿐만 아니라 조용기 목사는 당시 오순절의 열기가 불고 있던 한국 교회의 부흥을 위해 전국 각지를 돌며 부흥회를 인도했다. 1962년에는 부산, 전주 등지에서 초청을 받아 부흥회를 인도했고, 리드 목사 일행과 함께 순천, 대전, 청주에서도 성령부흥회를 개최했다. 1963년에는 청주와 군산, 1964년에는 서울 구로동 복음교회 심령부흥회 및 충무로교회의 부흥성회를 인도했다. 1965년에는 경북 청송, 수원 칠보산수도원, 동대문 장로회 동북교회, 대구에서 부흥성회를 인도했다.[79] 이처럼 조용기 목사는 쉬지 않고 각종 지방 성회를 인도하면서 하나님의성회 교단 내에서뿐만 아니라 한국 기독교계에서 큰 역할을 담당하기 시작했다.

해외선교의 첫 발: "은빛 날개를 타고 세계를 다니리라"

1964년 담임목사 취임을 계기로 조용기 목사는 해외선교에 새로운

79) Ibid., 110.

장을 열게 되었다. 당시 해외여행이 자유롭지 못해 해외선교가 어려운 때였지만 미국 하나님의성회로부터 1964년 4월 12일에 열리는 '미국 하나님의성회 교단 창립 50주년 기념식'에 공식 초청을 받아 마침내 해외선교의 첫 발걸음을 내딛게 된 것이다.[80] 그는 한국 하나님의성회 대표 자격으로 참석하여 유창한 영어 실력으로 첫 설교를 했다. 당시 한국은 6·25 전쟁의 폐허 속에 희망이라곤 찾아볼 수 없는 나라로 인식되어 있었는데, 바로 그 나라에서 온 조용기 목사가 긍정적이고 희망에 찬 메시지를 전하자 각국 대표들은 큰 감명을 받았다.

이후 한국에서 온 젊은 목사가 영어로 설교한다는 소문이 퍼지면서 그는 여러 교회로부터 초청을 받아 2개월간 미국 전역을 순회하며 복음을 전했다. "너는 은빛 날개를 타고 세계를 다니며 복음을 전하게 될 것이다."[81] 그가 대조동 천막교회 시절 굶주린 배를 움켜쥐고 눈물로 기도하고 있을 때 성령께서 그의 마음 가운데 주신 말씀이 드디어 실현되기 시작했다.

시대에 한 획을 긋는 종이 되리라

1964년 미국 하나님의성회 초청으로 미국에서 복음을 전한 것이 계기가 되어 해외 각국에서 성회를 인도해달라는 요청이 쇄도하기 시작했다. 이에 조용기 목사는 1966년 6월 23일 동남아지역 선교를 위해 1개월간의 일정으로 선교 여행을 떠났다. 곧이어 8월에는 하와이 부흥성

80) Ibid., 103.
81) 국제신학연구원 편, 『여의도의 목회자』, 383.

회를 위해 선교를 나섰고, 이어 미국 국무부장관의 초청으로 미국 순회 선교를 했다. 1967년 4월에는 영국 웨스트민스터 센트럴 홀에서 열린 기독대학생회 주최 부활절 예배의 강사로 초청받았으며, 이어 5월 31일에는 세계오순절총회 아시아 대표로서 미국 땅을 다시 밟았다.

영국 웨스트민스터 센트럴 홀에서 설교하는 조용기 목사

특히 세계오순절총회를 마친 후 조용기 목사는 100일간 미국, 프랑스, 독일, 네덜란드, 스웨덴, 노르웨이, 그리스, 이스라엘, 이란, 태국, 미얀마, 베트남 등 18개국 30여 도시를 다니며 복음을 전했다.[82] 경제적으

82) 『여의도순복음교회 40년사』, 114-115

로 여유롭지 못했던 그는 여관에 머물며 미숫가루로 끼니를 해결하기도 했다. 그러다 무리한 일정으로 인하여 스위스에서 결국 쓰러지고 말았다. 그는 병상에 누워 '외국에서 가족도 없이 쓸쓸히 죽게 되는 것은 아닌가?'라는 생각이 들어 침대맡에 놓여있는 엽서를 손에 잡았다. 그리고는 엽서에 다음과 같은 글귀와 자신의 이름을 적어두었다. "주님의 종으로 부름을 받았으니 이 시대에 한 획을 긋는 종이 되리라."[83] 그러고 나서 무릎을 꿇고 하나님께 부르짖어 기도했다. 다음 날 새벽부터 몸의 열이 내려가기 시작했고 이내 선교 여행을 계속할 수 있을 만큼 몸이 회복되었다. 이때의 100일간의 선교 여행이 앞으로 그가 해나가야 할 목회 방향을 결정짓는 중요한 계기가 되었다.

10여 년의 시간이 흐른 뒤, 조용기 목사 사무실로 스위스에서 보내온 편지 한 통이 전해졌다. 바로 10여 년 전 그가 쓴 엽서가 그 봉투 안에 들어 있던 것이었다. 그리고 그 엽서와 함께 여관 주인이 쓴 편지가 동봉되어 있었다.

> 10년 전 한 동양인 젊은이가 우리 여관에 묵으면서 이 엽서를 써서 방에 두고 그냥 갔습니다. 그때는 그 젊은이가 누군지 몰라 엽서를 보관만 하고 있었는데, 이제야 그가 조용기 목사님이라는 것을 알게 되어 이렇게 다시 보내 드립니다.[84]

---

83) 국제신학연구원 편, 『여의도의 목회자』, 431.
84) Ibid., 432.

조용기 목사는 1968년 9월 다시 한번 유럽 부흥성회 인도 차 선교를 다녀왔고, 이듬해 9월에는 존 허스톤 목사와 함께 1개월간 동남아선교를 인도했다. 이후 1970년 11월 미국 달라스에서 열린 제9차 세계오순절대회에 참석했고, 1971년 4월에는 1973년 서울에서 열릴 제10차 세계오순절대회의 준비위원회 회의를 위해 프랑스로 출국하기도 했다.

제3회 하나님의성회 동북아시아대회

1966년 5월 19일, 조용기 목사는 기독교대한하나님의성회 총회장으로 선출되었다. 이후 그는 순복음신학교 위원회 위원장직을 맡는 등 교단 내에서 점차 주요 직책을 맡게 되었고, 1967년에는 세계오순절협의회 고문위원까지 맡았다.

1969년 7월 7일, 해외선교의 기폭제가 된 제3회 하나님의성회 동북아시아대회가 서대문 순복음중앙교회에서 열렸다. 한국을 비롯한 일본, 홍콩, 대만, 싱가포르, 태국, 인도네시아, 마셜 군도, 피지, 말레이시아, 호주 등 13개국 대표 130여 명과 200여 명의 옵서버 및 대한민국 문화공보부장관과 서울특별시장까지 참석한 대규모 성회였다. 조용기 목사는 이제 바야흐로 오순절적 기독교 복음이 아시아를 중심으로 전 세계로 확산될 것을 확신하고 있었다.[85] 7월 11일까지 이어진 동북아시아대회는 매일 오전, 오후, 저녁까지 세 차례씩 성회가 진행되었으며, 각국 대표들은 대회가 끝난 이후에도 한국에 머물며 여러 교회를 방문하고 부흥 일로에 있던 한국교회의 뜨거운 성령운동을 체험했다. 당시 대

85) 『여의도순복음교회 50년사』, 104.

한민국의 국제적인 위상이 미약했던 시절 서대문의 작은 교회가 대규모의 국제 행사를 유치해 성공적으로 마무리함으로써 기독교계뿐만 아니라 사회의 이목까지 집중시키는 계기가 되었다.

제3회 기독교 하나님의성회 동북아세아대회

교회학교는 우리의 미래

국내외 선교가 활성화되면서 자녀들과 아이들에 대한 전도사역도 소홀히 하지 않았다. 아이들에 대한 전도와 선교와 양육은 교회의 미래이자 필수 사명이었다.

교회학교의 초석 유년주일학교

대조동 천막교회에서 서대문으로 교회를 이전하면서 기존에 출석하던 350여 명의 주일학교 학생들은 대부분 대조동에 남게 되었다. 이에 천막교회에서 함께 서대문으로 온 성도들의 자녀 중 미취학 어린이들과 초등학생을 중심으로 유년주일학교를 재편성했다. 유년주일학교는

1961년 10월 5일에 시작되어 1962년 2월 18일 교회 건물이 완공되어 순복음부흥회관 1층으로 이전되기까지 천막에서 예배를 드렸다.[86)]

순복음중앙부흥회관 유년주일학교 초대 교장으로 조용기 전도사가 취임했고, 성령충만한 믿음을 가진 17명의 교사가 함께했다. 새롭게 주일학교를 시작하게 된 조용기 전도사는 교사들과 함께 주일학교의 체계와 조직을 가다듬기 위해 고군분투했다. 당시 교사의 수가 턱없이 부족했을 뿐만 아니라 교사 교육을 위한 교육과정도 미비했다. 무엇보다 어린이들을 가르치는 데 필요한 교재와 행정 서식들을 갖추는 것이 시급했다. 교사들은 3개 조로 팀을 이뤄 서울 지역에서 교육제도가 잘 갖춰진 교회 19곳을 택하여 3개월간 매주 견학과 탐방으로 자료를 수집했다.

그 결과 주일학교에서 사용하는 출석부가 처음으로 제작되는 등 주일학교의 조직 관리와 행정 업무는 점차 체계를 갖춰나가기 시작했다. 그뿐만 아니라 교단 내 어디에도 없던 어린이 찬송가를 처음으로 제작하여 보급했다. 300여 곡의 찬송이 실린 어린이 찬송가는 현재 2차에 걸친 개편 끝에 나온 여의도순복음교회 어린이 찬송가의 원전이 되었다.[87)] 다만, 교단 내에서 제작한 공과가 없었기에 대한예수교장로회 합동측에서 사용하던 계단공과를 채택하여 1976년까지 사용했다.[88)]

1962년 2월 10일 조용기 전도사와 주일학교 교사들의 기도와 헌신

86) Ibid., 106-107.
87) 『여의도순복음교회 40년사』, 122-23.
88) Ibid., 121.

의 열매로 제1회 교회학교 졸업예배를 드리게 되었다. 당시 졸업생은 12명이었고, 재학생은 256명, 교사는 17명이었다. 이어 유년주일학교 제1회 여름성경학교가 1962년 7월 26일부터 8월 2일까지 개최되었다. 처음 개최된 여름성경학교에는 학생 266명과 교사 14명이 참석했다. 당시 교사들은 주일 저녁예배 후 조용기 전도사의 사무실에서 주일 공과공부를 하고 기도하며 성령충만한 믿음과 열정을 보여주었다.[89] 1963년 교회 증축공사로 인해 부득이 한 해 휴교하게 된 경우를 제외하고 여름성경학교는 1964년부터 매년 실시되었다.

서대문 순복음중앙교회 유년주일학교

그리스도의 대사 CA 중·고등부

주일학교가 부흥하는 가운데 1963년 3월 칼로 목사의 지도 아래 성경공부를 하던 로고스 사범부 학생들을 중심으로 CA(Christ's Ambassador)

89) Ibid., 122.

중·고등부가 시작되었다.[90] 8월에는 CA 중·고등부로 통합 운영되던 편재가 중등부와 고등부로 나뉘었고, 이듬해 2월에 드린 제1회 졸업예배에서 중등부 11명과 고등부 12명을 졸업시켰다. 1966년 12월 CA 중·고등부는 유년주일학교의 명칭이 순복음중앙교회 주일학교로 바뀌면서 유년부와 중·고등부가 통합되었고, 이후 1971년 2월 유년주일학교를 아동부로 개칭하면서 다시 분리되었다. 1971년 여름 CA 중·고등부의 제1회 하기 수련회가 열렸고, 1972년 1월 10일에는 고등부가 학생 200명, 교사 12명으로 늘어나 10개 반을 편성할 정도로 성장했다.

교회학교 헌장

순복음 교육은 하나님의 형상을 상실한 인간들에게 예수님의 십자가를 통하여 자신의 모습을 보고, 창조주요 섭리자요 구속주이신 하나님을 인격적으로 만나 모셔들이게 함으로써, 십자가 위에서 이룩하신 예수 그리스도의 온전한 구원에 이르게 하고, 그리스도의 몸된 교회 안에서 성령의 도우심과 말씀의 교훈으로 거룩하게 성장할 뿐만 아니라, 영원한 하나님의 나라를 사모하면서 구원의 기쁜 소식을 세상 끝까지 전하게 하는 데에 그 목적이 있다.[91]

90) 『여의도순복음교회 50년사』, 106-107.
91) Ibid., 106.

청년 선교는 청년들이 담당한다

주일학교와 CA 중·고등부뿐만 아니라 청년층도 꾸준히 성장했다. 이에 그들의 신앙을 올바르게 이끌 프로그램이 필요했고 1964년 1월 청년선교회를 설립하게 되었다. 청년선교회는 무엇보다 청년들을 위한 선교단체로서 근로 청소년들의 영적 신앙교육과 '청년 선교는 청년들이 담당한다.'라는 캐치프레이즈를 걸고 선교에 임하게 되었다. 청년선교회에서는 신입 회원들에게 조용기 목사의 저서인 『새 생명의 길』과 자체 제작한 신입 회원 교육 교재로 신앙의 기초교육을 시행했다. 그리고 편재를 성인 교구와 마찬가지로 지역과 구역으로 나눠 지역장, 구역장을 세우고 매주 1회 구역예배를 드렸다.[92)]

한편 1970년 1월 CA 고등부 출신으로 대학에 진학한 학생들을 위한 CA 대학부가 설립되었다. 1980년, 대학생 전도를 위해 조용기 목사는 CA 대학부를 CAM(Christ's Ambassador Mission) 대학선교회로 명칭을 변경하고 교회 울타리를 넘어 한국의 대학교 캠퍼스 전체를 복음 전파의 장으로 삼도록 했다.[93)] 대학교를 졸업한 청년들과 직장인 또는 취업 준비 중인 청년들이 주축이 된 청년선교회는 여의도로 이전한 이후 더욱 활발한 활동을 전개했다. 특히 1980년대 산업화 사회가 되면서 지방에서 많은 청년이 직장을 찾아 상경했고 이들 대부분이 구로공단 등에서 직장생활을 하게 되자 청년선교회에서는 구로공단 내에 가스펠 하우스를 설치하고 이 지역의 근로 청년들을 신앙으로 교육하기 시작했다.

---

92) 『여의도순복음교회 40년사』, 123.
93) 『여의도순복음교회 50년사』, 108.

매스컴 선교, 한국교회를 선도하다

신앙과 생활을 성공으로 이끄는 「신앙계」

조용기 목사는 1966년 12월 12일 순복음문서전도회 창립회의를 열고 문서 선교의 일환으로 교회 잡지 발간을 결정했다. 이에 1967년 2월 5일 월간 「신앙계」가 창간되었는데, 초대 편집장으로 양태흥 목사가 헌신했다. 창간호는 4×6판으로 조용기 목사의 설교문과 최자실 전도사의 대만·일본 부흥성회 화보, 성도들의 신앙시 및 간증, 신앙상담 등이 수록되었고, 무엇보다 성도들의 올바른 성경공부를 위해 '복음통신'이라는 통신성경공부를 실어 성도들이 체계적으로 성경공부를 할 수 있도록 했다.[94]

신앙계 창간호

1968년 8월 23일 「신앙계」는 초교파 기독교 월간지로 등록되었다. 1972년 5월 판형을 5×7판(국판)으로 바꾸었다. 1975년 「신앙계」는 전문 편집디자이너와 전문가를 채용하고 기업 광고를 유치하는 등 운영의 전문화를 통해 교회 기관지로서의 성격에서 명실상부 초교파적으로 기독교 문화를 이끄는 월간지로서의 위상을 확고히 하게 되었다.

94) Ibid., 100.

그 결과 3천 부에서 시작한 발행 부수가 6만 부까지 늘어나게 되었다.

「신앙계」는 지금까지도 순복음 신앙에 입각하여 성도들의 신앙생활을 위한 교양지, 또한 아직 복음을 접하지 못한 사람들을 위한 전도지의 성격을 가지고 매월 발간되고 있다.

라디오를 통해 전파되는 치료의 복음

조용기 목사는 한 지방 성회에서 설교를 마치고 신유기도 시간이 되어 기도하는 가운데 성도들이 치유되는 환상이 보이기 시작했고 이것을 성도들에게 선포했다. 이것이 계기가 되어 예배 후에는 반드시 신유의 선포가 있었다. "지금 두통으로 고생하시는 분을 하나님께서 치유하고 계십니다." "허리가 아파서 오늘 이 성회에 간신히 나오신 분이 계시는데 하나님께서 치유하셨습니다." 조용기 목사의 입술에서 치유의 메시지가 선포될 때마다 많은 성도가 실제로 신유를 경험했다. 훗날 조용기 목사는 이러한 은혜의 광경을 목격할 때마다 마음속으로 하나님께 부르짖었다고 고백한다. "하나님, 저도 고쳐주세요. 저도요."[95)]

당시 조용기 목사는 몸이 너무 쇠약해서 매주 강단에 서기 위해 집을 나설 때마다 "나는 오늘 강단에서 죽을 각오를 하고 설교할 겁니다."라고 말할 정도였다. 이와 같은 상황 속에서도 복음을 향한 그의 열정은 더욱 타올랐다. 조용기 목사는 육신의 한계를 깨닫고 복음을 더욱 효과적으로 전할 수 있는 다른 방법을 찾기 시작했다. 이렇게 해서 시작된

95) 국제신학연구원 편, 『여의도의 목회자』, 427.

것이 바로 방송 선교였다.

서대문 순복음중앙교회가 급속도로 부흥하면서 전국 각지에서 조용기 목사를 초청해서 설교를 듣고 싶다는 요청이 쇄도했다. 그러나 모든 초청을 다 받아들이기에는 조용기 목사의 건강과 시간 모두 다 따라주지 못했다. 이에 효과적으로 복음을 전할 방법을 모색했고, 결국 1966년 극동방송을 통해 전국적으로 설교를 내보내기 시작했다. 1967년 4월 조용기 목사는 극동방송에 송출할 설교 녹음을 비롯해 전도용으로 사용할 설교 테이프를 자체적으로 제작할 수 있도록 교회 내에 녹음실을 신설했다.[96)]

1968년 9월 4일부터는 극동방송을 통해 조용기 목사의 설교와 성도들의 간증이 담긴 '순복음의 시간'이 방송되기 시작했다. 조용기 목사의 설교가 라디오를 통해 전국으로 방송되면서 쏟아지는 기도 요청과 함께 그의 설교를 듣고 병 고침을 받았다는 감사의 편지들이 쇄도했다.

한번은 제주도에서 고등학교 선생으로 일하고 있는 조 집사라는 분의 감사 편지가 도착했다. 조 집사의 아내는 자궁암으로 오랫동안 고생하던 중 라디오에서 흘러나오는 조용기 목사의 설교를 듣고 마음에 큰 감동을 받아 다음과 같이 기도하기 시작했다. "하나님, 조용기 목사님께서는 이미 주님께서 십자가에서 달려 돌아가시고 부활하심으로 우리가 질병에서 나았다고 말씀하셨습니다. 치료의 주님을 믿습니다. 주님

96) 『여의도순복음교회 50년사』, 102.

께서 이 시간 저의 아픈 육신을 고쳐주심을 믿습니다." 이 기도를 마치는 순간, 그녀는 온몸에 힘이 솟기 시작했고 마침내 자리에서 일어날 수 있었다. 자궁암이 흔적도 없이 사라진 것이다. 이처럼 방송을 통해 조용기 목사의 설교가 전국적으로 전파되면서 수없이 많은 기적과 이적들이 일어났고 치유의 복음이 전국적으로 퍼져나가게 되었다.[97]

성전건축의 시련을 믿음으로 극복하다

만 명이 들어갈 수 있는 성전을 지어라

1968년 성도 수가 8천 명에 이르자 조용기 목사는 주일예배를 3부로 나눠 드리기 시작했다. 그럼에도 여전히 성전에 들어오지 못한 성도들이 주차장 마당에 비닐을 깔고 앉아 스피커를 통해 흘러나오는 설교를 들으며 예배를 드릴 수밖에 없었다.[98] 조용기 목사는 교회 이전을 생각하지 않을 수 없었다. 그러다가 그는 기도하는 가운데 하나님이 주신 비전의 말씀을 받게 되었다. "이곳을 떠나 1만 명이 들어갈 수 있는 성전을 지어라. 그곳에서 너는 5백 명의 선교사를 파송하게 될 것이다."[99]

기도를 마치자마자 조용기 목사는 당회를 소집해 하나님이 주신 비전을 공유했다. 하지만 서울 시내에서 1만 명이 함께 모여 예배드릴 부지를 찾기가 어려웠을 뿐만 아니라 당시 교회 재정도 단돈 백만 원뿐이

97) 국제신학연구원 편, 『여의도의 목회자』, 428.
98) 『여의도순복음교회 50년사』, 112.
99) 국제신학연구원 편, 『여의도의 목회자』, 442.

었다. 그러는 가운데 조용기 목사는 당시 김현옥 서울시장으로부터 여의도 개발에 참여할 것을 권유받았는데, 차일석 제2부시장이 여의도 개발 프로젝트를 총괄하고 있었다. 하지만 곧 6백여 명의 제직들의 반대에 부딪혔다. 당시 여의도는 그곳으로 진입할 수 있는 다리가 단 한 개에 불과했고, 대중교통이나 전기·수도시설도 제대로 마련되어 있지 않은 상태였다. 따라서 교회가 지어진다고 해도 여의도까지 성도가 얼마나 따라갈지도 미지수였다. 이에 조용기 목사는 다시 하나님께 부르짖었고, 며칠 후 한 권사의 꿈 이야기를 전해 들었다. "목사님, 우리 서대문 순복음중앙교회에서 여왕벌이 윙 하고 날아오르더니 여의도로 가니까 수백만 마리의 벌들이 일어나서 그 여왕벌을 따라가지 뭡니까?"[100] 조용기 목사는 이 권사의 꿈 이야기를 들으면서 여의도로 이전하는 것이 하나님의 뜻이라는 것을 더욱 확신하게 되었다.

하나님, 제가 가진 모든 것을 주님 앞에 드립니다

조용기 목사가 교회 이전과 건축을 위해 기도하던 중 마음속에 하나님의 음성이 들려왔다. "네가 가진 모든 것을 먼저 드려라"[101] "하나님, 저는 돈이 없어요." "네가 살고 있는 집을 건축헌금으로 드려라." "하나님, 그 집은 결혼하면서 제가 평생 처음으로 마련한 집입니다. 그런데 어떻게 아내에게 그 집을 팔라고 말합니까?" 그가 하나님께 반문하자 또다시 하나님의 음성이 들려왔다. "너희가 먼저 모든 것을 드리지 않으면 기적은 일어나지 않는다."[102]

---

100) Ibid., 444.
101) Ibid., 445.
102) Ibid., 446.

집으로 돌아간 조용기 목사는 아내 김성혜 사모에게 교회 이전을 위해 먼저 믿음의 씨앗을 심으라고 하신 하나님의 말씀을 전하며 조심스럽게 그녀의 동의를 구했다. "우리 이 집을 팔아서 건축헌금으로 하나님께 드립시다." 김성혜 사모는 고개를 끄덕였다. 다음 날 아침, 그녀가 내어 준 집문서를 들고 조용기 목사는 교회 제단에 자신의 집문서를 내려놓고 기도하기 시작했다. "하나님, 제가 가진 모든 것을 주님 앞에 드립니다. 이제는 살든지 죽든지, 흥하든지 망하든지, 주님께서 이 모든 일을 인도해 주시옵소서."

건축을 위한 시련의 연속

1969년 4월 6일, 조용기 목사와 순복음중앙교회 성도들이 참석한 가운데 여의도 새 성전 착공예배가 거행되었다.[103] 하지만 얼마 지나지 않아서 열악한 재정 상태 때문에 성전공사는 큰 난관에 부딪히고 말았다. 이에 조용기 목사는 건축위원장의 조언대로 교회 옆에 아파트를 먼저 짓고 이것을 분양해서 남은 이익으로 교회를 세우겠다는 계획을 세웠다. 그러나 김성혜 사모는 이 계획에 반대했다. "하나님께서 원하시는 것은 교회를 세우는 것이지 아파트를 짓는 일이 아니에요. 하나님의 뜻이 교회를 세우는 거라면 어떠한 어려움이 다가와도 교회를 세우는 일에만 전념해야 해요."[104]

그러나 당장 재정 부족의 벽에 부딪힌 조용기 목사는 급한 불부터 끄

103) 『여의도순복음교회 50년사』, 113.
104) 국제신학연구원 편, 『여의도의 목회자』, 449.

자는 심정으로 아파트를 짓기 시작했다. 하지만 이 아파트 건축으로 인해 예상치 못한 또 다른 고난을 겪게 되었다. 아파트 공사가 마무리되어 분양을 시작하려고 할 무렵 2차 석유 파동이 일어났다. 그 여파로 석유로 난방을 해야 하는 아파트를 희망하는 입주자가 거의 없었다. 또한 교통 문제도 여전히 해결되지 않은 상태였다. 그러는 가운데 공사 대금을 해결하지 못해 결국 성전 건축도 중단되었다.

살던 집을 건축헌금으로 드리고 온수도, 엘리베이터도 운행되지 않는 교회 옆 아파트 7층에 입주한 조용기 목사는 짓다가 중단된 성전을 바라보면서 뛰어내리고 싶은 충동을 느끼기도 했다. 또 하루는 지붕도 씌우지 못한 성전의 녹슨 쇠기둥을 붙들고 울부짖으며 기도드리기도 했다. "주님, 차라리 이 교회가 내 머리 위에 무너지게 해주시옵소서."[105]

시련을 이겨낸 성전 건축

조용기 목사는 먼저 하나님의 뜻보다는 인간적인 계획으로 아파트를 지은 것을 회개했고 교회 건축을 위해 자발적으로 모인 성도들과 함께 특별새벽예배를 드리기 시작했다.[106] 그런 어느 날, 새벽예배에 오신 80세가 넘으신 할머니 한 분이 조용기 목사에게 성도들에게 할 얘기가 있으니 마이크를 건네 달라고 했다. "난 동에서 주는 구제금으로 먹고사는 가난한 노인네요. 그저 목사님의 설교를 들을 수 있다는 희망으로 살아요. 여러분, 이러다 우리 목사님 죽어요. 저는 목사님이 이 어려운 상

105) 『여의도순복음교회 40년사』, 120.
106) 『여의도순복음교회 60년사』, 46.

황에서 벗어나는 걸 보고 싶어요. 밤낮 우리가 이곳에 모여서 기도만 하면 뭐합니까? 저도 뭔가 도와 드리고 싶지만 제가 가진 것은 이 낡은 밥그릇과 수저 한 벌뿐입니다. 저는 이 모든 것을 주님의 일에 바치고 싶습니다. 밥은 마분지에 떠서 손가락으로 먹을 수도 있습니다."[107)]

이 말을 마치고 할머니는 신문지에 둘둘 말아서 가져온 낡은 놋 밥그릇과 수저를 조용기 목사에게 건네주었다. 하지만 차마 할머니의 전 재산인 그릇을 받을 수 없었던 조용기 목사는 그대로 가져가시라고 했다. "왜요? 이 늙은 과부가 이렇게 초라한 것을 낸다고 안 받아주시는 겁니까?" "할머니, 제가 얼마나 못난 인간이면 할머니 놋 밥그릇까지 받습니까?" 일순간 성전은 곧 눈물바다가 되었고, 이때 성전에 앉아있던 한 장로가 손을 들며 이렇게 말했다. "목사님, 그거 제가 백만 원에 사겠습니다."[108)]

이 일이 있고 난 뒤, 성도들은 너나 할 거 없이 교회 건축을 위한 특별헌금을 작정하기 시작했다. 그리고 며칠 후 새벽예배를 마치고 나오는 조용기 목사에게 한일은행 지점장이 찾아와 건강진단서만 제출하시면 무담보로 5천만 원을 융자해 주겠다고 했다. 여전히 건축 완공을 위해 부족한 액수이지만, 건설회사에 5천만 원을 현금으로 건네자 중단되었던 공사를 다시 시작할 수 있게 되었다. 그리고 12월 말까지 지불해야 할 어음도 마감 한 시간 전에 해결하여 하나님의 이끄심 가운데 새 성전

---

107) 국제신학연구원 편, 『여의도의 목회자』, 455; 『여의도순복음교회 50년사』, 114.
108) 국제신학연구원 편, 『여의도의 목회자』, 456.

건축 공사를 하나씩 해결해 나갈 수 있었다. 이후 여의도 성전 건축에 더욱 박차를 가하게 되었다.

조용기 목사는 1971년 12월 16일 민족제단 상량식을 작정하여 드리며 '성령 안에서 하나님의 거하실 처소'라는 제목으로 말씀을 전했다. 이후 교회 살리기 운동은 더욱 가속화되어 성도들이 자발적으로 매일 저녁 성전 지하 바닥에 엎드려 간절한 마음으로 금식기도를 드렸다. 성도들은 자신의 패물을 팔아 건축헌금을 드리거나 자신의 집을 팔고 순복음아파트에 입주한 차액으로 헌금을 드리기도 했고, 자신의 긴 머리카락을 잘라 가발회사에 판 돈으로 건축헌금을 드리기도 했다.[109] 이 같은 전 성도의 눈물의 기도와 아낌없는 헌신의 결과로 드디어 1만 명이 함께 앉아 예배를 드릴 수 있는 성전이 완공되었다.

1971년 12월 16일 여의도순복음교회 민족제단 상량식

109) 『여의도순복음교회 60년사』, 46.

1. 여의도 시대의 개막과 오산리금식기도원

여의도에서 폭발적 부흥이 시작되다 | 순복음세계선교회가 발족되다 | 기적과 응답의 기도 동산으로

2. 내실을 다지는 교회

신앙 교육이 필요합니다 | 상처 입은 성도를 위해 | 찬양을 통해 영광 돌리다 | 교회 안의 지역 교회

3. 밖으로 뻗어나가는 교회

듣는 복음, 읽히기 시작하다 | 설교, 전파를 타다 | 실업인, 선교에 헌신하다 | 복은 나누어주는 것

4. 성령운동의 확산과 국제화 사역

국내 성회를 통해 퍼져나간 성령의 복음 | 순복음이 세계로 뻗어 나가다 | 해외 교회들의 벤치마킹 대상이 되다

5. 아픔을 딛고 성장하는 교회

교단 분열과 사이비 논쟁을 극복하다 | 기네스북에 오르다 | 해외 선교의 지경을 넓히다 | 미디어는 복음을 싣고 세계로 | 날로 확산되는 국내선교

4장

폭발적 교회 성장의 시대

(1973 – 1988)

4장

폭발적 교회 성장의 시대

(1973 – 1988)

이 열쇠를 받아 하나님의 귀한 뜻을 이루며 또 하나님의 영광을 위하는 일에만 쓰겠습니다.

– 1973년 9월 23일 여의도성전 헌당예배

1. 여의도 시대의 개막과 오산리금식기도원

여의도에서 폭발적 부흥이 시작되다

조용기 목사는 성령님이 주시는 꿈과 비전을 가지고 성도들과 함께 기도하며 여의도성전 건축을 진행했다. 1969년 시작된 신축공사는 많은 어려움에도 1973년 완공되었고, 이를 계기로 교회는 폭발적으로 부흥하기 시작했다. 때마침 여의도성전과 같은 해에 완공된 오산리금식기도원[110]이 활발하게 가동되면서 순복음의 성령운동은 더욱 확산되었

110) 1989년 11월 9일 최자실 목사 소천 후 기도원 이름을 '오산리최자실기념금식기도원'으로 개칭했다.

다. 결과적으로 볼 때, 서대문에서 여의도로 성전을 이전함과 동시에 조용기 목사의 사역은 국내를 넘어 전 세계에 커다란 영향을 미치기 시작했다. 당시 한국은 개발도상국으로 분류되었지만 낙후된 국가 중 하나였고 이런 나라에서 세계 최대의 교회가 나오게 될 줄 아무도 상상할 수 없던 상황이었다. 해외여행조차 자유롭지 않아 세계선교라는 말은 꿈도 꾸기 어려운 시절이었지만 조용기 목사의 선교 사역은 세계를 향해 뻗어나가기 시작했다.

감격의 여의도성전 준공

1969년 4월 6일 착공 예배를 드린 지 약 4년 4개월 만인 1973년 8월 15일에 드디어 1만 명이 함께 예배드릴 수 있는 여의도성전이 완성되었다. 이는 1958년 5월 18일 대조동에 천막을 치고 다섯 명이 첫 예배를 드린 날로부터 15년 만의 일이었다.[111] 여의도성전은 4천여 평의 대지 위에 연건평 3천 2백 평의 규모로 시멘트 6만 6천 포대, 벽돌 1백 65만 장, 철근 4백 톤, 철골 2백 50톤이 투입되었고 총공사비 8억 4천 1백만 원이 소요된 끝에 그 웅장한 모습을 드러냈다.[112] 1969년 4월 6일 착공예배를 드린 여의도성전은 1971년 12월 25일 상량예배를 거쳐 1973년 8월 15일 내장공사를 마쳤다. 그리고 1973년 8월 19일 마침내 여의도성전에서 감격적인 첫 주일예배를 드렸다. 1973년 여의도에서 개최된 '빌리그래함 한국전도대회'의 주 강사로 온 빌리 그래함 목사가 새 성전에서 말씀을 전했다. 이때 서대문에서 여의도로 옮겨 온 성도는 모두 8천여 명이었다.

---

111) 『여의도순복음교회 40년사』, 164.
112) 『여의도순복음교회 50년사』, 121.

교회개척 15년 만에 역경과 고난을 이기고 1만여 명이 동시에
예배를 드릴 수 있는 규모로 건립된 여의도성전 전경

세계오순절대회(PWC)와 헌당예배

조용기 목사는 순복음중앙교회와 한국 오순절 교단의 폭발적인 부흥을 전 세계에 알리고 세계교회에도 선한 영향력을 끼치려는 꿈을 가지고 있었다. 그러던 중 성전건축이 한창 진행되던 1970년, 조용기 목사는 미국 달라스에서 열렸던 제9차 세계오순절대회에 초청을 받아 기독교대한하나님의성회 총회장 자격으로 참가하게 되었다. 세계오순절대회는 오순절주의자들의 교류를 위해 1946년 설립되었는데 1947년 5월 스위스 취리히에서 첫 모임을 가졌고 영국의 도널드 지 박사가 초대 회장이었다. 전 세계 90개국에서 성령운동을 하는 오순절주의자들이 3년마다 한 자리에 모여 대규모 집회를 개최하는 세계오순절대회는 제9차 대회에 참석한 조용기 목사의 노력으로 1973년 제10차 대회를 한국에서 열게 되었다.[113)]

113) 여의도순복음교회는 1973년 제10차 세계오순절대회를 개최한 이후, 1998년 제18차 대회를, 2022년 10월 12일부터 14일까지 제26차 대회를 개최했다.

이에 여의도성전이 완공된 후 1973년 9월 18일부터 22일까지 제10차 세계오순절대회(PWC, Pentecostal World Conference)가 효창운동장과 여의도성전에서 개최되었다.[114] 제10차 세계오순절대회는 '복음 증거와 성령의 은혜'라는 주제로 열렸으며 전 세계 39개국에서 2천여 명의 목회자들과 성도, 국내에서는 5만여 명이 참석했다. 순복음중앙교회 8천여 명의 성도는 성공적인 대회 개최를 위해 기도와 봉사로 헌신했고 그 열매로 대회가 열리는 기간 하루 평균 5백여 명이 결신했다. 제10차 세계오순절대회는 한국은 물론 아시아에서 최초로 열린 대규모 국제대회로서 한국교회사에 길이 남을 중요한 대회가 되었다.

1973년 9월 18-22일 효창운동장에서 개최된 제10차 세계오순절대회 모습

제10차 세계오순절대회를 성공적으로 마친 날인 9월 23일에는 여의도성전의 헌당예배가 드려졌다. 이날 헌당예배는 토마스 짐머만 박사의 설교로 진행되었다. 식순에 따라 건축위원장으로부터 성전 열쇠를 건네

114) 『여의도순복음교회 30년사』, 129.

받은 조용기 목사는 눈물을 흘리며 하나님과 성도 앞에서 다음과 같이 선서했다. "이 열쇠를 받아 하나님의 귀한 뜻을 이루며 또 하나님의 영광을 위하는 일에만 쓰겠습니다."[115] 헌당예배를 드리던 날, 조용기 목사를 비롯해 최자실 목사와 여러 교역자, 그리고 제직들과 성도는 감사와 감격의 눈물을 흘렸다.

여의도성전을 완공한 조용기 목사는 오랜 꿈이었던 세계선교를 본격적으로 진행하기 시작했다. 1977년 1월에는 지상 10층 규모의 세계선교센터(현 제1교육관)를 건립했으며, 7월에는 교회창립 20주년을 기념해 기념관을 준공했다. 그리고 1981년에는 지하 3층 지상 13층 규모의 세계선교센터(현 제2교육관)를 건립하여 복음 전파의 전초기지로 삼았다.[116]

세계 최대의 교회로 성장

여의도성전 시대에도 교회는 놀라운 성장을 이어나갔다. 매년 1만 명 이상의 성도가 새롭게 등록하여 1979년 10월에 이르러서는 성도 수가 10만 명을 넘게 되었다. 이를 기념하기 위해 미국의 텔레비전 선교 방송 중 가장 큰 방송망을 가지고 있던 700 Club의 창시자인 미국의 팻 로버트슨 목사를 강사로 초청하여 11월 4일 10만 명 돌파 기념예배를 드렸다. 로버트슨 목사는 "순복음중앙교회 10만 성도가 1년에 한 사람씩만 전도한다면 20여 년 후에는 전 세계 모든 사람이 예수를 영접하게 될 것"이라며 10만 성도 돌파를 축하했다.[117]

---

115) 국제신학연구원 편, 『여의도의 목회자』, 469-470.
116) "신축 세계선교센터 준공예배 드려", 순복음뉴스 (1982. 01. 10).
117) "본교회 성도 10만명 돌파 기념예배", 순복음뉴스 (1979. 10. 28).

1979년 11월 4일 성도 10만 명 돌파 기념예배에 참석한 성도들

1981년 11월 말에는 10만 성도를 달성한 지 만 2년 만에 교세가 두 배로 증가해 20만 성도를 돌파했다. 이로써 명실상부한 세계 최대의 교회로 성장하게 되었다. 1981년 12월 20일에는 20만 성도 돌파 기념 예배를 드렸다. 이날 기념 예배에는 미국 국제 순복음실업인협회(Full Gospel Businessmen's Fellowship International)의 데모스 샤카리안 회장이 설교했다.[118)]

순복음세계선교회가 발족되다

조용기 목사에게 해외선교의 길이 열린 것은 그가 28세 되던 1964년이었다. 미국 하나님의성회 교단 창립 50주년을 맞이하여 초청을 받은 그는 행사 후 2개월 정도를 더 머물며 미국 전역에서 여러 부흥회를 통해 한국과 한국교회를 알렸다. 조용기 목사는 1967년 4월에 영국 웨스

118) "순복음중앙교회는 말세지말에 하나님께서 특별히 쓰시는 교회", 순복음뉴스 (1981. 12. 27).

트민스터 센트럴 홀에서 열린 기독대학생회 주최 부활절 예배에서 말씀을 전했으며, 5월에는 미국에서 개최된 세계오순절총회 아시아 대표로 초청돼 각국 대표들과 어깨를 나란히 하며 말씀을 전했다. 같은 해 9월에는 재차 유럽 부흥성회를 인도했다. 국내 사역에 안주하지 않고 지속적인 해외 교단 및 교회들과 교류에 힘써 온 조용기 목사를 높이 평가한 국제 하나님의성회는 1969년 총회장이 한국을 방문, 감사패를 직접 전달하기도 했다.

조용기 목사의 해외선교 사역이 본격적으로 시작된 것은 1969년 7월 7일 서대문 순복음중앙교회에서 열린 제3회 하나님의성회 동북아시아 대회가 기점이 되었다. 1970년 미국 달라스에서 열린 제9차 세계오순절대회(PWC) 참가를 계기로 1973년 여의도성전 완공과 함께 제10차 세계오순절대회를 서울에서 개최하면서 조용기 목사의 세계선교의 비전은 높이 비상하기 시작했다. 마침내 1975년 4월 1일, 그는 세계선교의 사명을 개인의 차원이 아니라 전교회적인 차원에서 진행하기 위해 정식으로 세계선교회를 발족했다. 순복음세계선교회는 "너희는 온 천하에 다니며 만민에게 복음을 전파하라"(막 16:15)라는 주님의 말씀을 표어로 삼고 설립되었다. 이로써 1958년 교회가 창립될 당시부터 가졌던 조용기 목사의 꿈은 현실이 되었다.

순복음세계선교회는 출범 직후 구체적인 선교의 방향을 수립해갔다. 세계선교회가 발족된 지 1개월 만인 1975년 5월, 조용기 목사는 나성순복음교회에서 16명의 선교사들과 함께 순복음북미연합회를 결성하고 초대회장에 박여호수아 목사를 임명했다. 그리고 10개의 지교회를 설립하고 16명의 선교사를 파송했다. 박여호수아 목사는 조용기 목사가 1971년 샌프란시스코로 파송해 개척하게 한 최초의 선교사였다. 당시 박 여호수아 장로는 평신도 선교사로 파송되었다가 후에 목사 안수를 받았다. 1972년 12월에는 허균 장로를 평신도 선교사로 파송해 시카고 순복음교회를 개척하게 하기도 했다.[119]

제2차 순복음북미연합회는 1976년 하와이순복음교회에서 열렸다. 조용기 목사가 강사로 초청된 이 자리에는 선교사들과 성도 130여 명이 참석했다. 또한 같은 해에 김정수 목사를 회장으로 하는 구주연합회를 결성하고, 선교사 5명을 파송하여 지교회 두 곳을 세우며 유럽선교의 문도 열기 시작했다.

이처럼 조용기 목사는 사역 초기부터 세계선교의 중요성을 인식했고, 교회의 폭발적인 부흥과 함께 세계 각지로 선교사를 파송했다. 1971년 미국 선교사 파송을 시작으로 1981년 5월까지 세계 16개국에 81개의 지교회를 설립하고 88명의 선교사를 파송했다.[120] 초기에 파송된 선교사들은 현지 원주민보다는 한인 목회에 큰 비중을 두었다.

순복음세계선교대회 개최

순복음세계선교회는 선교지로 파송된 선교사와 가족들의 노고를 위로하고 그동안의 선교 성과에 대해 보고의 시간이 필요함을 느끼고 순

119) 여의도순복음교회 선교백서편찬위원회, 『여의도순복음교회 선교백서』 (서울: 서울말씀사, 2008), 104-106.
120) “세계 복음화에 총력을 경주하는 순복음세계선교회”, 순복음뉴스 (1981. 06. 14).

복음세계선교대회를 개최하기 시작했다. 제1회 순복음선교대회는 1975년 5월 미국 나성순복음교회에서, 제2회 순복음선교대회는 1976년 하와이순복음교회에서 개최되었다. 제3회 세계선교대회부터는 국내에서 개최되었다.

파송되는 선교사들

1976년 5월 31일부터 6월 4일까지 조용기 목사와 허스트 목사를 강사로 개최된 제3회 순복음세계선교대회는 파송된 선교사들과 본 교회 성도가 참석한 가운데 순복음중앙교회에서 개최되었다. 이때부터 본 교회 성도는 선교사역을 위해 선교헌금을 작정하기 시작했으며, 세계선교를 위한 성도의 뜨거운 후원이 본격적으로 시작되었다. 세계선교를 위한 10가지 기도제목이 발표되기도 했다.[121]

조용기 목사는 해외 선교사들의 영적 재충전과 급변하는 사회 속에

121) 『여의도순복음교회 40년사』, 170.

서 선교의 방향성을 제고하기 위해 1977년에 열린 제4회 순복음세계선교대회부터 선교사 보수교육을 실시했다. 순복음세계선교대회는 오늘에 이르기까지 여의도순복음교회 성도들에게 선교의 중요성을 고취시키는 선교 축제로 자리매김해왔다.[122)]

해외 순복음신학교 설립

조용기 목사는 세계선교를 원활히 진행하기 위해 현지 신학생 양성의 필요성을 느끼게 되었다. 특히 순복음 신앙을 갈망하는 교민들이 많아 현지 목회자 양성을 위해 신학교를 설립하기 시작했다.[123)] 미국 로스앤젤레스 순복음중앙신학교(1976년 9월 23일), 독일 순복음베를린신학교(1977년 7월 1일), 미국 순복음뉴욕신학교(1978년 2월 1일), 일본 고베 순복음극동신학교(1978년 4월 7일), 미국 순복음시카고신학교(1980년 4월 13일)를 각각 설립했다. 1980년 8월 1일에는 순복음중앙교회 내에 한국분교를 개설했으며, 1982년 7월 1일 순복음뉴욕신학교와 시카고신학교를 합병한 후 순복음중앙신학교의 분교로 지정했다. 순복음중앙신학교는 1984년 5월 4일 베데스다신학대학으로 개칭되었다.[124)] 이렇게 설립된 신학교들은 순복음 신앙을 기반으로 하여 성령충만한 학생들을 양성했고 이들은 출신 지역뿐 아니라 타지역에까지 복음을 전하는 전도자가 되었다. 그리고 이들을 통해 하나님의 나라는 더욱 확장되었다.

122) Ibid., 169.
123) 『여의도순복음교회 선교백서』, 106.
124) Ibid., 506-507.

기적과 응답의 기도 동산으로

조용기 목사는 평생에 걸쳐 기도를 가장 중요한 사역의 동력이며 사명이라고 생각했다. 조용기 목사가 성령충만을 처음 체험하게 된 것도 삼각산에서의 산상 기도 중이었을 때였고 세계선교에 대한 비전을 성령님께 받게 된 것도 대조동 천막교회에서 금식하며 기도할 때였다. 기도는 조용기 목사 사역의 시작이자 끝이었기에 그는 성도에게도 늘 기도를 강조할 수밖에 없었다. 최자실 전도사와의 동역에서 그가 가장 큰 도움을 받았던 부분도 바로 기도였다. 특히 최자실 전도사의 금식기도는 조용기 목사가 어려움을 겪을 때마다 큰 힘이 되었다. 조용기 목사의 이러한 기도 중심 사역은 한국 사회에 전반에 걸쳐 기도운동을 일으켰고 그 중심에 순복음오산리기도원이 있었다. 순복음오산리기도원을 중심으로 퍼져간 기도의 불길은 교단과 교파를 초월하여 많은 성도에게 기도에 응답하시는 선하신 하나님을 경험하게 했고 이것은 한국교회의 부흥으로 연결되었다. 뜨거운 기도와 그로 인한 기적과 응답의 간증들은 해외로까지 전해져 순복음오산리기도원이 국제적인 기도원으로 발돋움하게 했다.

순복음 오산리기도원 설립

1961년에 대조동에서 서대문으로 이전한 교회는 1968년경에 이르러는 성도 수가 8천 명에 달하게 되었다. 늘어난 성도 수만큼 소천하는 성도 역시 늘어가자 교회는 경기도 파주군 조리면 오산리에 3만여 평의 대지를 교회 공원묘지로 운용했다. 그러던 1972년, 최자실 전도사는 여의도성전 건축에 어려움이 생기자 그 오산리 교회 공원묘지에서 사람들을 모아 함께 기도했다. 당시 공원묘지 인근에 군사시설이 많았는데 기도 소리로 인한 피해를 주지 않기 위해 최자실 전도사와 성도들은 기도굴을 파고 그 속에 들어가 철야하며 기도했다. 이후 이 굴들에 문을 달아 기도굴이 만들어지게 되었다.

최자실 전도사는 성령의 강한 계시를 받고 묘지 주변의 땅을 구입해 금식기도를 할 수 있는 기도원을 만들 것을 조용기 목사에게 제안했다. 그러나 조용기 목사는 여의도성전 건축 자금압박으로 인해 최자실 전도사의 제안을 거절할 수밖에 없었다. 하지만 최자실 전도사는 여의도성전이 완공되기 6개월 전부터 오산리 교회묘지 부근에서 기도원 목회를 시작했다. 처음에 모인 성도는 극소수였고 건물도 블록으로 엉성하게 지은 예배 처소가 전부였다. 하지만 점점 많은 수의 성도가 모이기 시작했으며 병 고침을 받고 문제가 해결되는 등의 간증이 교회에 전해지게 되었다. 이에 조용기 목사도 기도원 건립을 위해 기도하기 시작했다.

초기 오산리금식기도원 모습

어느 날 조용기 목사는 공동묘지에 올라가 기도할 때 하나님이 하실 일에 대한 확신이 생겼다. 얼마 후 건설업을 하는 집사 한 명이 외상으로 기도원을 건설해주겠다고 찾아왔고 기도원 건축이 시작되었다. 이렇게 해서 조용기 목사는 여의도성전을 건축하는 중에 기도원 건축을 시작했고 1973년 3월 7일 '순복음오산리기도원'을 완공했다. 기도원은 초교파로 운영되었으며, 1991년 1월에는 기도원의 설립과 운영에 헌신적인 기도와 공헌을 한 고(故) 최자실 목사(1989년 11월 9일 소천)의 공을 기리는 의미에서 기도원 명칭이 '오산리최자실기념기도원'으로 바뀌었다.[125)]

오산리최자실기념금식기도원은 설립 취지에 따라 전국적인 규모의 오순절 청년 금식기도회, 초교파 지도자 금식기도회, 신년축복금식대성회, 금요철야기도회 등의 행사를 정기적으로 개최해오고 있다. 성령충만한 예배와 기도를 통해 각종 질병과 영적 고통으로 기도원에 찾아오는 성도는 계속 증가하여 1990년대에는 하루 평균 3,500여 명의 성도가 방문했고 외국인 성도도 매년 1만 명 이상 찾아오게 되었다.

2. 내실을 다지는 교회

신앙 교육이 필요합니다

1978년 순복음중앙교회의 성도수는 10만 명에 도달했다. 조용기 목

125) 『여의도순복음교회 40년사』, 253.

사는 교회의 규모가 급격하게 커짐에도 불구하고, 그에 비해 성도 개개인의 신앙은 그다지 성장하지 못하고 있음을 깨달았다. 그는 성령충만한 예배의 은혜가 성도들의 삶으로 이어지기 위해서는 반드시 지속적인 신앙교육과 양육이 필요하다고 생각했다. 특히, 성령충만을 강조하는 오순절 신앙은 체험적인 은혜가 부각되는 경향이 강하기 때문에 체계적인 교육과 양육이 뒷받침되지 않을 경우 성도들이 환난과 문제에 쉽게 넘어지거나 이단들의 유혹에 빠질 위험성이 있었다. 이것이 지금까지 여의도순복음교회가 체험과 이성의 균형있는 성령운동을 견지하게 된 배경이었다.

순복음교육연구소 설립

이에 조용기 목사는 1978년 12월 27일 순복음교육연구소를 설립하고 초대 소장으로 김영길 목사를, 신학연구실장으로 이영훈 목사(현 여의도순복음교회 당회장)를 임명했다.[126] 순복음교육연구소는 오순절 신학 정립 및 확산을 위해 많은 노력을 기울였는데 그 일환으로 정기적인 학술 세미나를 개최했다. 1980년 3월 11일에는 순복음교육연구소 주최 제1회 국제신학학술세미나가 세종문화회관 대회의실에서 개최되어 국내외 30여 명의 신학자와 2백여 명의 목회자가 참석했다.[127]

같은 해 11월 13-15일에는 세계선교센터(현 제2교육관)에서 제1회 전국교회목회자세미나가 개최되었고 조용기 목사와 세계적인 평신도 성경

---

126) Ibid., 182.
127) “국제 신학 학술 세미나 성료”, 순복음뉴스 (1980. 03. 16).

연구 권위자 어빙 젠센 박사 등이 강사로 초빙되었다.[128)]

조용기 목사는 이러한 신학 연구와 세미나를 통해 전 세계적으로 활발히 전개되고 있는 성령운동이 더욱 확산되어 나가기를 원했으며 특별히 한국교회 부흥에 크게 이바지하기를 바랐다.[129)] 실제로 이후 국내 성령운동에 대한 신학적 연구가 활발해지면서 성령의 은사와 현재적 체험에 대해 부정적인 시각을 가지고 있던 기성 교단들의 인식이 크게 변화되기 시작했다. 그리하여 성령운동은 교파와 교단을 넘어 한국교회와 신학에서 공동의 관심사가 되었다.

평신도 성경학교 및 평신도 성경대학 개설

순복음교육연구소는 성도들에게 구약성경과 신약성경의 주요 내용을 가르치고 '전 성도 신앙교육 강화', '전 성도 제자화'를 목표로 평신도 성경학교를 개설했다. 1979년 9월 30일 예루살렘성전에서 개강예배를 드린 후[130)] 12월 27일 제1, 2기 졸업예배를 드렸는데 1기 732명, 2기 322명 등 총 1,127명의 졸업생이 배출되었다.[131)]

1980년 5월 14일에는 평신도 성경학교를 졸업한 성도를 대상으로 성경교육과정의 제2단계로 평신도 성경대학을 30주 과정으로 신설했다.[132)] 성경과 기독교 핵심 복음 진리를 주제별로 나누어 입체적이고 통

---

128) "제1회 전국 교회 목회자세미나 폐막", 순복음뉴스 (1980. 11. 16).
129) 『여의도순복음교회 40년사』, 183.
130) "순복음 평신도 성경학교 개강", 순복음뉴스 (1979. 10. 07).
131) "순복음 평신도 성경학교 제1·2기 졸업예배 마쳐", 순복음뉴스 (1980. 01. 06).
132) "순복음 평신도 성경대학 개설하기로", 순복음뉴스 (1980. 05. 04).

일된 성경지식을 심어준 평신도 성경대학은 1980년 12월 2일 679명의 첫 졸업생을 배출했다.[133)]

평신도 성경학교 제1, 2기 졸업예배에서 설교하는 조용기 목사

평신도 성경학교와 평신도 성경대학은 배움에 대한 열정이 큰 한국 사회의 특성에 잘 맞는 교육프로그램이었다. 그래서 상당히 많은 타교회 성도들까지 등록하여 매 기수마다 교육생으로 차고 넘쳤다. 그들은 성경을 배우는 과정을 통해 삶이 변화되고 문제해결을 체험했다. 평신도 성경학교와 평신도 성경대학을 졸업한 성도는 제직으로 임명되어 교회 곳곳에서 하나님 나라의 확장을 위해 헌신하기 시작했고 이들이 교회 부흥과 건강한 성장의 밑거름이 되었다.

새신자 양육교재 제작

1987년 4월 1일에는 새신자관리실이 새로 설립되었다. 순복음교육연

133) "제1회 순복음 평신도 성경대학 졸업식", 순복음뉴스 (1980. 12. 07).

구소는 새신자 교육을 위해 양육교재를 통신교육 교재와 주일교육 교재로 제작하여 1988년 2월부터 실시된 실제 교육시간에 공급했다.

상처 입은 성도를 위해

사회가 급변하면서 삶의 현장에서 심리적인 갈등과 신앙 문제, 대인관계의 문제 등을 겪는 성도들이 급증하게 되었다. 조용기 목사는 예배와 기도를 통해 성령의 능력을 체험하는 것이 이러한 문제 해결의 궁극적인 방법이라고 생각했다. 하지만 이를 위해선 무엇보다 성도들 스스로 자신 안에 있는 문제를 인식하고 그 본질을 파악할 수 있어야 했다. 이에 조용기 목사는 상담소를 신설했다. 예배와 심방이 주 사역이었던 한국교회에서 교회 안에 상담소를 두고, 성도들이 스스로를 이해하고 자신 안에 있는 문제의 본질을 파악하여 오순절 신앙 안에서 극복해나가도록 한 것은 당시 매우 혁신적인 방법이었다.

조용기 목사는 1974년에는 가정과 자녀, 생활의 문제에 관한 상담을 위해 신앙상담소를 개설했고, 1978년에는 결혼 및 가정문제에 관한 상담을 위해 결혼상담소를, 1980년에는 청소년 문제의 예방과 해결 및 영적 부흥에 관한 상담을 위해 청소년상담소를 개설했다. 1981년 1월부터는 상담소가 교회 정식기관으로 운영되었으며, 1981년부터 매년 상담학교를 개설하여 성도들에게 상담교육을 실시했다.[134]

134) 『여의도순복음교회 50년사』, 129.

찬양을 통해 영광 돌리다

조용기 목사는 음악이 목회사역에 중요한 부분을 차지한다는 것을 잘 알고 있었다. 곡조 있는 기도이자 설교로서 찬양과 예배 음악은 회중의 마음을 하나님께로 이끌어가는 힘이 있다고 믿었다. 1980년대 이전 한국교회는 복음성가의 사용을 자제하는 분위기였다. 이에 반하여 조용기 목사는 해외 성회를 다니며 전하게 된 최신 복음성가를 가져와 순복음중앙교회 성도들도 즐겨 부를 수 있도록 했는데, 음악을 전공한 김성혜 사모가 이 일에 큰 도움이 되었다.

조용기 목사의 열정을 통해 여의도순복음교회는 영산출판사(현 서울말씀사)를 통해 1979년 『복음성가』를 편찬한 이래 2006년 74쇄에 이르기까지 계속해서 출간하여 한국교회의 예배 음악 성장에 선구적인 역할을 감당했다. 특별히 조용기 목사가 작사하고 김성혜 사모가 작곡한 '주를 아는가', '내 평생 살아온 길', '얼마나 아프셨나' 등의 복음성가들은 예배뿐만 아니라 부흥회 등에서 많이 불려졌으며 점차 한국교회 가운데 퍼져나갔다.

교회 음악과 성가대의 발전은 순복음중앙교회 부흥의 역사와 맥락을 같이 했다. 1962년 윤치호 선생이 지휘자로 부임하면서 예루살렘성가대가 조직된 것을 시작으로 교회가 부흥함에 따라 다른 성가대들도 추가적으로 조직되었다. 1968년에는 김주영 장로가 지휘하는 오케스트라가 창단되었다. 이후 1969년 나사렛성가대, 1971년 10월 호산나성가대의 모체인 대학부성가대, 1972년 베다니성가대의 전신인 1부예배중

창단, 1973년 베들레헴성가대가 창단되었다. 1975년 성가국이 조직되며 체계적인 운영이 가능하게 된 성가대는 무엇보다 예배 찬양과 함께 각종 합창제와 정기연주회, 성가제 등의 개최, 대규모 합동연주회 참가, 성가국세미나 개최, 정기간행물 발간 등 활발하게 활동했다. 이어 1979년에는 임마누엘성가대, 1980년 갈릴리성가대, 1981년 미가엘성가대와 베데스다성가대가 각각 창단되었다.[135)]

초기 오케스트라와 성가대 모습

교회 안의 지역 교회

조용기 목사는 일찍이 구역조직을 만들면서 성전 사역과 가정 사역이라는 이중적 사역을 운영해 왔다. 구역조직은 평신도 사역의 획기적인 계기였을 뿐만 아니라 교회 부흥의 초석이 되었다. 그러나 교회의 규모가 구역조직만으로는 감당할 수 없을만큼 커지자 조용기 목사는 교

135) 『여의도순복음교회 50년사』, 131-132.

회 조직을 한단계 발전시켜야 했다. 여의도로 성전을 이전한 후 서울 전역에서 순복음중앙교회를 찾아오고 있었기 때문에 각 지역에 사는 성도들이 모일 수 있는 구심점을 마련해주어야 했다. 그래서 조용기 목사는 먼저 교구제를 실시하고 이를 더욱 확장하여 대교구제를 실시했다. 구역조직이 교회 속의 작은 가정 교회라고 볼 수 있다면 대교구는 교회 속의 지역 교회라고 할 수 있었다. 대교구는 한 지역의 복음화의 사명을 맡은 기관이며 이를 통해 각 지역 구석구석까지 성도관리와 복음전파를 효율적으로 실행할 수 있었다.

교구제 도입 및 확장

교세가 급성장함에 따라 순복음중앙교회는 성도를 보다 효율적으로 관리하고 제반 교무능률을 높이기 위해 1971년 1월 1일부터 교구제를 도입했다. 1975년 1월 1일부터는 서울시를 행정구역 단위로 구분하여 대교구제를 실시했다. 처음엔 5대교구로 나눴다가 각 대교구의 성도 수가 증가함에 따라 대교구의 수도 점차 늘어나 1981년 7월 12일에는 12대교구로 확장되었다.[136] 각 대교구들은 자체 부흥성회와 성령대망회, 금식기도회, 철야기도회 등을 통해 성령충만과 신앙성장을 도모함은 물론 이웃 전도의 사명을 실천해 나갔다.

구역장 세미나 실시

조용기 목사는 늘어나는 구역장들에 대한 교육을 통해 구역을 발전시키고 구역조직에 의한 전도를 보다 활성화하기 위해 1975년부터 구

---

136) 『여의도순복음교회 60년사』, 64.

역장 세미나를 매년 1-2회 실시했다. 1978년 11월 30일 순복음중앙교회는 5,000구역을 돌파했다. 이후 만 2년이 지난 1980년 11월 30일 마침내 1만 구역을 돌파하게 되었다.[137] 이러한 급성장은 전세계 기독교 역사상 유래를 찾아볼 수 없는 일이었다.

제9회 구역장 세미나

한편, 1979년 4월에는 청년선교회를 부서 중심 조직에서 구역조직으로 개편하고 4월 22-27일 청년구역장 세미나를 개최하여 구역장으로서의 신앙과 자질이 있는 청년을 선정, 구역장에 임명했다. 1979년 5월 30일-6월 1일 대성전에서 열린 제7회 구역장 세미나에는 구역장과 부구역장, 아동구역장, 청년선교회 구역장 등 1만여 명이 참석하여 체계적인 교육을 받았다.[138] 이후 구역장 세미나는 매년 참가 인원이 확대되었다.

137) "11월 말 현재 1만 구역돌파", 순복음뉴스 (1980. 12. 28).
138) "세계선교대회 및 구역장 세미나 성황리에 마쳐", 순복음뉴스 (1979. 06. 03).

아동구역장 연수교육

1977년 아동구역이 조직된 후 아동구역장 연수교육도 실시되었다. 제1회 아동구역장 연수교육은 1979년 2월 3일 열렸으며,[139] 이어 4월 8일에는 아동구역 부흥목표 500구역 달성 축하 및 아동 구역장 단합예배가 있었다. 아동구역조직과 아동심리 전반에 관한 폭넓은 강의를 바탕으로 한 아동구역장 연수교육 및 세미나, 그리고 단합예배가 지속적으로 개최되었다. 아동구역은 폭발적인 부흥을 이루어 1981년 6월 3일에는 아동구역 3,000구역 달성 기념예배를 드렸다.[140]

이처럼 조용기 목사는 교회의 내적 성장과 외적 성장이 조화를 이루도록 계속해서 교회 조직을 보완하고 새로운 사역들을 개발하여 펼쳐나갔다. 성경과 신학의 연구 및 교육을 통해 오순절 신학의 확산과 성도의 신앙 성장을 이루었고, 성장하는 교회를 더욱 효율적으로 관리하기 위해 조직을 개편하고 큰 규모의 성도를 수용하고 양육하는데 어려움이 없도록 했다. 교회에 온 누구라도 예배를 통해 성령께서 주시는 은혜와 감동을 받도록 하기 위해 예배 음악과 같은 감성적인 부분에도 세심한 관심을 기울였다. 교회와 성도를 향한 조용기 목사의 사랑과 열정으로 순복음중앙교회는 은혜와 진리가 충만한 교회로 성장해 갈 수 있었다.

---

139) "제1회 아동 구역장 연수교육 및 제12회 교사대학 세미나 개최", 순복음뉴스 (1979. 02. 17).

140) "아동구역 3,000구역 달성 기념예배", 순복음뉴스 (1981. 06. 07).

3. 밖으로 뻗어나가는 교회

듣는 복음, 읽히기 시작하다

조용기 목사는 1967년 「신앙계」를 출간함으로써 문서 선교라는 새로운 영역을 개척했다. 이후 순복음중앙교회는 신문, 라디오, 위성, TV방송 등 다양한 대중 매체를 통해 국경과 교파를 초월하여 복음전파에 앞장섰다. 이러한 선교 방법이 효과적일 수밖에 없는 것은 시간과 공간의 제약을 받지 않고 사역할 수 있다는 점 때문이었다. 이는 국내 어느 교회에서도 생각치 못한 매우 획기적인 일이었다. 문서와 매스컴 선교는 여의도순복음교회의 사역이 밖으로 더 뻗어나가는 계기가 되었다.

영산출판사 설립

1975년 조용기 목사와 함께 미국 콜로라도 덴버시에서 열렸던 미국 하나님의성회 총회에 참석한 김성혜 사모는 기도 중에 조용기 목사의 사역을 돕기 위해 문서 선교를 해야 한다는 응답을 받았다. 귀국 후 김성혜 사모는 조용기 목사의 지지하에 1975년 문서출판국을 설립했고 1976년 3월 10일에는 영산출판사로 개칭하여 문서 선교를 전개해나갔다.[141] 이때부터 각종 신앙 서적과 교재를 다양한 언어로 출판하여 국내는 물론 해외 성도들의 신앙 성장에 크게 기여했다.

한 번은 프랑스에서 성회를 인도한 조용기 목사가 김성혜 사모에게

141) 『여의도순복음교회 40년사』, 181.

편지를 보냈다. 그동안 프랑스 성회에서는 큰 반응이 없었는데 이번에는 많은 성도들이 참석해 폭발적인 영적 부흥이 일어났다는 내용이었다. 이는 조용기 목사의 설교집과 특히 1979년 영어로 출간된 『4차원의 영적 세계』(The Fourth Dimension)가 이미 불어로 번역, 발간되어 프랑스에서 많이 읽혀지고 있었기 때문이었다. 이후 영산출판사는 서울말씀사로 명칭이 변경되었으며 각종 전도지와 조용기 목사의 설교집 및 강해집, 『구역성경공부』, 『일독성경』 등을 발간하여 성도들의 신앙 성장을 도왔다.

「순복음뉴스」 발간

1978년 10월 8일에는 문서를 통한 복음전도를 더욱 폭넓고 효과적으로 펼치기 위해 「순복음뉴스」를 창간했다. 초대 편집장으로는 당시 서울말씀사 편집부장으로 수고하던 이영훈 전도사가 임명되었다. 「순복음뉴스」는 조용기 목사의 설교와 칼럼, 성도들의 신앙 수기 및 간증, 성경공부, 그리고 교회소식 등으로 구성되었다. 1983년에는 「순복음소식」으로, 1992년에는 「순복음가족신문」으로 개칭되어 매주 발행되고 있는 「순복음뉴스」는 성도들의 영적 결속과 신앙 성장을 크게 도왔고 전도지와 복음지로서 국내 복음화의 역할도 감당했다. 매스컴 선교가 가진 강력한 영향력을 확인한 조용기 목사는 영산출판사와 「순복음뉴스」를 발전시켜나갔는데 이는 최초의 기독교 일간지 「국민일보」 창간으로 이어지는 원동력이 되었다.

순복음가족신문

설교, 전파를 타다

급격하게 발전해가는 세상 속에서 조용기 목사는 늘 현대 문명의 발전과 흐름을 목회 사역에 적극적으로 활용해야 한다고 생각했다. 그는 지면을 활용한 선교 방법 외에도 방송을 통한 복음 전도에도 매우 적극적으로 나섰다.

조용기 목사 설교방송, 청취율 1위 기록

1977년 조용기 목사의 라디오 설교는 극동방송에서 처음 방송된 후 1982년까지 서울기독교방송을 비롯해 대구, 부산, 광주, 이리의 기독교방송과 아세아방송, 그리고 춘천, 강릉, 울산, 제주 남양의 4개 문화방송에서 방송되었다.[142] 조용기 목사의 설교는 송출하는 방송국이 늘어가

142) "방송을 통해 전도합시다", 순복음뉴스 (1982. 12. 05).

면서 청취율도 증가하여 1979년 극동방송국[143]과 1980년 아세아방송국에서 실시한 방송청취율에서 압도적 1위를 차지했다.[144] 조용기 목사의 주일설교는 아세아방송을 통해 중국 및 만주의 300만 교포들에게도 방송되었다. 1981년 2월부터는 전 중국을 복음화하기 위해 조용기 목사의 주일설교를 중국어로 방송했다.

조용기 목사 설교, 국내외 TV방영[145]

조용기 목사는 1980년부터 TV방송을 활용한 새로운 매스컴 선교에 힘써나갔다. 1980년 4월 20일부터 대전문화TV방송에서 매주일 오후 10시 30분-11시까지 30분간 순복음중앙교회 예배실황 및 조용기 목사의 주일 설교가 방영되었다. 이후 1982년까지 광주문화TV, 부산문화TV, 제주남양문화TV, 마산문화TV, 전주문화TV방송 등을 통해 조용기 목사의 설교가 방영되었다.

이와 함께 조용기 목사는 TV를 통한 해외 방송 선교를 추진했다. 1980년 7월 6일부터 일본 깅키(近畿)TV를 통해, 10월 3일부터는 선(Sun)TV를 통해 '행복으로의 초대'라는 이름으로 순복음중앙교회 예배실황 및 조용기 목사의 설교를 일본 전역에 방영했다.

1980년 7월 20일부터 미국 로스앤젤레스 UHF-TV방송을 통해 조용기 목사의 설교가 방영되었다. 1981년 2월부터는 뉴욕 CBN-TV에서 조

143) "조용기 목사 방송설교 극동방송국 실시 방송청취율 제1위", 순복음뉴스 (1979. 12. 09).
144) "조용기 목사 방송설교 청취율 전국 1위 기록", 순복음뉴스 (1980. 08. 24).
145) 『여의도순복음교회 50년사』, 148-149.

용기 목사의 설교를 주 2회 녹화 방영했으며, 10월부터는 로스엔젤레스 LA-VHF방송과 뉴욕 NY-VHF 방송을 통해 조용기 목사의 영어설교가 방영되었다.[146] 순복음실업인선교연합회 산하 방송선교회는 매스컴 선교를 위해 작정헌금을 실시하고, TV방송 선교회원을 모집하는 등 조용기 목사의 선교사역을 적극 후원했다. 이러한 방송선교회의 활발한 선교활동을 통해 조용기 목사의 TV설교방송은 국내뿐 아니라 해외에까지 방영 범위를 넓혀갈 수 있었다.

교회 스튜디오에서 국내·외 TV 선교방송용 설교 프로그램을 녹화하는 조용기 목사

예배실황 위성중계

1978년 4월 3일 순복음중앙교회의 금요철야예배실황과 조용기 목사의 설교가 한국교회 역사상 최초로 미국 PTL-TV를 통해 미국과 캐나다 전역에 생중계되었다. 이후 1982년 8월 29일 오전 9시 30분부터 10시 30분까지 한 시간 동안 주일 2부 예배실황이 미국 KCWC사의 특별기획

146) 여운학 편, 『주여 뜻대로 이루소서』, 77.

으로 미국, 중국, 캐나다, 남아프리카공화국, 멕시코, 오스트레일리아, 뉴질랜드, 이스라엘, 홍콩, 필리핀 등 25개국에 동시 위성중계 되었다.[147)]

1970년대 후반부터 교회가 급격한 부흥의 물결을 타게 된 것은 조용기 목사의 왕성한 방송 설교 활동의 힘이 컸다. 방송을 통한 조용기 목사의 선교 시스템은 복음전파와 교회 성장에 중요한 매개체가 되었고, 수많은 사람이 방송을 듣고 설교에 은혜받기 위해 교회를 찾았다. 이처럼 방송 선교는 조용기 목사의 효율적인 복음전파의 방법에 대한 깊은 통찰력을 보여준다.

실업인, 선교에 헌신하다

조용기 목사의 국내외 선교 사역은 매우 방대했기에 사실 한 개인이 감당할 수 있는 차원의 것이 아니었다. 그의 사역에는 수많은 동역자가 필요했다. 그뿐만 아니라 사역 가운데 도움이 필요한 곳을 실질적으로 지원하려면 이를 지원할 후원자들도 반드시 필요했다. 더 나아가 다양화된 사회 각계각층의 사람들에게 효과적으로 복음을 전하려면 여러 분야에 걸쳐 선교할 수 있는 조직도 필요했다. 이러한 문제들에 대한 해결책으로 설립된 실업인선교회는 평신도들이 단순히 후원자의 역할을 넘어 동역자로서 참여하도록 이끌었다는 점에서 높이 평가되어야 할 것이다.

147) "순복음중앙교회 예배 실황", 순복음뉴스 (1982. 09. 05).

순복음실업인선교연합회 설립

조용기 목사는 1976년을 맞아 오산리기도원에서 기도하던 중에 하나님이 실업인을 통해 역사하기 원하신다는 것을 깨닫고 그 해 4월 20일 순복음실업인선교연합회를 창설했다.[148] 초대 총재는 조용기 목사, 초대 회장으로는 김수웅 장로가 선임되었다. 순복음실업인선교연합회는 법률, 건축, 세무, 기업진단, 직업상담실 등의 운영을 통해 지식 및 아이디어를 공유하고, 믿음의 기업을 알선하고 어려운 법률과 세무상담을 하는 등 성도들의 생활에 직접적인 도움을 주었다.

1984년에는 회원 중에서 어머니들로 구성된 뿔라성가대가 발족되었다. 이들은 국내외 주요 선교행사에서 찬양을 전담했고 매년 자선 음악회, 성가제 등의 공연을 개최하여 선교사업을 전개했다. 특히 성가찬양에 있어 안무를 개발, 연출함으로서 찬양의 새로운 형식을 개척하기도 했다.

실업인 지선교회의 발전

실업인선교연합회 산하의 지선교회는 조용기 목사의 선교사역을 후원하기 위한 목적으로 설립되었다. 1978년 지선교회 중 가장 먼저 설립된 일본선교회는 조용기 목사의 일본 일천만 구령운동을 적극적으로 지원했다. 1980년에는 미주지역의 복음화를 위해 미주선교회가, 유럽지역의 복음화를 위해 유럽선교회가 설립되었고, 방송선교회가 설립되어 18개 MBC-TV를 통해 행복으로의 초대를 방영했다. 이와 함께 군인

148) http://holybiz.com/a01/05.asp

들과 경찰들의 선교를 위해 군경선교회가 설립되고, 본 교회 사회사업의 체계적인 전개를 위해 사회사업선교회가 설립되었다.

그리고 사회의 다양성에 비추어 각 계층의 사람들을 효과적으로 전도하기 위해 실업인선교연합회에서도 다양한 선교회를 조직했다. 1981년에는 아동선교회, 교통운수선교회, 의료선교회, 문서선교회, 1982년 연예인선교회, 1983년 직장선교회가 조직되었으며, 1984년에는 농어촌선교회가 순복음실업인선교연합회 산하로 이관되었다. 이어 체육선교회(1984년), 교정복지선교회(1985년), 경찰선교회, 관광선교회(이상 1989년), 미용선교회(1990년), 학원선교회(1993년), 음악선교회, 문화예술인선교회, 법조선교회, 목회자후원선교회(이상 1996년) 등이 설립되었다.[149)]

한편 조용기 목사는 제3세계 선교에 함께 힘써나갈 실업인들을 조직했다. 1989년 아프리카선교회를 필두로 소련선교회(1991년), 서아세아선교회, 동남아교회, 인도차이나선교회, 중국선교회, 남미선교회(이상 1993년), 북한선교회, 썩세스중동선교회(이상 1996년) 등이 설립되었다.

실업인선교연합회의 후원과 전방위적인 활동으로 조용기 목사의 선교 사역은 더욱 활기를 띠었다. 국내 경기가 활발해짐에 따라 경제적인 여유가 생긴 실업인들을 중심으로 국내외 대형 성회의 조직 및 운영 비용을 지원했다. 조용기 목사는 수많은 성도들을 직업에 따라 전문성 있게 분류하고 조직하여 사역에 극대화를 이루는데 탁월했다. 실업인선교

---

149) 『여의도순복음교회 50년사』, 130.

연합회는 조용기 목사가 조직한 시스템 중에서 가장 왕성한 사역을 펼치며 교회 부흥에 큰 도움이 되는 실제적인 조직이 되었다.

복은 나누어주는 것

다른 사람의 유익, 더 나아가 사회적으로 소외된 자들을 위한 희생적 사랑과 창조적 사역은 조용기 목사의 사역 가운데 항상 중요한 핵심 가치였다. 이는 다양한 계층을 위한 구제 및 선교 활동을 통해 확대되었다.

홀트아동복지회 후원과 나누어 갖기 운동

조용기 목사와 순복음중앙교회는 1982년 12월 11일 홀트아동복지회에 2억원의 예산을 들여 130평 규모에 300여 명을 수용할 수 있는 생활관과 교회를 건립하여 기증했다.[150] 1983년 11월 5일에는 총 2억원의 예산을 들여 연건평 210평의 2층 건물인 휠체어 하우스를 건립하여 복지회에 기증했다.[151] 휠체어 하우스는 숙소, 사무실, 식당, 오락실, 체육관 등의 내부 시설과 휠체어를 타고 자유자재로 출입할 수 있도록 꾸며졌다.

군선교 및 군교회 건립

1978년 북한의 제3호 땅굴이 발견됨으로 인해 남북이 팽팽한 긴장감에 휩싸인 상황에서 순복음중앙교회는 각 대교구와 부서별로 일선 장

150) "본 교회, 홀트 아동복지회에 생활관 및 교회건립 기증", 순복음뉴스 (1982. 12. 19).
151) "불우 아동들을 위해 건립 기증한 휠체어 하우스 준공", 순복음뉴스 (1983. 11. 13).

병들을 활발하게 위문했고 1980년 군선교회를 발족하여 군복음화에 박차를 가했다. 또한 군인들이 예배드릴 수 있는 환경을 만들어주기 위해 군교회 건립에도 힘썼다. 1981년 3월 24일 경남 진해 해군사관학교에 1억 9천 930만원을 지원하여 교회를 헌당했고[152] 1983년 3월 18일에는 해군 병사들을 위해 대지 520평, 건평 290평의 2층 건물인 '사랑의 집'(원일교회, 원일다락방)을 완공했다.[153] 이 사랑의 집은 250석의 예배실과 기도실, 온돌과 침대의 숙박 시설 (40실), 세미나실, 도서실, 주방실, 목욕실 등을 갖추었다.

이 밖에도 4천만원을 들여 국군 마산 통합 병원 교회를 완공했으며, 1984년 11월 29일 경남 진해 소재 육군대학교 교회와 1986년 2월 10일 진해 해군작전사령부를 통해 교회를 헌당할 수 있도록 지원하는 등 군복음화를 위해 활발한 활동을 전개했다.

사회사업 선교

1976년 실업인선교회가 발족 이후 각 선교회가 불우 이웃을 도왔고 1980년 사회사업선교회가 정식으로 발족함에 따라 다방면에 걸쳐 사회사업이 전개되었다. '사랑의 손길 펴기 운동'이라는 표어 아래 보육원, 양로원, 갱생원, 소년원, 민간교도소, 농아원 등에 그리스도의 따스한 사랑을 전달했으며 1981년에는 은평구 대조동에 '아동복지관'(대지 86평, 건

152) "당회장 조용기 목사 해군사관학교 교회 헌당 및 졸업 축하예배에서 말씀 증거", 순복음뉴스 (1981. 03. 29).

153) "본 교회에서 진해에 세워준 복음과 안식의 전당, 사랑의 집", 순복음뉴스 (1983. 04. 03).

평 42평, 수용 인원 12명)을 설립한 것[154)]을 비롯하여 농아 교회, 사랑의 동산을 운영하기도 했다.

조용기 목사는 하나님께 복을 받은 만큼 이웃에게 나누어 주어야 한다고 늘 강조했다. 그에게 있어 소유의 목적은 하나님이 우리에게 주신 것을 혼자만 누리는 것이 아니라 남과 나누어서 더욱 풍성하게 하는 것이었다. 더 나아가 그는 사회봉사와 구제활동을 통해 단순히 어려운 계층의 사람들을 돕는 사회적 필요를 채우는데서 그치지 않고 영혼구원의 신앙적 목적을 이루는데까지 나아갔다. 그의 내면에 가득찬 이웃을 사랑하고 섬기라는 복음의 정신이 문서와 매스컴 선교, 실업인선교, 그리고 사랑의 나눔 실천을 통해 많은 결실을 맺기 시작했다.

요양원 의료시설을 둘러보는 조용기 목사

154) "사회사업 선교회「아동 복지관」 개관", 순복음뉴스 (1981. 02. 15).

4. 성령운동의 확산과 국제화 사역

국내 성회를 통해 퍼져나간 성령의 복음

여의도로 성전을 이전한 순복음중앙교회(1984년 1월 여의도순복음교회로 명칭 변경)의 부흥이 널리 알려지기 시작하면서 조용기 목사의 교계 영향력도 함께 커졌다. 전국 각지에서 조용기 목사를 주 강사로 한 대형집회들이 점차 늘어나기 시작했고 순복음오산리기도원에서도 대규모 기도회가 정기적으로 마련되었다. 일부 학자는 1970년대 이후부터 한국 기독교계에 활발했던 부흥 운동에 대하여, 유신체제의 암울했던 사회 분위기에 대한 반작용으로 이해한다.[155] 특히 여의도순복음교회의 폭발적인 부흥은 이러한 절망적 상황 속에서 조용기 목사의 적극적 사고, 번영의 복음, 희망의 신학이 맞아떨어진 것이라고 평가한다. 하지만 이러한 평가는 조용기 목사의 신앙과 신학의 출발점이 예수 그리스도의 십자가라는 사실을 간과한 측면이 있다. 물론 당시 국내 기독교계 전체가 부흥운동을 활발히 전개한 것은 사실이나, 여의도순복음교회의 폭발적 성장은 분명히 독보적이었다. 한 해에 3-4만 명씩 성장하는 개교회는 당시 국내 그 어디에도 없었다.[156]

국내에 퍼져나가는 복음: 민족복음화 대성회 및 지방순회 대전도대회

조용기 목사는 1970-1980년대 전국 각지에서 민족복음화를 위한 대

155) 한국기독교역사학회, 『한국 기독교의 역사 III』, 121-126.
156) Ibid., 125-126.

규모 성회 및 전도대회를 개최했다. 1975년 6월 23-27일에는 장충체육관에서 서울 대전도대회를 개최했는데 이 기간에 연일 3만여 명의 인파가 몰렸고 수많은 기사와 이적이 일어났다. 같은 해 9월 8-12일에는 부산 구덕체육관에서 부산 대전도대회가 열렸다. 이후 민족복음화전도대회는 각 지방을 순회하며 개최되었는데 1976년 6월 14-18일에는 대전에서, 9월 13-17일에는 대구에서 열렸다.[157] 1978년 10월 30일부터 11월 3일까지는 순복음중앙교회 대성전에서 '오직 성령으로 민족복음화를 이룩하자'라는 주제로 민족복음화대성회가 개최되었다.[158] 1980년 6월 16-18일에는 진주경남학생체육관에서 진주지역 복음화대성회가 열렸다. 이어 10월 2-5일 천안제일감리교회에서 열린 천안지역 복음화대성회에는 연인원 5,000여 명이 참석하여 성황을 이루었다.

1975년 6월 23-27일 장충체육관을 가득 메운 서울 대전도대회

157) 『여의도순복음교회 30년사』, 135.
158) "78 민족복음화 대성회", 순복음뉴스 (1978. 10. 29).

1981년에는 최자실 목사가 광주전도대성회(3월 24-27일)와 부산전도대성회(5월 28-30일), 전주시민을 위한 축복과 기적의 대성회(6월 23-28일)를 인도했다. 이어 7월 7일부터 9일까지 조용기 목사와 최자실 목사는 국제 와이즈맨 임마누엘 울산클럽에서 주최하는 '81 전 울산 복음화대성회'를 인도했다. 초교파적 행사로 열린 이 성회에는 연일 1만 명 이상이 참석한 가운데 매일 4백여 명이 그리스도를 영접하는 기적의 역사가 일어났다. 이처럼 전국 각지를 순회하며 개최한 성회 및 전도대회는 전례가 없는 규모와 인원으로 가는 곳마다 복음의 도시로 변화시켰다.[159]

전국 청년초청 금식대성회 및 청년지도자세미나

조용기 목사는 청년들의 성령충만과 부흥에도 깊은 관심을 가지고 있었다. 그리하여 1974년부터 오산리금식기도원에서 전국 청년초청 금식대성회를 개최했다. 조용기 목사와 최자실 목사를 강사로 열린 금식대성회에는 교파를 초월하여 해마다 1,500여 명 이상의 청년들이 참석했다. 1981년 7월 13-18일 열린 제8회 청년초청 금식대성회에는 전국 각지에서 5,000여 명의 기독 청년들이 참석했고[160] 1982년 7월 26-31일 열린 제9회 금식대성회에는 전국에서 6,000여 명의 청년들이 참석하여 나라와 민족, 세계선교를 위해 금식하며 기도했다.[161]

전국 초교파 여성지도자 초청 금식기도회

전국 초교파 여성지도자 초청 금식기도회는 교계 여성지도자들이 한

159) 『여의도순복음교회 30년사』, 149-150.
160) "81년 청년 초청금식대성회 성황리에 마쳐", 순복음뉴스 (1981. 07. 26).
161) "전국 청년초청 금식대성회 은혜가운데 성료", 순복음뉴스 (1982. 08. 01).

자리에 모여 금식하며 기도하는 행사로 1974년부터 오산리금식기도원에서 여선교회 주최로 열리기 시작했다. 이 기도회에는 전국 교회의 여성 교역자와 목사 사모, 부인회 임원 및 권사, 구역장 등이 참여하여 최자실 목사와 김성혜 사모를 비롯한 여러 강사의 강의를 듣고 기도를 드렸다. 이를 통해 여성지도자들은 성령의 충만함을 받고 몸된 교회를 성장시키는 데 헌신하기로 다짐하면서 나아가 민족과 국가, 그리고 세계의 복음화를 위해 기도했다. 1979년 8월 22-25일 열린 제5회 전국 초교파 여성지도자 금식기도회에는 전국에서 1천여 명이 참석한 가운데 전도와 선교에 앞장설 것을 다짐했다. 이어 1981년 8월 19-22일 열린 제7회 금식대회에는 2천여 명의 여성지도자들이 참석하여 기도를 통해 큰 은혜를 체험하고 국내외 선교활동에 더욱 적극적으로 나설 것을 다짐했다.[162]

순복음이 세계로 뻗어나가다

조용기 목사의 사역은 국내뿐만 아니라 해외에서도 활발하게 전개되었다. 특히 그의 선교 사역은 순복음세계선교회와 순복음실업인선교연합회의 설립으로 더욱 확장될 수 있었다. 여의도순복음교회에서 해외 각지로 파송된 선교사들은 그들의 선교지로 조용기 목사가 진출하는 역할을 했으며, 더 나아가 오순절 신앙과 조용기 목사의 영성이 전파되는 데 큰 역할을 감당했다.

162) "2,000여 명의 여성 지도자들 선교활동에 앞장 설 것을 다짐", 순복음뉴스 (1981. 08. 23).

일본 1천만 구령운동 전개

1978년 조용기 목사가 유럽에서 성회를 마치고 귀국하던 조용기 목사는 일본을 복음화하라는 성령님의 음성이 들었다. 그러나 조용기 목사는 35년간 우리나라를 식민 통치하며 고통을 준 일본에 복음을 전하고 싶지 않았다. 성령님의 음성이 그 이후로도 계속 들려왔지만, 조용기 목사는 장모이며 동역자이던 최자실 목사에게 일본 선교를 맡기려고 했다. 최자실 목사는 1964년도부터 이미 일본을 순회하며 복음을 전하고 있었기 때문이었다. 1977년 조용기 목사는 최자실 목사와 함께 동경에서 부흥성회를 인도하기는 했지만 그때까지는 일본 선교에 뜻이 없었다. 그런 조용기 목사에게 성령님은 일본 선교를 명하신 것이다.

성령의 음성을 들은 지 며칠 후 일본교역자연합회는 1978년 8월 17일부터 19일까지 동경 히비야공원 공회당에서 열리는 목회자 세미나 주강사로 조용기 목사를 초청했다.[163] 그는 고민 끝에 초청에 응했고 이때로부터 본격적인 조용기 목사의 일본 선교가 시작되었다. 조용기 목사는 일본 인구의 10%인 일천만 명을 복음화하자는 '일본 일천만 구령 운동'을 전개해 나갔다. 조용기 목사는 매년 정기적으로 일본을 방문하여 말씀을 증거했고 수많은 결신자와 치유 불능의 환자들이 고침을 받는 기적으로 주님께 큰 영광을 돌렸다. 1979년 7월 10-13일 동경복음전도대회를 인도했고,[164] 1980년 1월 15-17일 동경에서 일본 부흥성회를 개

163) 『여의도순복음교회 30년사』, 129.
164) "조용기 목사, 동경 부흥성회 성황리에 마치고 귀국", 순복음뉴스 (1979. 07. 15).

최했다.[165] 이후로도 조용기 목사는 동경, 오사카, 나고야, 요코하마, 교토, 후쿠오카, 홋카이도, 큐슈 등지에서 부흥성회를 인도하고, 일본 교역자를 위한 세미나를 개최했다.

일본에서 몇 차례 성회를 성공적으로 마친 후 일본 성도들 사이에서 조용기 목사의 설교를 계속 듣고 싶다는 요청이 쇄도했다. 그러나 일본 방송국들과의 협상은 이루어지지 않고 있었다. 어느 날 조용기 목사가 도쿄에서 성회를 인도했을 때 한 성도가 귀신 들린 청년 한 명을 데려왔는데 조용기 목사의 기도로 그 청년이 온전한 정신을 찾게 되었다. 그 청년의 아버지는 일본 긴끼(近畿)TV 사장이었다. 청년의 소개로 조용기 목사는 긴끼TV 사장을 만날 수 있었고 1980년 7월 6일부터 매 주일 오전 7시 10분부터 8시까지 '행복으로의 초대'라는 이름으로 순복음중앙교회 예배실황 및 설교를 일본 전역에 방송할 수 있었다.[166]

한편 1982년 8월 11-15일 순복음중앙교회가 일본 1천만 구령운동의 일환으로 개최한 '일본 평신도 방한 대성회'에는 일본의 평신도 426명이 참석하여 자리를 빛냈다.[167] 이처럼 조용기 목사는 일본 현지 성회 개최, 일본인의 국내 초청 방한 성회 개최, 매스컴(TV, 라디오)과 문서를 통한 선교 등을 다각적으로 펼쳐 복음의 불모지인 일본에 선교의 열정을 쏟아부었다.

165) "일본 성회 마치고 귀국", 순복음뉴스 (1980. 01. 20).
166) "일본 긴끼 TV 및 로스안젤라스 UHF TV에서 조용기 목사 설교 방영", 순복음뉴스 (1980. 07. 13).
167) "일본 일천만구령을 위한 제1회 평신도 방한 대성회", 순복음뉴스 (1982. 08. 15).

미주지역의 성령의 불길

1964년 미국 하나님의성회 초청으로 미국에서 복음을 전하기 시작한 조용기 목사는 해를 거듭할수록 그의 명성이 알려지게 되면서 각 지역에서 집회 요청이 쇄도했다. 그는 다시 한번 미국에 영적 대각성이 일어난다면 복음이 전 세계로 번져나갈 수 있을 것이라고 확신했기에 미국 선교에 주력했다.

1978년 10월 9일부터 한 달 동안 조용기 목사는 뉴욕, 로스엔젤레스, 산호세, 애틀란타, 시카고 등지에서 미주지구 교역자 세미나 및 부흥성회를 인도했다. 성회마다 수많은 성도가 참석했고 뉴욕성회에서는 암 환자, 당뇨병 환자 등 여러 가지 병으로 고생하던 많은 사람이 고침을 받았다. 10월 20-21일 순복음산호세교회에서는 병자를 위한 기도시간에 심장병을 앓던 어린이, 암 환자, 척추 환자 등 58명이 신유기도로 회복되었으며, 참석한 성도들이 성령충만을 체험하는 은혜가 있었다.[168] 그리고 10월 27일-11월 1일 시카고에서 개최된 부흥성회에서는 미국인 2천여 명이 참석하여 대성황을 이루었다.

이 기간에 시카고 지역 채널 38TV 방송에 출연한 조용기 목사는 90분 동안 인터뷰를 진행했으며, 그가 인도한 교역자 세미나에는 6백여 명의 미국인 교역자들이 참석하기도 했다.[169] 또한 조용기 목사는 1981년 1월 20일 워싱턴 D.C.에서 열린 제40대 레이건 대통령 취임식 기념

---

168) 『여의도순복음교회 30년사』, 134-135.
169) 이영훈, 『성령운동의 발자취: 하나님의성회 교회사』 (서울: 서울말씀사, 2014), 173.

예배에 주 강사로 초청되어 설교했다.[170] 이어 25-28일 미국복음주의협회(NAE)와 전국종교방송(NRB)이 주최한 연합대부흥성회 등에 주 강사로 초청되어 빌리 그래함 목사, 팻 로버트슨 목사 등 저명한 부흥사들과 함께 설교했다.[171]

유럽 지역의 성령운동

1976년 4월 29일 당시 서독 베를린에 순복음세계선교회 유럽지구연합회가 조직된 이래 조용기 목사는 유럽 도처에서 성회들을 인도했다. 1978년 4월 27일 유럽 개신교 사상 최대의 성회가 조용기 목사를 강사로 독일 칼스루에에서 개최되었다. 당시 유럽은 인본주의 신학의 영향으로 신앙이 심각하게 변질되어 있었다. 유럽에서 진실한 그리스도인을 찾는 것이 쉽지 않은 일이었다. 그러나 칼스루에에서 선포된 조용기 목사의 성령충만한 메시지는 강력한 효과를 발휘했다.

성회에 참석한 성도 중 병원의 간호부장으로 있던 애니스라는 자매는 유방암으로 열세 번이나 수술을 받았으나 희망이 없다는 사형선고를 받은 상태였다. 이 자매가 성회에 참석해 조 목사에게 안수를 받았는데 성회가 끝날 때 암이 흔적도 없이 사라졌다. 그 자매는 이러한 사실을 강단에서 간증했다. 그 지방의 권위 있는 의사가 직접 진찰을 하기까지 했는데 진찰을 하던 의사가 상기된 얼굴로 그녀가 완전히 치료받은 것을 시인했으며, 자신에게도 안수기도를 해 줄 것을 요청하기까지 했다.

---

170) "미대통령 취임설교", 중앙일보 (1981. 01. 16).
171) "조용기 목사 NRB, NAE 주최 81 연합 대성회에서 설교", 순복음뉴스 (1981. 02. 01).

한 주간 동안 계속된 조용기 목사의 집회기간 중 칼스루에 지방의 한 신문은 “독일 전체에 병들고 아픈 사람은 지금 모두 칼스루에로 오라. 거기서 조용기 목사가 고쳐준다.”[172]라는 광고를 게재하기도 했다. 5월 3일부터는 스웨덴의 스톡홀름에서 대성회가 개최되었다. 오전에는 목회자들을 위한 교회성장세미나가 개최되었는데 1천2백여 명의 목회자들이 참석했다. 특히 당시 공산국가인 유고슬라비아에서도 70여 명의 목회자가 참석해 조용기 목사의 세미나를 경청했다. 또한 프랑스 스트라스부르, 스위스 제네바, 그리고 독일 함부르크에서도 대성회가 개최되었으며, 1979년 9월에는 스위스 바젤, 핀란드 헬싱키 등지에서,[173] 1980년 7월에는 노르웨이 오슬로 및 스톡홀름과 취리히, 프랑크푸르트 등지에서 부흥성회가 열렸다.[174] 특히 스톡홀름 성회의 경우 스웨덴 기독교 역사상 최대의 성도가 운집하기도 했다.

1980년 스웨덴 스톡홀름 대성회

172) 국제신학연구원 편, 『여의도의 목회자』, 482.
173) “유럽 순회 부흥성회 마치고”, 순복음뉴스 (1979. 09. 30).
174) “구주 지역 기독교 역사상 최대의 부흥성회 마치고”, 순복음뉴스 (1980. 08 10).

조용기 목사는 1981년 5월 2-7일 1만2천여 명의 성도들이 모인 가운데 영국 하나님의성회 총회에서 말씀을 증거했다.[175] 6월 5-10일에는 올림피아 스타디움에서 개최된 베를린 대성회 및 독일 교회성장세미나에서 강사로 초청받아 말씀을 전했다.[176]

아시아에 번지는 성령의 불길

1970년대 후반부터 본격적으로 아시아 선교활동을 전개해 나간 조용기 목사는 1978년 12월 12-17일 태국 기독교 전파 150주년을 기념하는 대성회에서 존 허스톤 목사, 최자실 목사와 함께 말씀을 선포했다. 많은 성도가 성회장을 찾아 성령의 충만함을 받았다. 방콕대학에서 개최되었던 교역자 세미나에는 초교파적으로 2천여 명의 목회자들이 참석해 조용기 목사의 강의를 들었다. 1979년 12월에는 조용기 목사와 최자실 목사가 말레이시아, 인도네시아 등 동남아시아를 순회하며 부흥성회를 인도했고 1980년 1월에는 조용기 목사가 대만에서 교역자 세미나를 인도했다. 이 세미나에는 연인원 4만여 명이 참석했고 수많은 사람이 예수님을 구주로 영접하는 놀라운 역사가 일어났다.[177]

1982년 2월 17-19일에는 필리핀 기독교 사상 최대 규모의 부흥성회가 마닐라에서 열렸다.[178] 마닐라의 아라네타 국립경기장에서 개최된 성회에는 연일 2만 5천여 명의 성도들이 모였고 조용기 목사는 죄의 문제와

175) "당회장 조용기 목사 영국 하나님의성회 총회에서 말씀증거", 순복음뉴스 (1981. 05. 10).
176) "독일 교회성장세미나 성황리에 마쳐", 순복음뉴스 (1981. 06. 14).
177) "대만성회 성령의 불바다", 순복음뉴스 (1980. 01. 27).
178) "조용기 목사 동남아지역 부흥성회 성황리에 인도하고 귀국", 순복음뉴스 (1982. 02. 28).

구원 문제 그리고 치료의 하나님에 대해 선포했다. 참석자의 절반 이상이 예수를 믿기로 결신했으며, 신유시간에는 각종 질병으로 고생하던 사람들이 고침을 받는 놀라운 역사가 일어났다.

마닐라성회에 이어 조용기 목사는 '82 싱가폴 민족복음화 대성회 주강사로 초청받았다.[179] 싱가폴 성회는 미국에 본부를 둔 국제기독교실업인회(총재 데모스 샤카리안)와 싱가폴 실업인들로 구성된 싱가폴 82년 복음화대성회 준비위원회가 공동으로 개최했으며, 연인원 25만 명이 성회에 참석했다. 당시 싱가폴 최대의 영자신문인 「스트레이트 타임지」는 조용기 목사의 설교를 듣기 위해 하룻저녁에 4만여 명 이상이 모인 것은 기적과 같은 일이라며 성회장면을 담은 사진과 함께 대서특필하기도 했다.

'82 싱가폴 민족복음화 대성회 싱가폴 국립경기장 전경

179) "기적의 역사가 일어났던 1982 싱가폴 민족복음화 대성회", 순복음뉴스 (1982. 06. 13).

남미 등 세계 각지로 퍼져나가는 성령운동

조용기 목사의 해외 복음전파 사역은 남미에서도 활발하게 진행되었다. 1979년 1월 21-22일에는 코스타리카에서 중남미 사상 최대의 교역자 세미나와 성회를 인도했는데, 7천 석이 들어가는 홀에 1만 명이 모여들어 둘째 날부터는 큰 운동장으로 성회장소를 옮길 정도였다. 이 부흥성회 첫날에만 2천여 명의 결신자가 나왔고 신유의 기적이 강하게 나타났다. 이어 24-29일에는 엘살바도르의 수도 산살바도르에서 성회가 개최되었다.[180] 당시 엘살바도르는 정국이 매우 불안하고 치안은 혼란스러웠다. 안전을 보장할 수 없었지만, 조용기 목사는 이곳의 집회에도 하나님께서 크게 역사하실 것이라는 생각으로 성회를 강행했다. 첫째 날 성회에는 4천여 명이 참석했으며, 1천5백여 명이 결신했고 둘째 날 성회에는 8천여 명이 모이는 등 하나님의 은혜로 성회를 무사히 마칠 수 있었다.

조용기 목사는 1980년대에 기독교 탄압이 심한 이슬람 지역에까지 선교 영역을 넓혔다. 1980년 9월 21일 이슬람 지역인 파키스탄의 라호르에서도 부흥성회를 인도했는데 수많은 병자가 치료받자 소문이 퍼지면서 1만 명 이상의 사람들이 성회에 참석하기도 했다.[181]

앞서 언급한 바와 같이 부흥 집회 중심의 복음전도는 1970년대 교파를 초월하여 나타난 한국교회의 전형적인 특징이었으나 조용기 목사의

---

180) "중남미에서 보내온 소식", 순복음뉴스 (1979. 02. 18).
181) "홍콩, 파키스탄에 가득 찬 성령의 역사 성회 마치고 조용기 목사 귀국", 순복음뉴스 (1980. 10. 05).

경우 적게는 수천 명에서, 많게는 수십만 명이 운집한 초대형 집회였다는 점과 해외 성회 역시 헤아릴 수 없을 정도였다는 점에서 규모의 차이를 보여주었다.

해외 교회들의 벤치마킹 대상이 되다

국제교회성장연구원(CGI) 설립

1976년 4월에 있었던 유럽선교여행을 마치고 돌아오던 조용기 목사는 교회성장을 강조하기 위해 봉사하는 기관을 조직하라는 성령님의 음성을 듣게 되었다. 이때 조용기 목사는 아직 유럽과 선진국에서 인정받지 못하는 현실로 인해 성령님의 계시를 거부했다. 그러나 계속해서 성령님의 음성이 들려왔고 이것에 대한 표증으로 1백만 달러의 헌금이 위탁되면서 국제교회성장연구원(Church Growth International, 이하 CGI)을 설립하게 되었다.

CGI는 1976년 11월 4일 조용기 목사를 총재로 순복음중앙교회에서 설립되었다. CGI는 전 세계교회성장을 주도하고 있는 초대형 교회 담임목사들로 구성된 협의체로서 순복음중앙교회에 본부를 두고, 미국, 영국, 호주, 일본 등에 지부를 두어 전세계로 활동영역을 넓혀 나갔다. 그 결과 1997년에는 전 세계 22개국 67명의 목회자들로 이사회가 구성된 세계적인 기구로 발전했다.

1977년 6월 22일 제1회 국제교회성장세미나를 시작으로 CGI는 매년 서울을 비롯한 세계 여러 주요 도시에서 교회성장대회 및 세미나를 열었으며, 순복음중앙교회와 각 나라 초대형 교회의 발전 과정을 모델로 하여 각국의 교역자 및 교회 지도자들과 함께 세미나를 진행해 나갔다. 세미나는 교회성장의 원리, 실천 목회에 필요한 교회행정 및 조직 등을 주제로 한 강의를 비롯하여 각종 예배 참석과 교회 각 기관 견학 및 소개, 기도원 방문, 구역예배 참석 등의 과정을 기본으로 하고 있었다.

1982년 9월 30일-10월 7일 국제교회성장세미나에 참석한 15개국 교회지도자들

2019년까지 CGI가 세미나를 개최한 횟수만 해도 6백여 차례가 되며, 100여 개국에서 연인원 1천 2백 2십여만 명이 참석했다. CGI는 그 외에 영문판 교회성장 관련서적들을 발행하고 있으며 계간으로 발행되는 영문잡지 교회성장(Church Growth)은 세계 181개국 1만 8천여 명의 정기구독자들에게 전달되고 있다.[182] 그리고 1981년부터 미국 내의 CGI-TV 프로그램을 개설, 방송 선교에도 박차를 가하고 있다.

182) http://cgikorea.kr/about-us/about-cgi/

조용기 목사의 해외 사역은 CGI 설립 이전과 이후로 나뉜다고 해도 과언이 아니다. 조용기 목사는 자신의 교회 부흥에만 관심이 있었던 것이 아니다. 그는 전세계의 부흥과 하나님 나라의 확장에 커다란 관심을 가지고 그것을 이루기 위해 많은 노력과 기도를 했다. CGI가 설립된 이후 조용기 목사는 이사진들과 함께 교류하며 여의도순복음교회의 성장 비결을 나누었고 CGI 이사회가 주축이 되어 해외 대형 성회와 세미나들을 개최했다. 전 세계 각지에서 목회자와 평신도들이 몰려들었는데 교회성장세미나에 참석한 목회자들은 배운 비결을 자신의 교회에 적용하여 놀라운 부흥을 경험했다. 이렇듯 CGI는 설립 이후 전 세계적인 교회 성장을 주도했다. CGI의 초대 총재인 조용기 목사는 소천하기 직전까지 CGI의 총재직을 수행할 만큼 CGI에 대한 애정이 높았으며 세계 각국의 대형교회 목회자들로 이루어진 CGI 이사회도 조용기 목사의 CGI 사역을 지속적으로 지지했다. 조용기 목사의 CGI 사역은 이후 해외 성회에도 큰 영향력을 발휘해 수백만이 참석하는 초대형 성회도 여러 차례 성공적으로 인도할 수 있는 발판이 된다.

5. 아픔을 딛고 성장하는 교회

교단 분열과 사이비 논쟁을 극복하다

1981년에 이르러 순복음중앙교회는 성도 수 20만을 돌파하며 세계 최대 교회로 성장했다. 이와 함께 조용기 목사의 사역은 국내뿐만 아니라 해외에서도 널리 알려지게 되었다. 그러나 그는 이 무렵 타 교단으로부터 비롯된 이단 시비와 교단 내 분열로 인해 곤란을 겪게 된다.

교단 탈퇴와 재통합

1953년 설립 후 약 20년간 지속적으로 발전해온 기독교대한하나님의성회는 조용기 목사의 성령운동을 비판하는 타 교단의 공격으로 인해 1981년 말부터 분열되기 시작했다. 1981년 9월 15일에는 총회 실행위원회에서 일부 임원들이 조용기 목사의 이단 시비에 관해 거론하고 재정적인 후원 문제로 제명을 운운하기에 이르렀다. 조용기 목사와 당회원 일동은 해명서를 발표하는 등 사태 수습을 시도했지만, 실패로 끝났고 결국 총회의 제명처리가 이루어지기 전인 1981년 10월 13일 교단 탈퇴를 선언했다.[183] 이로써 기하성은 분열되고 말았다.

이 문제를 해결하기 위해 미국 하나님의성회 본부는 동양선교부장 D. 허스트 목사를 한국에 파송해 중재를 시도했다. 허스트 목사는 1981년 11월 19일 한국 기독교계 신문기자들과의 회견을 통해 깊은 유감의 뜻을 표하고, 조용기 목사의 이단 시비 문제는 신학적으로나 교리적으로 전혀 근거가 없음을 확실히 밝혔다. 또한 12월 7-8일에 임시총회를 소집하여 이 문제를 해결하고자 했으나 총회 측은 임시총회에 참석한 목회자들을 제명했다. 제명된 목회자들은 새로운 총회(기하성 반포 측)를 구성했다. 이렇게 해서 기하성은 반포 측과 총회 측으로 양분되었다.

독립교회로 남아있던 순복음중앙교회는 1984년 1월 1일 교회의 명칭

183) 이영훈, 『성령운동의 발자취: 하나님의성회 교회사』, 180.

을 여의도순복음교회로 바꾸고 독자적인 선교 및 목회 활동을 계속했다. 그리고 같은 해 11월 방한한 미국 하나님의성회 총회장 짐머만 목사의 요청으로 세계하나님의성회에 복귀할 것을 결정했다. 이에 따라 조용기 목사와 여의도순복음교회는 교단 탈퇴 3년 후인 1985년 1월 1일 조용목 목사를 총회장으로 한 예수교대한하나님의성회를 창립하게 되었다.

교단의 통합과 발전

1985년 예수교대한하나님의성회 발족 이후 분열된 한국 하나님의성회는 1990년대에 들어서면서 민족적 대화합과 세계선교라는 시대적 흐름에 발맞추어 통합의 움직임을 보이기 시작했다. 1991년 6월 본격적인 통합 준비에 나선 예수교대한하나님의성회 안에서도 조용목 목사와 일부 임원들의 반대가 있었지만, 교단 통합을 위해 노력하고 있던 여의도순복음교회 측은 임시총회를 통해 새로운 총회장과 임원단을 구성하여 교단 통합을 진행해나갔다.

예수교대한하나님의성회는 기독교대한하나님의성회와 함께 교단 통합추진위원회를 결성, 수차에 걸친 접촉을 통하여 교류를 활발히 추진해 나갔다. 양교단의 통합추진위원회는 재통합을 위해 1991년 11월 28일 각기 임시총회를 열었는데 압도적인 지지하에 통합을 결의했다. 1991년 12월 19일 노력이 결실을 맺어 통합선언대회를 개최하고 교단 통합을 공식 선언했다.[184] 서울 잠실 올림픽공원 역도경기장에서 2천여

184) Ibid., 195-197

명의 교단 목회자와 성도들이 참석한 가운데 열린 이 대회에서 미국 하나님의성회 총회장 레이몬드 칼슨 목사가 설교를, 한국 기독교를 대표하여 한경직 목사가 축사했다. 조용기 목사도 "그간 분열의 상처를 치료하는 가운데 민족복음화와 세계선교, 민족통일에 기여하는 교단이 되자."라고 격려했다.

1991년 12월 19일 교단 통합선언대회

하나님의성회의 통합은 교단의 재결합이라는 측면에서 교회 일치의 가능성을 보여주어 교계에 신선한 충격을 주었다. 기하성은 통합으로 교세가 크게 확장되어 장로교와 감리교에 이어 한국에서 세 번째로 큰 교단으로 발돋움하게 되었다. 총회장 김진환 목사와 부총회장 최성규 목사, 총무 김종남 목사 등 총회 집행부는 통합을 이룬 하나님께 감사를 드리고 성령운동과 교회부흥을 독려하기 위해 제1회 성총회를 개최했다. 1992년 9월 21-22일 광주 염주동 실내체육관에서 개최된 성총회에는 교단 산하 교역자와 장로, 사모 등 2천여 명이 참석한 가운데 개최되었고 이를 통해 교단은 계속하여 성장했다.

1992년 9월 21-22일 광주 염주동 실내체육관에서 열린 제1회 성총회

그러나 통합을 반대한 교회들과 통합에 의미를 두지 않는 교회들도 있어 기독교대한하나님의성회와 잔류파, 기독교대한하나님의성회 반포측, 그리고 예수교대한하나님의성회 잔류파 등 네 교단으로 나뉘어지게 되었다. 그러나 통합측과 수호측은 서로 대립하는 것이 서로에게 조금도 유익이 되지 못함을 인식하고 재차 통합의 노력을 기울였다. 그 결과 수호측 100여 교회가 통합의 대열에 합류하여 1996년 11월 21일 여의도순복음교회에서 재통합 선언예배를 드렸다. 이날 기하성 증경총회장 조용기 목사는 설교에서 연합을 통해 교단의 발전과 한국의 복음화에 노력할 것을 당부했다.

한편 기하성은 1996년 5월 개최된 제45차 정기총회에서 한국기독교교회협의회(NCCK)에 정식으로 가입할 것을 결의했으며, 같은 해 7월 개최된 NCCK 임시실행위원회에서 참석자들의 만장일치로 회원교단으로 확정되었다. 그동안 기하성은 NCCK를 주도해 온 예장 통합측의 잘못된 시각으로 인해 가입에 난항을 겪어왔다. 그러나 예장 통합측에서 여의도순복음교회와 기하성에 대한 잘못된 시각을 철회하고 화합의 장에 나옴으로써 NCCK에 가입할 수 있게 되었다. 특히 가입과 동시에 당시 국제신학연구원장 이영훈 목사가 NCCK 신학분과위원장을 맡게 되는 등 기하성 교단이 NCCK를 주도적으로 인도하는 중요한 역할까지 담당하게 되었다. 그러나 NCCK에 속한 일부 진보적 성향을 가진 회원들의 친북적인 행보와 동성애에 대한 지지로 인해 기하성 교단은 NCCK와 관계를 지속할 수 없어 행정보류를 결의하게 되었다.

교리 논쟁과 대응

조용기 목사와 여의도순복음교회에 대한 교리논쟁은 한국교회의 쟁점이 되었다. 조용기 목사는 1958년 5월 18일 대조동에 처음 천막교회를 시작할 당시부터 가장 복음적이면서도 성령충만한 목회사역을 하며 국내는 물론 전 세계 방방곡곡에 복음을 전하는데 총력을 기울여 왔다. 그럼에도 불구하고 예장 통합측 일부 인사들이 조용기 목사에 대한 비난을 여론화하기에 이르렀다. 이들은 조상숭배문제, 부활처녀소동, K장로의 치병안수 사건, 목사안수 남발, 무분별한 성찬예식과 성령의 증거와 신앙운동, 교회전도 등을 문제 삼으며 이단 시비를 걸어왔다.

급기야 1983년 예장 통합측은 제68차 정기총회에서 조용기 목사를 사이비로 규정함으로써 10여 년 동안 조용기 목사와 여의도순복음교회의 복음전파 사역에 걸림돌이 되었다. 그러자 한국의 많은 교단들과 외국의 교계는 예장 통합측의 잘못된 처사에 대해 비난하기 시작했고, 조용기 목사와 여의도순복음교회의 신앙과 신학을 옹호하고 나섰다. 이에 예장 통합측은 1994년 제79차 정기총회에서 조용기 목사와 여의도순복음교회에 대한 사이비 규정을 철회하기에 이르렀다.

조용기 목사는 교단의 분열과 교리 논쟁이 진행되는 동안에도 성숙한 교계 지도자로서의 모습을 보여주었다. 심각한 내적 갈등과 고통이 있었지만 연합하여 화평을 이루기 위해 조용기 목사는 그를 공격하는 사람들을 품고 끝까지 인내하며 용서했다. 조용기 목사는 오직 세계에 복음을 전하기 위해서라면 그를 향한 어떤 비난도 감내할 수 있었다. 이 시기에 조용기 목사는 인격적으로 더욱 성숙해져갔을 뿐만 아니라 교리적으로도 부족했던 부분을 보완할 수 있었다. 성령충만과 체험에 대해 타 교단과 교리 논쟁이 펼쳐졌을 때 여의도순복음교회는 당시 국제신학연구원장 이영훈 목사를 필두로 오순절 신학의 주요 교리와 특수성을 널리 알림으로써 모든 논쟁에 종지부를 찍게 되었다.[185] 이로써 조용기 목사의 모든 사역은 신학적으로도 검증을 받아 오순절 목회자로서만이 아닌 세계적인 기독교 지도자로서 우뚝설 수 있었다.

기네스북에 오르다

조용기 목사가 교단 분열과 교리 논쟁이라는 고통 속에 있을 때 교회는 오히려 폭발적인 성장기를 맞이했다. 조용기 목사는 이 시기에 더욱 겸손하게 성령님을 의지하며 사역에 임했다. 1만 명이 동시에 예배할

185) 이영훈 목사는 예정 통합의 이단 시비에 맞서서 성서적으로, 교리적으로 변증하는 두 권의 저서를 출간함으로써 이 논쟁을 종식시키는 데 크게 공헌했다. 국제신학연구원, 『여의도순복음교회의 신앙과 신학 I, II』 (서울: 서울서적, 1993).

수 있는 대성전은 몰려드는 성도를 감당하지 못해 증축하게 되었고, 수도권 지역 여러 곳에 지성전을 설립하여 밀려오는 성도들을 분산 수용했다. 여의도순복음교회라는 제한된 예배처가 서울을 넘어 수도권까지 확대된 것이다.

역경 가운데도 성장하는 교회

순복음중앙교회는 1984년 1월 1일 여의도순복음교회로 개칭하고 1984년 10월에는 40만 성도를 돌파하게 되었다. 이단 시비와 교단 분열 등으로 어려움을 겪는 시기였음에도 불구하고 오직 교회의 성장과 발전, 그리고 온 세계에 복음을 전하라는 예수님의 지상명령 수행에만 심혈을 기울인 결과였다.

폭발적인 부흥은 계속 이어졌다. 1985년 12월 31일에는 50만 성도를 돌파했고 조용기 목사가 세계 하나님의성회의 총재로 피선되던 1992년에는 70만 성도를 돌파하기에 이르렀다. 1980년대 초반부터 수도권 각 지역에 건립된 지성전이 1990년대에 들어서면서 지교회로 독립하여 상당수의 성도들이 빠져 나갔음에도 불구하고 70만 성도를 달성할 수 있었던 것은 성령께서 여의도순복음교회를 성장시키셨다는 증거이기도 했다.

해외에서도 여의도순복음교회의 이러한 발전을 크게 주목했다. 미국의 「타임즈」(The Times)를 비롯한 각국 언론들은 여의도순복음교회의 성장과 발전 그리고 조용기 목사의 목회를 대서특필했다. 또한 미국의 종교 전문잡지 「크리스천 월드」가 발표한 세계 50대 교회 중에 여의도순복음교회가 1위로 선정되었다.[186] 「기네스북」은 여의도순복음교회를 세계 최대의 성도가 모이는 교회로 등재했다.[187] 이를 기념하는 인정서 증정식이 1993년 2월 20일 힐튼호텔 컨벤션센터에서 열렸다.

성전증축공사

1973년 여의도에 성전을 건립하고 헌당예배를 드린 이후 몰려드는 성도들을 수용하기 위해 교회증축에 대한 필요성이 대두되었다. 1980년 5-12월에는 지하공간의 모래를 파내어 2-3천 명의 성도를 수용할 수 있는 940평 공간(현 가나안성전)을 마련했고 1982년 2월 15일-12월 31일에는 대성전 지하 1층을 증축했다. 이어 1983년 1월 22일에는 대성전 증축공사 기공예배를 드리고 본격적인 성전증축에 들어갔다. 1977년 교회 창립 20주년을 기념하여 건립되었던 기념관과 승리관을 허물어 대성전 지하에 3개 층을 건립했고 바울성전과 가나안성전, 그리고 실로암성전을 건립했다. 1985년 8월 성전증축공사가 마무리됨으로써 2만5천 명이 동시에 예배드릴 수 있게 되었다.

한편 1984년 11월에는 본 교회 대성전 앞에 33m 높이의 기도하는 손을 상징하는 십자가탑이 건립되었다. 1985년에는 대성전 정면 현관 외벽에 예수 그리스도의 공생애 사역을 내용으로 하는 대형 석조벽화가 제작되었다. 1981년 12월에는 지하 3층 지상 13층 규모의 세계선교센터를 건립했고 이 건물 내에 세계선교를 위해 TV 스튜디오를 개관하여 일

---

186) "세계50大(대)교회에 한국23개", 동아일보 (1993. 02. 08).
187) "93기네스북 韓國版(한국판) 출판", 경향신문 (1993. 02. 16).

본과 국내에 방영된 행복으로의 초대 프로그램을 비롯한 갖가지 방송 프로그램을 제작했다. 1995년에는 지하 6층 지상 11층 규모의 여의도순복음교회 본관 건물을 매입함과 동시에 세계선교센터 건물을 제2교육관으로 활용해 교회학교를 위해 사용하기에 이르렀다.

영산성서연구원 개원

1983년, 교단과 분리된 조용기 목사는 3년 과정의 목회자 양성기관인 영산성서연구원을 설립했다. 이는 순복음 신앙과 오중복음과 삼중축복의 신학을 정립 및 확산할 수 있는 인력을 배출하는 동시에 교역자의 수급을 원활하게 하기 위해 만들어졌다.

1985년 12월, 영산성서연구원의 제1회 졸업식에서 97명이 졸업했다. 연구원장 조용기 목사는 "하나님께서는 주의 복음증거를 위해 여러분들을 세웠다."라며 "투철한 사명감을 가지고 복음전선에서 최선을 다할 것"을 당부했다. 영산성서연구원은 1990년에 영산신학대학원으로 발전해 미국 베데스다신학대학과 공동학위를 수여했다. 1995년에는 한세대학교 목회대학원으로 이전했다.[188)]

지성전 건립과 독립

성도 수가 급속도로 증가하면서 먼 거리에서부터 여의도순복음교회를 찾아오는 성도들이 늘어나자 조용기 목사는 수도권 지역에 지성전을 건립하기 시작했다. 1983년 인천, 부천, 성남지역을 시작으로 의정

188) http://graduate.fgts.org/G1/WG1_3.htm

부, 원당, 엘칸토(하남), 강남(제2성전), 강동, 노원, 구리, 삼익(부평)에 지성전을 건립했다. 1990년대에 들어서면서는 송파, 강북, 도봉, 김포, 분당, 엘림(산본), 성동, 풍진안산, 동부, 중동, 제5성전 등으로 확대하여 지역복음화에 힘썼다.

이러한 지성전 건립에 대해 일부 교계 일부에서는 교회의 '프랜차이즈화'라고 강하게 비난하기도 했다. 특별히 2003년 온누리교회의 지성전 프로젝트 '액츠(Acts) 29'가 교회 차원의 정책적 비전에 의해 진행된 것이라는 점에서 비슷한 의도로 비춰진 점도 있었다. 그러나 여의도순복음교회의 경우 지성전을 세우게 된 근본적인 이유는 교회의 정책적 비전이 아니라 교인들의 자발적 요구 때문이었다. 해당 지역 신자들이 여의도까지 오고 가는 어려움에 자발적으로 건물을 마련하거나 건축헌금을 모아 본 교회에 지성전을 세워줄 것을 요구하는 상황이었던 것이다. 조용기 목사의 설교를 집 근처에서 쉽게 듣기 원하는 교인들의 강력한 열망에 따라 자연스럽게 세워진 것이었다.

이후 지역 복음화를 위해 1990년부터 인천, 부천, 성남성전을 지교회로 독립시키는 한편, 엘칸토, 원당, 구리, 노원, 삼익, 의정부성전도 독립시켜 독자적으로 목회사역을 전개해 나가게 하면서 지성전 건립에 대한 부정적인 인식도 자연스럽게 수그러들었다. 또한 선교 차원에서 1993년을 전후로 대교구장으로 사역하던 목회자들로 하여금 수도권은 물론 전국에 교회를 개척하도록 지원한 점도 지성전 건립에 대한 부정적 평가를 완화하는 데 도움이 되었다.

최자실 목사 소천

여의도순복음교회가 세계최대교회로 성장하게 된 데는 조용기 목사와 동역한 최자실 목사의 역할도 상당히 작용했다. 최자실 목사는 1958년 조용기 목사와 함께 대조동에서 천막교회를 시작한 이래 30여 년 동안 국내외 선교에 주력했다. 특히 최자실 목사는 금식기도의 유익을 전 세계에 널리 알렸다. 최자실 목사는 교회의 부흥과 성도들의 성령충만, 문제해결을 위해 스스로도 금식하며 기도했을 뿐만 아니라 교역자와 성도들도 금식기도에 동참하게 했다. 금식기도를 통해 많은 응답과 기적을 체험한 사람들은 영적 성장을 이루고 전도에 대한 열정도 불타오르게 되어 폭발적인 교회 부흥에 이바지하게 되었다. 오산리금식기도원도 최자실 목사가 여의도성전 건축을 위해 매일 기도했던 교회 묘지 터에 세워진 것이었다.

최자실 목사는 일본에 금식기도원을 설립하고 고베에 신학원을 설립하는 등 일본 복음화에 심혈을 기울였다. 최자실 목사는 설교집을 비롯해 10여 권의 저서를 남겼다. 평소에 강력하게 주장하던 금식기도의 성경적 해석과 바른 방법, 자세 등을 체계적으로 연구하여 출간한 『금식기도의 능력』은 국내는 물론 영어, 일어 등으로 번역되어 세계 각국에 소개되었다. 또한 최 목사의 간증을 담은 『나는 할렐루야 아줌마였다』는 1978년 출간된 이래 20만 권 이상이 판매되었다.

최자실 목사는 평소 '살면 전도, 죽으면 천국'을 외치며 1983년 11월 정년퇴직한 이후에도 선교에 주력하다가 선교의 현장에서 하나님의 부름을 받았다. 최자실 목사는 소천하기 직전까지 미국 로스앤젤레스에서 부흥성회를 인도하고 있었다. 최자실 목사의 장례는 1989년 11월 15일 교회장으로 치러졌다. 평소에 최자실 목사를 존경하고 사랑하던 기독교인사 및 성도 등 3만여 명이 대성전에 모인 가운데 거행된 천국환송예배에서 당시 수원중앙침례교회 김장환 목사가 설교했고 예배 후 최자실 목사의 유해는 오산리기도원에 안장되었다.

1989년 11월 15일 최자실 목사의 소천을 애도하는 성도들

조용기 목사는 최자실 목사와의 동역을 통해 귀한 사역을 잘 감당할 수 있었다. 최자실 목사는 조용기 목사에게 기도의 동역자로서도 큰 힘이 되었을 뿐만 아니라 조용기 목사가 해외 성회를 다닐 때도 교회를 든든히 지켜주는 버팀목이 되었다. 최자실 목사의 소천은 조용기 목사와 교회에 큰 상실처럼 보였지만 오히려 하나님은 이것을 반전의 기회로 삼으셨다. 조용기 목사를 중심으로 다시 교회가 더 하나로 뭉쳐 발전하는 계기가 되었다.

해외 선교의 지경을 넓히다

1980년대부터 조용기 목사의 해외 성회는 세계 곳곳으로 더욱 확장되었다. 그는 북미와 남미지역, 유럽, 아시아와 구공산권 국가에 이르기까지 복음을 전하기 위해서라면 어느 지역이라도 마다하지 않고 달려갔다.

특히 조용기 목사는 제3세계 지역 및 많은 지역에 선교사를 파송하기 위해 원주민 신학교를 곳곳에 설립했다. 원주민이 신학교를 통해 교육받고 선교사 자격을 갖추면 현지 선교사로 임명해 선교활동을 하게 했다. 선교지에도 의료시설과 교육 기관을 개설하여 선교사들의 사역 지원을 확대했다. 아울러 대공산권과 중국 선교를 적극적으로 지원하기 위하여 모스크바에 신학교를 설립하는 한편 홍콩에 선교 전략 본부를 두고 아프리카를 비롯하여 제3세계를 향한 선교 사업을 펼쳐가기 시작했다. 또한 조용기 목사는 CGI와 연계하여 해외 대형 성회들을 본격적으로 인도하기 시작했다. 매 성회에서 수많은 목회자와 성도가 새 힘을 얻고 기적을 체험했으며, 불신자들은 영혼 구원을 받는 놀라운 은혜 체험들이 일어났다.

암스테르담 '83 국제순회전도자대회

조용기 목사는 1983년 7월 12-21일 네덜란드의 수도 암스테르담 컨퍼런스 홀에서 전 세계 150여 개국의 5천여 명의 순회전도자들이 참석한 가운데 개최된 '암스테르담 '83 국제순회전도자대회'에 주 강사로 참석했다.[189] 빌리그래함전도협회와 CGI가 공동 협력하여 이루어진 이 대

189) "한국이 세계선교의 주역으로 새롭게 등장", 순복음소식 (1983. 07. 31).

회는 온 세상에 평화의 메시지를 효과적으로 선포하는 방법을 모색하고 순회전도자들의 친교를 두텁게 하며 상호 정보교환을 통해 더욱 효과적으로 일하는 전도자가 되자는 취지 아래 개최되었다. 1백여 그룹의 참석자들은 10일간의 토의 및 워크샵을 통해 각자 목회 현장에서 얻은 경험과 정보를 나누었다.

이 대회에 주 강사로 초청된 조용기 목사는 이 대회의 절정인 17일 저녁 시간 설교를 맡았다. 그는 '전도자와 믿음의 생활'이라는 제목의 설교를 통해 성경을 바탕으로 한 성령충만과 기도생활을 강조하면서, "교회가 사회의 꿈과 환상을 갖게 해야 하며, 긍정적이고 창조적인 단어를 구사하는 기독교 신앙인이 되어야 한다."라고 호소해 5천여 명의 참석자들에게 큰 감동을 주었다.[190] 이때 조용기 목사는 빌리 그래함 목사와 더불어 TV 인터뷰를 갖기도 했으며, 이미 13개 국어로 번역된 영문판 설교집 『4차원의 영적세계』(The Fourth Dimension)가 다시 주목받아 여러 나라에서 재발간 되었다.

1983년 7월 12-21일 암스테르담 '83 국제순회전도자대회에서 설교하는 조용기 목사

190) "세계와 만난 한국 복음운동", 경향신문 (1983. 07. 25).

전일본선교대회와 아시아교회성장선교대회, '불가능을 가능으로'

1983년 8월 15일부터 18일까지 일본 후쿠오카의 시민회관과 동경의 무도관에서는 조용기 목사와 미국의 로버트 슐러 목사를 주 강사로 일본 1천만 구령 사업을 위한 전일본선교대회가 '불가능을 가능으로'라는 주제로 개최되었다.[191] 후쿠오카 성회는 일본의 기독교 여건상 2-3백 명 정도 모일 것으로 예측한 바와는 달리 무려 3천여 명의 성도들이 참석해 대성황을 이루었다. 특히 조용기 목사는 영어로 설교할 것이라는 일본 목회자들의 예상을 깨고 일본어로 유창하게 설교해 참석자들을 놀라게 했다. 이날 조용기 목사는 "일본 1천만 구령의 명제는 이제 일본인 스스로가 주체가 되어야 하며 이를 위해 목회자들이 새롭게 변화를 받아야 하고 성도들도 이에 따라 변화를 받아야 할 것"이라고 설교했다. 이어 동경 무도관에서 개최된 2일간의 성회는 일본지역을 강타한 태풍으로 인해 어려움에도 불구하고 6천여 명이 참석했다.[192] 결신시간에는 약 1천여 명이 자리에서 일어섰는데 일본 교역자들은 성령의 역사가 아니고서는 이러한 일이 일어날 수 없다며 감탄을 금치 못했다.

1986년 10월 29-31일 일본 후쿠오카에서는 '아시아교회성장모임'이 주최한 '아시아교회성장선교대회'가 조용기 목사를 강사로 개최되었다. 교역자들을 위한 특별세미나에는 연인원 2천여 명의 목회자가 참석했으며, 일반 성도들을 위한 대성회에서는 연인원 5천여 명의 성도들이 몰려 대성황을 이루었다.

---

191) "개막을 앞둔 전 일본선교대회", 순복음소식 (1983. 08. 14).
192) "일천만구령의 초석을 마련한 일본대성회", 순복음소식 (1983. 08. 28).

아시아성도방한대성회

1986년 8월 13-18일에 국제금식기도원에서는 '제1회 아시아성도방한대성회'가 순복음실업인선교연합회 산하 일본선교회 주최로 열렸다. 이 성회는 일본 성도들은 물론 대만, 싱가포르, 말레이시아 등지에서도 450여 명의 성도가 참석하여 아시아 선교에 기폭제 역할을 했다.[193)]

조용기 목사는 모든 아시아인을 복음의 대상으로 삼아 그들을 구원하기 위해 규모가 더욱 확대된 제2회 대성회를 개최했다. 1987년 8월 17-24일 '아시아 30억을 주께로 인도하자'를 주제로 열린 이 성회는 대만, 말레이시아, 싱가포르 등지에서 6백여 명의 성도가 참석했다. 프로그램은 특별세미나, 그룹기도회, 여의도순복음교회 금요철야 참관예배, 각 기관 탐방 등의 순으로 진행되었다. 이후 아시아성도방한대성회는 해마다 개최되어 아시아 선교의 중요한 발판을 마련했다.

홍콩성회 및 대만성회

조용기 목사의 아시아 지역 선교는 홍콩과 대만에서도 이어졌다. 1986년 11월 12-13일에는 홍콩 기독교연합회가 주최한 '조용기 목사 초청 홍콩 복음화대성회'가 개최되었다. 홍콩에서 가장 큰 몽콕스타디움에서 열린 이 대성회는 홍콩 기독교 사상 최대의 성회로 기록되었다.[194)] 이 성회는 중국대륙을 복음화하는 데 교두보 역할을 담당했다. 1986년 12월 10-12일에는 '조용기 목사 초청 대만 복음화대성회'가 연인원 6만

193) "제5회 일본(아시아)성도 방한대성회", 순복음소식 (1986. 08. 24).
194) "조용기 목사 홍콩 복음화대성회", 순복음소식 (1986. 11. 09).

여 명이 모인 가운데 중화체육관에서 개최되었다. 대만 기독교 사상 최초의 대규모 교회연합 행사로 열린 이 성회에서는 수천 명이 결신하고, 수많은 병자가 고침을 받는 역사가 일어났다.[195)]

미주지역 대성회

조용기 목사는 1983년 11월 8-12일 여의도순복음교회 CGI가 주최하고 뉴욕지구 교회협의회가 후원한 '뉴욕지구 복음화대성회'를 인도했다. 성회 중 매일 저녁 가진 대부흥회에는 4천여 명이 넘는 성도들이 참석하여 조용기 목사의 말씀을 듣고 은혜를 나누었고 2천여 명의 결신자들과 신유의 기적이 일어났다.[196)]

1984년 5월 15-18일에는 워싱턴 트루로 성공회 교회에서 미국 CGI가 주최한 미국교회성장목회자대회(National Church Growth Pastors Conference)에 조용기 목사를 비롯해 로버트 슐러, 리처드 할버슨 등 7명의 저명한 목사가 주 강사로 초빙되었다.[197)] 미국 내의 지도자급 목사 7백여 명이 참석하여 미국 기독교계와 언론계의 큰 주목을 받은 이 대회에서 조용기 목사는 '교회 성장과 기도, 믿음, 세계선교'라는 주제로 3일간 강의를 진행했다. 또한 바쁜 일정 속에서도 미국 상원의원 마크 하트필드를 비롯해 오리건주 소속 상·하원의원이 참석한 오찬 기도회에서 설교하기도 했다.

195) "조용기 목사 대만성회 성료", 순복음소식 (1986. 03. 30).
196) "뉴욕지구 대성회 은혜롭게 성료", 순복음소식 (1983. 11. 20).
197) "워싱턴 트루로성공회 교회에서 열린 교회성장 목회자대회", 순복음소식 (1984. 05. 27).

이 대회는 조용기 목사가 미국 목회자들과 세계선교의 중요성 및 실질적인 교회성장을 논하는 과정에서 중추적 역할을 담당했다는 점에서 그 의의가 컸다. 그리고 워싱턴의 정계 지도자들과 접촉해 대화와 기도회를 가짐으로써 외교적인 측면에서도 성과를 거두었다. 이와 때를 맞추어 1984년 5월 19일자 「워싱턴포스트」(The Washington Post)지는 '세계 최대 교회의 목자, 여기 말씀을 전파하다'라는 제목으로 조용기 목사와 여의도순복음교회에 관한 특집기사를 게재했다. 여의도순복음교회가 CGI를 통해 세계 복음화에 앞장서는 동시에 구역제도를 통해 교회성장의 표본이 되고 있으며 조용기 목사가 세계적인 기독교 지도자로 자리매김했음을 보도했다.[198]

이와 함께 조용기 목사는 1984년 7월 4-12일 미국 텍사스지역의 미국 독립기념 대부흥성회를 인도했다. 먼저 7월 4-6일 휴스턴성회에는 3천여 명을 수용하는 홀을 가득 채웠고 8-12일 달라스에서 열린 교역자세미나에도 연일 많은 교역자가 참석하여 교회성장과 세계선교의 중요성, 구역조직 등에 관한 강의를 경청했다.[199] 조용기 목사는 1986년 3월 20-21일 미국 앨라바마주 몽고메리에서 '미국을 구하자'라는 주제로 몽고메리 대성회를 인도하기도 했다. 금식성회로 열린 이 성회는 미국 전역에서 1만 5천여 명의 교회 지도자와 성도들이 참석한 가운데 폭발적인 성령의 역사가 일어났다.[200] 이 기간에 열린 교회성장세미나에도 5천여 교역자가 참석하여 교회 성장에 대한 조용기 목사의 강의를 경청했다.

198) "Head of biggest Church, Spreads the word here", The Washington Post (1984. 05. 19).
199) "은혜와 축복 가운데 택사스성회 성료", 순복음소식 (1984. 07. 15).
200) "조용기 목사 몽고메리 대성회", 순복음소식 (1986. 03. 30).

1990년 4월 16-18일 조용기 목사는 미국 워싱턴 D.C.에서 진행된 국제하나님의교회 주최 세계지도자회의에 참석하여 말씀을 증거했다. 이 회의는 세계 각지에서 모범적인 목회를 하고 있는 교역자들의 경험담과 조언을 통해 실질적인 목회 아이디어 및 자료를 얻는 한편, 성공적인 목회를 위한 동기부여를 목적으로 1987년부터 매년 개최되었다. 세계지도자회의는 실행위원회의 및 일곱 차례의 본회의, 두 차례의 워크숍으로 진행되었으며, 조용기 목사를 비롯해 레이몬드 크로리 박사(클리블랜드하나님의교회 총감독), T. L. 로워리 박사(국제하나님의교회 목사) 등이 강사로 활약했다.

남미지역 대성회

조용기 목사는 남미지역의 대성회를 통해 복음을 전함으로써 제3세계 선교의 새로운 가능성을 제시하고 세계선교의 범위를 확대해 나갔다. 1987년 3월 10-12일 부에노스아이레스의 루나파크 스타디움에서 아르헨티나 개신교 사상 최대의 성회가 조용기 목사를 강사로 개최되었다. 아르헨티나교회연합 주최로 열린 이 성회는 전통적으로 구교의 세력이 강한 남미지역임에도 신·구교를 막론하고 6만여 명의 성도들이 성회 장소를 가득 메웠고 많은 신유와 성령충만의 역사가 일어났다.[201] 특히 성회 기간 중 수만 명의 아르헨티나 국민들이 대통령궁까지 평화행진을 하며 국가와 민족을 위한 기도회를 가졌다. 한편 성회 기간 중 조용기 목사는 아르헨티나의 대통령궁에서 알폰신 대통령과 환담하기도 했다.

201) "아르헨티나 영적 혁명 일어나다", 순복음소식 (1987. 03. 22).

1989년 3월 15-21일에는 브라질 리우데자네이루와 상파울루에서 '조용기 목사 초청 브라질 부흥성회'가 개최되었다. 연인원 8만여 명이 참석한 이 성회 기간 중 성령의 역사가 크게 일어나 많은 성도가 살아서 역사하시는 하나님께 영광을 돌렸다.[202] 이후 1991년 1월 23-29일에는 파나마의 파나마시티와 콜롬비아의 보고타에서 '조용기 목사초청 교회성장회 및 특별대성회'가 개최되었다. CGI와 남미지역교회연합회가 공동 주최한 이 성회에는 7만여 명의 성도가 참석하여 남미 복음집회의 새 지평을 열었다.[203] 1992년 3월 18-22일에는 도미니카 공화국 산토도밍고에서 카리브해 일대의 교역자 3천여 명이 참석한 교역자세미나와 연인원 4만여 명이 모인 부흥성회가 조용기 목사를 강사로 진행되기도 했다.

모스크바 대성회

1990년대 들어 동·서독 통일을 비롯해 공산권 국가들의 민주화가 진전되는 등 국제정세가 급변하게 되면서 조용기 목사는 공산권에 복음을 전하기 위해 선교사를 파송하여 교회를 세우게 하고 성경과 여러 구호 물품을 보냈을 뿐만 아니라 직접 복음을 전하기도 했다. 1991년 말부터 조용기 목사는 러시아 모스크바에서 성회를 인도할 것을 결심했지만 오랫동안 공산주의의 체제에서 살아 복음집회가 무엇인지 모르는 러시아인을 대상으로 성회를 개최하기에는 많은 어려움이 있었다. 조용기 목사는 먼저 10여 명의 러시아 평신도 지도자를 여의도순복음교회

202) "조용기 목사 초청 브라질 성회", 순복음소식 (1984. 07. 06).
203) "조용기 목사 남미성회 성료", 순복음소식 (1991. 02. 03).

로 초청해 예배와 기도, 그리고 성회 전반에 대한 교육을 했다. 장소 섭외도 쉽지는 않았다. 상징성이 큰 크렘린궁을 빌리려 했으나 그곳을 관리하는 러시아 정부와 정교회에서 개신교 성회를 위한 장소로 허용하지 않았다. 그래서 볼쇼이발레단 공연을 기획하는 기획사를 통해 크렘린궁을 빌려야 했다.

우여곡절 끝에 1992년 6월 16-18일 러시아 모스크바의 크렘린궁에서 '조용기 목사 초청 모스크바 대성회'가 개최되었다. 연인원 4만여 명이 참석한 가운데 1만 5천여 명이 결신하는 놀라운 기록을 수립한 이 성회는 구소련 내 성도들의 복음에 대한 열망이 어느 정도인지를 보여주었다. 게다가 74년간의 공산주의를 청산하고 종교의 자유가 허용된 지 2년 만에 세계적인 주의 종 조용기 목사의 성회가 개최되었다는 점에서 관심의 초점이 되었다.

16-17일 엄청난 인원이 크렘린궁에 몰려들어 러시아 개신교 사상 최대의 성회가 이루어지자 러시아의 국교인 정교회 측에서 정부 당국에 압력을 넣어 18일 크렘린궁 사용을 돌연 취소하는 사태가 발생했다. 어쩔 수 없이 18일 성회는 크렘린궁 앞 공원에서 노천 예배로 개최해야만 했다. 조용기 목사는 주위의 만류를 뿌리치고 크렘린궁 앞에서 기다리고 있는 성도들 앞에 섰다. 그러자 조용기 목사를 알아본 성도들뿐만 아니라 지나가던 사람들도 한꺼번에 몰려들면서 갑자기 거리는 인산인해를 이루었고, 공원 주변에 자동차가 다닐 수 없을 정도로 혼잡해졌다. 또한 이 소식이 전해지면서 러시아 국영방송을 비롯해 여러 나라의 방송사들이 TV 카메라를 들고 달려왔다.

1992년 러시아에서 열린 모스크바 대성회 첫째 날 크렘린궁에서 말씀을 선포하는 조용기 목사

이때 뜻밖에도 조용기 목사를 감시하고 있던 KGB 요원들이 큰 도움을 주었다. 경찰이 조용기 목사를 감시하고 있으니 잠시 집회를 중단했다가 그들이 돌아가면 다시 진행하라고 알려준 것이다. 이어 경찰들을 적절하게 따돌린 KGB 요원들은 자신들도 조용기 목사의 설교에 감동했다며, 신변을 보호할 테니 설교를 계속해달라고 말했다. 순식간에 마련된 노천 성회라 제대로 된 마이크와 앰프를 준비할 시간도 없었다. 다행히 찬양단이 노방 전도용으로 가져온 소형 휴대용 앰프가 있어서 그것에 마이크를 연결하여 확성기로 사용할 수 있었다. 막상 설교를 시작하려고 하는데 통역자가 성회가 취소된 줄 알고 호텔로 돌아가 버렸다는 사실을 알게 되었다. 모두가 크게 당황해하고 있는 순간, 어떤 여인이 자신이 통역해보겠다고 나섰다. 후에 알고 보니 러시아 지하교회 사역자의 딸이었다. 이렇듯 전적인 하나님의 도우심으로 조용기 목사는 설교를 마칠 수 있었다.

러시아 정교회의 방해로 크렘린궁에서의 성회가 금지되었지만
갑작스럽게 바뀐 장소에서 진행된 노천 성회

모스크바 대성회는 구소련 지역 선교의 새로운 전기를 마련했다. 조용기 목사는 성회가 끝난 직후 "이 성회를 성공적으로 마침에 따라 더 많은 인원이 참여할 수 있는 대형 집회를 계속 개최할 것"을 선언하면서, 신학교 설립과 선교사 파송, 교회개척 등을 위한 본격적인 선교지원을 약속했다.[204)]

조용기 목사는 「순복음가족신문」과의 60주년 특별 인터뷰에서 150만여 명이 모였던 1997년 브라질 성회와 함께 이 성회를 가장 기억에 남는 성회라고 말할 만큼 모스크바 성회는 그 준비부터 성회가 마무리될 때까지 하나님께서 크게 역사하신 성회로 손꼽히고 있다.[205)]

---

204) "크램린에 울려퍼진 복음", 순복음가족신문 (1992. 06. 21).
205) "되돌아보니 다 하나님의 은혜였습니다", 순복음가족신문 (2018. 05. 20).

조용기 목사, 세계하나님의성회 총재 피선

1992년 9월 9-13일 노르웨이 오슬로에서 열린 제16차 세계하나님의성회 대회에서 조용기 목사가 60개국 3천만 성도로 구성된 세계하나님의성회연합회(구 세계오순절하나님의성회연합회) 총재로 선출되었다. 그동안 하나님의성회는 미국이 주도권을 행사하며 이끌어왔으나 조용기 목사가 연합회 총재에 피선됨으로써 한국이 세계 오순절 성령운동의 중심으로 부상하게 되었다.[206] 이와 함께 1994년 서울에서 제1차 세계하나님의성회연합회 세계대회를 개최하기로 결정하면서 조용기 목사가 대회장도 겸하게 되었다.

복음을 통한 민간외교

조용기 목사는 세계적인 복음전도자의 사명을 감당하면서 부가적으로 민간 외교관의 역할도 하게 되었다. 1981년 조용기 목사는 미국 레이건 대통령 취임식 파티에 주 강사로 초청받았는데 이를 통해 양국 교류에 간접적으로 일조할 수 있었다. 대부분의 경우 해외 성회가 열리는 국가에 방문할 때 해당 국가의 정부에서 조용기 목사를 국빈으로 맞이하여 특별한 순서를 갖곤 했다. 그 대표적인 예가 1992년 2월에 열린 과테말라 성회였다. 당시 과테말라의 호르헤 안토니오 세라노 엘리아스 대통령은 미국에서 망명 생활을 할 때 가족들과 함께 여의도순복음교회를 방문하여 조용기 목사에게 안수받은 일이 있었다. 이러한 인연으로 세라노 대통령은 조용기 목사의 과테말라 대성회 기간을 '전 국민 기도의 날'로 선포하는 등 커다란 관심과 협조를 아끼지 않았다.

206) "세계 하나님의성회연합 초대총재 피선", 순복음가족신문 (1992. 09. 20).

그 후 1992년 8월 한국을 방문한 세라노 대통령은 경호상의 문제 등으로 인한 청와대의 만류에도 불구하고 여의도순복음교회를 방문했다. 세라노 대통령은 금요철야에 참석한 성도들에게 말씀을 전하면서 "이렇게 훌륭한 세계 최대의 교회에 서게 된 것을 큰 영광으로 생각하며 성령의 충만함을 받은 여의도순복음교회 성도들이 과테말라를 위해 기도해 줄 것"을 부탁했다.[207] 이 밖에도 조용기 목사는 아르헨티나, 파라과이, 도미니카, 케냐, 피지 등지의 해외 성회를 통해 복음만을 전한 것이 아니라 국가원수들과 만나 양국이 협력할 수 있는 길을 모색하는 등 민간사절의 역할을 충실히 수행했다.

미디어는 복음을 싣고 세계로

조용기 목사는 대중매체라는 효과적인 방법을 통해 복음 전도를 지속해나갔다. 방송 기술의 발전에 따라 전화나 TV뿐만 아니라 위성을 통해서도 세계 각지에 복음을 송출했다. 또한 각 나라 언어로 여러 저서를 출판하여 방송 시청이 어려운 사람들에게까지 널리 복음을 전했다. 조용기 목사는 당시 한국교회 지도자들 가운데 미디어 선교를 가장 먼저, 가장 폭넓게 활용하고 있었다.[208]

영어 설교방송 및 미주 지역 위성방송

조용기 목사는 여의도순복음교회 썩세스클럽연합회의 후원으로 자

207) 『여의도순복음교회 50년사』, 173-174.
208) "미디어 적극 활용했던 조용기 목사와 여의도순복음교회", 크리스천투데이 (2021. 10. 19).

신의 영어설교를 1985년 7월부터 주한미군방송(AFKN-TV)을 통해 주일 오전 8시 30분-9시까지 30분간 방영했다.[209] AFKN 방송은 우리나라 전역을 비롯해 말레이시아, 싱가포르까지 순회 방영되었기 때문에 주한 미군은 물론 군무원, 외교관, 외국 상사 주재원 등 많은 외국인들이 조용기 목사의 영어설교를 들을 수 있었다.

1986년과 1987년에는 두 차례에 걸쳐 미국 PTL-TV가 미국과 캐나다 전 지역에 조용기 목사의 설교방송을 위성으로 생중계했다. 1986년도에 실시된 방송에서는 조용기 목사가 세계복음화에 기여한 것을 인정하여 미국 하나님의성회 총회장 짐머만 목사가 조용기 목사에게 공로패를 수여했다. 1987년 CGI 주최로 방영되었던 두 번째 위성방송은 조용기 목사와 오랄 로버츠 목사 등이 함께했다. 한편 이날 방영된 프로그램에서는 일본 일천만구령운동을 위한 모금 운동이 시행되었는데 방송이 진행되는 동안 미국 전역에서 30만 달러가 모금되었다. 특히 1945년 일본 히로시마에 원자폭탄을 투하했던 비행기 조종사의 미망인이 500 달러를 헌금하여 많은 사람에게 감동을 주기도 했다. 1988년 9월 18일에는 미국 캘리포니아 가든 그로브에 소재한 크리스탈교회 방송국의 주선으로 여의도순복음교회 주일예배 실황이 TV를 통해 미국 전역에 위성녹화 방영되었다.[210]

209) "AFKN-TV에 조용기 목사 영어 설교 방영", 순복음소식 (1985. 06. 30).
210) "본 교회 주일 예배 미 전역에 위성 방영", 순복음소식 (1988. 09. 25).

공산권 지역 설교방송

조용기 목사의 방송 선교는 공산권에서도 그 열매가 맺히기 시작했다. 1985년 1월 발족한 순복음실업인선교연합회 산하 공산권선교회의 적극적인 기도와 후원으로 1985년 7월 1일부터 조용기 목사의 설교방송 '생수의 강'이 아세아방송을 통해 매일 오전 7시 45분부터 15분간 중국지역으로 전파되었다.[211] 이후 1986년 4월 1일부터는 극동방송의 '아침 해가 돋을 때'가 매일 오전 5시 30분부터 30분간 북한, 소련, 중국지역에 방영되었다. 이와 함께 공산권 국가에 거주하고 있는 동포들에게 성경책, 신앙 서적 및 설교, 찬송테이프 등을 보냈으며 '라디오 한 대 보내기 운동'도 전개되었다.

유럽 지역 설교방송

순복음실업인선교연합회 산하 유럽선교회의 후원으로 1985년 7월 7일부터 서독 루드비히스하펜에 소재한 AKK-TV 방송망을 통해 조용기 목사의 설교가 방송되었다.[212] '순복음의 메시지'라는 제목으로 매주일 오후 7시부터 30분간 서독 전역에 방송되었으며, 방송 직후부터 시청률이 급증했다. 방송을 시작한 지 한 달 만에 기도요청과 신앙상담의 편지가 쏟아져 들어왔다. 방송국은 높은 시청률을 고려해 3년 동안 전파사용료를 받지 않기로 했다.

---

211) "조용기 목사 설교방송 중공지역에 전파", 순복음소식 (1985. 07. 07).
212) "조용기 목사 TV 설교방송 오늘부터 서독 전역에", 순복음소식 (1985. 07. 07).

아프리카 지역 설교방송

조용기 목사는 1991년 6월 10일부터 아프리카에 '행복으로의 초대'를 TV와 라디오를 통해 주 1회 방송했다. 조용기 목사의 라디오 설교방송은 매주 월요일 오후 9시 30분부터 30분간 케냐 국영방송을 통해 전파되었고 동부 아프리카를 비롯해 케냐, 탄자니아, 우간다, 나이지리아 등 4개국에서 약 1억 명의 청취 인원을 확보했다. 또한 6월 14일 방영계약을 한 조용기 목사의 TV 설교방송은 매주 금요일 오후 10시 10분부터 30분간 KBC(Kenya Broadcasting Corporation) 방송국을 통해 방영되었다. 이로써 전 세계 구석구석에까지 조용기 목사의 메시지가 울려 퍼지게 되었다.

조용기 목사 10분 설교 전화 100만 통화 돌파

1986년 2월 25일, 조용기 목사는 성도들이 언제 어디서든지 쉽게 설교를 듣고 은혜받을 수 있도록 상담실 주관으로 '조용기 목사 10분 설교 전화'를 개통했다. 10분 설교 전화는 매일 다른 내용으로 24시간 가동되었으며 결신자는 물론, 병 고침을 받은 사람들도 속출했다. 폭발적인 호응에 기존 시설로는 쇄도하는 상담 요청을 해결할 수 없게 되자 1987년 3월 1일부터 전화사서함 방식을 도입했다. 이 방식은 해외 각 선교지 성도들의 신앙성장과 선교에도 큰 도움을 주었다. 1988년 6월 3일에는 10분 설교 전화 100만 통화를 돌파했고 1988년 6월 말까지 11개의 자동응답기 라인과 두 개의 전화사서함을 설치 및 운영했는데, 하루 평균 1,200통화를 기록하는 놀라운 성과를 거두었다. 10분 설교 전화는 전국 교회로 확산되었으며, 미주선교회를 통해 50여 선교지 교회에도 꾸준히 보급되는 선교매체로 발전했다.

조용기 목사 10분 설교 전화 100만 통화 돌파 기념예배

저서를 통한 세계선교

조용기 목사의 여러 영문저서는 1980년대 들어 세계 각국 기독교 출판계의 베스트셀러가 되었다. *Successful Living, The Fourth Dimension, Dream Your Way To Success, Solving Life's Problems* 등은 미국을 비롯한 전세계 영어권에서 10만 부 이상 판매되었으며, 일어, 불어, 독어, 스페인어, 포르투갈어, 중국어, 태국어, 스웨덴어 등으로도 번역 출판되어 큰 호응을 얻었다. 또한 이탈리아, 네덜란드, 노르웨이, 핀란드, 덴마크 등지의 유수한 기독교 출판사에도 출판 요청이 쇄도했고 인도와 아프리카 등 복음이 제대로 전파되지 않은 지역에까지 보급되었다.[213)]

한편, 조용기 목사의 *PRAYER: KEY TO REVIVAL*(기도: 부흥의 열쇠)는

213) 『여의도순복음교회 50년사』, 146-147.

영국 기독교출판협회에 의해 1986년 '올해의 책'으로 선정되기도 했다. 1984년 미국에서 먼저 출간된 이 책은 미국 내에서도 4판을 거듭했으며, 영국에서는 1985년 출간된 후 5판에 돌입했다. 당시 이 책은 미국과 영국 외에도 인도와 프랑스에서도 출간되었으며 독일, 말레이시아, 노르웨이, 스웨덴 등지에서도 출간 요청이 쇄도했다.[214]

날로 확산되는 국내선교

조용기 목사는 선교를 통해 국위선양에 힘썼을 뿐만 아니라 국내 지방 도시의 복음화를 위한 성시화운동을 진행했고 나라와 민족을 위한 기도회에 적극적으로 참여하며 나라를 위해 기도하는 삶을 실천했다.

한국 기독교 100주년 선교대회

1984년 8월 15-19일 여의도광장에서 한국기독교 100주년기념사업협의회 주관으로 '한국 기독교 100주년 선교대회'가 개최되었다. 이 대회는 연인원 3백만 명의 성도들이 참석했다. 이 대회를 위해 여의도순복음교회는 매일 1천명의 헌금 봉사요원을 지원했으며, 성회에 참가한 성도들이 대성전에서 철야예배를 갖기도 했다.

조용기 목사는 18일 주 강사를 맡아 "탐심과 교만, 교파만을 내세우는 교권정치를 회개하고 정직과 근면, 성실을 앞세우는 기독교인이 되어 민족통일과 세계평화에 공헌하자."라고 호소했다. 마지막 날에는 한경

214) Ibid., 168.

직 목사와 빌리 그래함 목사가 선교 2세기를 바라보는 한국교회의 화해와 일치, 한국 복음화와 민족통일, 그리고 세계선교를 위한 말씀을 증거했다.[215)]

1984년 한국 기독교 100주년 선교대회

전국 지방도시의 성시화(聖市化)

조용기 목사는 우리나라의 각 지방 도시에 복음을 전하며 열정을 바쳤다. 1983년 8월 30일에는 '목포시 복음화 대성회'에 강사로 초대되었다. 목포 성회는 3만여 성도가 참석했는데 많은 결신자가 있었다. 이 성회는 호남지방의 항구도시인 목포까지 순복음의 열기를 확산시켰다는 점과 불신자들이 대거 참석하여 많은 인원이 결신했다는 점에 큰 의의가 있었다.[216)]

215) "한국기독교 100주년 선교대회 은혜롭게 막내려", 순복음소식 (1984. 08. 26).
216) "목포를 뒤덮은 순복음의 열기", 순복음소식 (1983. 09. 04).

1985년 5월 1-3일에는 대구 두류공원 축구장에서 '조용기 목사 초청 대전도대회'가 개최되었다. 대구 시민들의 복음화와 기독교 성도들의 신앙 부흥을 위해 기독교 대구방송국이 개최한 이 성회는 철저한 준비와 홍보활동, 적극적인 후원 속에 연인원 9만여 명이 참석하는 성과를 거두었다. 같은 해 10월 10-11일에는 전주 덕진종합경기장에서 '조용기 목사 초청 전주복음화대성회'가 연인원 12만 명이 참석한 가운데 진행되었다. 특히 이 성회는 첫날 폭우에도 불구하고 4만여 명의 성도가 참석했고 우산을 든 채 끝까지 자리를 지키는 성도들은 성회 열기가 어떠했는지 잘 보여주었다.[217)]

1986년 5월 13-14일에는 청주지역 교회가 지역 복음화를 위해 범교단적으로 마련한 '조용기 목사 초청 청주 복음화 대성회'가 청주 종합운동장에서 열렸다. 이틀 동안 약 5만여 명이 참석했다. 성회 마지막 날에는 청주 지역의 교회가 수요 예배를 성회 참석으로 대체하여 교회화합의 새로운 장을 열었다.

이후에도 전국 지방도시의 복음화를 위한 대성회는 매년 개최되었다. 조용기 목사는 1987년 제주와 인천, 1988년 대전, 1989년 강릉, 1990년 여수와 마산, 1991년 포항, 1992년 부산과 천안, 전주를 순회하며 대성회에서 복음을 전했다. 대성회는 매회 많은 인원이 참석하여 성령의 역사가 크게 일어났다. 또한 지역 교회들이 초교파적으로 연합하는 계기를 마련하여 교회화합과 민족복음하에 크게 기여했다.

---

217) "조용기 목사 초청 전주복음화 대성회", 순복음소식 (1985. 10. 13).

나라와 민족을 위한 기도대성회

조용기 목사는 개인적으로도 나라와 민족을 위해 항상 기도했을 뿐만 아니라, 성도들과 함께 예배 시간마다, 그리고 대규모 성회가 있을 때마다 함께 기도했다. 시국이 불안하고 어려울 때는 특별히 한곳에 모여 더욱 간절히 기도했는데 1987년 10월 3일 여의도광장에서 개최된 '나라와 민족을 위한 기도대성회'가 바로 그 출발점이었다. 1백만 명 이상 성도가 운집한 이 성회에서 조용기 목사와 성도들은 혼란과 위기의 악순환을 거듭하고 있는 조국을 변화시키기 위해 회개하며 부르짖어 기도했다.

이날 조용기 목사는 "조국을 가나안 복지로 만들 책임은 우선 크리스천에게 있다."라고 전제하고 "이를 위하여 우리 모두 첫째 회개하고, 둘째 용서하고, 셋째 사랑의 운동을 전개하자."라고 촉구하면서, 사회 전반에 걸친 갈등과 위기가 해소되어 하늘나라가 이 땅에 임할 것이라고 강조했다.[218] 성회가 끝난 후에 조용기 목사와 성도들은 찬송을 부르고 평화를 위한 구호를 외치면서 시청 앞까지 질서정연하게 평화행진을 했다. 이렇게 시작된 '나라와 민족을 위한 기도대성회'는 매년 정기적으로 개최되는 교회 주요 행사의 하나로 자리잡게 되었다.

1990년대에 들어서면서 대회 명칭과 성회 장소는 변화가 있었지만 나라와 민족의 안녕과 번영, 그리고 남북관계의 호전과 복음을 통한 민족의 통일을 염원하며 계속적으로 기도했다. 특히 국내에서 개최된 CGI 대회에 맞춰 열린 나라와 민족을 위한 기도회는 각국에서 참석한

218) 『여의도순복음교회 50년사』, 178.

외국인 성도들에게 나라와 민족의 소중함을 일깨워 주었을 뿐만 아니라 본 교회의 결속된 신앙을 보여주는 중요한 계기가 되었다.

'여의도순복음교회 창립 30주년 기념 구국과 통일을 위한 기도회'와 30년사 발간

1989년 6월 2일 서울올림픽 주경기장에서는 '여의도순복음교회 창립 30주년 기념 구국과 통일을 위한 기도회'가 개최되었다. 기도를 통해 민족의 번영과 통일을 위한 기반을 마련하자는 취지로 열린 이 날 기도회는 기독교계 대표와 주요 단체장을 비롯해 15만여 명이 참석했다. 조용기 목사는 모든 기독교인들이 이 땅에서 권위주의적 부정부패, 무분별한 폭력, 좌경화 세력 등을 몰아내고 참다운 민주주의를 확립하는 데 앞장서 줄 것을 호소했다.

1989년 9월 3일에는 『여의도순복음교회 30년사』가 발간되었다. 30년사는 대조동 천막교회 개척 시절부터 당시 재적 성도 59만 명의 여의도순복음교회에 이르기까지 30년간의 발자취를 500여 장의 사진을 곁들여 자세히 기록했다. 조용기 목사는 "우리 교회가 걸어온 기록인 30년사를 통해 우리 교회의 미래를 조명함으로써 후진들에게 여의도순복음교회의 미래 방향을 제시함은 물론, 보다 내적으로 알찬 교회로 성장하는 계기를 만들어 하나님께 크게 영광 돌리는 기회가 될 것을 믿는다."라고 말하면서 "대조동 천막교회 시절부터 오늘을 향해 뜨겁게 달려온 성도들의 기도생활에 감사드린다."라고 밝혔다.[219]

---

219) Ibid., 180.

30년사를 통해 성령의 은혜로 말미암은 교회의 폭발적인 부흥과 조용기 목사의 복음전파 사역에 대한 기록이 후대에 남겨져 역사적 사료로서 가치를 지니게 되었다. 이후 매 10년마다 여의도순복음교회의 역사를 기록한 책자가 발간되어 세계를 대표하는 교회를 만들어가신 성령의 놀라운 사역을 배우고 더욱 발전, 확장시켜나갈 수 있게 되었다.

세계성령화대성회

1992년 8월 15-16일에는 조용기 목사를 주 강사로 여의도광장에서 '92 세계성령화대성회'가 연인원 1백만 명이 참석한 가운데 개최되었다. 이 성회는 한국 개신교단 전체가 참여했을 뿐만 아니라 해외 13개국에서 1천여 명의 성도 및 목회자들도 함께 참석한 초대형 성회로서 조용기 목사를 비롯한 한국 기독교가 세계 성령운동의 주역임을 입증하는 계기가 되었다.[220] 8월 10일부터 분과별 성령세미나를 시작으로 불붙기 시작한 '92 세계성령화대성회는 전야예배, 문화축전, 철야예배 등으로 성령화의 붐을 조성했으며, 15-16일 여의도광장에서의 집회를 통해 그 절정을 이루었다. 조용기 목사를 비롯해 신현균, 김홍도, 피종진 목사 등 성회의 강사들은 성령의 임재를 통한 회개기도를 강조하면서 모두가 성령을 통한 변화와 능력을 덧입어 민족복음화와 세계선교의 선두주자가 될 것을 강조했다.

조용기 목사는 국내 복음화와 성령운동의 확산, 남북문제를 비롯하여

220) "92 세계성령화대성회 성료", 순복음가족신문 (1992. 08. 23).

우리 민족이 직면하고 있는 수많은 위기를 위해서는 기도가 가장 중요함을 성회 때마다 강조했다. 그는 "기도란 한 국가의 역사와 운명을 바꾸는 하늘나라의 무기"임을 강조하고 모든 목회자와 성도가 기도에 동참할 것을 강력하게 촉구했다.

여의도광장에서 개최된 '92 세계성령화대성회에서 말씀을 선포하는 조용기 목사

1. 「국민일보」와 한세대학교 설립

복음을 실은 일간지를 만들어라 | 「국민일보」의 발전 | 세계를 향해 나아갈 기독교 인재를 키우다

2. 사랑과 복음을 전하는 교회

나눔 사역이 전문화되다 | 선한 사마리아인의 꿈을 품다 | 원주민 선교 중심으로 날개를 펴다 | 복음 안에서 세계를 하나로

3. 여의도순복음교회 교육과 신학의 정립

성경교육을 체계화하다 | 오순절 신앙, 신학으로 정립하다 | 신앙 성장은 영성훈련을 통해 | 교회성장 원리와 4차원의 영성, 초교파로 확산되다

5장

변화와 성숙의 시대
(1988 – 2008)

5장

변화와 성숙의 시대

(1988 – 2008)

이 세상에서 얼마나 내가 신앙으로 성숙했는가에 따라 하늘나라의 영광과 상급, 거처하는 처지도 달라집니다. 게으르지 말고, 열심을 품고 주님을 섬겨야 합니다.

- 2008년 3월 27일 수요예배 설교

1. 「국민일보」와 한세대학교 설립

복음을 실은 일간지를 만들어라

1987년 여름 조용기 목사는 한 이단 종교 단체가 신문사를 만들어 일간 신문을 발간하려 한다는 소식을 전해 들었다. 만약 그들이 신문을 발간한다면 한국교회 성도들에게 악영향을 끼칠 것이 자명했다. 이에 조용기 목사는 하나님 앞에 기도하던 중 자신이 먼저 신문사를 만들어 기독교 일간지를 발간하기로 결심했다.[221]

221) 국제신학연구원 편, 『여의도의 목회자』, 537.

신문사를 설립하는 일은 쉽지 않았다. 막대한 재정적 부담과 경영상 시행착오는 물론, 근거 없는 비난의 목소리들은 큰 고통이 되었다. 그럼에도 불구하고 "기독교 정신으로 만들어진 신문은 이 땅의 교회만이 아니라 민족의 미래를 위한 것"이라는 확신 가운데 조용기 목사는 모든 어려움을 극복해나갔다.[222]

국민일보는 1987년 11월 11일 주식회사 「배달신문」(임시 제호)으로 법인을 등기하면서 시작되었다. 1988년 7월 25일에는 임시 제호로 사용되던 「배달신문」을 「국민일보」로 제호를 변경했는데 이는 전 국민을 대상으로 한 현상 공모의 결과로 바뀐 것이다. 이에 따라 「국민일보」는 '국민의, 국민에 의한, 국민을 위한 민족의 공기(公器), 최고의 독립지, 최고의 권위지'라는 표어 아래, 교계와 민족을 아우르는 언론을 목표로 창립되었다. 이로써 대한민국 1,200만 기독교인을 대변하는 신문으로서 한국 기독교 역사 가운데 미디어 선교의 새 장을 열게 되었다.[223]

신문은 한 교회의 소유가 아니라 시민의 것으로서 사회에 공헌해야 한다는 것이 평소 조용기 목사의 바람이었다.[224] 이에 따라 2006년 국민문화재단을 설립하여 국민일보를 한국 사회와 교회를 위한 공익 매체로 만들었다. 초대 재단 이사장이 된 조용기 목사는 이미 1988년 6월 1일 수요예배 말씀 증거를 통해 「국민일보」의 창간 목적을 밝히며 성도들에게 이를 위해 기도하며 힘을 모아 달라고 당부한 바 있다.

---

222) Ibid., 538.
223) 『여의도순복음교회 50년사』, 189.
224) "국민일보 설립한 조 목사, 사시 '사랑 진실 인간' 직접 정해", 국민일보 (2021. 09. 15).

우리 교회가 일간 신문을 발간하려는 목적은 첫째, 강력한 문서 전도의 도구가 되고, 둘째, 공산주의를 포함한 이단 사설의 침투를 막고 일천만 성도를 대변할 수 있는 대변지가 되기 때문이며, 셋째, 가치관 부재 시대에 국민에게 그리스도의 올바른 가치관을 심어 주는 역할을 하고, 넷째, 세계의 역사와 선교 흐름과 정보를 제공해 주는 전달자가 되고, 다섯째, 하나님께서 우리 교회에 부여하신 사명이 되기 때문에 우리는 기도하면서 이를 추진한다.[225)]

더 나아가 조용기 목사는 「국민일보」가 한국교회와 사회에 바른 소식을 전하는 국민의 대변지가 되어야 하며[226)], 통일 이후 복음을 듣지 못한 북한 동포들에게 신속하고도 광범위하게 복음을 전해 주는 전도의 수단이 되어야 한다고 생각했다.[227)] 이와 함께 조용기 목사는 직접 「국민일보」 사시(社是)를 정했다. 하나님의 사랑이 온 땅에 전해지고 실현될 수 있도록 하자는 의미에서 '사랑', 하나님 앞에 감출 것이 없다는 믿음 위에서 법률에 어긋나지 않는 한 모든 진실을 보도하여 신뢰 사회를 완성하자는 의미에서 '진실', 그리고 인간은 하나님의 형상이며 그를 영화롭게 하기 위한 목적 안에서 인간답게 살아야 한다는 의미에서 '인간'[228)], 즉 '사랑·진실·인간'이다. 이는 「국민일보」의 역할이 하나님과 교회, 그리고 민족과 세계를 폭넓게 아우르며 섬기는 데 있음을 정확히 표명하고 있다.

225) 『여의도순복음교회 40년사』, 282.
226) 『여의도순복음교회 50년사』, 189.
227) 『여의도순복음교회 40년사』, 281.
228) Ibid., 281.

國民日報

THE KOOKMIN ILBO

1988년 12월10일(土)

제1호

創刊辭

'사랑·진실·인간' 구현의 正論紙

서울~설악산 觀光고속도 건설

코니카필름

국민일보는 1988년 12월 10일 창간호를 발간했다.

「국민일보」의 발전

「국민일보」는 창간 이후 지속적으로 발전해나갔다. 1988년 창간하며 16면을 발행한 「국민일보」는 지속해서 발행 면수를 증면해 나아갔고 1998년에는 제호 변경 및 편집 형식과 내용의 변화를 주기도 했다. 이 가운데 「국민일보」는 1992년 3월 14일 지령 1,000호 발행 및 100만 부 발행을 달성했고, 2021년 6월 24일에는 지령 1만 호를 발행했다. 「국민일보」는 유수의 일간지가 존재하고 있는 신문 시장에 뛰어든 후발주자였지만 신문의 발행과 보도하는 내용의 질과 양에 있어서 안정적으로 발전해 나아가는 모습을 보여주었다.

「국민일보」는 언론사로서의 기본 소임인 보도의 역할 외에 그 규모에서도 꾸준히 투자 및 성장하는 모습을 보였다. 「국민일보」는 기존 양평동 인쇄공장과 더불어 1994년 9월 구로공장을 준공했다. 1996년은 국내 산업 전반의 불황으로 신문업계도 매출성장률 8%에 그쳐 사상 최악의 해를 기록한 해였지만 「국민일보」는 15개 중앙언론사 중 매출 신장률이 44.7%에 달해 1위를 기록했다.[229] 1998년 5월에는 「국민일보」의 현 사옥인 여의도 CCMM(Center of Communication and Mass Media) 빌딩으로 사옥을 이전했다. 당시 최첨단 인텔리전트 빌딩으로 준공된 신사옥에서 「국민일보」는 여의도 시대를 열며 최적의 환경에서 최고의 신문을 발행할 수 있는 여건을 갖추게 되었다. 현재 조민제 회장이 취임한 이후 흑자 경영을 이루며, 네이버에 4백만 온라인 독자를 가진 영향력 있는 일간지로 자리매김하고 있다.

「국민일보」가 교계와 사회에 끼친 영향력

「국민일보」는 한국 기독교의 대변지요 구심적 역할을 하기 위해 힘썼다. 초교파적 지면 제작으로 한국교회의 단합과 일치에 촉매 역할을 했고, 국내외에서 기독교를 부당하게 왜곡하고 폄하하는 사례가 있을 때는 이를 논박하고 한국교회의 입장을 사회에 전달하는 튼실한 통로 역할을 해왔다. 날마다 영적 생수를 공급하는 미션면은 이제 크리스천의 신앙 성장을 위해 빼놓을 수 없는 핵심 콘텐츠가 되었다. 또한 기독교 내 보수와 진보 진영을 아울러 각 교파 및 교단 간의 연합과 화합을 위해 노력했다. 한국 교계의 큰 반발을 불러왔던 사학법 개정 시도 때는 한국교회의 입장을 대변하면서 교계의 의견을 정치권과 사회에 전달하는 역할을 했다. 또한 임대교회법을 개정, 기독교재산관리법을 추진하는 등 개신교의 권익 보호와 발전에 앞장섰다. 일부 방송이 교회를 왜곡

---

229) "'낙제' 못 면한 신문업계 96년 경영성적표", 미디어오늘 (1997. 04. 28).

해 비판할 때는 한국교회 연합기관들의 반론을 지면에 싣고 한국교회의 올바른 모습과 사회적 역할을 정확히 보도하는 데 기여했다.

한때 기독교계를 뒤흔들었던 유다복음 공개와 다빈치 코드 파문 등 포스트모더니즘의 흐름을 탄 반기독교적 문화 공세가 확산할 때 「국민일보」는 이들의 허구성과 위험성을 심층적으로 파헤치고 폭로해 기독교의 정통성과 순수성을 지키는 영적 전쟁의 첨병 역할을 감당했다. 세계 오지에 나가 있는 한국 선교사들의 활동과 국내외 재난 구호 현장에서의 기독 NGO들의 헌신, 서해안 살리기 교회 연합 자원봉사 같은 교계의 움직임을 보도함으로써 사회에 한국교회의 활동을 정확히 알리고 이미지 향상을 위해 노력하기도 했다.

「국민일보」는 한국교회 내 어두운 면에도 시선을 돌려 문제점을 진단하고 대안을 제시하는 데에도 소홀하지 않았다. 교회 내의 여러 문제점을 파헤친 많은 기사와 함께 '성경으로 돌아가자'와 같은 연중 캠페인을 펼치기도 했다. 이와 함께 '1.1.1 기도운동' 및 '어려운 교회 돕기 운동' 등을 펼치며 한국교회에 새 방향을 제시하고 교회가 부흥하는 데 기여하기 위한 역할을 감당했다.

그뿐만 아니라 「국민일보」는 사회에 희망과 용기를 주는 미담 기사를 발굴해 전달하면서 건전하고 밝은 소식을 전하기 위해 노력했다. 술과 담배, 무속, 선정적인 영화나 책 등의 광고를 과감히 배제했으며, 2003년엔 '음란물과의 전쟁'을 전개하기도 했다. "국민일보만이 할 수 있는 캠페인"이라는 칭찬을 들은 이 캠페인에는 각계 저명인사들이 대

거 자문위원으로 참여했고 일반 국민, 학교, 청소년 단체 등으로부터 큰 지지와 호응을 얻었다.[230)]

「국민일보」는 다른 기성 언론들이 다루지 않은 사건이라도 때로는 심도 있게 다루며 사회의 문제점을 날카롭게 파헤치는 것으로 주목을 받았다. 선거 유세 현장에서 실제로 돈 봉투가 오가는 결정적 장면을 촬영해 이후 해당 국회의원이 구속되는 결과를 낳았다. 소위 n번방 사건을 통해 성 착취 영상이 불법 제조·유통되는 현실을 고발한 국민일보 특별취재팀은 한겨레신문 사건팀과 함께 2021년 한국기자상 대상, 관훈언론상을 수상하기도 했다. 이외에도 「국민일보」는 한국 사회를 향해 다음과 같은 다양한 사회적 의식개혁운동을 펼쳤다.

n번방 사건 보도로 제52회 한국기자상 대상을 수상한 국민일보 기자들

230) "지령6000호 국민일보가 걸어온 길/'우는 자들과 함께 울라' 民 섬긴 20년", 국민일보 (2008. 06. 24).

① 소년소녀가장 돕기 운동

1989년 1월 29일부터 시작된 이 운동은 한 가정을 이끌어가면서 학업을 이어가야 하는 청소년 가장들이 희망을 품을 수 있도록 돕지는 취지에서 출발했다.[231] 교회나 기업 등의 단체 후원도 많았지만, 소액 개인기부가 전체 모금액의 70% 정도를 차지했으며, 이후 27년간, 50억여 원이 후원금이 모아졌다.[232] 1만 명이 넘는 소년소녀가장, 저소득층 아동들이 후원받은 이 운동은 사회적 인식 변화와 복지제도 개선에 따라[233] 2016년 12월 12일 종료되었다. 중앙언론사가 특정 사업을 20여 년 넘게 하는 것은 유일한 사례로 손꼽히는 이 사업은 전국의 소년소녀가장들에게 실질적인 도움을 줬을 뿐 아니라 교계와 지방자치단체, 기업 등으로 소년소녀가장 돕기 캠페인을 확산시키는 데 기여했다는 평가를 받았다.[234]

② 범국민 친절 운동

「국민일보」는 1993년 8월 2일부터 국민의 의식개혁을 선도할 범국민 친절 캠페인을 추진해 큰 호응을 얻었다. 1,300여 사회단체가 동참한 '친절한 이웃, 밝은 사회' 캠페인은 당시 선진국 진입을 위해 국민정신과 생활문화 쇄신을 갈망하던 사회 분위기와 맞아떨어져 정부 기관은 물론 기업, 학교, 사회단체, 개인 등이 대거 참여하는 캠페인으로 발전했고[235]

---

231) "[지령 1만호] n번방, 독일 리포트, 소년소녀가장돕기... 세상을 바꿨다", 국민일보 (2021. 06. 21).

232) "[소년소녀 가장돕기] 소년소녀 가장돕기 25년...48억원 모금 1만1200여명에게 희망 선물", 국민일보 (2013. 12. 10).

233) Ibid.

234) Ibid.

235) "지령6000호 국민일보가 걸어온 길/'우는 자들과 함께 울라' 民 섬긴 20년", 국민일보 (2021. 06. 21).

특히 정부가 적극적으로 동참해 전국의 1만여 교통, 관공서 관련 업체와 관계 기관을 중심으로 대대적인 친절 운동을 전개하기도 했다.

③ 사랑의 의료 봉사

「국민일보」는 1998년도 5월 23일 여의도 사옥에서 사랑의 의료봉사 발대식을 기점으로 의료봉사활동을 시행했다. 「국민일보」가 주최하고 한국기독교의료선교협회가 주관한 이 봉사는 그달 31일 경기도 평택시 소망교회에서 첫 진료를 시작했고, 이후 다양한 기관 및 단체의 후원과 협력으로 봉사를 이어나갔다. 2008년부터는 이동 진료 확대를 위해 운영업무 일체를 국제구호개발NGO 굿피플에 위탁해 진행하고 있으며 현재까지 1,600여 회가 넘는 진료를 시행하고 있다.

이 외에도 「국민일보」는 장애인에게 휠체어보내기운동, 심장병어린이후원사업, 사랑의 헌혈 운동, 아프리카 난민 돕기, 국민의료선교단 파견, 장묘문화개선운동, 중국 동포 돕기운동, 중국 동포와 농어촌에 성경 보내기 운동, 사랑의 캘린더 보내기 운동, 사랑의 김장김치 나누기 캠페인, 라이즈업 코리아, "조산아를 살립시다", 사랑의 지팡이 운동, 해외 입양인 부모 찾아주기, 조혈모세포 기증 캠페인 등 수많은 캠페인을 기획 또는 기사화하며 건강하고 밝은 사회를 만드는 데 어느 언론사보다 앞장서며 사회적 영향력을 발휘하고 있다. 여의도순복음교회의 후원을 힘입어 창간된 「국민일보」는 조용기 목사의 리더십이 교회에만 국한된 것이 아니라 교계와 사회에서도 충분히 빛을 발할 수 있음을 보여주고 있다.

세계를 향해 나아갈 기독교 인재를 키우다

한국을 넘어 세계로 나가는 기독교 인재 양성에 힘쓰고 있는 한세대학교는 기독교대한하나님의성회 교단의 신학교로 세워진 순복음신학교가 그 근간이다. 학교의 설립부터 성장 과정 전반에 걸쳐 하나님의 사람을 길러내는 데 큰 가치를 두었던 조용기 목사의 손길이 닿아있다.

순복음신학교에서 한세대학교로

조용기 목사는 한세대학교가 오늘에 이르기까지 많은 공헌을 했다. 한세대학교의 출발은 순복음신학교로서 기독교대한하나님의성회 교단 설립과 때를 맞추어 1953년 4월 8일 설립되었다. 조용기 목사는 순복음신학교 제4회 졸업생이다.

1960년대부터 한국교회 각 교단은 자체 신학교를 정부로부터 인가받아 신학대학으로 발전시키기에 힘쓰고 있었다. 이러한 상황 가운데 1976년 5월 16일 순복음신학교 설립 기성회가 구성되었고 조용기 목사가 기성회장에 선출되었다. 이사회는 1977년 군포시 당정동에 건축 부지를 사들였고 1978년 여의도순복음교회의 헌금으로 본관 건물을 건립했다. 이후 순복음신학교는 종합대학으로의 꿈을 향해 나아가기 시작했다. 1981년 학교법인 '순복음학원' 설립 인가 및 1982년 신학교(각종학교) 인가에 이어 1985년 4년제 대학학력인정교로 승인받아서 조용기 목사를 중심으로 교단 및 각 교회, 신학생들이 기도하며 활동했던 노력이 결실을 보게 되었다.

그러나 학교 인가는 정부가 요구하는 시설 기준을 연도별로 채워나가야 했기 때문에 엄청난 재정의 투입이 필요했다. 총회에서는 지속적인 재정 지원을 할 수 있는 여력이 없어서 조용기 목사를 이사장으로 추대하고 여의도순복음교회에서 재정지원과 함께 학교를 운영해줄 것을 요청했다. 이에 안정적 재정 지원이 가능하고 인재 양성에 큰 뜻을 가진 조용기 목사가 박정근 목사에 이어 제2대 이사장에 선임되었다. 1986년 조용기 목사의 이사장 취임에 따라 여의도순복음교회를 통해 매년 학교 발전 기금을 많이 지원받은 순복음신학교는 급속한 발전을 이루게 되었다. 이후 순복음신학교는 1990년 정규 대학으로 승격하며 순복음신학대학으로 교명을 변경했고 1991년 신학대학원 개설인가와 더불어 1992년에는 순신대학교로 교명을 변경했다. 그리고 21세기 세계화를 지향하고 혁신을 통해 대학의 위상을 새롭게 하겠다는 결단으로 1997년 9월 한세대학교로 교명을 재차 변경해 오늘에 이르고 있다.

한국과 세계를 품고 기독교 인재를 양성하는 한세대학교

조용기 목사는 한세대학교를 통한 인재 양성에 있어 특별한 애정과 관심을 기울였다. 이는 그가 생전에 기독인들이 지향해야 할 최고의 가치 중 하나가 인재 양성임을 강조한 것에서 드러난다. 그는 "제가 후회하지 않는 것은 50년 목회 생활을 하면서 사람을 길러야겠다는 결심을 하고 열심히 제자들을 길러 세계적으로 1천여 명의 제자가 생겼다는 것"이라고 밝혔다.[236] 이러한 그의 가치관은 자연스레 기독교 인재를 길러내는 한세대학교에 대한 지원으로 흘러갔다. 조용기 목사는 한세대 이사장 재임 시절 "사람, 학문, 신앙이 조화를 이루는 새로운 교육을 통하여 세계화의 시대를 열어 갈 인재를 양성하기 위해 점진적으로 한세대학교에 최대한 재정을 투자할 계획이다."[237]라고 포부를 밝힌 바 있다. 그리고 이런 포부를 현실로 이루기 위해 조용기 목사는 여의도순복음교회 당회장 재임 시절 한세대학교를 전폭적으로 지원했고, 지금까지 여의도순복음교회는 550억 원 이상을 한세대학교에 후원해 학교발전에 공헌했다.

조용기 목사는 한세대학교를 통해 기독교 인재들이 길러져 자신처럼 세계를 무대로 활동하길 원했다. 그의 인재 양성과 교육에 대한 강한 열망은 2021년 7월경 뇌출혈로 쓰러지기 전 그의 후임자인 여의도순복음교회 이영훈 위임목사에게 "차세대 인재 양성을 위해 여의도순복음교회에서 한세대를 운영하라."라는 말을 전한 것에서도 드러난다.[238] 조용기 목사의 소천 후 여의도순복음교회 제2대 당회장인 이영훈 목사는 조용기 목사가

---

236) "조용기 목사, 순복음신학교 인가에 '50년 꿈 이뤄져'", 크리스천투데이 (2009. 08. 22).
237) 『여의도순복음교회 40년사』, 288.
238) "[인터뷰] 이영훈 여의도순복음교회 담임목사", 신동아 (2021. 11. 08).

남긴 뜻을 받들어 교회에서 한세대학교를 적극 지원할 것을 밝혔다.

이에 따라 여의도순복음교회와 기독교대한하나님의성회는 2021년 9월 ‘코로나19 극복 장학금’ 4억 9천만 원, ‘여의도순복음교회 특별장학금’ 16억 2천만 원을 한세대에 지원했다. 특히 특별장학금을 통해 한 학기 등록금에 대해 학부 신입생은 50%, 대학원 신학생은 전액 감면의 혜택을 제공한 것은 어떤 단체나 기업도 하지 못했던 일이다. 이는 인재 양성의 꿈을 가진 조용기 목사의 뜻과 이를 받든 이영훈 목사의 의지가 합쳐져 이룬 귀한 성과이다. 이 특별장학금에 대해 언론은 “파격적이다”라는 긍정적인 반응을 보이며 보도했다. 이어 2022년 5월 여의도순복음교회는 한세대학교에 발전기금 20억 원을 전달했다. 기금 전달식에서 이영훈 목사는 “지금 우리는 코로나19와 세계적 기후 위기, 우크라이나 전쟁 등으로 시대의 전환기에 서 있다. 이러한 때에 한세대학교가 거룩한 꿈과 희망을 품고 하나님의 대학으로 빛을 발해 달라”라고 당부했다.

2022년 5월 한세대 발전기금 20억원을 전달하는 이영훈 목사

한세대학교는 “기독교 정신을 바탕으로 대한민국의 교육이념에 입각하여 신앙정신과 학문의 심오한 진리 탐구를 통한 전인교육으로 국가와 인류 문화 창달에 기여할 유능한 지도자를 양성한다.”라는 건학이념을 바탕으로 학생들을 교육하고 있다. 이에 조용기 목사의 세계를 향한 인재 양성의 꿈이 더해져 오늘날 교계와 사회를 아우르는 기독교 인재를 배출하는 장으로 계속 발전해가고 있다. 조용기 목사는 교회뿐만 아니라 학교라는 교육의 장에서 하나님을 만나고 또 그 하나님을 전할 수 있는 인재를 교육하고 훈련하는 것이 얼마나 중요한지를 알고 있었다.

2. 사랑과 복음을 전하는 교회

조용기 목사는 하나님을 모르는 이웃에게 좋으신 하나님을 직접 체험할 수 있도록 노력했다. 이 과정에서 그는 힘들고 어려운 처지에 놓인 이웃에게 사랑의 손길을 베푸는 일에 조금도 주저하지 않았다. 결국 조용기 목사가 전개했던 다양한 나눔 사역은 ‘좋으신 하나님’에 대한 확신을 나누어 주는 것이었다.

나눔 사역이 전문화되다

조용기 목사는 1986년 1월 엘림복지회를 설립하고 오갈 데 없는 노인들과 경제적으로 어려운 청소년들을 실질적으로 도울 수 있는 복지 전문 시설 건축을 계획했다. 2년여의 공사 기간을 거쳐 1988년 7월 26일

엘림복지타운이 경기도 군포시 산본동에 준공되었다.[239] 2만여 평의 대지에 연건평 6천 5백 평 규모로 직업훈련원과 경로원, 생활관, 강당, 후생관, 교직원 아파트 등이 조성되었다.[240] 또한 복음으로 청소년들을 선도하고 동시에 전문적인 직업훈련을 받아 자립할 수 있도록 복지타운 내에 엘림복지직업훈련원이 세워졌다. 1988년 9월 5일, 자동차 106명, 목공예 40명, 자수 37명, 편물 18명 등 총 201명의 훈련생으로 시작된 훈련원은 1995년 3월 26일 엘림직업전문학교로 명칭이 변경된 후 자동차 정비, 가구 디자인, 섬유공예, 미용, 전산, 건축설계에 관한 전문지식을 습득할 수 있는 1년 과정을 운영했다.

엘림복지타운 전경

1982년 12월 14일에 여의도순복음교회는 농어촌선교회 내에 '나누어 갖기 운동본부'를 설립했다. 전 성도가 '나누어 갖기 운동'에 참여했고

239) "엘림복지타운이 준공된다", 순복음소식 (1988. 07. 24).
240) 이영훈, 『성령운동의 발자취: 하나님의성회 교회사』, 228.

1997년까지 32만여 점의 물품이 접수되었다. 이 물품들은 「신앙계」와 같은 신앙 서적들과 함께 전국의 양로원, 도시 외곽 빈민촌, 농어촌 교회와 농어촌 저소득층 및 국립 소록도병원에 전달됐다.[241)]

여의도순복음교회는 1984년부터 심장병 환자들을 위로하고 그들에게 새로운 삶의 기회를 주고자 심장병 환자 무료 시술 사업을 벌였다. 1990년 9월 16일부터 안수집사회가 주관하여 전개한 폐지와 우유팩 수집 운동은 바로 심장병 환자 무료 시술 및 구제를 위한 것이었다.

이 밖에도 안수집사회는 조용기 목사의 나눔 사역을 지원하고자 여러 가지 의미 있는 캠페인을 전개했다. 1988년부터는 '사랑의 헌혈 운동'을 펼쳤으며[242)] 1992년 9월 15일부터는 '은혜의 빵 나누기 운동'을 시작했다. 이러한 캠페인들을 통해 1992년에는 방글라데시와 베트남의 홍수 이재민 긴급구호와 캄보디아와 모잠비크의 식량 지원을 할 수 있었다. 또한 1993년에는 과테말라에 응급차 10대와 의약품 400kg 지원과 칠레의 지진피해 이재민들에게도 구제비를 지원할 수 있었다.[243)]

조용기 목사는 여의도순복음교회 내의 봉사 모임이었던 선한사마

241) Ibid., 227.
242) 1988년부터 시작된 '사랑의 헌혈 운동'은 2017년까지 총 76,199명이 참여했는데, 이 가운데 45,064명의 참가자는 헌혈 증서를 교회에 기탁했다 (여의도순복음교회 안수집사회 자료 제공).
243) 1992년부터 실시된 '은혜의 빵 나누기 운동'은 2017년 상반기까지 총 4,420,010,400원이 모금되었다 (여의도순복음교회 안수집사회 자료 제공).

리아인회를 발전시켜 구제 및 나눔을 전문적으로 실행할 비정부기구(NGO)를 계획했다. 1999년 2월 26일 명칭을 변경해 창립된 '선한사람들'은 같은 해 8월 28일에 비영리법인 NGO로 외교통상부에 정식 등록되었다. 선한사람들은 2001년 12월 5일 한국국제협력단(Korea International Cooperation Agency)에 정식 등록되어 본격적인 활동을 시작했으며, 여러 구호 및 봉사활동을 인정받아 2007년 1월 28일 유엔 경제사회이사회 특별 협의 지위(Special Consultative Status)를 획득함으로써 국제적인 구호단체의 반열에 올랐다. 같은 해 사단법인 '굿피플'로 법인 명칭을 변경하고 국제기구들과 협력관계를 맺어가며 이전보다 전문적인 구호 활동을 전개했다.[244]

2002년 7월부터 12월까지 굿피플은 불우한 이웃과 소년·소녀 가정을 위해 '소망의 빛 나누기 운동'을 실시했다. 이 운동으로 무료 안과 진료 2,091명, 백내장 무료수술(개안수술) 160명, 돋보기 증정 1,954명, 소년·소녀 가정 안경 맞춰주기 64명 등 4천 2백여 명에게 의료혜택을 지원했다.[245] 또한 복지 사각지대에 놓인 사람들에게 무료급식사업도 진행했다. 국가 안전망 바깥에 있는 독거노인, 장애인, 소년·소녀 가정이 건강한 생활을 할 수 있도록 결식가정 지원 및 노숙자 무료급식사업과 같은 '사랑나눔운동'을 벌였다. 굿피플은 서울시 동작구청이 건립한 동작 실

---

244) UN 산하 NGO 등록은 매우 까다롭고 어려운 것으로 등록서류를 제출해서 평균 4년여의 심사를 받는 데 비해 굿피플은 2006년 4월에 등록서류를 제출해 전 세계 NGO 중에서 가장 단기간에 그것도 단 한 번에 UN 등록을 통과하는 쾌거를 이루었다.

245) 60년사 편찬위원회 편, 『성령과 함께한 기독교대한하나님의성회 60년사』 (기독교대한하나님의성회, 2013), 441.

버타운을 위탁받아 2005년 10월 12일에 개원했다.[246] 이어 선한세상만들기운동 등을 펼치면서 노숙인을 위한 굿피플 하우스를 만들어 2007년 9월 19일 개원했다.

굿피플은 제3세계 지원에도 적극적으로 나섰다. 동남아시아의 필리핀, 스리랑카, 방글라데시, 인도네시아, 베트남, 아프가니스탄 등을 집중적으로 원조했으며, 2001년부터 결핵퇴치사업을 벌여 결핵으로 고통받고 있는 필리핀 주민들을 도와주었다.[247] 2002년에는 피나투보 화산 분화로 생활 터전을 잃고 고통을 겪던 아이따 부족을 돕고자 양돈사업을 펼쳤다. 2007년 2월에는 스리랑카 아동여성부 수메다 자야세나 장관의 요청으로 양해각서를 체결했는데, 이후 자동차 정비, 봉재, 용접 등의 기술교육을 실시하는 직업훈련센터 건축사업을 맡아 진행했다.[248]

2011년 12월 7일 굿피플에서 건축한 필리핀 앙헬레스 기술고등학교 준공식에 참석한 조용기 목사와 이영훈 목사

246) 이 시설은 동작구민 및 서울 지역 주민 중에서 노인성 질환으로 인해 신체적·정신적 장애가 있는 노인들을 대상으로 50%의 국가 보조를 받아 치료해주는 노인복지 전문요양시설이다. 구립동작실버센터, www.dongjaksilver.kr 참조.

247) "고난을 희망으로", 순복음가족신문 (2004. 09. 26).

248) "굿피플직업훈련센터, 스리랑카 희망 일군다", 순복음가족신문 (2007. 01. 28).

2004년 8월에는 방글라데시 디카 지역에 섬유기술학교를 설립하고 교육을 진행했다. 2006년 5월 27일 인도네시아 족자카르타 지역에 지진이 일어났는데 이로 인해 1만여 명이 사망했고 학교 시설이 큰 피해를 받았다. 이때 굿피플은 한국기독교총연합회와 함께 2006년 9월 약 10만 달러를 마련하여 전달했고 초등학교 건설도 지원했다.

선한 사마리아인의 꿈을 품다

북한선교에도 지대한 관심이 있던 조용기 목사는 1995년부터 인도적 차원의 대북 지원을 전개했다. 1995-1996년 잇따른 엄청난 수해와 흉작으로 북한 동포들이 막대한 피해를 입자 여의도순복음교회는 '동포 돕기 운동'을 펼쳐 사랑의 쌀 3천 3백 가마(1995년 3월 24일, 1억 원 상당)와 모금한 성금(1996년 5월 1일 고난 주간)을 전달했다. 1999년에는 북한 식량난 해결을 위해 '옥수수 심기 운동'을 전개했다. 이 운동은 초교파적으로 확대되었으며 모금된 후원금을 통해 옥수수 씨앗과 비료를 구매하여 농업 협력 시범 지역으로 선정한 북한의 1천여 개 마을에 보냈다. 1999년 4월 9일에는 여수 신항에서 제1차 대북 지원 물품 전달식을 갖고 국제옥수수재단과 협력해 옥수수 종자 39톤과 비료 2천 톤을 북한으로 운송했다.

북한의 콩기름 공장은 경제 파탄으로 1990년대 이후 전혀 생산할 수 없는 상황에 처해 있었다. 콩기름을 어린이들에게 제공하면 영양개선에 크게 기여할 수 있어 굿피플은 2003년 8월 북측의 제안으로 이 사업을 추진하게 되었다. 2004년 3월 1일에 북한 측과 콩기름 공장설비 및 콩

가공공장 건립을 지원하는 내용의 합의서를 체결한 후 70만 달러를 투입해 4월부터 공장건설에 착수했다. 2004년 7월 평양시 락랑구역 토산동에 준공된 콩기름 공장은 매월 콩기름 100톤과 두부 등 가공식품을 생산, 유치원과 보육원 및 탁아소 등의 어린이 10만 명에게 콩기름을 공급했다.

굿피플은 한국기독교총연맹과 공동으로 자유를 찾아 탈북한 자유시민들을 위해 2002년 2월 3일 제1기 굿피플대학을 개강했다. 굿피플대학은 민간 최초로 설립된 자유시민 정착 교육기관으로서 기독교 정신에 입각한 전인적 종합교육을 시행했다. 특히 자유시민들이 체제가 전혀 다른 우리 사회에 빠른 시일 내에 적응할 수 있도록 창업 중심의 경제자립 교육을 중점적으로 실시해 왔다. 굿피플대학은 2004년 10월 자유시민대학으로 개칭되었으며, 한국리쿠르트 등과 협력체제를 구축해 자본주의 사회에 대한 기초소양 교육을 비롯, 재테크, 보험 등 실생활에 필요한 경제교육과 취업교육을 강화했다. 또한 경제자립교육을 통해 노동력 중심의 소액창업, 취업 연계형 소자본 창업 등을 실시해 새터민들의 성공적 자립모델로 주목을 받아 서울대 통일연구소의 '새터민 정착교육' 연구논문 모델이 되기도 했다.

자유시민대학은 제1기 40명을 시작으로 6년간 300여 명의 졸업생을 배출했다. 이들은 순복음 신앙을 토대로 교육받은 자들로 탈북자 단체의 리더 가운데 80% 이상을 차지함으로써 통일시대를 대비하고 있으며, 졸업생 중에는 산업은행 연구원, 세무회계사 등으로 활동하는 경우도 있었다.

2007년에는 북한 조선그리스도교연맹의 요청에 따라 평양에 '조용기 심장전문병원' 건립을 추진하여 심장병으로 고통받는 북한 동포를 도울 수 있는 기회가 마련되었다. 조용기 심장전문병원 착공식이 2007년 12월 4일 조용기 목사와 김성혜 한세대학교 총장, 여의도순복음교회 방북단 250명 및 북한 주민들이 참석한 가운데 평양 대동강구역 동문 2동 병원부지에서 거행되었다. 그러나 2010년 천안함 사태 이후 경색된 남북관계로 인해 공사가 중단되었다. 여의도순복음교회 성도들은 건축 재개를 위해 간절히 기도하고 있다.

평양에서 열린 '조용기 심장전문병원' 착공 예배

원주민 선교 중심으로 날개를 펴다

조용기 목사는 이전과는 다른 방식으로 해외선교전략을 세워나갔다. 이전까지만 해도 외국으로 이주한 여의도순복음교회의 성도들을 중심으로 이민교회를 세우는 방식이 일반적이었다. 그러나 1993년을 기점으로 원주민을 직접적으로 전도하는 선교 방향으로 노선을 선회했다.

원주민 목회자를 위한 신학교 설립

조용기 목사는 1993년 제20회 세계선교대회를 기점으로 해외 이민 목회 중심에서 제3세계 원주민 선교로 선교전략을 수정했다. 이에 당회 선교위원회와 선교국도 원주민 선교를 전담할 부서를 신설해 실제적인 선교방안을 수립했다. 그 결과 제3세계 원주민 선교를 효율적으로 운영하기 위해 순복음세계선교학교가 설립되었다. 1994년 1월 26일 제1기 선교사 훈련생 11명을 선발하고 3월 3일에 개강예배를 시작으로 선교사를 배출해냈다. 이후 현지 원주민 목회자를 길러내기 위한 신학교들을 여러 나라에 세웠다.

학교명	내용
Dr. Cho's Africa Mission Centre	● 1994년 3월 31일 케냐 나이로비에 설립 (4년 과정)
엘림순복음신학교	● 1993년 2월 카자흐스탄에 설립(2년 과정)
볼리비아 순복음신학교 (ITEC: Instituto Teclogico Evangelio Comtpleto)	● 1993년 3월 8일 산타크루즈에 설립 (3년 과정)
아르헨티나 신학교 (I.B.M.: Instituto Bibilico Moreno)	● 1993년 2월 아르헨티나에 설립
순복음파라과이신학교	● 1987년 파라과이 이순시온에 설립 (3년 과정)
중앙아시아신학교	● 1992년 우즈베키스탄에 설립(2년 과정)
일본 순복음신학대학교	● 1997년 설립, 순복음동경교회 내에 위치
인도네시아 영산신학대학	● 인도네시아 말랑에 설립, 3년 과정 (2년 교육, 1년 목회 실습)
대만 순복음신학원	● 1997년 4월 7일 설립(3년 과정)

제3세계 복음화를 위한 대성회 개최

제3세계 선교는 1993년 아프리카의 남아프리카공화국과 케냐에서 개최된 성회가 그 첫걸음이었다. 조용기 목사는 1993년 3월 25-28일 남아프리카공화국의 요하네스버그와 케이프타운에서 현지 목회자들을 대상으로 교역자세미나를 하고 대규모 성회를 인도했다. 이어 '93 아프리카 성령화 대성회'가 케냐의 나이로비에서 일주일 동안 진행되었는데, 이때 이영훈 목사와 기찬하 감독(케냐)이 각각 이틀씩, 한진관 목사(뉴욕퀸즈한인교회)가 하루 그리고 조용기 목사가 마지막 이틀간 말씀을 선포했다. 우후루 파크에서 그가 말씀을 선포한 마지막 이틀에는 하루 20만 명 이상이 참석했으며, 마지막 날에는 케냐 모이 대통령이 전 내각과 함께 참석하여 은혜를 받았다. 같은 기간 K인터내셔널 센터에서는 6천여 명이 참석한 가운데 교역자세미나가 개최되었다. 결신 시간에는 1만여 명의 현지인이 그리스도를 구주로 영접하고, 신유 시간에는 걷지 못하는 사람이 일어나는 등 많은 기적이 일어났다. 이후 조용기 목사는 잠비아의 칠루바 대통령의 초청을 받아 2000년 6월 14-16일까지 수도 루사카에서 성회를 개최하여 아프리카 남부지역에 오순절 성령운동을 일으키는 계기를 마련했다. 이어 그는 19일부터 21일까지 서부 아프리카의 중심지인 가봉에서 성회를 인도했다.

'93 아프리카 성령화 대성회'에서 말씀을 선포하는 조용기 목사

조용기 목사는 인도에서도 대성회를 개최했다. 1994년 2월 10-12일에 '조용기 목사초청 인도 대성회'가 마드라스 마리나 해변에서 연인원 200만 명이 운집한 가운데 열렸다. 이 성회에는 기독교인뿐만 아니라 힌두교도와 무슬림 등도 대거 참석해 수십만 명이 그리스도를 영접했으며, 신유의 기도를 통해 많은 사람이 치유 받았다.

성령의 불길은 동남아시아에도 퍼져나갔다. 이 지역은 이슬람교, 힌두교, 불교, 우상숭배와 샤머니즘이 깊게 뿌리내리고 있는 지역이었지만, 한편으로 복음 전파의 블루오션이기도 했다. 조용기 목사는 1994년 11월 15-17일 인도네시아 수라바야 독립기념축구장에서 '조용기 목사 초청 인도네시아 대성회'를 개최했다. 이때는 인도네시아를 비롯한 인근지역에서 연인원 15만여 명이 참석하여 성황을 이루었다. 이듬해인 1995년 8월 22-24일에는 인도네시아 이리안자야 만달라 경기장에서 '조용기 목사 초청 이라안자야 대성회'가 연인원 30만여 명이 참석한 가운데 개최되었다. 또한 992개의 섬으로 이루어진 남태평양의 보고 솔로몬 군도는 1850년대부터 선교가 이루어져 인구의 95%가 기독교인이며, 영국성공회를 비롯해 로마 가톨릭, 남해 복음주의교회, 연합교회(형식적으로는 감리교) 등이 들어와 있었다. 그러나 1999년부터 4년간 종족분쟁이 발생해 불신과 불안이 만연해 있었다. 바로 이 시기인 2004년 4월 16일부터 17일까지 솔로몬 군도의 수도인 호니아라 라슨 타마 국립경기장에서 솔로몬군도 대성회가 개최되었다. 주 강사로 초청된 조용기 목사는 화해와 용서에 대한 하나님의 메시지를 전했다. 이 성회는 신·구교가 한마음 한뜻으로 성회를 개최함으로써 감리교, 침례교, 그리스도교 등 교파를 초월한 솔로몬 군도 최대의 개신교 성회로 기록되었다.

조용기 목사의 남미지역 대성회는 원주민 복음화 및 성령운동에 초점을 두었다. 1994년 3월 9-11일 칠레 산티아고 파르게 오히긴스 국립공원에서 '조용기 목사 초청 CGI 칠레 대성회'가 남미 각지에서 연인원 8만여 명이 모인 가운데 진행되었다. 이어 13-14일에 개최된 파라과이 대성회에서는 연인원 13만여 명이 참석한 가운데 수많은 사람이 결신하고 강력한 신유의 역사를 경험했다. 당시 와스모스 파라과이 대통령은 조용기 목사를 대통령궁으로 초청해 환담하며 기도를 요청하기도 했다. 이후 1997년 9월 25-28일에는 제2차 세계하나님의성회연합회 총회 및 브라질 대성회가 브라질 상파울루 이비라 뿌에라 체육관과 깜보데마르치 군용비행장에서 개최되었다. 50여 개국 2만 5천여 명의 하나님의성회 목회자들을 비롯해 150만여 성도가 모인 이 성회는 브라질 개신교 역사상 최대의 집회였다. 당시 수많은 인파가 끊임없이 몰려들었기에 안전상 조용기 목사는 헬기를 타고 성회 장소에 입장할 수밖에 없었다. 이후 조용기 목사는 2002년 11월 14일부터 16일까지 온두라스 테구시갈파 국립경기장에서 열린 온두라스 대성회를 인도했다. 이날 결신 시간에는 1만여 명이 예수를 구주로 믿기로 다짐했다. 전 국민의 80%가 가톨릭교도인 온두라스에서 유례없던 일이었다.

1997년 브라질 상파울로 깜보데마르치 군용비행장에서 열린 조용기 목사 초청 브라질대성회

조용기 목사는 복음의 불모지 중동에서 연합집회를 인도했다. 1999년 3월 23-25일 무슬림의 중심인 아랍에미리트 두바이의 종교 부지에서 연인원 4만 5천여 명이 참석한 가운데 '조용기 목사 초청 두바이 성회'가 개최되었다. 아랍 현지인들은 법적으로 성회 참석이 금지되어 있음에도, 두바이뿐 아니라 인근의 여러 아랍권 국가에서까지 몰려들었다. 이후 2001년 5월 1일부터 2일까지 요르단 암만에서 조용기 목사 초청 대성회가 열렸다. 이 성회는 요르단 현지 교역자들과 썩세스중동선교회가 공동으로 개최했다. 그 뒤 중동사태가 악화되어 성회가 더 이상 열리지 못했지만, 아랍에미리트를 비롯해 이집트, 아프카니스탄, 요르단, 터키, 이란 등지에 8명의 선교사를 파송해 지속적인 선교활동을 전개하고 있다.

복음 안에서 세계를 하나로

조용기 목사는 제3세계를 중심으로 복음을 전했을 뿐 아니라 그 외 지역에도 활발하게 복음을 전했다. 동러시아 복음화대성회(1993년, 연인원 10만여 명), 조용기 목사 초청 헝가리 복음화대성회(1993년, 연인원 1만 5천여 명), 조용기 목사 초청 CGI 스웨덴 대성회(1994년, 연인원 10만여 명), 비전95호주 대성회(1995년, 연인원 3만여 명), 체코 프라하대성회(1996년), 시애틀 2005 국제리더십 컨퍼런스(2005년), LA 아주사 거리 부흥 100주년 기념대회(2006년) 등에서 복음을 전했다. 특히 조용기 목사는 일본의 1천만 영혼들을 구원하기 위해 매년 동경 예수 페스티벌을 개최했다. 또한 중국 성도들을 위해 매년 오산리최자실기념금식기도원에서 아세아성도방한대성회를 개최했다. 이 성회는 전 세계 크리스천 중국인을 하나로 묶는 선교 네트워크이자 중국 본토에 복음을 전하는 전초기지 역할을 하고 있다.

전 세계에 성령운동을 일으킨 조용기 목사는 세계교회의 연합을 위해서도 노력했다. 1994년 9월 29일 여의도순복음교회에서 제1회 세계하나님의성회연합회 총회가 전 세계 125개국 총회장을 비롯해 성도 2만여 명이 참석한 가운데 개최되었다. 교단 창립 80주년 기념 총회로 열린 이 성회는 교단 역사상 최초로 열리는 연합총회라는 점에서 의의가 컸다. 개막식에 앞서 세계하나님의성회 총회 본부는 조선호텔에서 내외신 기자회견을 했다. 이 자리에서 조용기 목사는 "세계적으로 도덕적 타락과 환경오염, 기아 문제를 놓고 기도하고 이를 개선하기 위해 10·3 세계기도대회를 개최하게 되었다."라고 밝혔다. 이 총회를 개최함에 따라 대내외적으로 조용기 목사의 지도력을 폭넓게 인식시켰음은 물론 여의도순복음교회의 위상도 높아져 국내외 선교를 주도할 수 있게 되었다.

1994년 10월 3일 세계기도대회 당일 여의도광장에는 100만 이상의 성도들이 운집했다. 각 대교구와 지성전, 지교회, 기하성 소속 전국 교회들이 모여 한마음 한뜻으로 자연환경을 살리기 위해, 굶주림으로 고통받는 이웃을 위해, 탄압과 고난받는 기독교인들을 위해, 성령 충만을 위해 통성기도를 했다. 특히 125개국 세계하나님의성회 총회장을 비롯한 외국인 성도 3천여 명이 참석해 세계적인 기도회임을 증명했다. 이 기도대회는 한국교회의 성장은 물론 성령운동의 세계적 확산에 큰 영향을 미쳤다.

1994년 여의도 광장에서 개최된 한국 기독교 역사상 초유의 1백만 성도가 모인 10·3 세계기도대회

예수 탄생 2,000년을 기념하고 메시아가 이 땅에 오신 참뜻을 되새기는 '예수 탄생 2천년 기념대축제(JC 2000)'가 1996년 2월 7-11일 예수님의 탄생지인 이스라엘에서 개최되었다. JC 2000은 예수님으로부터 시작된 복음이 전 세계를 한 바퀴 돌아 다시 그 발상지인 이스라엘로 돌아온 것을 보고하는 기념대회였다. JC 2000은 전 세계 31개국에서 5천여 명의 예수님의 제자들이 모인 가운데 진행되었다.

3. 여의도순복음교회 교육과 신학의 정립

여의도순복음교회는 창립된 지 얼마 있지 않아 성령의 역사와 함께 폭발적으로 부흥했다. 그러나 당시 교회에 정착한 성도들에게 체계적인 성경 교육의 기회는 충분히 제공되지 못했다. 이에 교회 창립 20여 년 만에 평신도 및 제직을 위한 성경 교육 체계가 만들어졌다. 조용기 목사는 성도들의 신앙교육과 오순절 신학의 정립 및 확산을 위해 순복음교육연구소(현 국제신학연구원)를 1978년 12월 27일에 설립했다. 당시 신학연구실장으로 이영훈 목사(현 여의도순복음교회 위임목사)가 선임되었고, 전 성도의 신앙교육 강화와 제자화를 목표로 평신도성경학교(1979년 10월)와 평신도성경대학(1980년 5월) 과정을 개설했다.[249)]

성경교육을 체계화하다

1979년 개설된 평신도성경학교는 순복음 신앙을 바탕으로 성경 66권 전체를 체계적으로 학습하는 과정으로서, 현재까지 40,436명의 졸업생을 배출했다. 1980년에 개설된 평신도성경대학은 성경의 주요 교리, 교회사, 이단 등에 대해 심도 있게 학습하는 과정으로 현재까지 26,637명의 졸업생을 배출했다. 두 과정을 통해 평신도들은 체계적인 성경 지식과 순복음 신앙 교리를 습득할 수 있었다.[250)]

제2기 평신도 성경대학 졸업사진

249) 『여의도순복음교회 60년사』, 59-60.
250) Ibid., 39-40.

이후 성경 각 권을 심화 학습하는 교육과정의 필요성이 성도들로부터 제기되었다. '평신도성경대학원'은 그러한 요구에 따라 1985년에 개설된 과정으로 현재까지 5,681명의 졸업생을 배출했다. 또한 순복음신학의 핵심 교리를 심화 연구하는 교육과정 역시 필요하다는 요청에 따라 1999년 '순복음신학아카데미' 과정이 개설되어 현재까지 2,393명의 졸업생을 배출했다. 이처럼 성경교육 프로그램은 순차적으로 평신도성경학교 → 평신도성경대학 → 평신도성경대학원 → 순복음신학아카데미 과정으로 발전되었다.[251)]

오순절 신앙, 신학으로 정립하다

1990년 순복음교육연구소에서 영산연구원으로 확대 개편된 후 1993년 3월 9일 국제신학연구원으로 다시 개편되었다. 조용기 목사는 이영훈 목사를 초대 국제신학연구원장으로 임명하고 2000년대를 향한 신학연구기관으로써 오순절 신학을 한국과 세계에 확산하도록 개편을 지시했다. 이에 이영훈 목사는 종래 신학 문제뿐만 아니라 평신도 교육을 담당해 오던 영산연구원을 개편하여, 평신도 교육 업무는 교육국으로 이관하고 국제신학연구원은 신학 정립에 전념하도록 함으로써 오순절 신학의 확산에 힘썼다.

세부 목표로서 오순절 신학 논문집발간, 초교파 세미나 개최, 순복음

---

251) 여의도순복음교회 교육훈련국, 『여의도순복음교회 교육매뉴얼』 (서울: 여의도순복음교회 교육훈련국, 2017), 109-110.

신학의 체계화를 위한 각종 서적 및 주석 성경 발간, 목회자 연장교육원 운영(수료 과정 및 학위과정 개설), 국내외 통신 신학 강좌, 선교지 목회자 양성 및 훈련지원 등을 계획하여 추진했다.[252]

이러한 파격적 조치는 사실 1980년대 조용기 목사에 대한 이단 시비가 불러일으킨 효과였다. 1983년 대한예수교장로회 통합측(이하 예장 통합)은 조용기 목사의 신앙에 대하여 문제를 제기했다. 조상 제사 문제, 부활 처녀 소동, K장로 안수 문제, 성령론 등에 대한 문제가 거론되었다. 예장 통합측은 "이 같은 사이비 운동은 광신적 혼미를 가져올 우려가 농후하므로 이에 동조 또는 추종하거나 혹은 강사로 초청하거나 그런 집회에 참석하는 일이 없도록 산하 교회에 시달하여 이에 미혹되는 일이 없도록 함이 옳을 줄 안다"라고 결의했고, 결국 이듬해 1984년 제69회 총회에서 조용기 목사를 사이비로 확정하고, '이단 사이비 시비 지침서'를 만들어 전국 소속 교회에 배포했다.

이에 국제신학연구원은 조용기 목사 이단 시비에 대한 변증과 사이비 결의 해제를 위해 10년간 노력을 기울였다. 당시 국제신학연구원장이었던 이영훈 목사는 『여의도순복음교회의 신앙과 신학 Ⅰ,Ⅱ』를 집필하여 예장 통합측이 제기한 신학적 문제에 대해 성경적 근거를 설득력 있게 제시함과 동시에 조용기 목사의 성령 운동이 한국교회에 미친 지대한 영향을 서술했다.[253] 이러한 노력이 결실을 맺은 것은 이단 시비

252) 여의도순복음교회 교육기획포럼, 『여의도순복음교회 교육핸드북』 (서울: 여의도순복음교회 교육기획포럼, 2013), 38.
253) "순복음교회 신학서 『신앙과 신학』 발간", 경향신문 (1993. 08. 22).

발생 후 약 10년이 지난 1994년이었다. 제79회 통합측 총회는 사이비이단대책위원회가 제출한 "조용기씨의 사이비성에 대한 연구 결과 보고서"를 채택하고 조 목사에 대한 사이비 결의를 해제했다. 비록 같은 통합측은 아니었지만 2007년 올림픽체조경기장에서 열린 트랜스포메이션2007 대회에서 홍정식 목사(예장 합동, 대회준비위원장)는 자신이 신학생 시절 조용기 목사를 이단으로 정죄하는 데 앞장섰던 것을 공개 회개하면서 수십 명의 목회자와 함께 조용기 목사에게 무릎을 꿇고 용서를 구하기도 했다. 이러한 장면은 한국교회가 당시 조용기 목사에 대한 이단시비를 어떻게 생각하고 있는지 보여주는 단적인 예이다.

1993년에 출간된
『여의도순복음교회의 신앙과 신학』

기나긴 싸움이었지만 이 기간은 오히려 오중복음과 삼중축복을 중심으로 한 오순절 교리를 확립할 수 있는 시간이 되었고, 평신도들을 위한 말씀 교육 체계를 정립할 수 있는 기회도 되었다.[254] 그 결과 잘못 알려진 순복음의 교리가 바로 잡혀졌으며 성령 운동에 대한 부정적인 시각이 불식되고 오중복음과 삼중축복의 신학을 성도들에게 올바르게 전할 수 있게 되었다.

254) "창립 60돌 맞은 여의도순복음교회 이영훈 담임목사", 월간중앙 (2018. 03. 17).

이외에도 국제신학연구원은 여의도순복음교회 관련 신학적 변증이 필요한 상황마다 적절한 대응으로 오순절 신앙과 신학의 가치를 수호하기 위해 힘썼다. 또한 평신도들 스스로가 순복음의 신앙과 신학을 이해할 수 있도록 다양한 성경 교육과정을 제공했다. 더 나아가 정기학술세미나, 국제신학학술세미나, 전국교회목회자세미나 등을 개최하여 조용기 목사와 여의도순복음교회의 성령운동을 국내외에 알리는 노력을 꾸준히 전개했다.[255)]

신앙 성장은 영성훈련을 통해

성경 교육이 평신도로 하여금 순복음의 신앙과 신학을 습득하도록 하기 위한 과정이었다면 영성 훈련은 평신도로 하여금 성숙한 그리스도인으로 성장하도록 하기 위한 과정이었다. 조용기 목사는 1995년 국제신학연구원 내에 목회자훈련소를 두고 3개월 과정의 영성 훈련을 담당하도록 했다. 목회자훈련소는 예수전도단의 신앙 훈련과 순복음 신앙을 접목한 훈련 과정을 만들어 이를 담당했다. 그러던 1997년 전도훈련국이 신설되면서 목회자연구소는 오순절훈련소로 명칭이 바뀌어 전도협력부와 함께 평신도들의 영성 훈련을 담당하는 부서로 개편되었다. 당시 오순절훈련소는 오순절사랑훈련학교를 비롯하여 추수꾼-파수꾼중보전도훈련세미나, 성령행전, 내적치유세미나, 영적전쟁세미나, 중보기도세미나, 성막세미나와 같은 다양한 영성 훈련 프로그램을 운영하여 성도들의 신앙 성장을 도모했다. 2004년 영성훈련원이 신설되면서

---

255) "국제신학연구원 학술세미나 열려", 크리스천투데이 (2002. 04. 15).

오순절훈련소는 평신도훈련소로 명칭이 바뀌어 사역을 진행했으나 이후 2015년 국제신학연구원으로 재편되면서 영성훈련소로 다시 명칭이 바뀌어 지금까지 평신도들의 영성 훈련을 담당하고 있다.

오순절사랑훈련학교 100기 기념예배

여의도순복음교회 교육 프로그램(2022년 8월 기준)

순	이름	주요 커리큘럼	출범 년도 (2022년까지 졸업자)
1	성경학교	창세기-요한계시록 (하나님의말씀 1-3권)	1979년 (40,436명)
2	성경대학	성경의 주요 교리, 교회사, 이단 (말씀과진리 1-3권)	1980년 (26,637명)
3	성경대학원	신·구약 한 권씩 집중 연구	1985년 (5,681명)
4	순복음신학아카데미	순복음 신앙의 이해 성서신학/역사신학/조직신학/실천신학	1999년 (2,393명)
5	4차원영성칼리지	십자가 영성과 성령 충만 (4차원의영성 리더십아카데미, 작은예수의영성 1-2권)	2012년 (712명)

6	파더스드림	순복음 신앙 안에서 참된 아버지란?	2007년 (1,853명)
7	마더스드림	순복음 신앙 안에서 참된 어머니란?	2005년 (3,656명)
8	오순절사랑훈련학교	은혜, 교회, 성령, 경건의 신앙생활, 성경공부, 성례전, 크리스천 리더 등	1995년 (17,565명)
9	순복음기도학교	중보기도를 통한 전도훈련	1998년 (약 28,800명)
10	성령치유학교	삼중축복과 전인치유 프로그램	2004년 (약 4,830명)
11	성령행전학교	성령 충만과 예수 사랑을 회복하는 훈련	1998년 (1,089명)
12	영적전쟁승리학교	영적전쟁으로 승리하는 순복음의 영성 훈련	2004년 (약 4,790명)
13	FMTC (평신도선교사 훈련과정)	순복음 영성과 평신도 선교사훈련	1994년 (601명)
14	4차원 영성 최고지도자 과정	4차원영성의 성경적원리 및 적용	2007년

조용기 목사는 성령 충만과 기도뿐만 아니라 성경교육과 체계화된 영성 훈련 프로그램을 통해 여의도순복음교회 교인들의 믿음이 지속적으로 성장할 수 있도록 했다. 이를 통해 여의도순복음교회 안에서 예배는 물론, 성경교육과 영성 훈련이라는 핵심 사역이 균형 있게 이루어질 수 있었다.

교회성장 원리와 4차원의 영성, 초교파로 확산되다

국제신학연구원은 조용기 목사가 목회 사역에서 찾아낸 부흥 성장의 원리들을 꾸준히 체계화하여 국내외 많은 교회와 목회자에게 큰 도움을 주었다. 국제신학연구원이 여의도순복음교회 내에서 활동했다면, 교회 밖에서 이와 같은 사역을 감당한 기관이 교회성장연구소이다. 1993년에 창립된 교회성장연구소는 조용기 목사의 사역의 실제를 초교파적으로 전파하는 데 힘써왔다. 교회성장연구소는 국민일보 부설 연구소로 시작되어 1995년 사단법인으로 독립했다. 초대 소장으로 명성훈 목사가 임명되었고 초창기에 300명 돌파 세미나를 통하여 교회성장 전략을 제공했으며 교회성장을 위한 컨설팅과 각종 평신도훈련 교재들을 개발했다.

교회 컨설팅 사역이란 교회의 문제를 진단하고 교회의 부흥과 성장을 돕기 위한 솔루션을 제공하는 사역을 말한다. 특별히 자가 진단 키트(Self-Analysis KIT)를 통해 각 교회의 여건에 맞는 맞춤식 성장 모델을 제공했다. 조용기 목사는 또 교회성장연구소를 통해 한국교회 연구 프로젝트를 추진하여 한국교회에 필요한 정보와 목회 전략을 제공해주었다. 예를 들면 한국교회 골든타임 3040 프로젝트(2016), 한국교회 소그룹연구 프로젝트(2018) 등을 통해 한국교회가 나아가야 할 방향을 제시하여 큰 유익을 주었다.

교회성장연구소는 조용기 목사의 목회 사역뿐만 아니라 그의 탁월한 영성과 리더십을 분석하여 한국교회에 알리기도 했다. 교회성장연구소에 의해 체계화된 조용기 목사의 영성 가운데 가장 대표적인 것이 바로 '4차원의 영성'이다. 이는 1979년 *The Fourth Dimension*이란 책에서 먼저 소개되었다. 그러던 중 2001년 수요교역자예배에서 4차원의 영성에 대해 강조하며 제자들에게 꿈과 믿음과 생각과 말의 중요성에 대한 깨달음을 가르친 것이 계기가 되어 2004년 『3차원의 인생을 지배하는

4차원의 영성』이란 책으로 체계화되어 출판되었다.[256] 이후 4차원의 영성을 적용한 수많은 자료가 개발되어 초교파적으로 보급됐으며 목회자뿐만 아니라 정치, 경제, 사회, 문화 등 각 부문의 지도자들을 위한 훈련 프로그램들이 마련되어 실행되었다.

제1회 4차원 영성 축제

교회성장연구소를 통해 한국교회 성장을 위해 노력해 온 조용기 목사의 뒤를 이은 이영훈 목사는 그 정신을 계속 이어가고 있다. 최근 이영훈 목사는 코로나19로 말미암아 예배나 목회에 어려움을 겪고 있는 수많은 개척교회나 미자립교회를 위해 '온라인교회 세우기 운동'을 벌였다. 온라인교회 세우기 운동은 미자립/소형 교회들에 최적화된 온라인 사역 솔루션을 제공해주었다.[257] '일만 개 온라인교회 세우기 운동 캠페인'을 통해 한국의 어려운 수많은 목회자에게 용기와 희망을 주고

256) 조용기, 『3차원의 인생을 지배하는 4차원의 영성』 (서울: 교회성장연구소, 2004).
257) "교회성장연구소 온라인 교회 건축 프로젝트", 크리스천투데이 (2022. 04. 22).

있다. 이러한 모습은 대형교회가 자신의 교회 몸집만 키우는 내적인 성장을 초월하여 대 사회적 책임과 한국교회를 위한 헌신의 자세를 보여주었다.

6장

멈추지 않는 꿈

(2008 – 2021)

6장

멈추지 않는 꿈

(2008 – 2021)

목회 사역은 끝났으나 설교 사역은 끝나지 않았습니다. 성령이 은혜를 주시는 한 순복음교회와 세계를 향해서 설교 사역을 계속하겠습니다.

- 2008년 5월 14일 원로목사 추대예배

1. 아름다운 승계

새로운 시대를 열며

차기 위임목사 선출을 위해 준비하다

2005년 조용기 목사는 만 70세가 되는 해인 2006년에 은퇴할 것과 후임자 선임은 민주적으로 교회법에 따라 공평하게 처리될 것이라고 공표했다. 그러나 성도들과 기독교대한하나님의성회 총회는 조용기 목사의 시무 연장을 계속 바라고 있었다. 실제로 여의도순복음교회 성도들뿐 아니라 해외 52개국의 39,561명은 시무 연장을 위해 서명운동을 전개했으며, 교단 차원에서도 성명서 발표 등을 통해 조용기 목사의 은퇴 철회를 촉구했다. 이처럼 조용기 목사 시무 연장에 대한 목소리가 급속히 확산되자 2005년 11월 13일에 여의도순복음교회와 20개 지성전에서 임시 공동의회가 동시에 진행되었다. 만 20세 이상의 침례교인 155,617명이 참여한 가운데 '담임목사 5년 시무연장안'이 99.8% 찬성(반대 129명, 기권 172명)으로 가결되었다.[258)]

2006년 1월 1일 조용기 목사는 시무 연장 요청을 수락했지만, 얼마 후 시무 기간 연장은 3년으로 하고 후임을 선출해 공동목회를 한 후 2009년 2월에는 물러나겠다고 입장을 표명했다. 이에 따라 차기 위임목사 선정을 위한 준비위원회가 구성되어 후보들이 추천되기 시작했다. 여의도순복음교회는 2006년 10월 29일 '2006년 제6차 당회 운영위원회'를 열고 '후임 위임목사 선발을 위한 추천의 건'을 논의한 후에 당회를 대표하는 87인의 운영위원들이 후보자 7명을 놓고 1차 투표를 실시했다.

상정된 7명의 후보는 이영훈 목사(미국 LA 나성순복음교회), 최명우 목사(여의도순복음교회 강동성전), 고경환 목사(원당순복음교회), 하용달 목사(여의도순복음교회 청년국장), 김삼환 목사(여의도순복음교회 도봉성전), 양승호 목사(미국 뉴욕순복음연합교회), 김용복 목사(영국 런던순복음교회) 등이었다. 투표 결과 이영훈 목사(42표), 최명우 목사(34표, 위임 12표 포함), 고경환 목사(21표) 3명이 최종 후보로 선출되었다.[259)]

258) "조용기 목사 시무연장안 가결", 연합뉴스 (2005. 11. 13).
259) "새로운 시작 제2의 부흥을 위해 -아름다운 세대교체", 순복음가족신문 (2018. 02. 04).

이영훈 목사가 위임목사 서리로 선출 및 인준되다

2006년 11월 12일에는 여의도순복음교회의 후임 위임목사를 선출하는 특별임시당회가 제2교육관 11층 세미나실에서 열렸다. 투표에 앞서 조용기 목사와 투표에 참석하는 장로들은 하나님이 원하시는 지도자를 선출하게 해달라고 기도했다. 한편 조용기 목사가 투표 직전 "세 사람 다 나의 사랑하는 제자들이다. 성령께서 인도하시는 대로 투표하도록 하라."라며 본인의 중립적 의사를 밝힌 가운데 총 1,219명의 시무장로 중 933명이 참석해 비밀투표를 실시했다.[260] 최종적으로 이영훈 목사가 435표, 최명우 목사가 285표, 고경환 목사가 204표를 얻어 이영훈 목사가 최다 득표하여 여의도순복음교회 후임 위임목사 서리로 선출되었다. 이러한 과정을 통해 여의도순복음교회가 당회 중심의 민주적이고 투명한 행정 시스템에 의해 운영되어왔음을 대외적으로 알리는 계기가 되었다.[261]

이영훈 목사는 취임식까지 위임목사 서리로 수습 기간을 가졌다. 2007년 5월 13일 열린 운영위원회에서 2008년 5월 18일 여의도순복음교회 창립 50주년 기념일을 전후해서 조용기 목사 은퇴식과 후임 당회장 취임식을 갖기로 결의됐다.[262] 당초 2009년 2월 예정이었던 조용기 목사의 은퇴 시기가 본인의 뜻에 따라 앞당겨짐으로 인해 여의도순복음교회는 교회 창립 50주년 행사와 함께 제2대 위임목사 체제를 위한 준비에 착수하게 되었다.

260) "이영훈 목사 '중책 맡아 두렵고 또 두렵습니다'", 조선일보 (2006. 11. 12).
261) "조용기 목사 후임자 선정 한국 교회 이미지 개선 도움될 듯", 뉴스파워 (2006. 11. 12).
262) "조용기 목사, 교회 창립 50주년 기념일 은퇴", 크리스천투데이 (2007. 05. 15).

제2대 위임목사 체제 준비를 위한 첫걸음은 이영훈 목사의 위임목사 인준을 위한 공동의회를 여는 일이었다. 이에 여의도순복음교회는 2007년 7월 8일 주일에 대성전과 21개 지성전에서 20세 이상 침례교인들을 대상으로 각 예배가 끝날 때마다 위임목사 인준을 위한 공동의회가 열렸다. 표결은 대형교회의 특성을 감안하여 기립 투표로 진행됐고, 투표에 참석한 154,088명 가운데 찬성 153,645명(99.7%), 반대 443명으로 이영훈 목사를 위임목사로 인준했다.[263)]

위임목사 선출을 위한 특별임시당회

여의도순복음교회는 이처럼 민주적이고 투명한 승계를 이룸으로써 한국 교회사에 있어 대형교회 후임 선정의 가장 바람직한 모습에 대한 이정표를 제시했다. 후임자 선출이 민주적으로, 또 영적으로 아름답게 이루어진 것은 조용기 목사의 결단과 성령 하나님의 인도하심 때문이었다고 할 수 있다.

263) "여의도순복음교회 이영훈 담임목사 인준", 연합뉴스 (2007. 07. 08).

이영훈 위임목사 인준에 대한 공동의회

영적 아버지의 사역이 영적 아들에게 계승되다

교회 창립 및 조용기 목사 성역 50주년 기념행사들

2007년 8월 5일에 '교회 창립 50주년 기념사업단'(대표단장 이영훈 목사, 실무단장 박종득 장로)이 출범했고[264], '교회 창립 및 조용기 목사 성역 50주년 기념행사'를 위한 1차 회의가 2008년 1월 27일에 열렸다. 이 회의에서는 5월 한 달간 진행되는 일련의 행사들, 즉 5월 9일 교회 창립 및 조용기 목사 성역 50주년 기념 성회, 5월 13일 교회 창립 및 조용기 목사 성역 50주년 출판기념회, 5월 14일 조용기 목사 원로목사 추대예배, 5월 15일 영산국제신학심포지엄, 5월 18일 교회 창립 50주년 감사예배, 5월 21일 이영훈 위임목사 취임예배 등에 대한 준비 경과가 보고되었다.[265]

264) "교회창립 50주년 기념사업단 출범", 순복음가족신문 (2007. 08. 12).
265) "교회창립 50주년 관련 행사 회의 진행", 순복음가족신문 (2008. 02. 03).

교회 창립 및 조용기 목사 성역 50주년 기념행사는 예정대로 진행되었다. 2008년 5월 9일 '교회 창립 및 조용기 목사 성역 50주년 기념 성회'가 잠실 올림픽 주경기장에서 개최됐다. 총 12만여 명이 참석한 가운데 3부에 걸쳐 진행된 성회에서 조용기 목사는 자신의 50년 사역을 돌아보며 다음과 같이 하나님께 감사의 고백을 올렸다.

> 대조동에서의 3년, 서대문에서의 13년, 여의도에서와 세계 복음화를 위해 달려온 34년은 마치 마라톤 경주와 같았습니다. 그동안 많은 장애물이 있었지만, 성령을 인정하고 환영하고 모셔 들이며 함께 뛰었을 때 모든 장애물을 뛰어넘을 수 있었습니다. 50년간의 내 사역은 영적 전쟁이었고 영적 전쟁에서의 무기는 전인구원을 강조한 오중복음과 긍정의 삼중축복, 그리고 창조적 삶을 이끌었던 생각, 꿈, 믿음, 말의 4차원 영성이었습니다. 이제 나는 부르심의 사명에 충실하고 주님의 강림하심을 간절히 기다려 신앙의 정절을 지킨 사람들에게 주시는 의의 면류관을 얻기 위해 주님께 영광돌리는 인생을 살겠습니다.[266]

5월 13일에는 '교회 창립 및 조용기 목사 성역 50주년 출판기념회'가 진행되었다. 교회 창립 50주년과 성역 50주년을 기념해 출판된 책은 여의도순복음교회 50년사와 조용기 목사 선교화보집, 영목회에서 발간한 『조용기 목사의 제자들』, 국제신학연구원 신약성경강해전집, 한세대 영산신학연구소 기념논총집, 교회성장연구소 기념논총 및 기념도서, 선교국 선교백서, 교육국 교육백서 및 교회학교 교재 등으로 총 110여 권이

---

266) "순복음 50년 역사는 성령과 동행했던 은혜의 시간", 순복음가족신문 (2008. 05. 11).

발간됐다. 그 외에도 조용기 목사의 50년 성역을 통해 총 621권의 저서가 출간되었다.[267)]

5월 15일에는 CCMM빌딩 영산아트홀에서 2008 제16회 영산국제신학심포지엄이 개최되었다. 레슬리 알렌 박사(미국 풀러신학교)와 크리스토프 슈뵈벨 박사(독일 튀빙겐대학교)를 초청해서 열린 심포지엄을 통해 조용기 목사의 50년 사역 가운데 이루어진 놀라운 업적들을 학문적으로 조명하는 시간을 가졌다.

5월 18일에는 여의도순복음교회 대성전에서 오전 9시에 교회 창립 50주년 감사예배가 드려졌다. 이날 조용기 목사는 50년간 사역을 이끌어주신 하나님께 감사드리며 '사랑과 행복 나누기'라는 주제로 말씀을 전했다. 그는 "이제 나는 사랑과 행복 나누는 일선에 서서 이 땅에 슬픔과 고통 속에 눈물 흘리는 사람이 없을 때까지 사랑과 행복 나누는 일에 앞장설 것입니다."[268)]라며 은퇴 후 사역에 대한 비전을 나누었다.

교회 창립 50주년 감사예배

267) "조용기 목사 성역 50주년 출판기념회 열려", 순복음가족신문 (2008. 05. 16).
268) "우리교회 창립 50주년 기념 예배 드려", 순복음가족신문 (2008. 05. 25).

이날 발표된 교세 현황에 따르면 2008년 5월까지 여의도순복음교회 성도 수는 재적 78만 명으로 집계되었다. 조직으로는 대교구 34개, 소교구 337개, 구역 14,775개로 구성되었다. 교역자는 목사 252명, 전도사 360명으로 총 612명이었다. 제직은 장로 1,555명, 안수집사 3,207명, 권사 12,378명, 서리집사 86,387명으로 총 103,527명이었다. 해외에 파송된 선교사는 총 638명이었으며, 여의도순복음교회를 통해 세워진 교회는 국내 370여 곳, 해외 782곳 등 총 1,200여 곳이었다.[269)]

후임 이영훈 목사에게 치리와 행정 권한을 조기 이양하다

조용기 목사는 2008년 2월 3일 여의도순복음교회 운영위원회를 소집하여 이날 참석한 170여 명의 운영위원 앞에서 당회장직을 사임하고 차기 당회장인 이영훈 목사에게 행정과 인사 등 모든 권한을 넘긴다는 뜻을 밝혔다. 이는 운영위원들에게 사전 통보 없이 자신의 거취 문제와 회의 안건을 직권 상정한 것이었다. 조용기 목사는 후임 위임목사의 목회가 원활하게 이루어지도록 정책위원, 장로회장, 국장, 분과위원장, 각 봉사기관단체장들에게 4월 30일 이전까지 일괄 사표를 제출해야 한다며 안건을 제의했다. 또한 그는 이영훈 목사를 위해 "50년 동안 진 짐을 하나님의 아들(이영훈 목사)에게 맡깁니다. 잘 이끌어가게 하여주시옵소서."라며 축복했다.[270)] 이를 통해 이영훈 목사는 5월 취임 전까지 당회장 서리로서 모든 결재권을 가지게 되었다.

---

269) Ibid.
270) "조용기 목사 후임 담임목사에게 치리와 행정 조기 이양", 순복음가족신문 (2008. 02. 06).

조용기 목사, 원로목사로 추대되다

2008년 5월 14일에는 여의도순복음교회 대성전에서 조용기 목사의 은퇴 및 원로목사 추대예배가 드려졌다. 김종남 목사(기독교대한하나님의성회 총회장)는 조용기 목사가 원로목사가 되었음을 공포하고 원로목사 추대패와 공로패를 전달했다. 이어 한국기독교군선교연합회, 영목회, 순복음아시아총회, 전국장로연합회, 전국남녀선교회 대표들이 감사패를 증정했고, 당시 미국 하나님의성회 총회장이었으며 나중에 세계하나님의성회연합회 전 총회장을 역임했던 조지 우드 박사가 참석하여 "조용기 목사는 복음 전도자로서 놀라운 업적을 이루고, 세계오순절교회협의회 총재, 오순절 지도자로서 세계 전역에 탁월한 영향을 미쳤습니다. 앞으로도 하나님 나라 확장에 최선을 다해주시길 바랍니다."라며 조용기 목사에게 공로패와 선물을 증정했다. 또한 이명박 대통령과 오랄 로버츠 목사의 축하 영상이 방영되었다.[271)]

이날 조용기 목사는 "이 벌레와 같은 인생을 주님이 진토와 거름 무더기에서 일으켜 세우셔서 보혈로 씻어주시고 말씀과 성령으로 은혜 주셔서 50년을 뛰게 만들어주신 것을 너무나 감사하게 생각합니다."라고 하나님께 감사의 고백을 드렸다.[272)]

---

271) "조용기 목사 원로목사 추대예배 열려", 순복음가족신문 (2008. 05. 16).
272) "이 모든 백성으로 더불어 일어나 요단을 건너라", FGTV 수요1부 예배 전체실황 영상 (2008. 05. 14).

조용기 목사 원로목사 추대예배

이영훈 목사가 제2대 위임목사로 취임하다

2008년 5월 21일 이영훈 목사는 조용기 목사의 뒤를 이어 여의도순복음교회 2대 위임목사로 공식 취임했다. 조용기 목사는 격려사를 통해 영적인 아들인 이영훈 목사를 후계자로 맞이하게 된 것에 대해서 기쁨을 나타냈으며, "성도 여러분은 힘든 짐을 짊어지고 가는 이영훈 목사를 위해 항상 기도를 많이 해주면 감사하겠습니다."[273]라며 2대 위임목사를 위해 중보해줄 것을 성도들에게 당부했다.

후임 위임목사인 이영훈 목사는 국제신학연구원장 재임 시절부터 조용기 목사의 오순절 성령운동을 신학적으로 체계화하는 데 중심적인 역할을 했을 정도로 조용기 목사의 신학과 목회 철학에 정통해 있었다. 또한 조용기 목사가 이영훈 목사에게 여러 곳으로 선교사 파송을 명했을 때도 단 한 번도 불순종하지 않고 순종했으며, 위싱톤순복음제일교

273) "이영훈 목사, 교계 축복 속 담임 취임", 크리스천투데이 (2008. 05. 21).

회와 순복음동경교회 및 미국 LA 나성순복음교회의 담임목사를 역임했다. 특히 미국 워싱턴과 일본 동경에서는 성공적으로 교회 건축을 이루어냈으며, 미국 베데스다대학교의 정규 대학 승격 및 연방정부 학력 인가를 취득하는 등의 성과를 이루어냈다. 그 외에도 여의도순복음교회 교무 부목사에 임명되어 교회를 섬기는 등 국내외로 성공적인 사역을 감당해온 조용기 목사의 아끼는 제자였다.

이영훈 목사 위임목사 취임예배

조용기 목사는 제자 이영훈 목사가 여의도순복음교회 제2대 위임목사로 잘 정착할 수 있도록 지원과 격려를 아끼지 않았다. 이영훈 목사도 조용기 목사를 "전임 목사님을 아버지처럼 섬기면 문제가 없고, 실제로 조용기 목사님은 나의 영적 아버지"[274)]라고 말하며 스승에 대한 존경심을 표현했다.

274) "취임 100일 이영훈 목사 '향후 50년도 성령 목회'", 데일리굿뉴스 (2008. 08. 31).

교회 성장의 새 패러다임: 제자교회로의 독립

지교회를 독립시키다

2007년 여의도순복음교회 당회 운영위원회는 2008년부터 '지성전'을 '지교회'로 전환하고 지성전의 단계적 독립을 진행하기로 결의했다.[275] 조용기 목사는 줄곧 한 교회가 무한정 성장 일변도로만 가는 것이 바람직한 일인지 고민했고, 이윽고 "교회는 지역사회를 섬기는 곳이 되어야 한다."라는 결론에 이르렀다. 그의 결단에 따라 2008년 성역 50주년을 계기로 독립을 추진하게 된 것이다. 이러한 그의 생각은 지교회 독립 이전에도 1980-1990년대에 순복음인천교회, 순복음노원교회, 순복음부평교회, 순복음의정부교회, 성령교회 등을 분립시킨 전례를 통해 나타났다.[276]

조용기 목사는 2008년 1월 15일 지교회관리운영위원 신년하례 예배에서 지교회 독립 배경을 다음과 같이 설명했다. "지성전을 세워 사역하는 것은 유례없는 발상이었습니다. 우리 교회의 영향으로 지성전 제도를 따라 하는 교회도 생겨났습니다. 따라서 지성전을 처음 시작한 교회로서 모범을 보여야겠다는 생각에 지성전 독립을 결정하게 된 것입니다."[277]

275) "운영위, 17개 지성전 지교회 변경안 의결", 순복음가족신문 (2007. 10. 28).
276) "여의도순복음교회 '몸 불리기보다 지역 섬김이로' … 제자교회 20곳 독립, 2세대 목회 가속", 국민일보 (2010. 01. 07).
277) "15일 지교회운영위원 신년하례 예배", 순복음가족신문 (2008. 01. 20).

이에 각 지교회는 2009년 1월부터 담임목사 인준 관련 청빙위원 투표와 공동의회를 실시했고, 3월 여의도순복음송파교회를 시작으로 2009년 11월까지 여의도순복음제2교회(현 순복음강남교회), 여의도순복음분당교회, 여의도순복음강동교회(현 강동성전), 여의도순복음도봉교회(현 순복음도봉교회), 여의도순복음강북교회(현 순복음강북교회), 여의도순복음성북교회, 여의도순복음김포교회, 여의도순복음엘림교회(현 순복음엘림교회), 여의도순복음안산교회, 여의도순복음성동교회(현 순복음성동교회), 여의도순복음중동교회(현 순복음중동교회), 여의도순복음영산교회(현 일산순복음영산교회), 여의도순복음시흥교회, 여의도순복음한세교회, 여의도순복음남양주구리교회(현 성산순복음교회), 여의도순복음광명교회, 여의도순복음북서울교회, 여의도순복음하남교회, 여의도순복음소하교회 등 총 20개 교회가 33만 성도들과 함께 지교회에서 제자교회로 독립해서 각각 담임목사 취임예배를 드렸다.

2010년 새해를 맞이하는 송구영신예배에서 설교 후 조용기 원로목사는 1월 1일부로 여의도순복음교회 산하 20개의 지교회가 제자교회로 독립하게 되었다고 선포하며 지교회 담임목사들을 위해 축복했다. 그리고 2010년 10월 20일에 여의도순복음교회 대성전에서 '영산제자교회 독립 1주년 기념예배'가 드려졌다. 이날 예배는 20개 제자교회 담임목사들이 참석한 가운데 조용기 목사는 "예수님께서는 우리가 열매를 많이 맺기를 원하십니다. 나는 큰 교회를 자랑하려고 목회한 것이 아닙니다. 주님을 기쁘시게 하기 위해 열매를 맺게 하려고 노력하다 보니 큰 교회가 되었을 뿐입니다. 우리가 예수님 안에 있을 때 열매를 맺을 수 있습니다."라며 예수님의 십자가 중심의 신앙을 강조했다. 이어 "사랑의 사람이 되어 최선을 다해 이해해주고 동정하고 사랑과 행복을 나눠야 합니다. 교회가 성장한 만큼 사랑도 성장해야 하기 때문입니다."라며 제자들에게 권면의 말을 전했다.[278]

제자교회는 여의도순복음교회로부터 독립된 인사권, 재정권, 행정권을 행사하지만, 향후 교회 내 분규가 생겨 재산권의 문제가 생길 것을 대비해 모든 교회 건물을 (재)순복음선교회에 등재하여 재산권을 보전하기로 했다. 그리고 교회 재정 총수입의 20%는 매달 여의도순복음교회가 추진하고 있는 해외선교 및 교회 개척, 각종 구제 사역 등의 공동목적 사업에 출연하기로 했다. 또한 모든 제자교회는 조용기 원로목사가 인도하는 주일 오후 1시 예배를 위성예배로 드리기로 했다. 제자교회들의 독립으로 인해 여의도순복음교회의 성도 수는 78만 명에서 45만 명으로 줄어들었다.

제자교회 독립을 계기로 교회 조직을 재정비하다

이영훈 목사가 제2대 위임목사로 취임한 이후로 여의도순복음교회는 지속적으로 교회 조직을 재정비해 나갔다. 이는 20개 제자교회의 독립에 따라 발생하는 재정적인 문제를 보완하고, 업무의 효율성을 높이며, 행정 및 사역의 내실을 다지기 위해서 필연적으로 해야 할 일이었다. 여의도순복음교회는 분산되었던 조직들을 통폐합하고 부장 제도를 폐지하고 팀장 제도를 도입하면서 기구를 축소함으로써 조직의 효율적 관리를 꾀했다. 그리고 지역사회에 대한 섬김 나눔 활동과 국내외 선교 강

278) "영산제자교회 독립 1주년 기념예배 개최", 순복음가족신문 (2010. 10. 24).

화에 따른 조직 개편이 이루어졌다. 동대문직할성전은 동대문성전으로, 도봉교회 미아기도처는 미아직할성전으로, 강동교회 하남기도처는 하남직할성전으로 승격되는 등의 변화가 있었다.

또한 '독립지교회'라는 제도를 만들어서 재정이 어려워 도움을 요청한 타교회를 여의도순복음교회가 매입해 그 교회가 독립 운영이 가능할 수 있도록 도왔다.[279] 여의도순복음교회가 해당 교회를 인수하여 운영하지만, 궁극적인 목적은 그 교회가 부흥하여 독립하게 하는 것이다. 그 외에도 마포대교구의 1, 2교구로의 분할, 반석교구의 대교구 승격 등 여의도순복음교회 대교구 구성에도 효율적인 개편이 이루어졌다.

시대 흐름에 맞춰 방송제작부에는 IPTV팀이 신설되었고, 외국어예배국이 국제사역국으로 변경되어 국제사역팀, 외국어예배팀, 통역팀, 브리핑팀의 업무를 운영함으로써 다가올 다문화시대를 대비했다. 국제사역국은 후에 다시 CGI와 통합되면서 국제사역CGI가 되었다. 또 30·40세대를 위한 대교구를 신설하여 성인교구의 활성화를 도모했고, 평생교육대학원 신설을 통해 성경 교육의 전문화를 추진했으며 현재 국제신학연구원에서 이를 맡아서 운영하고 있다. 2009년에는 성령운동과 성시화운동을 통해 민족 복음화와 세계선교에 헌신하기 위해 설립된 자율기관인 순복음성시화운동본부(현 한국성시화환경운동본부)를 신설했다. 이러한 변화를 통해 여의도순복음교회는 목회 사역을 능률적으로 진행할 수 있게 되었고, 업무의 효율성 및 교회 조직의 내실화를 갖추게 되었다.

279) "새로운 시작-한국교회에 새로운 패러다임을 제시", 순복음가족신문 (2018. 02. 18).

지교회 독립 및 교회 조직 재정비의 의의: 패러다임의 전환

조용기 목사의 비전대로 여의도순복음교회는 지역사회를 섬기는 교회로 발전시키기 위해 20개 지교회를 독립시켰다. 이는 그동안 사회로부터 물량주의, 성장주의라는 비판을 받아왔던 한국교회의 패러다임을 균형적 성장, 나눔과 섬김으로 전환하는 계기가 되었다. 각 제자교회의 담임목사 청빙 과정은 각 교회가 교단 헌법에 따라 진행했고 공동의회를 거쳐 마무리됐다. 이를 통해 조용기 목사의 목회 철학을 계승하고 순복음 신앙에 입각한 제자들이 세워졌고, 각 지역과 사회에 더욱 헌신하게 되면서 국내 복음화의 새 장을 열게 되었다. 독립한 20개의 제자교회는 지역사회와 주민들과 소통하면서 각 지역의 특색에 맞는 전도 방법을 개발, 실천했으며, 지역의 영적 부흥과 성장에 집중함으로써 더욱 효과적으로 복음 전파에 주력하게 되었다.

후임 이영훈 위임목사는 2010년 1월 7일 진행한 20개 제자교회 연합 기자회견에서 "제자교회 독립에 대한 조용기 목사님의 뜻을 받들어 원래 예정보다 1년 앞당겨 독립을 시행하게 되었습니다. 각 교회는 자체적으로 당회를 구성하고 재정, 인사를 위임받아 독자적으로 사역을 전개하게 됩니다. 다만 선교와 구제 등 공동목적 사업은 함께 진행하며 나눔과 섬김의 본을 보이겠습니다. 이는 한국교회에 새로운 패러다임을 제시할 것입니다."[280]라고 말하며 일련의 조직 개편에 대한 배경, 운영 방침과 그 의의에 대해 피력했다. 이는 여의도순복음교회라는 하나의 초대형교회에 전체가 종속되어 운영되던 기존의 방식에서 벗어나 여의

---

280) Ibid.

도순복음교회와 제자교회들이 상호 협력을 기반으로 하여 함께 부흥하고 성장한다는 새로운 비전을 제시한 것이었다.

20개 제자교회 연합 기자회견

여의도순복음교회의 20개 지교회 독립은 초대형교회가 나아가야 할 방향의 한 모델을 제시했다는 점에서 의의가 있다. 이러한 상호 협력과 동반성장을 토대로 한 교회의 분립은 한국교회와 한국 사회로부터 긍정적인 평가를 받는 계기가 되었다. 또한 예수 그리스도의 사랑과 복음을 지역 곳곳으로 흘려보냄으로써 단지 교회 성장뿐 아니라 교회 성숙을 위한 든든한 토대를 마련하게 되었다.

2. 끝나지 않은 사역

사랑과 행복을 나누다

여의도순복음교회가 크게 부흥하던 1984년 조용기 목사는 신문을 보다가 심장병에 걸린 김영식 어린이가 돈이 없어서 수술도 못 받고 죽어가고 있다는 사연을 읽게 되었다. 평소 가난한 사람들이나 병들어 아픈 사람들에게 특별한 긍휼의 마음을 갖고 있던 그는 눈물을 참을 수 없었고 김영식 어린이의 심장판막증 수술에 들어가는 비용 전액을 지원했다. 그 결과 김영식 어린이는 1984년 4월 19일 서울대학교 병원에서 성공적으로 수술을 마치고 새로운 생명을 얻게 되었다.

이것은 여의도순복음교회가 선천성 심장병으로 고통받는 어린이들을 위해 무료 시술을 지원하게 된 계기가 되었다. 여의도순복음교회의 지원을 통해 국내·외 5,000여 명의 어린이가 심장 수술을 받고 새 생명을 얻었으며, 심지어 전문 심장병원이 없는 북한 평양에 평양심장병원[281]을 세우는 일도 추진되었다. 이외에도 조용기 목사는 보육원, 양로원,

---

281) 2000년 남북정상회담 뒤 김대중 대통령이 병원 건립을 제안하자 조용기 목사는 이를 받아들였고 2007년 6월, 개성을 방문하여 약 200억 원을 들여 지하 1층 지상 7층 규모에 280병상을 갖춘 심장병원을 평양에 짓기로 했다. 그러다 2010년 천안함 사태로 남북관계가 얼어붙으면서 건축이 중단되었는데, 2022년 초 유엔 안전보장이사회 산하 대북제재위원회가 여의도순복음교회가 요청한 1천 5백여 개 의료장비와 물품의 대북 반입을 승인함에 따라 공사 재개에 희망의 불씨를 지폈다. 여의도순복음교회의 당회장인 이영훈 목사는 "북한에 평양심장병원을 준공한 후에 북한 내 260개 군에 '인민병원'을 세워달라는 북측의 요청이 있다. 개신교계가 컨소시엄을 구성해 인민병원 짓는 일을 다음 프로젝트로 진행하겠다."라는 뜻을 전했다. "이영훈 목사 '평양심장병원 공사 재개하면 6개월 내 개원'", 헤럴드경제 (2022. 06. 14).

농어촌교회, 저소득 가정, 나환자 수용소 등 도움이 필요한 곳을 아낌없이 지원했으며, '굿피플', '아나바다 운동', '은혜의 빵 나누기 운동' 그리고 '한국 사랑의 집 짓기 운동' 등 소외된 이웃들을 위한 다양한 사회복지사업을 활발하게 전개했다.

사실, 조용기 목사는 오래전부터 사회의 소외계층에 관심을 기울여왔다. 그가 평생 강조하며 확고한 신앙의 기초로 삼았던 삼중축복과 오중복음이라는 주제 자체가 가난과 고통에 처해있는 수많은 사람에게 희망을 전하고 싶은 마음에서 깨달은 통찰이었기 때문이다. 그는 설교를 통해 가난하고 병든 사람들과 함께 울고 함께 아파하며 그들의 고난에 동참하는 것의 중요성을 강조했다.

> 우리가 행복해지려면 이웃에게 먼저 사랑과 행복을 전해야 합니다. 이 사랑은 예수 그리스도로 말미암아 성령께서 우리 마음에 부은 바 된 고귀한 사랑입니다. 우리가 마음의 태도와 자세만 올바르게 가지면 하나님께서는 끊임없이 사랑을 공급해 주십니다. '그래도 사랑해야지'라고 자신을 타이르며 사랑을 실천하는 그곳에 믿음과 소망과 행복과 기쁨과 성공이 다가오는 것입니다.[282]

여의도순복음교회를 통해 조용기 목사가 펼쳐 온 사회봉사 활동은 국내외적으로 높이 평가되었다. 그는 1982년에 홀트 학교 건립기금과 장애아동 복지사업의 공로로 '대통령 표창'을 받았고, 1996년에는 심

282) 조용기, 『그래도 사랑해야지』 (서울: 서울말씀사, 2008), 138-139.

장병 어린이 무료 시술 지원과 소년소녀가장 돕기 운동의 공로를 인정받아 한국 정부가 민간에게 수여하는 최고 훈장인 '국민훈장 무궁화장'을 수훈했다. 또한 조용기 목사는 2005년 5월 18일, 뉴욕 교회협의회(CCCNY)가 수상하는 '더 패밀리 오브 맨 메달리온'(The Family of Man Medallion) 상을 받았다. 이 상은 인류 모두에게 특별한 책임감을 가지고 탁월한 본보기와 모범을 보인 지도자를 위해 만들어진 상으로서 드와이트 아이젠하워, 존 F. 케네디, 리처드 닉슨 등 미국 전 대통령들과 존 록펠러 등 유명 경제인들이 수상한 바 있는 권위 있는 상이다. 특별히 이를 기념하기 위해 뉴욕시(시장 마이클 블룸버그)는 이날 하루를 '조용기 목사의 날'로 정하기도 했다. 2009년 9월 27일 캄보디아 정부는 캄보디아 심장병 환자들의 수술 지원을 해온 공로로 그에게 국왕최고훈장인 '로열 나이트 오브 프렌드십 오브 킹덤 오브 캄보디아'(Royal Knight of Friendship of the Kingdom of Cambodia)를 수여했다.

뉴욕 교회협의회로부터
'더 패밀리 오브 맨 메달리온'을
수상한 조용기 목사

조용기 목사는 원로목사로 추대되어 목회 일선에서 물러난 후에도 이웃과 사회를 위한 섬김의 사역을 멈추지 않았다. 은퇴 후 그는 사랑과 행복 나눔 운동을 자신의 제2기 목회 사역으로 선포했다.

저는 이제 곧 목회 사역에서 졸업합니다. 그러나 하나님은 저에게 새로운 꿈을 주셨습니다. 그것은 '사랑과 행복 나누기 운동'을 펼치는 것입니다. 한국교회는 그동안 사회의 아픔을 끌어안는 데 소홀했다고 말할 수 있습니다. 하나님이 아무 조건 없이 우리 죄인들을 찾아오신 것처럼 우리도 소외되고 불쌍한 이웃에게 하나님의 사랑으로 다가가야 합니다. 사랑과 행복을 나누는 운동은 거창한 것이 아닙니다. 나에게 있는 것을 나누는 것입니다. 가진 것이 없어도 누구나 사랑과 행복을 나눌 수 있습니다. 사랑은 나누면 나눌수록 더 커져서 마침내 예수 그리스도의 사랑으로 세상을 뒤덮을 것입니다.[283]

조용기 목사는 복음 증거와 더불어 사랑 실천이 이 시대의 교회가 감당해야 할 막중한 사명임을 인식하고 은퇴와 동시에 사랑과 행복 나눔 운동을 통해 구제 사업에 주력하겠다고 선포한 것이다. 그는 하나님이 주신 이 새로운 꿈을 이루기 위해 2008년에 비영리공익법인인 '사랑과 행복나눔재단'(현, 영산 조용기 자선재단)을 설립했다.

2008년 3월 4일, 여의도 CCMM빌딩 11층에서 이루어진 재단 현판식에서 조용기 목사는 "한국교회는 그동안 영혼 구원에 많은 힘을 쏟았지만 이웃을 돕는 선한 사마리아인이 되지는 못했다."라고 고백하면서 사회의 음지를 보살피는 일에 교회가 더 적극적으로 나서야 한다는 소신을 피력했다.[284] 강도 만난 이웃을 도왔던 선한 사마리아인처럼, 나에게 있는 작은 것을 가지고 우리 사회의 상처 입은 이웃들에게 다가가서 예수

283) 국제신학연구원 편, 『여의도의 목회자』, 572-573.
284) "'사랑과행복나눔' 현판식 열려", 순복음가족신문 (2008. 03. 09).

그리스도의 사랑을 실천함으로써 사랑과 행복이 넘치는 건강한 사회를 만들고 싶다는 것이 그가 새로운 사역을 출발하며 가진 소망이었다.

사랑과행복나눔재단 현판식

재단의 첫 번째 사업으로 충남 금산군 진산면에 사는 이교제 할머니(71세) 가정에 새로운 보금자리 '행복한 집 1호'를 지어주고 생활비를 지원했다. 이교제 할머니는 시청각 장애를, 함께 사는 4명의 아들들은 지체 장애와 지적 장애를 갖고 있어 국가에서 지원되는 장애 수당으로 생계를 꾸려나가고 있었다. 그들이 살고 있던 집은 1970년대 흙벽돌로 지어져 비가 새고 천장이 주저앉아 있는 등, 집의 역할을 제대로 하지 못하는 실정이었다. 이교제 할머니는 "겨우내 천장에서 바람이 들어오고, 고양이와 쥐가 돌아다녔고, 자고 일어나면 먼지가 쌓이고 쥐똥이 쏟아지고 그것도 눈이 안 보이니까 간장에 들어가는 것을 그냥 먹었어요."라며 어려움을 호소했다. 직접 현장을 방문한 조용기 목사는 할머니의 이야기를 듣고 마음이 무너지는 것 같았다며 자신의 심정을 다음과 같이 설명했다.

'예수님이 이 장면을 보셨더라면 어떻게 하셨을까? 그냥 가련하다고 지나가실 것인가? 그렇지 않으면 주님이 직접적으로 도와줄 것인가?' 그런 생각을 하게 되고 마음속에 무거운 부담감을 느끼게 되었습니다. 이 가족들이 편안하게 살 수 있도록 해주지 않고는 내가 편안한 잠을 자고 편안하게 먹고 마시고 일할 수 없는 마음에 동정이 생겼습니다.[285]

사랑과행복나눔재단은 27㎡의 아담한 집을 새로 짓고 그 안에 수세식 화장실과 싱크대, 침실까지 만들었다. 특히 키가 작은 할머니를 위해 현관문 자물쇠를 2개나 설치하는 등의 세심한 배려도 잊지 않았다. 새 집을 보고 이교제 할머니는 눈물을 흘리며 조용기 목사의 손을 잡았다. 그녀가 "목사님, 이렇게 애써 주셔서 너무 고맙습니다."라며 감사의 인사를 전하자 조용기 목사는 "마땅히 해야 할 일을 했죠."라고 말하면서 할머니를 위해 기도해주었다.[286]

행복한 집 1호

285) "사랑과행복나눔, 보금자리 생겼어요!", CTS 기독교TV (2008. 04. 18).
286) Ibid.

이후에도 조용기 목사는 사랑과행복나눔재단을 통해 생존 자체에 위협을 받는 빈곤가정과 취약계층을 돕기 위해 팔을 걷어붙였다. 저소득층이 생계비, 의료비 지원, 다문화가정의 법률 지원, 집수리와 지역아동센터의 시설 보수 등을 통해 정부의 지원이 닿지 않는 곳에 도움을 줌으로써 사랑과 행복을 전했다.

사랑 실천을 강조하는 조용기 목사의 목회 철학은 후임자 이영훈 목사에게서도 그대로 이어졌다. 이영훈 목사는 21세기 성령운동이 나아가야 할 방향을 사회와 이웃을 향한 나눔과 섬김으로 제시한다. 그는 조용기 목사와 함께, 또 독자적으로도 여러 가지 사회 봉사활동에 참여했다. 그는 소외된 이웃의 아픔과 상처를 십자가 사랑으로 돌보며 절망의 자리에 희망의 빛을 비춰주어야 한다고 강조하면서 교회의 사회적 역할에 주목하고 있다. 더 나아가 이영훈 목사는 교회의 사회봉사 활동 영역을 확장하고 다각화하기 위해 노력하고 있다.

그 대표적인 예가 출산장려금 지급이다. 2012년부터 여의도순복음교회는 사회적 문제로 대두된 저출산 현상을 극복하기 위해 출산장려금을 제정하고 매년 대상자를 선별하여 지원해오고 있다. 2012년부터 8년간 3천여 가정에 30억 3천여만 원의 출산장려금을 지급했다. 여의도순복음교회는 출산장려금 외에도 2006년부터는 어린이집을 세워 운영함으로써 맞벌이 부부의 저출산 문제 해결을 돕고 있고, 미혼모들의 출산과 육아를 지원하기 위한 상담 기관과 미혼모 보호시설도 운영 중이다.

또한 이영훈 목사는 2013년 초 교회 예산의 3분의 1을 선교와 구제를 위해 사용하겠다고 밝혔고 이 약속은 지금까지도 꾸준히 지켜지고 있다. 특히 2022년 말에는 코로나19로 인해 극심한 어려움을 겪고 있는 쪽방촌 주민들의 월세와 생활비를 지원했고, 총 106억 원의 구제 예산을 마련하여 소상공인과 기초생활 수급자들을 도움으로써 한국 사회와 타 교회에 섬김의 모범을 보여주었다. 이영훈 목사는 한 신문 인터뷰에서 다음과 같이 말했다.

> 여의도순복음교회는 세계 최대 교회이지만 '부자 교회'가 아닌 '서민 교회'입니다. 지금도 성도님들은 서민이 대부분입니다. 앞으로도 가장 어려운 사람들 편에 서서 섬기고 돕는 서민 교회로 남을 것입니다.[287]

2008년 이후 여의도순복음교회는 조용기 목사의 뜻을 계승하겠다는 이영훈 목사의 다짐대로 나눔과 섬김을 실천하는 교회의 길을 제대로 걸어가고 있는 것으로 보인다.

목회는 은퇴했어도 복음전파는 계속되다

조용기 목사는 일생을 주님께 바친 복음전도자였다. 목회 일선에서 물러나 원로목사가 되었어도 그의 복음 전파에 대한 열정은 오히려 더 뜨겁게 불타올랐다. 조용기 목사는 은퇴와 함께 여의도순복음교회 주일 4부 예배 설교를 맡았을 뿐만 아니라 독립시킨 제자교회들의 축복성회에 주 강사로 참석하여 성도들을 격려하고 성령충만의 메시지를 선포

287) "천막교회서 세계 최대 교회로 … 가난한 서민과 함께한 60년", 조선일보 (2018. 05. 15).

했다. 국내 복음화 사역과 CGI를 통한 해외선교 사역 등도 계속해서 이어나갔다. 또한 이영훈 목사와 함께 다양한 대규모 성회에 주 강사로 참석하여 한국교회와 전 세계교회에 아름다운 승계와 동역의 모범을 보여주었다. 조용기 목사는 은퇴 이후에 건강 악화로 어려움을 겪기도 했지만 이에 굴하지 않고 복음을 전하여 많은 사람에게 감동을 주었다.

은퇴 이후의 해외 성회

미주성회

2008년 10월 8-10일	조용기 목사 루이지애나 CGI 컨퍼런스
2008년 10월 12일	조용기 목사 캘리포니아 산호세 주빌리크리스천센터 주일 성회
2013년 4월 18-21일	조용기 목사 한인 하와이 이민 110주년 감사 대축제
2016년 3월 15일	조용기 목사 하와이 목회자기도회

유럽성회

2013년 7월 24-25일	조용기 목사 유럽 컨퍼런스 2013
2014년 6월 4-5일	조용기 목사 초청 아르메니아 성령 컨퍼런스
2014년 9월 25-26일	조용기 목사 초청 러시아 지도자 4차원 영성 컨퍼런스
2015년 6월 3-4일	조용기 목사 베를린 성회

아시아 및 오세아니아성회

2011년 3월 1-2일	조용기·이영훈 목사 초청 2011 홍콩 지도자 대성회
2012년 5월 17일	인도네시아 자카르타 2012 세계기도대성회(동반

참석)

2012년 11월 28-29일 인도 '하이데라바드 대성회'(동반 참석)
2013년 5월 9-10일 호주 맬버른 '생명의 강 컨퍼런스'(동반 참석)
2014년 10월 29-31일 말레이시아 '세계교회 성장 컨퍼런스'(동반 참석)
2015년 4월 27일 조용기·이영훈 목사 초청 '대만 타이통 동부연합 부흥대성회'
2017년 2월 8-9일 태국 방콕 '태국 축복과 기적의 대성회'(동반 참석)

이외에도 2008년 이후 아시아에서 열린 조용기 목사 초청 성회들이 매우 많다.

2008년 9월 23일 조용기 목사 일본 동북복음화 대성회
2009년 5월 4-6일 조용기 목사 일본 하나님의성회 창립 60주년 기념대회
2010년 8월 31일-9월 2일 조용기·이영훈 목사 대만 목회자 4차원 영성 컨퍼런스
2011년 5월 4일 조용기·이영훈 목사 동일본치유대성회
2011년 11월 3일 조용기 목사 2011 오사카 지저스페스티벌
2012년 2월 16-17일 조용기 목사 아부다비 축복성회
2012년 3월 20일 조용기 목사 후쿠오카 성령의 임재와 치유성회
2012년 4월 14-15일 조용기 목사 싱가포르 대성회
2012년 9월 17일 조용기 목사 2012 도쿄 지저스페스티벌
2012년 12월 7-8일 조용기 목사 대만 복음화를 위한 부흥성회
2013년 3월 6일 조용기 목사 2013 일본 동북 치유대성회
2013년 7월 9-10일 조용기 목사 싱가포르 대성회
2014년 4월 3-4일 조용기 목사 대만 동부연합 부흥대성회

2014년 5월 6일	조용기 목사 2014 도쿄대성회(2014 도쿄 지저스 페스티벌)
2014년 11월 19일	조용기 목사 인도네시아 자카르타 성회
2015년 2월 3-4일	조용기 목사 인도네시아 부흥과 치유대성회
2015년 4월 9일	조용기 목사 4차원의 영성 말레이시아 성회
2015년 7월 22일	조용기 목사 일본 2015년 꿈과 희망의 축복성회
2016년 4월 6-7일	조용기·이영훈 목사 대만 대성회
2016년 6월 8-9일	조용기 목사 인도 하나님의성회 100주년 기념대성회
2016년 8월 9-11일	조용기 목사 마카오 성회
2017년 5월 31일-6월 2일	조용기 목사 임파워드 21 싱가포르 대성회
2017년 8월 28-30일	조용기·이영훈 목사 블레싱 홍콩 2017 미라클 컨퍼런스

인도네시아 자카르타에서 열린 2012 세계기도대성회

스웨덴 웁살라에서 열린 유럽 컨퍼런스 2013

조용기 목사의 복음 전파 사역은 이외에도 셀 수 없을 정도로 많다. 이처럼 조용기 목사는 한 사람이라도 더 구원하고 성령충만한 사람이 되도록 하기 위해 쉼 없이 평생을 달려갔다.

잊지 않고 잘 계승하겠습니다

2021년 9월 14일 오전 7시 13분, 조용기 목사는 하나님의 품에 안겼다. 향년 85세였다. 한국교회총연합은 이날 성명을 내고 조용기 목사의 소천에 대해 다음과 같이 추모했다.

> 한국교회를 대표하는 복음 전도자이자 세계적인 목회자이신 조용기 목사님이 소천하셨습니다. 고 조용기 목사님은 20대인 1958년 여의도순복음교회를 개척하여 60여 년간 목회하면서 세계 최대 교회를 이룬 능력의 목회자셨습니다. 목사님께서는 혼돈과 격변의 20세기 후반기에

복음으로 시대를 이끈 위대한 설교자이자 뛰어난 영성가로서 한국교회와 세계교회의 부흥을 이끌었으며, 예수 그리스도의 십자가 복음 확산에 지대한 공헌을 남기셨습니다. 특히 산업화 시대, 실향민들이 서울로 집중되는 변화의 시기에 십자가 복음을 통한 삶의 변화와 긍정적 삶의 가치를 가르침으로써 모든 국민에게 희망으로 세상을 이길 용기를 갖게 했습니다.[288]

조용기 목사의 장례는 한국교회장으로 드려졌고 조문소는 여의도순복음교회에 마련되었다. 9월 15일 이른 아침, 조문소가 다 차려지기도 전에 조용기 목사를 추모하는 사람들이 찾아오기 시작했는데 사흘간 애도의 발길이 끊기지 않았다. 교계는 물론 정·재계 인사들과 과테말라, 잠비아 대사 등 한국 주재 외교관들도 조문소를 찾았다. 코로나 상황임에도 불구하고 여의도순복음교회 조문소에만 2만여 명의 조문객이 다녀갔으며 제자교회와 북미 지역의 조문소를 포함하면 3만여 명의 사람들이 조의를 표했다. 미처 조문하지 못한 사람들은 세계 곳곳에서 조화와 추모 메시지를 보내왔다.

여의도순복음교회의 조문소는 그야말로 눈물바다였다. 환하게 웃고 있는 조용기 목사의 영정 사진은 조문객들의 마음을 더욱 아리게 만들었다. "목사님! 목사님! 우리 목사님!" 하며 통곡하는 이들도 적지 않았다. 조문을 끝낸 후에도 많은 이들이 베다니홀 한쪽에서 방영되는 고(故) 조용기 목사의 선교 영상을 보며 한참을 머물렀다. 이젠 더 이상 강단에

288) "한교총, '조용기 목사, 한국교회에 큰 족적 남겨'", 국민일보 (2021. 09. 14).

선 조용기 목사의 모습을 볼 수 없고 그의 쩌렁쩌렁한 목소리를 들을 수 없다는 사실이 믿기지 않는 듯 보였다.

조용기 목사 조문소

9월 18일 조용기 목사의 천국환송예배에는 60년 가까이 그와 깊은 유대 관계를 맺어온 극동방송 이사장 김장환 목사가 설교를 맡았다. 그는 "이제 이 땅에서 더 이상 목사님을 뵐 수 없는 아쉬움이 있지만, 하나님께서 우리들에게 주신 삶을 마치는 날, 천국에서 다시 만나 뵙겠습니다."라고 말하면서 "언젠가 주님 앞에 서게 될 때 먼저 가신 조 목사님 앞에 부끄러움이 없는 얼굴로 설 수 있도록 오늘도 내일도 아름다운 삶을 살아가자."라고 당부했다.

장례위원장이었던 한국교회총연합 대표회장 소강석 목사는 추모시를 낭독하며 눈물을 흘렸는데, 그는 이후 한 칼럼에서 당시의 심정에 대해 이렇게 썼다.

저는 장례위원장보다는 신학생 시절 수돗물로 배를 채우며 허기진 배를 안고 조 목사님을 바라보며 꿈을 키웠던 한 사람의 목사로서, 그렇게 한 것입니다. 앞으로 조용기 목사님과 같은 인물은 쉽사리 나오시 않을 것 같은 마음이 듭니다. 하관식을 마치고 돌아가는 길에 눈물이 빗방울처럼 쏟아졌습니다. 그 눈물 속에 죽는 날까지 하늘을 우러러 한 점 부끄러움 없는 삶을 살겠다는 다짐을 담고 또 담았습니다.[289)]

조용기 목사 천국환송예배

예배 후 조용기 목사의 관이 교회 밖으로 나오자 십자가탑 광장에서 기다리던 수백 명의 성도들이 "목사님, 사랑합니다! 감사합니다!"라고 소리쳤다. 이날 예배는 극동방송을 통해 전국에 생중계됐다. 또한 교회와 기도원의 유튜브 채널로 2만 5천여 명이 시청했고, 일본 오사카순복음교회에서는 실시간으로 일본어 통역 방송을 내보냈다. CTS는 2014

289) "소강석 칼럼, 고 조용기 목사님의 사진에 투영된 내 얼굴", 크리스챤연합신문 (2021. 09. 19).

년 방영된 '내가 매일 기쁘게 - 여의도순복음교회 故 조용기 원로목사' 편을 유튜브에 공개하면서 "낡은 천막교회 5명으로 시작해 70만 부흥의 기적, 지구 115바퀴 전 세계 120여 개국에 복음을 전파하며 하나님의 사명을 감당하다. 최초로 공개되는 그의 솔직한 이야기! 하늘에게 영면하시길 소망합니다."라고 소개했다.

장례예배 후 조용기 목사의 관이 운구되는 모습

이 영상에는 "미국 - 빌리 그래함 목사님이 계셨습니다. 대한민국 - 조용기 목사님이 계셨습니다.", "한 90세까지는 정정하게 사역을 하셨어야 했는데, 아직 하실 일이 많으신데, 너무 안타깝다.", "다시 없을 위대한 목사님, 최고의 목사님" 등 고인을 추모하는 수많은 댓글이 달렸다. CBS도 예외는 아니었다. CBS는 간증 프로그램인 '새롭게 하소서'에서 지난 2008년 1월 방영한 조용기 목사 편을 다시 공개했다. 해당 영상은 한 시간 34분이라는 비교적 긴 분량이었는데 조회 수 40만을 기록했다.

조용기 목사의 시신은 경기도 파주시 오산리 최자실기념금식기도원 묘원에 안장되었다. 2021년 2월 11일에 그보다 먼저 하나님의 부르심을 받은 김성혜 전 한세대 총장, 그리고 조용기 목사의 동역자였던 최자실 목사의 묘와 나란히 놓인 자리였다. 기도원 묘원 중턱에 자리 잡은 특별히 크지도 화려하지도 않은 무덤이다. 검은 묘비에는 십자가 표시 아래로 '목사 조용기의 묘'라는 글귀가 적혀있을 뿐이다. 다른 설명이 무슨 필요가 있을까? '조용기'라는 이름 하나로 충분하다.

오산리최자실기념금식기도원 묘원으로 운구되는 조용기 목사의 관

요즘도 조용기 목사를 기억하는 국내외의 많은 이들이 꽃을 들고 그의 무덤을 찾는다. 50여 년 가까이 그의 설교를 들었던 성도들은 무덤 옆에 세워진 작은 정자에 앉아 그에 대한 추억을 나눈다. 주말이면 아이들의 손을 잡고 묘소를 찾는 젊은 부부도 있다. "조용기 목사가 누구예요?"라고 묻는 아이들에게 부모는 자신이 보고 듣고 체험한 조용기 목사에 대해 이야기한다. 순복음의 목사들은 설교 중에 종종 조용기 목사를 언급하며 그에게 배운 가르침을 전한다. 조용기 목사는 이제 이 땅에 없지만,

그의 메시지는 아직 이 땅에 있는 사람들을 통해 전해지고 있다.

장례 첫날부터 마지막 날까지 조문소를 지키며 유가족과 함께 조문객을 맞이했던 여의도순복음교회 이영훈 목사가 천국환송예배 때 했던 다짐의 말은 조용기 목사를 기억하고 사랑하는 모든 이들의 마음을 대변하는 것이리라.

> 사랑하고 존경하는 조용기 목사님, 이제 하나님 품에서 참 평화를 누리시길 바랍니다. 그동안 너무나 수고 많이 하셨습니다. … 목사님의 사랑과 가르침, 잊지 않고 잘 계승해나가겠습니다.

2부

조용기 목사의 신학

1. 성령의 시대가 열리다

오순절 성령강림 사건 | 이어지는 성령의 역사

2. 성령의 역사는 현재 진행형이다

오순절운동의 배경 | 고전적 오순절운동

3. 한국 땅에 성령의 불이 옮겨붙다

원산과 평양에서 일어난 부흥운동 | 미국에서 유입된 오순절 성령운동

4. 성령님, 레츠 고!

성령의 능력을 힘입어 | 성령을 인격자로 모시고 | 능력과 인격의 조화

5. 성령으로 세계를 물들이다

고상한 예배와 시끄러운 예배 | 하나님이 귀가 먹었는가? |
주여 삼창 | 한국을 넘어 세계로

1장

오순절 부흥의 불길, 한국에서 타오르다

1장

오순절 부흥의 불길, 한국에서 타오르다

성령의 역사가 없는 교회는 생명력이 없습니다. 성령을 인정하고 환영하고 모셔 들여 성령께서 자유롭게 운행하실 수 있도록 할 때, 교회는 생명력이 넘쳐나게 됩니다.

-『불같이 생수같이』

1. 성령의 시대가 열리다

조용기 목사가 주도했던 성령운동은 철저하게 성경에 기반을 두고 있다. 그는 한 인터뷰에서 자신이 펼쳐온 성령운동의 의미를 다음과 같이 규정했다.

오순절 날 성령이 강림하셔서 교회가 탄생되고 사도들이 온 세계에 나가서 복음을 증거했는데, 이 전통을 되살려 성령충만을 받아 성령의 능력으로 복음전도를 하려는 운동이 성령운동입니다. 그렇기 때문에 성령운동은 특별히 새로운 운동이 아니고 사도시대에 일어났던 운동입니다.[1]

1) 조용기 목사 특별 인터뷰 (2003. 02); 홍영기,『조용기 목사의 영성과 리더십』(서울: 교회성장연구소, 2003), 194.

그는 특히 오순절 날 성령이 강림하신 사건이야말로 교회사적으로 매우 중요하다고 보았다. 교회는 오순절 성령의 강림으로 탄생했기 때문이다.

오순절 성령강림 사건

오순절 성령강림 사건은 사도행전 2장에 기록되어 있다. 부활하신 예수님은 제자들에게 예루살렘을 떠나지 말고 하나님께서 약속하신 성령 받기를 기다리라고 말씀하셨다. 제자들은 예수님의 말씀대로 예루살렘에 모여 기도에 힘쓰며 성령이 임하기를 기다렸다. 예수님이 부활하신 지 50일째이자 승천하신 후 열흘째 날인 오순절 날, 그토록 기다리던 성령이 강림하셨다. 예루살렘의 한 다락방에 모여 기도하던 제자들에게 성령이 임하셨고 그들 모두 성령의 충만함을 받고 방언을 말했다. 오순절을 지키기 위해 원근 각처에서 예루살렘을 방문한 많은 사람이 성령강림 사건을 목격했다. 그리고 이날을 기점으로 '성령의 시대'가 시작되었다.

오순절 성령강림 사건 이후 예수님의 제자들은 성령의 사람으로 변화되었다. 예수님이 잡히시던 밤에 세 번이나 예수님을 부인하고 저주했던 베드로는 성령의 능력을 받아 위대한 설교자, 위대한 능력자로 변화되어 예수님이 맡기신 전도사역을 감당했다. 베드로만이 아니었다. 예수님과 같이 붙잡혀 죽을까 봐 두려움 속에서 도망갔던 제자들 모두 성령의 권능을 받고 죽음 앞에서도 두려움 없이 담대하게 복음을 전하는 사명자로 거듭난 것이다.

이어지는 성령의 역사

사도행전을 보면 예수님의 제자들, 곧 사도들이 복음을 전하는 곳마다 성령의 역사가 계속해서 나타났음을 알 수 있다. 사도들을 통해 표적과 기사가 일어나고 많은 사람이 성령의 역사를 목격했다(행 2:43). 성령침례를 받을 때 나타난 대표적인 외적 표적은 방언이었다. 성령충만한 빌립이 사마리아 지역에서 복음을 전하자 사람들에게 붙었던 귀신이 떠나가고 병 고침의 역사가 나타났다. 그러자 베드로와 요한이 예루살렘 교회의 보냄을 받아 사마리아에 가서 사마리아 사람들에게 안수했을 때 성령이 임했다. 이때 마술사 시몬이 사도들이 안수할 때 성령이 임하는 것을 보고 그 능력을 돈으로 사려고 했던 것으로 보아 사마리아인들 또한 성령이 임하실 때 방언을 말한 것으로 여겨진다(행 8:18).

바울도 다메섹에서 아나니아에게 안수를 받고 성령을 받았는데(행 9:17), 훗날 자신이 다른 누구보다도 방언을 많이 말했다는 그의 고백을 감안하면(고전 14:18) 그가 성령침례를 받았을 때 방언을 말했을 가능성이 크다. 이달리아 부대 백부장인 고넬료 가정에 베드로가 찾아가 설교했을 때도 성령이 임하고 모두가 방언을 말하며 하나님을 높였다(행 10:45-46). 이후 에베소의 "제자들"(믿는 자들)도 바울에게 안수받고 성령이 임하여 방언과 예언을 했다(행 19:6).

이와 같은 성령의 역사는 사도시대, 초대교회 때를 넘어 현재까지도 이어지고 있다. 한번은 조용기 목사가 오키나와 집회에 갔을 때 어떤 미군의 부인을 만난 적이 있었다. 그녀는 눈물을 흘리며 이런 질문을 했다.

"목사님, 갈급해서 견딜 수가 없습니다. 그런데 사람들은 사도시대에나 성령충만이 있고 성령의 역사가 있었지, 지금은 성령충만이 없다고 말합니다. 목사님, 정말로 오늘날에는 예수 믿고 난 다음 성령침례 받고 방언하는 일이 없나요?" 이 질문에 조용기 목사는 성경에 기록된 말씀이 진리라고 강조하면서 "성경에 하나님께서 성령을 부어주시고 또 성령이 방언의 은사를 주신다고 했으면 그대로 믿고 구하라."라고 대답했다.[2)]

조용기 목사의 말처럼 성경에 기록된 성령의 역사는 결코 멈추지 않았다. 2천 년 교회의 역사 가운데 성령의 역사는 계속해서 나타나고 있으며, 지금도 성령충만을 사모하는 사람들에게 성령이 임하시고 그들을 통해 놀라운 일이 나타나고 있다. 그리고 앞으로도, 주님이 다시 오실 때까지 성령의 역사는 계속될 것이다.

오순절 날 한 다락방에 모인 제자들에게 임한 이른 비 성령의 역사는 2,000년이 지난 지금도 늦은 비 성령의 역사로 이어지고 있습니다. 오늘날 성령께서는 민족과 나라, 언어의 장벽을 넘어 교회 안에, 그리고 저와 여러분의 삶 속에 강력한 능력으로 역사하고 계십니다.[3)]

2. 성령의 역사는 현재 진행형이다

조용기 목사의 성령운동은 교회사적 관점에서 볼 때 20세기 초에 일

2) 조용기, "기도와 성령의 역사", 여의도순복음교회 주일예배 설교 (1986. 02. 23).
3) 조용기, 『불같이 생수같이』 (서울: 서울말씀사), 2004, 머리말.

어나서 전 세계로 확산된 오순절 성령운동의 흐름 속에 있으며, 그의 성령론은 오순절주의 신학과 맥을 같이 한다. 그는 자신의 신앙적, 신학적 뿌리가 오순절운동에 있음을 다음과 같이 분명하게 밝힌 바 있다.

> 우리는 1958년 대조동에서 교회를 개척할 때부터 뚜렷한 오순절적 신앙을 가지고 태어났습니다. … 우리의 정체성은 1900년도 초기에 일어난 오순절 성령운동입니다. '예수 믿고 성령 받으라!'라는 것이 우리 정체성의 가장 뚜렷하고 확실한 것입니다. 물론 다른 교회에서도 성령운동을 합니다. 성령님을 삼위일체 하나님의 제 삼위로 인정하고 성령님의 역사로 감화, 감동되어 회개하고 구원을 얻는 사람에게는 구원의 영, 아들의 영으로 성령이 임재하신다는 것을 모두 믿습니다. 그러나 우리의 정체성은 거기에 더하여 성령[침례]를 더욱 강조합니다. 성령[침례]를 받고 성령의 충만하심에 따라 다른 방언으로 말하기 시작한다는 것(행 2:4), 방언이 성령[침례] 표적이라는 뚜렷한 우리의 정체성을 가지고 있습니다.[4)]

천막교회 시절 선교사의 설교를 통역하는 조용기 목사

4) 조용기, "순복음의 정체성", 여의도순복음교회 교직원 예배 설교 (2004. 05. 05).

오순절운동의 배경

하나님은 역사 속에서 교회를 보호하시고 교회의 영적 각성이 필요할 때마다 성령의 불길을 일으켜주셨다. 특히 18-19세기에 미국과 유럽 전역을 휩쓴 강력한 성령운동이 일어났는데, 그 대표적인 운동으로 다음 3가지를 꼽을 수 있다. 이 운동들은 오순절운동의 태동과 오순절주의 신학 형성에 직간접적인 영향을 미쳤다.

첫째는 존 웨슬리의 감리교운동이다. 1738년 5월 24일 저녁 영국 런던의 올더스게이트(Aldersgate) 거리의 한 모라비안 교회 집회에 참석해서 마르틴 루터의 로마서 주석의 서문에 관한 설교를 듣다가 갑자기 성령체험을 한 웨슬리는 '은혜의 두 번째 사역'(Second Work of Grace)을 강조했다. 즉, 성도는 첫 번째 은혜인 '구원'에 만족하지 말고 두 번째 은혜를 받아 성결한 삶을 살아야 한다고 주장한 것이다. 이 같은 웨슬리의 주장은 오순절주의에서 중생 이후 성령침례를 강조하는 점과 비슷하다. 이후 그의 제자인 존 플레처가 중생 이후 '은혜의 두 번째 사역'을 '성령침례'로 설명했고, 이 성령침례의 개념이 구세군과 성결운동을 거쳐 오늘날 오순절 신학의 중심 사상으로 자리 잡게 되었다.

둘째는 미국에서 일어난 영적 대각성운동이다. 존 웨슬리의 감리교운동이 오순절운동의 신학적 토대를 마련했다면, 미국의 대각성운동은 오순절운동에 방법론적인 영향을 끼쳤다고 말할 수 있다. 박수를 치며 찬송하고 통성기도를 하는 예배 스타일이 이때 생겨났고, 지금 우리가 부르는 찬송가도 대부분 이때 지어져 불렸던 곡들이다.

셋째로, 영국에서 시작된 성결운동이다. 이 운동은 존 웨슬리에 의해 타올랐던 성령의 불이 꺼지고 있음을 보고 그 불을 다시 지피기 위해 일어났다. 성결운동은 당시 교회 안에 만연했던 수동적이고 형식적인 예배, 교리적인 종교에서 벗어나 체험의 종교, 마음의 종교를 추구했으며, 특히 죄성에 대한 승리로서의 성결한 삶을 강조했다. 이때 오순절주의의 신학적인 기초를 놓은 인물 중 하나로 A. B. 심슨을 꼽을 수 있다. 심슨이 창시한 '사중복음'(중생, 성결, 신유, 재림)은 오순절주의로 넘어오면서 '성령침례'가 추가되어 '오중복음'으로 확장되었다. 조용기 목사는 이 오중복음을 다시 한국적인 상황에 맞추어 '중생, 성령충만, 신유, 축복, 재림'으로 바꾸었다.

고전적 오순절운동

오순절운동이 감리교와 성결교에서 일어난 부흥운동의 영향을 받았지만, 그 성격에는 차이가 있다. 이전의 부흥운동이 회개, 성결 등으로 특징되는 영적 각성 운동이었다면, 오순절운동은 성령의 은사가 두드러지게 나타났다. 특히 성령침례와 방언이 주요 특징으로 꼽힌다.

오순절운동은 1901년 미국 캔자스주 토피카(Topeka)에서 일어난 부흥운동을 그 출발점으로 삼는다.[5] 감리교 목사였던 찰스 파함은 토피카에 '벧엘성경학교'를 세우고 학생들을 가르쳤는데, 1900년 12월에 크리

5) Klaude Kendrick, *The Promise Fulfilled* (Springfield, MO: Gospel Publishing House, 1961), 53; Nils Bloch-Hoell, *The Pentecostal Movement* (London: Allen and Unwin, 1964), 19.

스마스 휴가를 맞아 집으로 돌아가는 학생들에게 성경에서 성령침례를 증거가 무엇인지 연구해보라는 과제를 내주었다. 휴가가 끝나고 학교로 돌아온 학생들은 이구동성으로 성령침례를 받았을 때 나타난 대표적인 표적은 방언이라고 대답했다. 1900년 12월 31일 저녁, 송구영신예배를 드리기 위해 모인 파함 목사와 학생들은 70여 명의 성도들과 함께 성령 받기를 사모하며 기도했다. 그리고 1901년 1월 1일, 아그네스 오즈만이라는 여성이 파함 목사에게 안수를 받고 방언을 말하게 되었다. 그는 한 번도 들어보지 못한 중국어 방언을 3일간이나 계속했다. 나중에는 파함 목사를 비롯해 그곳에 모인 110명 모두가 성령을 받고 방언을 말했다.[6)]

이후 파함 목사는 텍사스 휴스턴으로 장소를 옮겨 '믿음성경학교'를 세웠고 그곳에서도 학생들에게 성령침례를 받고 방언을 말하라고 가르쳤다. 이때 윌리엄 시무어라는 흑인 목사가 파함 목사의 강의를 듣고 성령 체험을 했다. 그는 1906년 L.A.의 한 흑인교회의 강사로 초청받았는데 성령침례와 방언을 강조한 것이 문제가 되어 교회에서 거부당했다. 하지만 그는 성도의 가정에서 예배를 이어갔고 참석자의 숫자가 계속 늘어나자 아주사 거리에 위치한 건물로 옮겨 예배를 드렸다. 바로 이 장소가 미국과 전 세계를 놀라게 한 오순절 성령운동의 진원지가 되었다. 아주사부흥운동은 3년 동안 매일 계속되었고, 여기에서 성령체험을 한 사람들이 전 세계 각 지역으로 흩어져 오순절 성령운동을 확산시켰다.

---

6) John L. Sherrill, *They Speak with Other Tongues* (Chosen books, 2004), 54-63; 프랭크 J. 에와르트, 『20세기의 오순절』, 박선규 역 (서울: 보이스사, 1976), 67-68, 72.

아주사부흥운동의 진원지였던 건물

그 결과 1914년 미국 콜로라도 핫스프링스에서 '하나님의성회'(Assemblies of God) 교단이 설립되었다. 오늘날 하나님의성회는 전 세계 약 30만 명 이상의 목회자들과 약 6천 6백 40만 명에 달하는 성도들이 소속된, 오순절 계통 중 가장 규모가 큰 교단으로 자리 잡았다.

여의도순복음교회도 하나님의성회에 소속되어 있다. 이상에서 살펴보았듯이 조용기 목사는 일평생 오순절운동의 흐름 속에서, 사도행전에 기록된 오순절 성령강림 사건의 재현을 지향하는 오순절 신앙의 정체성을 가지고 성령운동을 펼쳤다.

3. 한국 땅에 성령의 불이 옮겨붙다

오순절 신앙이 우리나라로 유입되기 전에도 우리나라에는 이미 성령의 강력한 임재가 있었다. 20세기 초 회개를 동반한 부흥운동이 전국적으로 퍼져나갔고, 일제 강점기를 지나가며 신유와 기적이 일어나는 성령운동으로 전개되었다. 이와 같은 성령운동이 선행하지 않았다면 우리나라에서 오순절운동을 수용하고 발전시키는 데 어려움이 있었을지도 모른다.[7] 조용기 목사의 성령운동이 큰 부흥을 일으킬 수 있었던 배경에는 성령의 임재를 통해 영적으로 준비된 한국 땅이 있었던 것이다.

원산과 평양에서 일어난 부흥운동

한국에 성령의 불을 일으킨 부흥운동은 1903년 8월 원산에서 시작되었다. 중국에서 사역 중이었던 메리 화이트 선교사의 방문으로 원산 지역의 남감리교와 캐나다 장로회 선교사들이 사경회를 열었다.[8] 이때 미국 남감리교 소속 로버트 하디 캐나다 선교사가 강사로 한 시간 '기도'에 대해 말씀을 전하게 되었는데, 그는 자신의 사역에 열매가 없었던 이유가 성령의 인도와 능력을 따르지 않았던 자신의 교만 때문이라고 고백하며 회개했다. 그가 회개하자 성령이 그 위에 임하셨고 사경회에 참석한 선교사들 모두가 성령충만을 경험했다.[9] 원산에서 시작된 하디의 회개운동은 전국적으로 퍼져나가 평양 장대현교회에서 절정을 이뤘다.

평양 장대현교회에서는 1907년 1월에 기도회를 겸한 사경회가 열렸다. 이 기도회에서 길선주 당시 장로는 유산 관리를 맡기고 임종한 친구의 유산 중 100원을 착복한 죄를 고백하며 눈물로 회개했다. 그러자 사

7) 배덕만, "한국 오순절 운동의 역사와 현황", 『2022 한국오순절대회』 (2022), 90.
8) 한국기독교역사학회 편, 『한국 기독교의 역사 I』 (서울: 기독교문사, 2011), 221-222.
9) 이덕주, 『한국 토착교회 형성사 연구』 (서울: 한국기독교역사연구소, 2000), 94-95.

람들이 하나둘씩 일어나 서로 자신의 죄를 고백하며 울부짖으며 회개했다. 강력한 회개의 영이 장대현교회에 임한 것이다.[10] 저녁 7시에 시작한 기도회는 다음날 새벽 두 시까지 계속되었고, 날이 갈수록 기도회의 열기는 더욱 고조되었다. 장대현교회에서 시작된 부흥의 불길은 평양의 다른 교회와 기독교 학교들뿐만 아니라 전국 각지, 급기야 만주와 일본 등지로까지 급속히 퍼져나갔다.

평양대부흥운동 이후 회개와 삶의 변화를 강조하는 부흥운동은 한국교회의 중요한 특징이자 전통으로 발전했다. 일제강점기에 접어들어 한국교회는 일제의 박해를 받아 큰 어려움을 겪었지만, 그 안에서도 성령운동은 계속되었다. 그 시절 성령운동을 이끌었던 대표적인 목회자로 먼저 길선주 목사를 들 수 있다. 그는 요한계시록을 중심으로 종말론적인 믿음과 예수 그리스도의 임박한 재림을 강조했다.[11] 한편 김익두 목사는 전국을 돌아다니며 부흥회를 인도했는데, 그를 통해 선천적으로 걷지 못했던 사람이 일어나고 시각 장애인이 시력을 되찾는 등 기적적인 신유의 역사가 많이 나타났다.[12] 이어서 1930년대 초 이용도 목사의 부흥운동이 있다. 그는 훗날 신비주의적 경향으로 비판을 받기는 했으나, “예수에 미치자. 예수처럼 살자.”라고 외치며 열정적인 설교로 많은 사람을 주님께 이끌었다.

조용기 목사의 성령운동은 회개와 성령충만을 강조한다는 면에서 원

10) 박명수, 『한국교회 부흥운동 연구』 (서울: 한국기독교역사연구소, 2003), 57.
11) 이영훈, 『성령운동의 발자취』 (서울: 대한기독교서회, 2018), 219.
12) 배덕만, “한국 오순절 운동의 역사와 현황”, 95.

산부흥운동과 평양대부흥운동의 흐름과 같이한다.[13] 또한 길선주 목사의 종말 신앙, 김익두 목사의 신유 역사, 이용도 목사의 고난 받는 그리스도에게 초점을 맞춘 성령운동 모두 조용기 목사가 강조했던 오중복음(중생, 성령충만, 신유, 축복, 재림)에 나타나 있다. 박명수 교수는 평양대부흥운동이 '한국의 오순절'이라고 불리웠다는 점, 길선주 목사와 김익두 목사에 의해 각각 재림과 신유의 복음이 강조되었다는 점, 조용기 목사의 오순절운동이 한국에 알려지기 전에도 이미 한국교회에서 '성령침례', '오순절', '순복음'과 같은 용어들이 널리 사용되었다는 점 등을 들어 조용기 목사가 한국교회의 유산을 그대로 물려받았다고 주장했다.[14]

미국에서 유입된 오순절 성령운동

조용기 목사의 또 다른 신앙적 뿌리인 오순절 신앙을 우리나라에 최초로 전해준 사람은 메리 럼시(Mary Rumsey) 선교사다. 그는 1906년 아주사 거리 부흥회에 참석하여 성령침례를 받고 '한국으로 가라.'라는 성령의 음성을 들었다. 그러나 한국으로 가는 길이 열리지 않아서 오랜 시간 기도하며 준비하다가 1928년 일본을 거쳐 마침내 한국에 들어오게 되었다. 그녀는 정동에 위치한 구세군 조선 본영 사무실에서 만난 허홍과 함께 1933년에 한국 최초의 오순절교회인 '서빙고교회'를 설립했다. 이 교회의 첫 담임목사는 일본에서 귀국한 박성산 목사가 맡았다. 자생

---

13) 박명수, "해방 후 한국교회사와 여의도순복음교회의 조용기 목사", 『영산신학저널』 Vol. 23 (2011), 211.
14) 박명수, "한국교회사의 전토에서 본 조용기 목사의 오중복음", 『영산의 목회와 신학: 영산 조용기 목사 성역 50주년 기념 논총』 제3권 (2008), 266-267.

적으로 탄생한 조선 오순절교회는 계속 교세가 확장되었으나 일제의 극심한 종교 탄압으로 럼시 선교사는 1937년 2월에 강제 출국을 당하고 많은 오순절교회가 문을 닫게 되었다.

한국 최초의 오순절교회인 서빙고교회 성도들

8·15 광복 후 6·25전쟁 때 미국 하나님의성회에 소속된 엘라우드 목사가 한국에 들어왔다. 그는 미군 군목으로 근무하면서 한국 오순절교회의 현황을 파악하다가 허홍 목사를 만나 미국 하나님의성회 교단에 대해 알려주었고, 미국으로 돌아간 후에는 한국 상황을 교단에 보고했다. 1952년 12월 15일, 미국 하나님의 성회에서 아더 체스넛 목사를 정식으로 선교사로 한국에 파송했다. 그리고 이듬해 4월 8일, 허홍 목사가 시무하던 용산 남부교회에서 '기독교대한하나님의성회'(Korea Assemblies of God)가 창립되었고, 이어 순복음신학교가 세워졌다. 조용기 목사는 이 신학교의 제4회 졸업생이다. 그는 이전부터 설교 통역을 하며 오순절 계통의 선교사들과 만나 신앙적 교류를 나누고 있었는데, 순복음신학교에 들어가면서 정식으로 오순절 신학을 공부하게 된 것이다.

이처럼 조용기 목사의 신학은 "밖으로는 세계오순절운동의 성령운동을 한국교회에 접목시킨 것이고, 안으로는 1907년 평양대부흥운동 이래로 한국교회에 도도히 흘러온 성령운동을 집대성한 것"이라고 볼 수 있다.[15)]

4. 성령님, 레츠 고!

2008년, 조용기 목사는 그의 지난 50년의 목회를 돌아보면서 다음과 같이 고백했다.

> 여의도순복음교회는 조용기가 아닌 하나님의 역사로, 하나님의 말씀 위에 이루어진 하나님의 교회입니다. 그리고 제가 지금까지 그 먼 길을 달려올 수 있었던 것은 오직 성령님을 의지했기 때문에 가능한 것이었습니다.[16)]

이처럼 여의도순복음교회는 성령이 조용기 목사와 함께하시고, 성령이 그의 목회 사역 가운데 역사해주셨기 때문에 가능했다.

성령의 능력을 힘입어

신학교 시절 조용기 목사는 서울 탑골 공원에서 노방 전도를 한 일이

---

15) 이영훈, "조용기 목사의 성령론이 한국교회에 미친 영향", 『영산신학저널』 제1권 제2호 (2004), 163; 민경배, "조용기 목사의 성령신학과 한국교회", 『영산신학저널』 제1호 (2004), 32-60; 박명수, 『한국교회 부흥운동 연구』, 219-238.
16) 국제신학연구원 편, 『여의도의 목회자』, 571-572.

있는데, 그때 그의 설교를 듣던 사람들이 하나둘씩 자리를 떠나고 심지어 어떤 사람은 그에게 욕까지 퍼부었다. 반면 최자실 목사의 설교에는 사람들이 귀를 기울이고 박수를 치며 웃기까지 했다. 조용기 목사는 이 일로 하나님 앞에 나아가 “어떻게 저보다 설교도 잘하지 못하는 최자실 집사님이 설교하니까 사람들이 귀를 기울이고 예수님을 믿겠다고 합니까? 이건 불공평합니다.”라고 기도했다. 그때 그가 들었던 하나님의 음성은 “그녀는 성령으로 충만하다.”라는 것이었다.[17)]

그는 자신과 최자실 목사의 차이가 ‘성령충만’에 있다는 것을 알게 되었다. 그때까지만 해도 조용기 목사는 아직 성령침례를 받지 못했다. 그래서 그가 아무리 설교를 철저하게 준비하고 아무리 열심히 전한다고 해도 지적인 설교에 머물 수밖에 없었다. 이 일을 계기로 조용기 목사는 성령침례를 사모하게 되었고, 신학생이 된 지 1년 정도 지난 1957년 여름, 삼각산에 올라가 기도하다가 마침내 성령침례를 받게 되었다. 조용기 목사는 그때의 경험을 다음과 같이 회고했다.

> 모든 죄를 회개하고 나니까 속이 시원했습니다. 그러자 불같은 성령이 임하시기 시작했는데, 나의 혀가 꼬부라지고 입술이 떨리더니, 방언이 쏟아져 나오기 시작하는 것이었습니다. 고함을 치고 기도해도 방언만 유창하게 나오는데, 생수가 뱃속에서 강같이 넘쳐나는 것입니다.[18)]

---

17) Ibid., 218-219.

18) 조용기, “성령세례란 무엇인가?”, 『조용기 목사 설교전집』 제19권 (서울: 서울말씀사, 1996), 362-363.

조용기 목사가 성령침례를 받을 때 경험한 것은 불같은 성령이 임하시고 방언을 말하는 것이었다. 이러한 특징은 사도행전에 기록된 오순절 성령강림 사건의 내용과 흡사하다(행 2:1-4). 또한 그의 성령 체험은 오순절주의자들의 입장과 일치한다. 미국 하나님의성회는 '근본진리의 선언'(Statement of Fundamental Truths)이라는 16개의 주요 교리 조항 중 제7항에서 성령침례에 대해 다음과 같이 설명한다.

모든 신자는 우리 주 예수 그리스도의 명령에 따라 아버지의 약속, 즉 성령과 불의 침례를 받을 권리가 있으며, 이를 간절히 대망하고 열심히 간구해야 할 것이다. 이는 초대교회의 모든 성도에게 나타난 일반적인 체험이다. … 이 체험은 새로 태어남(중생)의 경험과 구분되며 후속적인 체험이다.[19)]

그리고 제8항에서 성령침례의 최초 외적 증거를 '방언'이라고 규정하고 '방언의 은사'와 구별한다.

신자의 성령침례는 하나님의 성령이 말하게 하심을 따라 다른 언어(방언)로 말하는 최초의 외적 표적에 의해 증거된다(행 2:4). 이 경우에 방언을 말함은 본질상 방언의 은사와 같으나 그 목적과 사용에 있어서는 다르다.[20)]

오순절 성령강림 이후 예수님의 제자들이 담대하게 복음을 전하고

---

19) ASSEMBLIES OF GOD, https://ag.org/Beliefs/Statement-of-Fundamental-Truths#7
20) ASSEMBLIES OF GOD, https://ag.org/Beliefs/Statement-of-Fundamental-Truths#8

수많은 사람을 주님께 돌아오게 한 것처럼, 조용기 목사 역시 성령침례를 받은 후에 능력 있는 복음 전도자가 되었다. 그는 이때부터 성령침례를 '위로부터 능력을 입는 것', 더 정확히 말하면 '복음 전파를 위한 능력'으로 이해하게 되었다. 이후 그는 더욱 성령충만을 강조하고 방언 기도에 매진했다. 그 결과 성령의 능력을 힘입어 놀라운 부흥을 이룰 수 있었다.

성령을 인격자로 모시고

조용기 목사가 개척한 천막교회는 3년 만에 크게 부흥하여 서대문으로 옮기게 된다. 그리고 다시 3년이 지났을 때 교회는 3천 명의 성도가 출석하는 교회로 급성장했다. 성전이 늘어나는 성도의 수를 감당하지 못해서 당시 주일을 2부 예배와 3부 예배로 나눠드리고 본관 3층도 증축하는 공사를 했다. 그런데 갑자기 그해 가을에 부흥이 멈춰버렸다. 그가 아무리 노력해도 더 이상 교회가 성장하지 않는 한계에 부딪힌 것이다. 그러던 어느 날, 그는 새벽예배를 마치고 교회에 남아 기도할 때 하나님의 음성을 듣게 되었다.

너는 지금까지 성령을 받는다는 의미를 교회 성장을 위한 도구를 얻게 되는 경험으로 생각하고 있었다. 그래서 지금 네가 사역하는 교회가 성장하지 못하고 정체 상태에 빠져있는 것이다. 지금부터는 성령을 능력이나 경험으로 생각하지 말아라. 성령은 그 이상의 인격자이시다. 너에게 지금 가장 필요한 것은 성령과의 인격적인 관계를 가지는 것이다. 교회가 성장하기를 원하느냐? 지금보다 더 큰 목회를 하고 싶으냐? 그

렇다면 성령을 인격자로 모시고 그와 깊은 교제를 가져라.[21]

하나님의 응답을 받았지만, 성령과 깊은 교제를 어떻게 해야 할지 알지 못했던 그는 성경을 자세히 연구하기 시작했다. 그리고 사도행전과 바울서신에서 초대교회 성도들이 성령을 모시고 사역했다는 사실을 깨달았다. 성령에 대한 그의 이해가 완전히 바뀐 것이다. 이전까지 그는 성령을 하나의 도구 혹은 체험의 대상으로 여겼지만, 이때부터 성령은 그에게 '인격적인 대상'이 되었다.

이후부터 조용기 목사는 매일같이 성령과 깊은 인격적 교제를 힘썼다. 아침에 눈을 뜨자마자 "성령님, 좋은 아침입니다. 오늘도 성령님이 저를 사용하셔서 예수 그리스도의 복음이 잘 증거될 수 있도록 하여 주옵소서."라고 선포했고, 설교하기 위해 강단에 올라갈 때도 "성령님, 지금부터는 성령님께서 설교하실 시간입니다. 성령님께서 앞장서 주시면 저는 그저 성령님을 따라가겠습니다."라고 말했다.[22] 오

성령이 담임목사요, 나는 부목사 입니다

인도 마드라스 교역자 세미나서

당회장 조다윗 목사는 지난 2월 10일부터 12일까지 인도 마드라스 카멜라자 메모리얀 센터에서 열린 교역자 세미나의 주강사로 초청됐다.

조다윗 목사는 강의를 통해 주의 종이라면 하루 세시간이상 기도해야 하며 성도들에게

는 '성령이 담임목사요 나는 부목사'라는 철저한 청지기 의식을 가지고 성령님을 섬기는 자세로 사역을 감당해야 한다고 역설했다.

연인원 2만여 명이 모인 이번 세미나에서 참석자들은 한결같이 조다윗 목사의 말씀에

인도 마드라스 교역자 세미나에서
(순복음가족신문 1994년 2월 20일 6면)

---

21) 조용기, 『나의 교회성장 이야기』 (서울: 교회성장연구소, 2005), 83.
22) 국제신학연구원 편, 『여의도의 목회자』, 397.

늘날 순복음교회의 특징적인 표현으로 알려진 "성령을 인정하고 환영하고 모셔 들이고 의지합니다."라는 표현도 인격적인 성령에 대한 깨달음에서 나온 것이다.

조용기 목사가 자신의 일상생활과 사역에서 성령을 인정하며 의지한 결과는 놀라웠다. 이전보다 더욱 큰 성령의 역사가 나타나 성도 3천 명의 벽이 마침내 무너졌고, 서대문 교회는 1969년에 재적 성도 1만 8천 명, 출석 성도 1만 명으로 부흥했다.[23] 이후로도 성령은 조용기 목사를 모래벌판이었던 여의도로 인도하여 여의도순복음교회를 세우게 하셨는데, 1984년에는 40만, 1992년에는 70만이 넘는 성도가 그의 설교를 듣기 위해 몰려들었다.

능력과 인격의 조화

조용기 목사는 성령의 능력과 인격성을 한쪽으로 치우치지 않고 조화롭게 이해했다. 지금까지 오순절 계통의 신학자들은 누가의 성령론을 중심으로 성령을 복음 전파나 선교를 위한 능력의 영으로 이해한 반면, 복음주의 계통의 신학자들은 바울과 요한의 성령론을 강조하며 성령을 우리를 도우시는 인격적인 영으로 이해하는 경향을 띄었다.[24] 하지만 조용기 목사는 오순절 교단에 속해있으면서도 초대교회 성도들이 성령의 능력을 힘입었을 뿐 아니라, 성령을 인격체로 대하며 성령과 함께 사역했

23) 조용기, "성령의 은사와 목회", 『성령』 제4집 (1988), 86.
24) 임형근, "조용기 목사의 성령 이해(성령과의 교제를 중심으로)", 『영산신학저널』 제1권 제2호 (2004), 160.

기에 교회가 부흥했다고 보고서 성령의 인격성도 균형 있게 강조했다.[25)]

예를 들어 예루살렘 공의회에서 사도들은 "성령과 우리"라고 표현하면서 성령과 함께 이방인의 할례 문제에 관한 결정을 내렸다고 말했다(행 15:28). 그 밖에도 빌립과 에티오피아 내시의 만남, 고넬료 가정을 방문한 베드로, 안디옥 교회의 선교사 파송, 바울이 마게도냐로 행선지를 바꾼 것 등의 사건을 통해 성령께서 주권적으로 교회를 이끄시고 인격적으로 그들의 발걸음을 인도하시는 분이라는 사실을 알 수 있다. 조용기 목사는 오순절 교단의 신학적 한계를 넘어서 이와 같은 성령의 동역 사역에 주목했고,[26)] 그 자신이 성령의 인격적인 교제를 통해 더욱 놀라운 성령의 능력을 체험할 수 있었다.

그러므로 조용기 목사를 능력 있는 복음 전도자로만 보는 것은 그의 성령운동의 일부만을 보는 것이다. 그는 늘 성령과 교제하고 함께 일했다. 그의 삶과 목회는 인격자이신 성령과 결코 떼어놓을 수 없는 관계에 있다. 성령의 능력과 성령과의 인격적인 교제를 통하여 전적인 성령의 인도하심을 받음으로써 현대 오순절 성령운동의 중심에 선 사람, 그가 조용기 목사다. "성령님, 레츠 고!"라고 외치던 그의 목소리가 아직도 귓가에 생생하다.

---

25) 조용기, "성령의 은사와 목회", 82-83.

26) 임형근, "조용기 목사의 성령 이해: 성령과의 교재를 중심으로", 161-162. 또한 임형근 박사는 1962년 2월부터 2002년 5월까지 조용기 목사의 설교 중 "성령"이라는 단어가 제목에 들어간 설교 총 98편 중에서 누가 문서, 요한 문서, 바울서신을 본문으로 삼은 횟수가 각각 24회, 27회, 35회인데, 이는 조용기 목사의 성령 이해가 능력과 인격의 한쪽으로 편중되지 않았음을 보여준다고 말한다.

5. 성령으로 세계를 물들이다

뉴욕타임스가 선정한 20세기를 대표하는 10대 신학자 중 한 사람인 하비 콕스는 세계 여러 지역에서 일어나고 있는 부흥운동을 연구한 결과 부흥하는 교회는 대부분 오순절 교단에 속해있고 초대교회의 영성을 추구하고 있다는 사실을 발견했다. 그는 1995년에 출간한 그의 책 *Fire From Heaven: The Rise of Pentecostal Spirituality and the Reshaping of Religion in the 21st Centrury*('하늘에서 내린 불: 오순절 영성의 발흥과 21세기 종교의 새로운 모습')과 2009년 출간한 *Future of Faith*('신앙의 미래')에서 "초대교회의 원초적 영성을 가진 교회, 곧 오순절 교회가 21세기를 주도해갈 것"이라는 결론을 내렸다.[27)]

하비 콕스 교수와 함께

오늘날 오순절 교회들이 전 세계적으로 크게 부흥하는 데 공헌한 대

27) 이영훈, "세계 오순절 성령운동의 역사", 『2022 한국오순절대회』 (2022), 24-25.

표적인 인물 중 한 명이 바로 조용기 목사다. 그는 전 세계를 다니며 지금도 살아 역사하시는 성령의 능력을 많은 사람으로 하여금 직접 체험하게 했다. 그가 인도하는 집회는 성령이 역사하시는 현장이었다.

고상한 예배와 시끄러운 예배

8·15 광복 이후 조용기 목사가 목회를 시작할 당시 장로교회가 한국교회의 중심이었다. 당시 교회의 예배 분위기는 엄숙과 경건, 그 자체였다. 예배 중에 찬송을 부르는 것 외에는 숨소리조차 들리지 않을 만큼 엄숙하고 조용했다. 이런 예배 스타일은 한국의 유교적인 전통과 보수신학의 영향 때문이라는 지적이 많다.[28)]

지금은 교회에서 여러 가지 악기를 사용하여 찬양하는 게 자연스럽지만, 그때만 해도 북을 치고 손뼉을 치며 찬양하는 교회는 순복음교회가 거의 유일했다. 여의도순복음교회 이영훈 제2대 위임목사도 어린 시절 가족과 함께 충현교회를 다니다가 서대문에 있던 순복음교회로 처음 옮겨왔을 때, "완전히 분위기가 달랐습니다. 장로교에서 느껴보지 못했던 것이지요. 박수치며 통성 기도하고 찬양하던 것이 익숙하지 않아 어색했던 기억이 있습니다."라고 회고하고 있다.[29)]

조용기 목사는 교회는 시끄러운 곳이어야 한다고 생각했다. 제도와

28) 박명수, "해방 후 한국교회사와 여의도순복음교회의 조용기 목사", 206.
29) "영원한 조연, 목회자의 고품격", 크리스찬리뷰 (2017. 11. 27).

조직에 갇혀서 손도 들지 못하고 '할렐루야'도 외치지 못한다면 어떻게 구원받고 치료받은 기쁨을, 하나님의 한량없는 은혜를 맘껏 표현할 수 있냐는 것이다.

> 교회도 성령 안에서 좀 시끄러워야 돼요. 마귀하고 싸운다고 시끄럽기도 하고, 성령 충만해서 시끄럽기도 하고, 기쁘고 즐거워서 부르짖기도 하고, 그리고 정말 기쁜 사람은 춤도 좀 추고, 그러면 교회가 왜 이렇게 질서가 없고 야단법석이냐 (할지 모르지만), 교회가 질서가 없는 것이 아니라 성령이 와서 그들을 채워주시매 체험하지 못한 기쁨과 즐거움 때문에 그렇게 표현하는 것입니다.[30)]

그는 이를 '거룩한 무질서'라고 불렀다. 거룩한 무질서가 있는 교회가 주님께서 살아 역사하시는 교회라는 것이다.[31)]

하나님이 귀가 먹었는가?

여의도순복음교회의 예배가 유달리 시끄럽게 느껴졌던 이유 중 하나는 통성기도 때문이었다. 그러나 조용기 목사는 하나님의 크고 비밀한 뜻이 이루어지도록 크게 부르짖어 기도해야 한다고 강조했다. 우리가 하나님을 향한 아무런 소원과 기대 없이 그저 앉아만 있어도 그분이 모든 것을 알아서 척척 해결해주시는 것은 아니라고 믿었기 때문이었다. 조용기 목사의

30) 조용기, "갈보리 십자가", 여의도순복음교회 주일예배 설교 (2013. 12. 08).
31) Ibid.

이러한 믿음을 이어받아 여의도순복음교회의 성도들은 문제 해결을 위해, 모든 시험을 이기고 승리하기 위해 소리를 높여 부르짖으며 기도했다.

부르짖어 기도하는 성도들

소리 내어 부르짖는 통성기도 때문에 조용기 목사는 조용한 예배 분위기에 익숙했던 기성 교단들로부터 비난을 받았다. 그러나 그는 엄숙한 예배를 지향하던 다른 교회들의 따가운 시선에도 소신을 굽히지 않았다. 오히려 새벽기도, 금요철야 기도, 금식기도 등을 장려하며 기도 시간마다 통성으로 부르짖으라고 독려했다. 그는 당시의 상황을 다음과 같이 이야기했다.

"하나님이 귀가 먹었는가? 고함쳐야 듣게." 그런 소리를 저는 얼마나 많이 들었는지 모릅니다. 우리가 모일 때마다 통성기도를 하니까 사람들이 우리를 보고 "미쳤다. 하나님이 귀가 먹었느냐? 조용히 기도하고 묵상해도 하나님이 다 알아들을 것인데 왜 부르짖느냐? 무식하게." 그렇게 말했습니다. 그러나 부르짖는다는 것은 우리가 얼마나 간절히 주

님을 찾느냐 그 뜻인 것입니다.[32)]

이처럼 과거 통성기도에 대해 기성 교회의 거부감과 비판은 있었으나, 지금은 순복음교회의 영향을 받아 대부분의 한국교회가 통성으로 기도한다.

주여 삼창

여의도순복음교회의 또 다른 독특한 기도 스타일은 '주여 삼창'이다. 서대문 시절에는 가난한 성도들이 많았다. 산마루의 판잣집에 살면서 행상하는 성도, 심지어는 생선 장사하는 성도들이 대야에 팔다 남은 생선을 가지고 와서 의자 밑에 두었다가 예배드린 후 다시 가지고 나가 장사하러 갔기 때문에 생선 비린내가 주위에 진동했고 목욕도 제대로 못하는 형편이라서 퀴퀴한 냄새가 코를 찔렀다.[33)] 성도들은 하루하루 살아가기 힘든 현실 속에서 하나님에게 부르짖어 기도할 때마다 자신의 괴로운 심정을 '주여'라는 외침에 담곤 했다. 시편에 나오는 탄식 기도가 마지막에는 하나님의 응답에 대한 확신으로 끝나듯이 고난의 현실에 탄식하며 "주여! 주여! 주여!"라고 외치며 기도한 것이다. 이렇게 '주여 삼창'으로 시작된 간절한 기도는 하나님의 응답과 확신과 소망이 되어 돌아왔다.[34)]

---

32) 조용기, "변화와 기적을 가져오는 믿음", 여의도순복음교회 주일예배 설교 (2009. 7. 12).
33) 조용기, "선교와 목회", 31.
34) 소태영, "'주여 삼창'의 순복음교회 기도 양식에 내재된 탄식의 영성과 교육", 『영산신학저널』 Vol. 40 (2017), 115.

'주여 삼창'은 누가 먼저 시작했는지 분명치 않다. 조용기 목사는 '주여 삼창'의 기원에 관한 질문에 다음과 같이 답변했다.

> 우리 순복음교단에서는 누가 먼저랄 것도 없이 기도를 시작할 때 자연스럽게 '주여 삼창'을 외치며 시작했습니다. 집회를 인도할 때, 성도들이 뜨거운 마음으로 기도를 하도록 인도자가 '주여 삼창'을 외치며 시작하도록 유도하였던 것 같습니다. 아주 오래전 일이지만 내 기억으로는 최자실 목사님께서 기도를 시작하실 때, '주여 삼창'을 크게 외치셨던 것으로 기억합니다. 그러나 나는 '주여 삼창' 기도가 순복음교단만의 전통이라고 생각하지 않습니다. 절대 절망의 삶의 자리에서 하나님 외에는 희망 둘 곳이 없었던 한국교회 성도들로부터 자발적으로 시작된 운동이라고 생각합니다.[35]

어디에서도 누구에게도 맘껏 하소연할 수 없었던 사람들은 여의도순복음교회에 와서 "주여! 주여! 주여!"를 외치며 하나님 앞에 자신들의 심정을 쏟아낼 수 있었다.

이영훈 목사는 해외에 부흥 강사로 초청되어 가면 '주여 삼창'을 '한국 스타일' 혹은 '여의도 스타일'의 기도라고 소개하며 외국인들도 함께 '주여 삼창'을 외치고 기도하자고 제안한다. 그러면 미국은 물론 아프리카와 남아메리카, 유럽 등에서 모인 성도들이 '주여'를 간절히 부른 뒤 함께 통성으로 기도한다. 그리하여 많은 사람이 성령침례를 받아 방언을

---

35) Ibid., 116.

말하며 기적과 이사를 체험하는 놀라운 역사를 일으키고 있다.

한국을 넘어 세계로

조용기 목사의 성령운동은 한국을 넘어 세계로 향했다. 과거에 놀라운 부흥이 일어났었지만, 지금은 식어버린 유럽 교회에서도 그를 통해 성령의 역사가 나타났다. 그가 한창 유럽 선교를 할 때, 한번은 네덜란드의 극단적인 칼뱅주의 개혁교회 목회자들이 그에게 오순절적 설교를 하지 말라고 말한 적도 있었다. 절대 주권자이신 하나님이 모든 일을 주관하시므로 굳이 열심히 전도하지 않아도 하나님이 부르실 사람은 부른다는 것이다. 그러나 조용기 목사의 생각은 달랐다. 당시 네덜란드 교회 중 절반은 텅 비어있거나 술집이나 전시관 등으로 사용되고 있었는데, 이러한 모습을 본 조용기 목사는 그들의 말처럼 모든 일이 하나님의 예정 가운데 있다고 해서 그저 손 놓고 있으면 기독교가 송두리째 없어져 버릴 수도 있다고 판단했다.[36)]

실상 유럽에 있는 성도들은 영적으로 갈급해 있었다. 조용기 목사는 그들에게 '지금 여기에 살아계신 하나님'을 전했다. 그러자 그가 인도하는 집회마다 구름떼같이 사람들이 몰려들었고 신유와 기적 등 놀라운 성령의 역사가 나타났다. 유럽뿐만 아니라 미국, 남미, 아프리카, 아시아 등 그가 말씀을 전하는 곳엔 초대형 집회가 열리고 수십만 명의 사람들이 몰려들었다. 1993년 아프리카 대성회에는 120만여 명, 1994년 인도

36) 조용기, "성령의 은사와 목회", 78-79.

대성회에는 200만여 명, 1997년 브라질 대성회에는 150만여 명이 참석했다. '사상 최대 집회'라는 기록이 그에 의해 매번 새롭게 세워질 정도였다. 조용기 목사는 실로 이 시대를 위해 하나님이 준비하신 성령의 사람이었다. 하나님은 그를 통해 전 세계를 성령으로 물들게 하신 것이다.

아주사거리 100주년 기념대회에서 설교하는 조용기 목사

1. 폐허 속에서 희망을 외치다
절망으로 가득했던 시대 | 삼중축복의 발견 | 희망을 전하는 목회자

2. 나는 어디에서 와서 어디로 가는가?
산다는 것은 뭘까? | 영, 혼, 육의 질서

3. 나의 하나님, 좋으신 아버지여
좋으신 하나님을 만나다 | 하나님이 왜 좋으신 분인가? | 좋으신 하나님께 구하라

4. 할 수 있다. 하면 된다. 해보자!
긍정은 긍정을 부른다 | 하나님께 뿌리내린 긍정의 신앙 | 긍정의 힘이 나라를 바꾸다

5. 저 하늘에 소망을 두고 살다
이 땅에 임한 하나님 나라 | 미래에 완성될 하나님 나라

2장

절망 속에서 끌어올린 희망의 복음

2장

절망 속에서 끌어올린 희망의 복음

예수님의 십자가를 바라보면 절대절망의 상황에서도 희망의 기적이 일어납니다.
- 2020년 4월 19일 주일예배 설교

1. 폐허 속에서 희망을 외치다

신학은 하나님의 절대 계시인 성경에서 나온다. 하지만 절대적 보편성을 갖는 하나님의 말씀은 다양한 시대적, 공간적 배경에서 이해되고 해석된다. 따라서 신학은 '삶의 자리'(Sitz im Leben)와 분리되어 생각할 수 없다. 조용기 목사의 신학 역시 마찬가지다. 조용기 목사의 신학이 어떻게 생겨나고 발전되었는지, 또한 어떤 특성을 갖는지를 알기 위해서는 그가 머문 삶의 자리를 먼저 살펴봐야 할 것이다.

절망으로 가득했던 시대

우리 민족은 예로부터 끊임없는 내우외환에 시달리며 살아왔다. 20

세기 들어서도 전반기에는 35년간의 일제강점기를 겪었고, 그 후로 찾아온 해방의 기쁨도 잠시, 나라가 남북으로 분단되는 아픔을 겪어야 했고 동족 간의 전쟁으로 모든 삶의 터전이 폐허가 되어버리는 쓰린 비극을 경험해야 했다. 조용기 목사가 교회를 개척했던 1950년대 한국 사회는 이 같은 비극적인 역사의 끝자락에서 희망이라곤 찾아볼 수 없는 상황이었다. 당시의 시대적 특징은 다음과 같이 정리할 수 있다.

첫째, 가난과 빈곤의 시대였다. 1950년대 한국은 참으로 살기 어렵고 힘든 나라였다. 6·25 전쟁은 전쟁 역사상 가장 짧은 기간에 수백만 명의 사상자를 발생시켰다. 30만 명이 넘는 과부와 고아들이 생겨났고 천만 명이 넘는 사람들이 이산가족이 되었다. 대부분의 산업 시설들이 파괴되고 전 국토가 폐허가 되어, 한국은 세계에서 가장 가난한 국가, 희망이 없는 나라가 되었다. 일반 시민들은 하루하루 끼니를 해결하는 일조차 쉽지 않았다.

둘째, 불의와 불신의 시대였다. 1960년 3·15 선거의 조작으로 사회에 불의와 불신이 극치에 달했다. 정의를 외치는 젊은이들이 뛰어나가 4·19 혁명을 일으켜 독재 세력을 몰아냈다. 하지만 그 후에도 사회불안은 계속되었고 1년 뒤 1961년 5·16 군사 정변이 일어났다. 군인들이 총칼로 정권을 잡은 것이다. 또 다른 독재의 시작으로 모두가 공포와 불안에 떨어야만 했던 시기였다.

셋째, 교회 분열의 시대였다. 당시 어렵고 혼란한 사회 현실 속에서 한국교회는 세상을 향해 사랑과 소망의 메시지, 위로와 화해의 복음을 전해야 했지만 한국교회는 그 역할을 감당하지 못하고 이런저런 이유로 분열되어 있었다. 한국의 대표 교단인 장로교단은 세계교회협의회(WCC) 참여 문제로 논쟁을 벌이다가 1959년 통합측과 합동측으로 분열되었다. 또한 성결교단도 보수신앙과 진보신학 사상이라는 문제로 대립하여 1962년 기독교 성결교회와 예수교 성결교회로 갈라섰다. 사회뿐만 아니라 교회마저 삼분오열되어 갈등하고 서로 다투고 있으니 실의에 빠진 사람들은 희망을 찾아 마음을 둘 곳이 없었다. 당시 한국 사회는 말 그대로 절망으로 점철되어 있었다.

삼중축복의 발견

조용기 목사는 1958년 5월 18일, 은평구 대조동에 교회를 개척했다. 당시 대조동은 지방에서 가난에 시달리다가 잘살아보겠다는 일념으로 서울로 왔으나 실패한 사람들이 모여살던 곳이었다. 그들은 하루하루 아무런 희망도 없이 되는대로 살아가던 사람들이었다.

목회 초기에 조용기 목사는 사람들에게 천국과 지옥이 분명히 있기 때문에 복음을 받아들이고 지옥이 아닌 천국을 가야 한다는 전통적인 방식의 설교를 전했다. 또한 성도들의 죄를 꾸짖고 회개를 촉구하면서 스스로 의로운 설교를 하고 있다고 생각했다. 하지만 이미 영혼과 마음에 상처가 가득했던 사람들은 그의 메시지에 공감하지 못했다. 그 결과 개척한 지 6개월이 지났음에도 교회는 성장하지 않았다. 이 같은 상황이 지속되자 조용기 목사 자신도 궁핍한 삶을 면하지 못했고 목회에 대한 회의가 들기 시작했다.

그러던 중 조용기 목사의 목회와 신학에 일대 변혁을 일으키는 사건이 일어났다. 어느 날 그는 가난에 찌들어 살아가던 한 부인에게 복음을 전하면서 여느 때와 마찬가지로 예수님을 믿고 천국에 가야 한다고 말했다. 그런데 그 부인은 현재 자신의 삶이 이미 지옥인데 무슨 다른 지옥이 있겠냐고 반문하면서, 천당이 그렇게 좋은 곳이라면 지금 당장 천당의 부스러기라도 보여달라고 요청했다. 절망으로 가득한 부인의 외침은 조용기 목사에게 큰 울림을 주었고, 그가 자신의 신학을 재고하게 하는 계기가 되었다. 현재의 필요도 채워주지 못하는 복음이 어떻게 미래의 구원을 소망하게 만들 수 있으며, 저 사람들뿐만 아니라 자신조차도 당장 먹을 밥과 입을 옷 한 벌이 더 소중하지 않냐는 생각이 든 것이다.[37)]

조용기 목사는 다시 성경을 읽기 시작했다. 그리고 예수님이 당시 사람들의 삶과 무관한 복음을 전파하신 것이 아니라 사람들에게 실제 필요한 것들을 채워주셨음을 깨달았다. 예수님은 복음을 전하기 전 먼저 사람들을 먹여주시고, 병을 고쳐주시고, 심지어 죽은 자를 다시 살리시는 이적을 보여주셨다. 그는 예수님이 인간의 영혼을 천국으로 인도하시는 것뿐만 아니라, 현실 세계의 가난과 질병과 죽음이라는 절망적인 상황에서 벗어나게 하시고 희망을 주시는 분임을 알게 된 것이다.

---

37) 국제신학연구원 편, 『여의도의 목회자』, 277.

오랄 로버츠 목사와 함께

그러던 중 조용기 목사는 오랄 로버츠 목사의 설교집을 읽다가 요한삼서 1장 2절의 의미를 새롭게 깨닫게 되었다.

> 나는 오랄 로버츠 목사님의 설교집을 읽고 굉장한 도전과 은혜를 받았습니다. 내가 소위 말하는 삼중축복, 즉 요한삼서 2절 '사랑하는 자여 네 영혼이 잘됨같이 네가 범사에 잘되고 강건하기를 내가 간구하노라'라는 말씀에 나타나 있는 삼중축복을 많은 분들이 내가 처음으로 발견한 것으로 생각하시는 것 같은데, 사실 이것은 내가 먼저 말한 것이 아니라 오랄 로버츠 목사님이 처음으로 주장하신 것입니다. 그분은 이것을 골자로 해서 미국 전역에 커다란 영향력을 끼치며 놀라운 성령운동을 했는데, 이 설교는 나에게도 굉장한 충격과 감동을 가져다 주었습니다.[38)]

영적인 축복은 물론이고 육체적 축복과 환경적, 물질적 축복을 포괄

38) 조용기, 『현대인을 위한 오중복음 이야기』 (서울: 서울말씀사, 1998), 19.

하는 삼중축복 신학은 이러한 배경에서 나왔다. 조용기 목사는 삼중축복 신학이 사람들의 실질적인 삶의 문제에 해답을 주고, 인생의 질병과 상처를 치료하며, 배고픈 사람들에게 생명의 떡을 주면서 영육으로 죽어가는 자를 살리시는 예수님을 전하는 진정한 희망의 복음이라고 설명한다. 그는 전쟁과 가난, 절망으로 점철된 폐허라는 삶의 자리에서 삼중축복이라는 희망의 신학을 찾아낸 것이다.

희망을 전하는 목회자

조용기 목사는 자신의 목회 신학을 '희망의 신학'이라고 규정한 바 있다.[39] 물론 그가 희망의 신학을 처음으로 주창한 것은 아니다. 1949년 에른스트 블로흐의 저서 『희망의 원리』(*Das Prinzip Hoffnung*)가 출간된 후, 희망은 본격적인 신학의 관심사가 되었다. 블로흐는 희망이 배고픔과 갈망에서 비롯되는 것이며 더 나은 삶에 대한 꿈이라고 보았다. 블로흐의 주장은 많은 사람에게 큰 영향을 끼쳤는데 위르겐 몰트만도 그중의 하나였다.

몰트만은 제2차 세계대전 중 포로수용소에 갇혀 삶과 죽음이 교차하는 공포 속에서 간절하게 하나님을 찾았던 경험이 있었다. 그는 자신의 경험을 바탕으로 1964년 『희망의 신학』(*Theologie der Hoffnung*)을 출간했다. 이 책에서 몰트만은 신앙은 미래에 대한 희망과 결코 분리될 수 없으며 종말론적인 희망으로 세상을 변화시켜야 한다고 주장했다. 몰트만

39) 조용기, "여의도순복음교회 성장의 핵심 요인", 영산 목회자 영성 세미나 (2003. 05. 13).

이후 희망은 기독교 신학의 중심 주제로 부상했다.

몰트만이 '희망의 신학자'라면 조용기 목사는 '희망의 목회자'라고 말할 수 있다. 두 사람은 일평생 희망을 외친 대표적인 인물들이다. 몰트만과 조용기 목사는 절체절명의 인생 위기 가운데 '희망'을 각각 자신의 신학과 목회를 위한 핵심 주제로 삼았다는 점에서 공통점이 있다. 하지만 몰트만이 기득권 세력에 대항하는 힘으로서의 종말론적 희망을 신학적인 주제로 부각시켰다면, 조용기 목사는 비참하고 절망적인 삶의 자리에서 그리스도와 함께 더 나은 미래를 바라보며 자신의 삶을 개혁하는 신학을 추구했다는 데 차이가 있다.[40)]

희망의 목회자 조용기 목사와 희망의 신학자 몰트만 교수의 만남

그렇기에 조용기 목사의 희망 신학은 "예수 그리스도의 대속적인 사

40) 배현성, "영산의 신학세계와 희망 이해", 『십자가, 성령 그리고 희망』, 영산신학연구소 편 (한세대학교 출판부, 2018), 139.

랑의 사건을 오늘 믿음의 현장 안에서 구체적으로 현실화"했다고 평가되기도 한다.[41] 그가 전한 희망의 메시지는, 예수를 믿으면 현실 세계에서도 더 나은 삶을 살 수 있다는 꿈을 주었고 절망적인 상황을 이겨낼 힘을 주었다.

2. 나는 어디에서 와서 어디로 가는가?

역사 이래로 인간은 자기 자신을 이해하기 위해 인간의 기원과 존재의 의미 등에 관해 많은 질문을 해왔다. 하지만 철학적, 사회적, 문화인류학적 접근은 모호하고 사변적인 대답을 줄 수밖에 없었다. 반면 기독교는 성경을 통해 인류의 창조, 타락, 그리고 예수님을 통한 구원에 이르는 길을 제시하면서, 인간의 존재 기원과 실존의 문제에 대한 해답을 주었다. 조용기 목사는 인간의 본질과 실존을 어떻게 이해하고 있었을까?

산다는 것은 뭘까?

어린 시절 조용기 목사는 공동묘지 인근에서 살던 때가 있었다. 그는 상여꾼들의 곡소리와 유족들의 울부짖는 모습을 보면서, 인간은 반드시 죽는다는 사실을 뼈저리게 느꼈다. 죽음이라는 인간의 처절한 종말

41) 이정환, "영산의 십자가 이해에 대한 신학적 윤리학의 방법론적 소고", 『영산신학저널』 Vol. 21 (2011), 72.

이 누구에게나, 그리고 예기치 못한 순간에 불쑥 찾아온다는 것을 그는 눈과 귀로 직접 경험했던 것이다. 그로 인해 조용기 목사는 어릴 때부터 '산다는 것은 무엇인가?' '죽는다는 건 또 무엇인가?' '사람이 죽으면 다시 살 수 있을까?'라는 문제를 생각하게 되었다. 이러한 생각들은 다시 인생에 관한 질문으로 이어졌다. 조용기 목사는 어린 시절부터 '왜 사람은 나서, 늙고, 병들고, 이렇게 허무하게 죽을 수밖에 없는 것인가? 죽으면 다 끝나는 것인가? 죽은 다음에는 아무것도 없는 것인가?'라는 실존적 질문을 마음속에 품게 된 것이다.[42]

군 입대 7개월 만에 탈장으로 인해
대수술을 받은 후 마산요양소에서

게다가 조용기 목사는 열일곱의 나이에 폐병이라는 심각한 건강 문제를 겪게 되었다. 의사들뿐 아니라 가족들까지 그를 포기할 정도였다. 다니던 고등학교도 중퇴해야만 했다. 그는 이때의 상황을 다음과 같이 회상했다.

> 나는 폐병 말기로 죽어가고 있었습니다. 거기에 먹지도 못해서 영양실조에 걸려 있었습니다. 하나님을 믿고 교회에 다니던 것도 아니었습니

42) 국제신학연구원 편, 『여의도의 목회자』, 56-57.

다. 우리 가족은 모두 불교 신자였습니다. 나는 고등학교를 중도에 포기해야만 했습니다. 나는 삶에 대한 아무런 희망이 없었습니다. 절망뿐이었습니다.[43]

다른 사람의 죽음을 보는 것과 자신이 직접 죽음을 마주 대하는 것은 차원이 다른 문제다. 조용기 목사는 병상에 누워 있으면서, 자기 자신이 죽음의 문턱을 오가는 상황에서 절대 절망에 처한 인간의 실존을 몸소 느끼며 탄식했다. 그러던 중 세 살 위 누나 조혜숙의 친구인 동래여고 김정애가 그를 방문하여 기도해주고 성경책 한 권을 건네주었다. 그는 혼자 성경책을 읽다가 자신에게 필요한 분은 자신의 폐병을 치료하시고 죽어가는 자신을 살려줄 수 있는 예수님이라는 사실을 깨닫게 되었다. 그는 눈물로 기도하며 예수님을 영접했고 그날 치유의 기적을 경험하게 되었다.

조용기 목사의 실존적 고민이 더욱 깊어지게 된 데는 실존주의자들의 영향도 빼놓을 수 없다. 대조동 천막교회 시절, 개척한 지 1년이 넘도록 교회가 성장하지 못하고 있을 때 그는 쇠렌 키에르케고르와 폴 틸리히의 책을 읽고 그들의 실존주의 사상에 영향을 받게 된다.

나는 키에르케고르의 실존 철학의 영향을 받았습니다. 키에르케고르의 실존 철학에서 보면 그는 인간을 '절대 절망적인 존재', '죽음에 이르는 병이 든 존재'로 인식하고 있음을 발견하게 됩니다. 이러한 인간에 대

43) 조용기, 『나의 교회성장 이야기』, 207.

한 키에르케고르의 관점은 그동안 인간을 절대 절망의 존재로 인식하고 있던 내 생각이 틀리지 않음을 확신케 하는 계기가 되었습니다. 이어서 나에게 영향을 미친 것은 폴 틸리히의 철학적 신학입니다. 폴 틸리히의 철학적 신학은 사실 우리 복음주의적 입장에서 수용하기에는 분명 많은 장애물들이 있음을 나도 인식하고 있습니다. 그러나 나는 개인적으로 폴 틸리히가 지니고 있는 인간에 대한 인식에는 대체적으로 공감합니다. 폴 틸리히는 인간을 완전한 절망적인 존재로 보고 있었습니다. 인간은 죄책과 정죄의 절망, 허무와 무의미의 절망, 죽음과 무의 절망의 심연에 빠져 있는 존재로서 인간은 절대로 이 절망에서 스스로 헤어 나올 수 없다는 것입니다.[44)]

조용기 목사는 인간을 '절망적인 존재'로 보았다. 인간은 아담의 범죄 이후 하나님의 심판을 받아 영과 육의 죽음, 그리고 환경의 저주 아래 놓인 존재로 전락했다. 죄 가운데 태어나 고통당하다가 결국 죽음을 맞는 과정이 인간의 삶이다. 인간은 어디에서 와서, 무엇 때문에 살며, 어디로 가는지 알지 못한 채 허무한 삶을 살게 된 것이다.

조용기 목사는 이러한 근원적인 실존 문제에 대한 해답은 오직 예수 그리스도 안에서 찾을 수 있다는 사실을 발견했다. 오직 예수 그리스도의 구원 안에서만 '죄책과 정죄 의식', '죽음과 무(無)' 등의 실존적 불안에서 벗어날 수 있다는 것이다. 예수 그리스도를 영접하는 사람은 예수님의 십자가 죽음과 부활로 실존의 불안, 즉 '죽음에 이르는 병'에서 고

---

44) 조용기, 『현대인을 위한 오중복음 이야기』, 20.

침을 받게 된다. 또한 예수님은 자신이 어디에서 와서 무엇 때문에 살며 어디로 가는지를 분명히 아시는 분이시기에 우리에게 참된 길이 어디인지(요 14:6) 삶의 목적이 무엇인지 분명하게 알려주실 수 있다.

영, 혼, 육의 질서

기독교의 인간 이해는 크게 두 가지, 즉 인간 본성을 영혼과 육으로 구분하는 이분설과 영, 혼, 육으로 구분하는 삼분설로 나뉜다. 기독교대한하나님의성회는 공식적으로 삼분설을 지지하고 있으며 그 근거는 데살로니가전서 5장 23절이다.

> "평강의 하나님이 친히 너희를 온전히 거룩하게 하시고 또 너희의 온 영과 혼과 몸이 우리 주 예수 그리스도께서 강림하실 때에 흠 없게 보전되기를 원하노라"(살전 5:23)

이 말씀은 인간이 영과 혼과 육을 가지고 있다고 설명한다. 영, 혼, 육은 각각 고유한 역할을 한다. 첫째, 영은 영적인 세계와 하나님을 알 수 있게 한다. 영이 있는 인간은 하나님을 창조주로 섬기고 영원을 사모하는 마음을 갖게 된다. 혼은 인격을 담고 있으며 지식과 감정과 의지를 활용하여 지적 세계를 인식하게 한다. 육은 감각기관을 통하여 물질세계를 접촉하고 인지하게 한다. 인간은 영, 혼, 육이라는 세 가지 요소로 구성되어 있는 인격체이자 하나님의 피조물이다.

조용기 목사 또한 교리적으로 삼분설을 주장하며 이를 목회에 적용했다. 그는 영, 혼, 육의 관계 및 역할에 대해 다음과 같이 설명했다.

> 처음 창조된 상태에서는 영이 하나님과 교제해서 받은 하나님의 말씀으로 혼을, 즉 자아의식을 다스리고, 혼은 그 말씀에 따라 육을, 즉 감각적인 세상을 다스리며, 육은 처음부터 끝까지 혼과 영에 속해 있었습니다.[45)]

육은 혼에 의해 지배받고, 혼은 영에 의해 지배받는다. 영은 하나님과 교통하여 받은 말씀을 혼에게 전달하고, 혼은 다시 의지로 순종하여 육에게 전달하고, 육은 지체를 통하여 그 말씀을 실천한다. 타락하기 전의 인간은 이와 같은 영과 혼과 육의 질서 안에서 조화로운 삶을 살 수 있었다. 하지만 아담의 범죄로 인간은 하나님과 교통하는 영이 죽게 되었고 그 질서가 무너지게 된 것이다.

본래 인간이 창조된 목적은 하나님을 찬양하며 하나님께 영광을 드리기 위함이다(참조. 사 43:7, 21). 오직 이 목적 안에서만 인간은 참되고 선하며 행복한 삶을 누릴 수 있다. 따라서 인간이 진정 행복하기 위해서는 하나님과의 관계, 즉 영의 회복이 우선되어야 한다. 이를 위해 예수님이 화목제물로 십자가에서 죽으신 것이다(롬 3:25). 예수님을 믿음으로 하나님과 화목하게 된 인간은 다시 영이 살아나면서 왜곡되고 망가진 영, 혼, 육의 질서를 회복하게 된다. 정리하면 조용기 목사는 세 가지 차원, 즉 하나님의 선한 목적으로 창조된 인간, 죄로 인해 타락한 인간, 하나님의 은혜로 구원받아 본질을 회복한 인간에 대해 다루고 있다.

---

45) 조용기, 『오중복음과 삼중축복』 (서울: 서울말씀사, 1998), 54.

인간이 타락하자 영은 죽었고 그 결과 창조의 질서는 뒤집어져 육은 혼을, 혼은 영을 지배하게 되었습니다. 그러나 구원받아 새로운 피조물이 된 그리스도인은 영, 혼, 육이 질서를 가지고 있는 바, 영은 하나님의 뜻에 따라 혼을 지배하고 혼은 육을 지배하므로 주 안에서 아름답고 조화로운 인격체를 회복하게 되는 것입니다.[46]

조용기 목사는 이와 같은 인간 이해를 기반으로 왜 우리가 절망과 고통을 겪으며 살고 있는지를, 그리고 그러한 삶에서 벗어나는 유일한 길이 오직 예수 그리스도를 믿는 것임을 더욱 설득력 있게, 더욱 진정성 있게 전할 수 있었다.

3. 나의 하나님, 좋으신 아버지여

초기 한국교회의 주류를 이루었던 장로교 목회자 대부분은 하나님의 절대주권과 예정을 강조하였고, 하나님을 공의의 하나님, 심판의 하나님으로 이해했다. 이와 같은 하나님 인식에 기반한 설교는 죄에 대한 심판, 도덕적이고 율법적인 삶을 강조할 때가 많았다. 그러다 보니 성도들은 교회에 와서 사랑, 평안, 위로, 힘을 얻기보다는 죄책감, 부담감, 두려움, 심지어 상처까지 받는 경우가 생겼다. 이는 교회 예배 분위기를 엄숙하고 근엄하게 만들었고, 불신자들에게는 신앙생활에 대한 부담으로 작용하여 복음을 쉽게 받아들이지 못하는 원인이 되기도 했다.

46) Ibid., 54-55.

이에 반해 여의도순복음교회는 포근하고 따뜻한 어머니 같은 사랑의 하나님을 강조해왔다.[47] 그 기반에는 조용기 목사가 강조한 '좋으신 하나님' 신앙이 있다. 좋으신 하나님은 조용기 목사의 목회 기반이자 오중복음, 삼중축복, 사차원의 영성으로 대표되는 영산 신학의 출발점이기도 하다.

좋으신 하나님을 만나다

조용기 목사가 선포했던 좋으신 하나님 신앙은 하나님의 속성에 대한 한국교회의 일반적인 인식을 전환하는 변곡점이 되었다. 그는 먼저 자신이 만난 기독교의 하나님은 다른 종교의 신과 다르다고 강조했는데, 이를 자신이 이전에 믿었던 불교와 비교하여 설명했다.

> 19살 때까지 나는 독실한 불교 신자였다. 내가 절에 갔을 때마다 나는 항상 그 불상들에게 두려움을 느꼈다. 부처에게 나를 벌하지 말 것을 구했다. 불교와 나의 관계는 두려움에 뿌리를 두고 있었고 의식주의와 책임에 기초를 두고 있었다. 나의 종교심은 사랑이 아니라 두려움에서 태어났다. 내가 기독교인이 되었을 때, 예수 그리스도는 나의 영혼을 구원했을 뿐만 아니라 나의 폐결핵을 치료하셨으며 죽음의 자리에서 나를 일으키셨다. 그리고 내가 성령으로 침례를 받았을 때, 하나님의 사랑은 내 영혼에 강물처럼 흐르기 시작했다. 내가 기독교인으로서

47) 박명수, "해방 후 한국교회사와 여의도순복음교회의 조용기 목사", 210; 이영훈, "영산 조용기 목사의 '좋으신 하나님 신앙'이 한국 교회에 미친 영향", 『영산신학저널』 Vol. 7 (2006), 84.

경험한 가장 위대한 일은 하나님의 사랑과 하나님의 선하심이었다.[48]

그가 불교에서 느꼈던 감정은 두려움이었다. 다시 말해, 그가 인식한 종교심은 두려움에 기반한 것이었다. 그러나 기독교를 접하면서 종교에 대한 그의 인식이 달라졌다. 그가 만난 하나님은 그를 너무나 사랑하셔서 독생자까지 내어주신 사랑의 하나님이셨고, 그의 영혼을 구원으로 인도하시는 구원의 하나님이셨으며, 자신의 폐결핵을 낫게 해주신 치료의 하나님이셨다. 이러한 좋으신 하나님을 만났기에 조용기 목사에게 기독교는 두려움의 종교가 아닌 희망과 사랑의 종교였다.

또한 조용기 목사는 요한삼서 1장 2절 말씀에 대한 새로운 이해를 통해 인간의 영혼을 구원해주실 뿐 아니라 건강과 환경의 복도 주기 원하시는 '좋으신 하나님'을 발견한 것이다.[49] 다시 말해, 그의 설교와 목회와 신학의 기초이자 핵심인 삼중축복이 좋으신 하나님 신앙에서 비롯된 것이다. 그의 표현을 빌리면, 좋으신 하나님 신앙이 삼중축복이라는 집의 '현관'이다.

삼박자 구원이란 무엇을 말하는가? 나는 이 대답을 드리기에 앞서 여러분을 '삼박자 구원'이라는 축복의 집 현관으로 모시겠습니다. 이 현관은 바로 '좋으신 하나님'이십니다. 삼박자 구원에 이르기 전에 우리가 먼저 뵈어야 할 분은 '좋으신 하나님'입니다. 좋으신 하나님에 대한

48) 조용기, 『희망목회 45년』, 184.
49) 조용기, 『현대인을 위한 오중복음 이야기』, 19.

확신이 우리 마음 깊이 사무쳐야 합니다. 오늘날 수많은 사람이 하나님께서 좋으신 하나님이라는 사실에 대해 확신을 하지 못하고 있습니다. 막연하게 공포의 하나님, 우리를 협박하시는 하나님, 좋은 것을 빼앗아 가시는 하나님, 그렇지 않으면 현재의 나와는 아무 상관도 없는 하나님으로 대단히 잘못 알고 있습니다.[50]

2005년 영산의 '좋으신 하나님' 신학 주제로 열린 영산국제신학심포지엄

하나님이 왜 좋으신 분인가?

조용기 목사는 하나님이 좋으신 하나님이신 이유를 다음 세 가지로 설명했다.[51]

첫째, 하나님은 창조주이시므로 좋으신 하나님이 되신다. 하나님은

50) 조용기, 『삼박자 구원』 (서울: 서울서적, 1997), 19-20.
51) 조용기, 『새벽의 명상』 (서울: 영산출판사, 1976), 177-179.

혼돈하고 공허하며 어두운 가운데서 보시기에 좋은 피조물들을 창조하셨다. 나아가 하나님은 천지를 창조하실 때부터 인간에게 복을 주시기를 원하셨다. 인간 창조 전에 하나님은 인간을 위한 모든 좋은 환경을 먼저 만들어놓으셨고 인간이 그 속에서 행복하게 살기를 원하셨다.

둘째, 하나님은 구원을 베푸시는 분이시기 때문에 좋으신 하나님이 되신다. 인간은 불순종의 죄를 짓고 영원히 죽을 수밖에 없는 존재가 되었지만, 하나님은 우리를 구원하시기 위하여 사랑하는 독생자 예수님을 우리에게 보내주셨다. 하나님은 예수님을 보내주셔서 죄와 저주의 문제를 해결하시면서 원래 주기 원하셨던 복을 허락해 주셨다. 이 복은 단순히 영혼의 복에만 그치지 않고 육신의 건강과 풍성한 물질적인 복까지 포함한다. 하나님은 인간의 필요를 아시고 채워주시기 때문이다.

셋째, 하나님은 우리와 함께하시는 분이시기에 좋으신 하나님이시다. 하나님은 저 멀리 계신 분이 아니라 우리 가까이 계시는 분이시다. 조용기 목사의 표현을 빌리면 하나님은 '우리의 마음에 거하시는 분'이시다. 고린도전서 3장 16절, "너희는 너희가 하나님의 성전인 것과 하나님의 성령이 너희 안에 계시는 것을 알지 못하느냐"라는 말씀을 풀이하면서 조용기 목사는 다음과 같이 설교했다.

하나님께서는 우리 마음속에 거하십니다. 그의 주소는 예수님의 보혈로 정결함을 입은 모든 믿는 사람들의 마음이며, 우리들 속에 하나님의 모든 힘과 권능과 자원으로 거하십니다. 그분의 주소는 바로 여러분의 주소입니다. 하나님께서는 구만리장천에 계시지 않습니다. 하나님께서는 2천 년 전에만 계신 하나님이 아니십니다. 그분은 장차의 하나님만 이 아니십니다. 하나님께서는 지금 여러분 안에 거하시는 현재의 하나님이십니다.[52)]

좋으신 하나님은 지금 우리 안에 거하시고 다양한 방법으로 우리 삶 속에 역사하시며, 우리의 근원적, 현실적인 문제들을 해결하시고, 우리의 병을 치료하시며, 우리의 환경과 운명을 변화시켜 주신다.[53)] 조용기 목사의 좋으신 하나님은 장차 천국에서 만날 하나님이실 뿐만 아니라 현재 이 땅에서도 역사하시는 하나님이시다. 그렇기에 그는 성도들에게 하나님에 관한 생각을 바꾸고 좋으신 하나님에 대한 신앙을 고백하라고 강력하게 설파했다.

당신의 생각을 바꾸십시오. 하나님을 좋으신 하나님으로 보기 시작하십시오. 그분을 찬양하고 그분에게 나는 당신을 사랑합니다. 당신은 좋으신 하나님이십니다. 그리고 하나님은 내가 내 인생에서 행복해지기를 원하신다고 고백하십시오.[54)]

좋으신 하나님께 구하라

조용기 목사의 '좋으신 하나님 신앙'은 철저하게 하나님의 주권을 인정하는 신앙이다. 이영훈 목사는 조용기 목사의 좋으신 하나님 신앙이

52) 조용기, 『삼박자 구원』, 177-178.
53) 조용기, 『순복음의 진리(上)』 (서울: 서울서적, 1979), 97.
54) 조용기, 『희망목회 45년』, 184.

"고전적 오순절 신학과 은사주의 신학을 폭넓게 수용"하고 있으며, 나아가 하나님의 주권과 예정을 강조한다는 면에서 "바울 신학의 예정론적 입장을 진폭적으로 수용"한다고 보았다.[55]

> 하나님께서는 그의 성도들을 미리 정하고 미리 택하셨는데, 이것은 그 기쁘신 뜻을 따라 하신 것입니다. 그러므로 하나님의 예정과 선택에 의해 구원함을 받은 성도들은 하나님께서 모두 기뻐하시는 자들입니다. … 우리 하나님은 우리에게 구원의 예정과 선택을 해주시고, 우리의 모든 필요를 공급해 주시고 우리에게 영원한 천국을 상속으로 주실 참으로 좋으신 하나님이십니다. 바울은 이 좋으신 하나님께서 그 기쁘신 뜻대로 우리를 예정해 주셨다고 말하고 있습니다.[56]

하나님은 온 세상을 다스리시고 인간의 생사화복을 주관하시는 절대 주권을 가지신 분이신데, 그 통치 원리가 하나님의 선하신 속성에 근거한다는 것이다. 하나님은 그의 선하신 뜻에 따라 우리를 예정하시고 부르시고 구원하시고 통치하신다.

조용기 목사는 특히 로마서 8장 28절 말씀을 근거로 좋으신 하나님에 대한 믿음을 강조했다. 다시 말해, 하나님은 모든 것이 합력하여 선을 이루게 하시는 분이시기 때문에 좋은 것은 좋아서 좋고, 나쁜 것은 하나님이 결국 좋게 만드실 것이기에 우리는 절대 긍정의 믿음을 가져야 한다

55) 이영훈, "영산 조용기 목사의 '좋으신 하나님 신앙'이 한국 교회에 미친 영향", 235.
56) 조용기, 『에베소서 강해』 (서울: 서울말씀사, 1997), 20.

는 것이다.[57] 모든 고난과 축복은 궁극적으로 하나님의 선한 뜻을 이루는 통로이다. 따라서 고난도 좋으신 하나님 안에서는 축복이 될 수 있다.

> 하나님을 믿고 따르려면 무엇보다도 믿음이 필요합니다. 믿음 외에는 하나님을 기쁘시게 할 다른 무엇이 없다는 말씀입니다. 그러므로 우리는 '하나님은 살아 계시고, 하나님을 간절히 찾는 자에게 상을 주시는 좋으신 하나님'이라는 사실을 마음속에 확실히 믿어야 합니다. 우리는 하나님께서 우리의 삶을 위해서 모든 것을 미리 작정하시고 예비해 놓으신 좋으신 하나님이라는 것을 믿어야 합니다.[58]

또한 그는 기도에 관해 설교할 때 마태복음 7장 9-11절을 자주 인용했는데, 여기에도 그의 좋으신 하나님 신앙이 나타난다.

> "너희 중에 누가 아들이 떡을 달라 하는데 돌을 주며 생선을 달라 하는데 뱀을 줄 사람이 있겠느냐 너희가 악한 자라도 좋은 것으로 자식에게 줄 줄 알거든 하물며 하늘에 계신 너희 아버지께서 구하는 자에게 좋은 것으로 주시지 않겠느냐"(마 7:9-11)

그는 하나님께 복을 간구할 수 있는 근거가 좋으신 하나님 신앙에 있다고 보았다. 아무리 악한 사람이라도 자기 자녀에게 좋은 것을 주기 마련인데, 하물며 좋으신 하나님이 사랑하는 그의 자녀가 기도할 때 좋은

---

57) 조용기, 『삼박자 구원』, 28.
58) 조용기, 『하나님의 손에 상처입은 사람』 (서울: 서울말씀사, 2002), 177.

것으로 응답해주시지 않겠냐는 것이다. 그러므로 삶의 현실이 어렵다고 해도 절대주권을 가지신 좋으신 하나님께 나아가 기도하면 하나님은 가장 적합한 것, 즉 가난한 자에게는 축복을, 아픈 자에게는 치료를, 두려움과 불안으로 떠는 자에게는 평안을 주실 것이다. 우리가 구하고 생각하는 것 이상으로 더 좋은 것을 주실 것이다(엡 3:20).

조용기 목사가 전한 이와 같은 좋으신 하나님 신앙은 가난과 질병으로 고통당하는 성도들에게 큰 위로와 희망을 주었고, 여의도순복음교회의 부흥과 성장을 이끄는 신학적인 원동력이 되었을 뿐만 아니라 국내외 기독교의 영향력 있는 지도자가 될 수 있게 했다.

4. 할 수 있다. 하면 된다. 해보자!

2000년대 초반에 '긍정'이라는 말이 전 세계를 휩쓸었던 때가 있었다. 조엘 오스틴 목사의 저서 『긍정의 힘』(*Your Best Life Now*)이 세계적인 베스트셀러가 되어 큰 반향을 일으켰기 때문이다. 오스틴 목사는 성도 수 5만 명이 넘는 미국 휴스턴 레이크우드 교회의 담임목사다. 그는 이 책에서 삶의 부정적인 면을 보지 말고 긍정적인 면에 시선을 고정하라고 말한다. 그렇게 하면 실제의 삶이 긍정적인 방향으로 흘러가게 되는데, 그것이 바로 '긍정의 힘'이라는 것이다. 그의 이러한 주장은 번영신앙을 부추긴 반쪽짜리 복음이라는 비판에 부딪히기도 했다. 하지만 그가 강조한 '긍정의 힘'은 많은 사람에게 꿈과 희망을 심어주었다.

'긍정'은 희망 신학과 함께 조용기 목사의 신학적, 목회적 색깔을 잘 표현하는 말이다. 이영훈 목사 역시 조용기 목사의 신학적 유산이 '절대 긍정'의 믿음에 있다고 평가했다. 그렇다면 조용기 목사가 강조한 긍정이란 무엇인가? 그 신학적 근거와 내용과 영향에 대해 살펴보자.

긍정은 긍정을 부른다

조용기 목사가 설교나 강연을 할 때 즐겨 인용하던 성경 구절이 있다. "할 수 있거든이 무슨 말이냐 믿는 자에게는 능히 하지 못할 일이 없느니라"(막 9:23). "내게 능력 주시는 자 안에서 내가 모든 것을 할 수 있느니라"(빌 4:13). 그는 이와 같은 성경 구절들을 근거로 하나님 안에서라면 무엇이든 가능하다는 '절대 긍정'의 신앙을 강조했다. 그리고 이 같은 긍정의 신앙을 잘 보여주는 말이 바로 "할 수 있다. 하면 된다. 해보자!"이다.

그는 이 말을 마치 구호처럼 사용하여 성도들에게 따라 말하라고 독려했다. 여의도순복음교회의 대성전에서는 만여 명의 성도들이 주먹을 쥐고 "할 수 있다. 하면 된다. 해보자!"라고 외치는 소리가 크게 울려 퍼지곤 했다. 이처럼 조용기 목사는 긍정의 신학을 이론으로 설명하지 않았다. 성도들이 직접 긍정의 말을 외치게 함으로써 그들의 마음속에 긍정의 힘을 불어넣고자 했다. 나아가 그는 긍정의 힘을 '무리의 법칙'으로 설명하면서 일상생활에서 적극적으로 활용해야 함을 강조했다.

긍정적인 생각으로 긍정적인 말을 하느냐, 부정적인 생각으로 부정적인 말을 하느냐 하는 작은 차이가 우리 인생을 180도로 완전히 달리 만들어 놓습니다. 긍정적인 생각을 하고 긍정적인 말을 하는 사람에게는 긍정적인 환경이 다가오는 것입니다. 부정적인 생각을 하고 부정적인 말을 하는 사람은 부정적인 것이 무리지어 나타나는 것입니다. 무리의 법칙입니다. 우리 주위에 일어나는 것은 무리의 법칙에 영향을 받습니다. 내 생각이 그 무리의 법칙에 따라서 똑같은 환경을 끌어당기는 것입니다. 내 소원과 꿈이 그 소원과 꿈대로 환경을 끌어당겨서 그렇게 만드는 것입니다.[59)]

무리의 법칙은 다른 말로 하면 같은 습성을 가진 것들끼리 모이는 것을 의미한다. 우리 주위를 둘러보면 이 무리의 법칙의 예를 종종 보게 된다. 술을 좋아하는 사람은 술을 좋아하는 사람들과 친하게 지내고, 게임을 좋아하는 사람은 게임을 좋아하는 사람들과 어울린다. 밝은 사람의 주위에는 밝은 사람들이 있다. 남의 흉을 자주 보는 사람 곁에는 남의 뒷담화를 좋아하는 사람들이 모인다. 마찬가지로 긍정은 긍정을 불러오고, 부정은 부정을 불러온다는 것이다. 그렇기에 긍정의 생각, 긍정의 말은 긍정적인 환경을 만들고 긍정적인 인생을 불러온다.

조용기 목사는 이 같은 긍정의 힘을 자신이 먼저 경험했다고 간증했다. 자신의 목회에서도 긍정의 생각이 긍정적인 결과로 나타났다는 것이다. 다시 말해, 그의 목회 성공 역시 '할 수 있다. 하면 된다. 해보자.'라는 생각에서 시작되었다.

---

59) 조용기, "나를 다스리는 힘", 여의도순복음교회 주일예배 설교 (2010. 07. 11).

> 목회를 하면서 '목회가 안 된다.'라고 생각해 본 적이 없습니다. '교회는 성장하고 성도는 모여오고 기적은 일어난다.'라고 생각했습니다. 부정적이고 절망적인 생각이 조금이라도 비집고 들어오면 즉각 대항했습니다. 합력해서 선을 이루시는 하나님을 고백하고 긍정적인 생각으로 바꿨습니다. 이렇게 저의 4차원 세계 속에 입력된 올바른 메시지는 3차원으로 전달되어 생각이 바뀌고 자신감이 생겨 힘 있는 목회를 할 수 있었습니다.[60]

우리는 자기도 모르는 사이에 부정적인 생각, 부정적인 말을 할 때가 있다. 그러나 세상 사람들은 어쩔 수 없다고 하더라도 하나님을 믿는 그리스도인들은 그러해서는 안 된다는 게 조용기 목사의 지론이다.

하나님께 뿌리내린 긍정의 신앙

조용기 목사가 강조한 긍정의 신앙과 사람들이 일반적으로 말하는 긍정적 사고는 근본적인 차이가 있다. 긍정심리학에서 말하는 일반적인 긍정적 사고는 자기 통제 혹은 자기 의지에서 기인한다. 자신의 현실을 분석하고 자아를 탐구하여 관점과 의사소통의 방법 등을 변화시킴으로써 긍정적 사고를 얻으려는 것이다.

반면 조용기 목사의 긍정 신앙은 인간적인 것에서 출발하지 않는다. 인간의 의지나 결단, 능력에 기인한 긍정의 힘이 아니다. 앞에서 말

60) 조용기, 『3차원의 인생을 지배하는 4차원의 영성』, 68-69.

한 것처럼 그는 좋으신 하나님에 대한 믿음에 근거하여 긍정을 이야기한다. “내게 능력 주시는 자 안에서 내가 모든 것을 할 수 있느니라”(빌 4:13)라는 말씀에 근거하여 “할 수 있다. 하면 된다. 해보자!”라고 외치는 것이다.

또한 그가 말하는 긍정의 힘은 단지 절망적인 상황을 극복하는 데 목적을 두지 않는다. 인생의 성공과 행복을 위한 것만이 아니다. 그의 긍정은 신앙의 표현이다. 합력하여 선을 이루시는 하나님에 대한 믿음의 실천이다. 다시 말하면, 하나님을 믿는 자는 하나님의 살아계심을 드러내기 위해서라도 긍정적인 삶을 살아야 한다는 것이다. 하나님의 역사를 믿는 자가 어찌 부정적인 생각, 부정적인 말을 할 수 있냐는 말이다.

고난조차 하나님의 축복으로 나아가는 하나의 과정이라고 생각하는 것이 긍정의 신앙이다. 그렇기에 당장 파산한 사람도 조용기 목사의 설교를 듣고 나면 가슴이 뜨거워지면서 다시 한번 주먹을 불끈 쥐고 일어날 힘을 얻었다. 그리고 조용기 목사가 전한 절대 긍정의 신앙을 바탕으로 여의도순복음교회는 세계 최대의 교회로 성장하게 되었다.

긍정의 힘이 나라를 바꾸다

조용기 목사의 긍정 신앙은 사람들의 사고 전환을 이끌었다. 당시 한국 사회 안에서 부(富)는 힘없고 배운 것 없는 사람의 것이 아니라는 비관적 사고, 팔자대로 살아야 한다는 자포자기식의 운명주의적 사고가 지배적이었다. 이러한 분위기에서 대부분의 한국교회는 미래적, 종말적 구원만을 강조했고, 현재 삶의 변화와 구원으로 이어지지 못했다. 현재의 희망, 가까운 미래의 희망을 이야기하기에는 현실이 너무도 절망적이었기 때문이다.

하지만 조용기 목사는 6·25의 전쟁 폐허 속에서 희망을 잃고 실의에 빠져 살던 사람들에게 예수의 십자가 부활 신앙을 전하며 희망의 메시지를 전파했다. 대부분의 사람들이 "안 된다. 어렵다. 힘들다."라고 부정적으로 말할 때, 그는 "할 수 있다. 하면 된다. 해보자."라고 외치면서 가난과 절망에 빠진 사람들을 일으켜 세우고 격려한 것이다. 그렇기에 그가 전한 긍정의 메시지는 가난과 질병 속에 있던 많은 이들이 가난의 굴레를 벗고 경제가 발전하는 데 크게 기여했다.

특히 1970년 4월 시작된 새마을운동과 관련된 에피소드는 그 대표적인 예라고 할 수 있다. 해외선교를 하면서, 선진국이 대체로 기독교 국가임을 알게 된 조용기 목사는 한국도 기독교 국가가 되면, 또 세계를 선교하는 나라가 되면 부강하게 될 것이라는 희망을 가졌다.[61] 그러던 중 당시 고 박정희 대통령의 요청으로 청와대를 방문한 조용기 목사는 우리나라가 선진국이 되기 위해서는 무엇보다도 국민의 생각과 마음을 긍정적으로 변화시켜야 함을 역설했다. 이때 조 목사가 제안한 것이 '새마음운동'이다. 박 대통령은 조용기 목사의 자문을 통해 아이디어를 얻고 본격적으로 '새마을운동'을 전개했다.

---

61) 조용기, 『삶과 사색』 (서울: 서울서적, 1981), 58-59.

새마을운동의 결과는 누구나 다 알고 있다. 한국은 폭발적인 경제 성장을 이루었고, 일명 '한강의 기적'을 일으켰다는 평가를 받았다. 그렇다면 오늘날 한국이 선진국으로 발돋움할 수 있었던 원동력 중 하나가 조용기 목사의 긍정의 신학이라고 할 수 있을 것이다.[62)]

1976년 장차관급 새마을교육 훈련에서

5. 저 하늘에 소망을 두고 살다

성경에서 말하는 하나님 나라는 현재와 미래, 다른 말로 하면 '이미'(already)와 '아직 아니'(not yet)라는 두 가지 속성을 지니고 있다. 복음서를 보면 예수님은 이 땅에 오셔서 귀신을 쫓아내시고 병을 치료하시며 하나님 나라가 임하셨음을 선포하셨다(마 12:28). 그러나 예수님의 초림을 통해 임한 하나님 나라는 아직 완성되지 못한 상태이다. 예수님이 다시 오실 때 비로소 하나님 나라는 완성될 것이다. 따라서 예수 그리스도를 구주로 믿는 성도들은 천국을 소망하며 주님 다시 오실 때까지 인내하며 기다려야 한다. 이것이 '이미 임한 하나님 나라'와 '아직 완성되지 않은 하나님 나라' 사이에서 살고 있는 성도들의 삶이다.

62) "이영훈, '할 수 있다, 하면 된다, 해보자'는 조용기 목사 신앙 이어갈 것", 서울경제 (2021. 09. 15).

조용기 목사는 이러한 성경의 가르침을 그대로 받아들여서 장차 종말론적으로 이루어질 하나님 나라와 지금 이 땅에 임하는 하나님 나라, 이 두 가지 측면을 균형 있게 받아들였고 전자를 '천국의 본점'으로 후자를 '천국의 지점'으로 표현하기도 했다.[63] 따라서 그의 하나님 나라 이해를 온전히 알기 위해서는 이 두 가지 측면을 모두 살펴봐야 한다.

이 땅에 임한 하나님 나라

조용기 목사는 하나님 나라를 죽어서 가는 천국이나 예수님이 재림하시는 종말로만 여기지 말고, 지금 우리가 체험할 수 있는 하나님 나라로 생각해야 한다고 말했다. 그의 설교에는 이 땅에서 이뤄지는 현재적 하나님 나라에 대한 강조가 잘 나타난다.

> 통상적으로 우리들은 천국이라고 말하면 의례히 우리가 죽어서 장차 올라갈 천국이라든지 그렇지 않으면 훗날에 이 땅에 그리스도와 함께 강림할 곳이라고 생각하고 있습니다. 그러나 예수님께서 누누이 "회개하라 천국이 가까이 왔다." 그렇게 말씀하십니다. … 그리스도의 말씀을 종합해서 보면 천국은 구만리장천 멀리 있는 곳이 아니라 바로 우리 가운데 있으며 우리가 시시각각으로 체험하고 사는 그런 천국이란 것을 보여주고 있는 것입니다.[64]

63) 조용기, 『쓸모 있는 사람과 쓸모 없는 사람』 (서울: 서울서적, 1990), 18.
64) 조용기, "천국을 가지신 분 예수", 여의도순복음교회 주일예배 설교 (1995. 10. 01).

예수님은 이 땅에서 천국 복음을 전하셨을 뿐만 아니라 친히 천국을 보여주셨다. "내가 만일 하나님의 손을 힘입어 귀신을 쫓아낸다면 하나님의 나라가 이미 너희에게 임하였느니라"(눅 11:20)라고 말씀하신 대로 부인할 수 없는 명백한 기사와 이적을 보여주심으로써 하나님 나라가 '이미' 임했음을 증명하셨다.

조용기 목사는 예수님의 사역으로부터 시작된 하나님 나라의 임재에 대해 분명하게 인식하고 있었기에, 오늘날에도 예수 그리스도 안에서 죄, 질병, 저주, 고통의 문제가 해결되는 하나님 나라를 체험할 수 있다고 주장했다. 그의 표현대로 천국은 "저 멀리 구만리장천에 있는 것"이 아니라 "우리 가운데" 있으며, 성도들에게 나타난 삶의 변화가 현재적 하나님 나라의 증거이다.[65]

조용기 목사는 기독론적 관점에서 한 걸음 더 나아가 성령론적인 관점으로도 하나님 나라를 해석했다. 그는 현재적 하나님 나라가 다름 아닌 성령을 통해 성도들의 마음에 임한다고 본 것이다(롬 14:17). 성령을 통해 우리의 마음에 하나님의 나라가 임하면 영의 병, 마음의 병, 육신의 병이 물러가고, 아브라함의 복이 임하여서 부요한 삶을 영위할 수 있게 된다. 성령을 체험하고 성령을 통해 마음의 하나님 나라를 누리는 성도는 이를 다른 사람에게도 전하게 되므로 하나님 나라는 이 증인들을 통해 계속해서 확장되는 것이다.

---

65) 조용기, "천국의 메신저", 『조용기 목사 설교전집』 제12권 (서울: 서울말씀사, 1996), 234.

2018년 11월 15일 추수감사 특별새벽기도회

또한 하나님 나라가 마음에 임한 사람들이 모이는 장소는 교회다. 그래서 교회는 이 땅에 심은 하나님 나라이며 천국의 지점이다.[66] 조용기 목사는 교회의 개념을 통해서도 하나님 나라의 현재성을 강조했다.

> 하나님의 아들의 나라를 다른 곳에서 찾으려고 해서는 안 됩니다. 예수님을 구주로 모신 사람들의 마음속에서 이루어지는 것입니다. … 따라서 우리 한 사람 한 사람의 마음이 바로 하나님의 나라요, 우리가 모여서 예배드리는 이 교회가 바로 하나님의 나라인 것입니다.[67]

2008년 '조용기 목사의 하나님 나라 이해'라는 주제로 영산국제신학심포지엄이 개최되었는데, 이때 "조용기 목사는 한국교회가 전통적으

66) 조용기, 『구역예배공과 5』 (서울: 서울말씀사, 2005), 147.
67) 조용기, "천국은 어떤 곳인가?", 『조용기 목사 설교전집』 제19권 (서울: 서울말씀사, 1996), 336-337.

로 미래에 임할 종말론적 하나님 나라에 치우쳐 있음을 비판하며 이미 실현된 하나님 나라의 영적 실재를 강조했다."라는 평가가 내려졌다.[68] 미래적 하나님 나라로 치우친 한국의 목회적 상황 속에서 하나님 나라에 대한 균형 있는 이해를 위해 그가 현재적인 하나님 나라의 임재를 강조하게 되었다는 것이다. 한쪽으로 기울어진 저울의 수평을 맞추기 위해서는 다른 한쪽에 추를 다는 것은 당연한 일이다. 조용기 목사가 하나님 나라의 현재성을 강조한 것은 그의 하나님 나라 이해 자체가 한쪽으로 치우쳤기 때문이 아니라, 시대적 필요에 의한 선택이었다. 나아가 한국교회 전체를 위한 하나님의 계획하심이라고도 볼 수 있다.

미래에 완성될 하나님 나라

동시에 조용기 목사는 부활, 재림 등 장차 다가올 종말론적인 일에 대해서도 자주 설교했다. 예를 들어 누가복음 16장에 나오는 부자와 거지 나사로의 이야기를 들어 "사후의 삶", "이 지구를 떠날 때에 나는 어디로 가야 하나" 등의 제목으로 설교하면서 사람이 반드시 죽는다는 것, 사후 세계가 있다는 것, 그리고 이 세상은 천국의 삶을 준비하는 과정임을 강조했다.[69]

또 요한계시록 21장 1-7절 말씀으로 "천국은 어떤 곳인가?"라는 제목으로 설교했을 때는 하나님 나라의 구체적인 실현을 설명하기도 했다.

---

68) "조용기 목사는 하나님 나라를 탁월하게 다룬 분", 뉴스앤조이, (2008. 05. 16).
69) 조용기, "천국은 어떤 곳인가?", 341-343.

그의 설명에 의하면 예수님이 큰 나팔 소리와 함께 재림하시면 먼저 주님 안에서 죽은 사람들이 부활하여 성도들과 함께 공중으로 휴거된다. 또한 백보좌 심판 후에는 예수님을 따르는 백성들은 영원무궁한 천국인 새 하늘과 새 땅에 들어간다. 그곳은 더 이상 죽음과 애통과 저주가 없는 곳이다. 그곳에서 성도는 약한 몸이 강한 몸으로, 육의 몸이 신령한 몸으로, 추한 몸이 영화로운 몸으로 변화되어 예수님과 함께 영원히 살게 된다. 이것이 바로 우리가 궁극적으로 가져야 할 천국 소망이다.[70]

종말에 대한 이와 같은 설교를 통해 조용기 목사는 성도들에게 이 땅에서의 삶이 전부가 아님을 분명히 알고, 깨어 기도하면서 영원한 천국을 바라봐야 한다고 강력하게 말했다. 그가 『다니엘서 강해』에서 "역사는 하나님의 예정에 따라서 진행되며 마지막 날에 메시아를 통하여 영원한 하나님 나라"[71]가 건설될 것이라고 말한 것처럼, 이 세상의 시간은 결국 종말론적 하나님 나라의 완성을 향해 흘러가고 있기 때문이다.

조용기 목사는 2020년 7월 19일에 '예수님과 강도'라는 제목으로 생애 마지막 설교를 했다. 그는 마치 이 설교가 자신의 마지막 설교가 될 것을 예감한 것처럼 인생의 끝에 관해 이야기하면서, 사람의 일생 중 가장 중요한 일은 예수님을 믿고 구원받는 것임을 강조했다.

우리의 인생에는 끝이 있습니다. 누구든지 이 땅에서의 삶이 끝나면,

70) Ibid.
71) 조용기, 『다니엘서 강해』 (서울: 서울말씀사, 2001), 154-157.

하나님의 심판대 앞에 서야 되는 것입니다. 그러므로 이 세상 살 동안 가장 중요한 것은 예수님을 믿고 구원받는 것입니다. 그리고 예수님을 믿는 우리들은 일생동안 예수님을 잘 믿고 섬겨야 되는 것입니다. … 그날이 언제일지 모르는 것입니다. 누구에게나 죽음의 순간이 다가오고 하나님의 심판대 앞에 서야 되는 것입니다. 사후 세계의 현실을 우리는 분명히 알아야 합니다.[72)]

조용기 목사는 늘 인생의 끝을 생각하는 목회자였다. 그렇기에 그가 아무리 현재 삶에서의 복을 강조했다고 해도 천국과 재림에 관한 종말론적 신앙을 간과했다고 볼 수는 없다. 그가 강조하는 현재의 축복은 언제나 미래의 종말론적 소망과 맞닿아있기 때문이다. 기독교 신앙 안에서는 궁극적인 천국의 소망 없이는 그 어떤 희망도 참된 희망이 될 수 없다. 이 사실을 누구보다 잘 아는 사람이 조용기 목사였다.

---

72) 조용기, "예수님과 강도", 여의도순복음교회 주일예배 설교 (2020. 07. 19).

1. '순'복음이 뭔가요?

순복음(Full Gospel)의 유래 | 순수한 복음, 충만한 복음

2. 나는 십자가 위에 서 있다

순복음 신앙의 중심 | 구원의 시작과 완성

3. 예수님을 만나고 체험하라

내가 만난 예수님 | 체험신앙의 힘

4. 만복의 근원 하나님

축복의 당위성을 되찾다 | 기복신앙이라는 지적에 맞서

5. 나사렛 예수의 이름으로 명하노니

신유, 오늘 우리의 이야기 | 삶의 정황이 만들어낸 신유의 종 |
지구를 밀어내는 믿음으로

3장

십자가에서 십자가로

3장

십자가에서 십자가로

순복음은 철저히 예수 그리스도의 십자가에서 출발합니다. 예수 그리스도 없는 복음은 복음이 아니기 때문입니다.

–『오중복음과 삼중축복』

1. '순'복음이 뭔가요?

"복음과 순복음은 다른가요?", "순복음은 교회 이름 아닌가요?" 비그리스도인은 물론 그리스도인 중에서도 이런 질문을 하는 사람이 많다. 심지어 순복음교회에 출석하는 성도들도 '순복음'이라는 용어의 의미를 모르는 사람이 적지 않다.

순복음(Full Gospel)의 유래

순복음은 영어로 'Full Gospel'이다. 이 용어는 1839년 미국 성결운동가 찰스 피니에 의해 처음 문서화 되었다고 본다. 당시 피니는 많은 그리스도인이 "충만한 복음적 구원"(Full gospel salvation)을 잘 모른다고 했다. 오순절주의 안에서 'Full Gospel'이라는 말을 처음 사용한 사람은 찰스 파함이었다. 그는 자신의 체험과 다른 이들의 간증을 바탕으로 Full Gospel이란 영혼만 아니라 몸을 위한 것(for soul and body)이며 신유는 복음의 한 부분임을 주장했다. 파함의 가르침은 시무어와 더함에게로 이어졌다. 시무어는 루터, 웨슬리 등에 의해 전해진 부분적인 복음의 시대가 지나고, 이제 성령침례를 통해 Full Gospel의 시대가 임했다고 선포했으며, 더함은 Full Gospel이 그리스도의 완전한 구원을 증거하는 진정한 복음이라고 주장했다. 이들의 생각은 1914년 설립된 미국 하나님의성회 창립총회 의사록에도 반영되었다.[73)]

한국에 오순절신앙을 전한 사람은 메리 럼시 선교사인데, 그가 'Full Gospel'이란 용어를 직접 언급했는지에 대해서는 자료가 남아 있지 않다. 초기에 한국에 온 보수적 복음주의 신앙을 가진 선교사들이 'Full Gospel'을 강조하며 한국어로 번역할 때 '순복음'으로 번역하여 사용했다. 그런데 한국에서 이 용어가 본격적으로 사용된 것은 미국 하나님의성회 선교사들이 내한한 이후의 일로 여겨진다. 보다 구체적으로는 1953년 체스넛 선교사의 'Full Gospel' 발언을 허홍 목사가 '순복음'이라고 통역했던 것으로 추정되며, 교단 내에 현존하는 가장 오래된 기록은 1954년 '순복음신학교'(Full Gospel Bible School)라는 이름의 번역에서 찾을 수 있다.[74)]

73) 이창승, "오순절적 순복음(純福音, Full Gospel)의 기원, 역사와 의미", 『영산신학저널』 Vol. 47 (2019), 222-227.
74) Ibid., 252-255.

순수한 복음, 충만한 복음

순복음은 새로운 이론이나 새로운 복음이 아니다. 접두어 '순'(純)을 붙여 만들어진 '순복음'은 '순수한 복음', '충만한 복음', '완전한 복음'을 뜻하는 말로서, 성령의 감동으로 기록된 하나님의 말씀을 '전부'(Totally), '그대로'(Fully) 받아들이고 믿는다는 의미이다. 이는 19세기 자유주의 신학의 영향으로 성경무오설을 부정하는 등 성경의 권위가 상실되자 성경에 기록된 말씀을 있는 그대로 믿고 받아들이자는 신앙의 표현이기도 하다. 즉, 순복음 신앙은 역사비평과 고등비평에 대항하여 말씀의 권위를 회복하는 운동이며, 성경에 기록된 모든 말씀이 하나님의 계시임을 믿는 신앙운동이다.

조용기 목사에게 성경은 하나님의 말씀 그 자체이다. 따라서 그가 말하는 '순복음'은 복음의 통합적인 이해를 의미한다. 그는 한국의 많은 교회와 성도들이 기독교의 복음을 "부분적으로, 또는 왜곡되게" 이해하고 있다고 지적하면서 그로 인해 "사람들의 문제를 해결해주고, 인생의 상처를 치료해주고, 죽어가는 자를 진정으로 살리는 복음"이 되지 못함을 개탄했다.[75] 예수님이 전한 복음은 영혼의 문제에만 한정되지 않는다. 예수의 복음은 성도들의 삶의 문제까지 모두 해결하는 기쁜 소식이다. 조용기 목사는 예수님이 십자가에서 이루신 구원은 완전한 구원, 다시 말해 '전인구원'으로서 인간의 영·혼·육과 삶의 전 영역을 아우르는 통합적인 성격을 지녔다고 설명했다. 그래서 배고픈 사람에게 먹을 것

---

75) 조용기, 『오중복음과 삼중축복』, 10.

을, 추운 사람에게 입을 것을 주는 것도 복음이라는 것이다.

> 성경 마태복음 7장 9절부터 11절까지에 보면 "너희 중에 누가 아들이 떡을 달라 하는데 돌을 주며 생선을 달라 하는데 뱀을 줄 사람이 있겠느냐 너희가 악한 자라도 좋은 것으로 자식에게 줄 줄 알거든 하물며 하늘에 계신 너희 아버지께서 구하는 자에게 좋은 것으로 주시지 않겠느냐" 라고 주님께서 말씀하셨습니다. 그렇습니다. 배가 고파서 교회에 찾아온 사람들에게 생명의 떡을 주는 복음 - 이것이 바로 순복음입니다.[76)]

나아가 그는 변질되지 않은 복음, 즉 '순수한 복음'으로 돌아가야 한다고 주장했다. 여기서 그가 말하는 '순수한 복음'은 예수 그리스도의 복음을 가리킨다. 하나님의 아들이신 예수님이 인간의 몸을 입고 오셨다는 것, 예수님이 우리를 대신하여 십자가에서 고난받으시고 죽으셨다는 것, 예수님이 죄와 사망의 권세를 이기시고 사흘 만에 부활하셨다는 것, 그래서 예수 그리스도를 통해 우리가 구원받았다는 것 등이 바로 성경에 기록된 복음이다.

조용기 목사는 성경의 모든 이야기가 결국 예수 그리스도로 귀결된다고 강조했다. 구약성경은 오실 예수 그리스도에 대한 예언이며, 신약성경은 그 예언의 성취로서 오신 예수 그리스도에 대한 기록이라는 것이다. 다시 말해 조용기 목사는 신구약 전체가 구세주 예수 그리스도에 대한 기록이며, 예수만이 온 인류의 유일한 희망임을 증거하고 있다고

---

76) Ibid.

확신했다. 그에게 예수는 믿어도 좋고 안 믿어도 좋은 그런 분이 아니다. 인간은 예수를 안 믿으면 결국 죽음이라는 절망을 맞이할 수밖에 없다. 그렇기에 순복음 신앙은 우리를 죽음에서 건지신 사건, 즉 예수 그리스도의 갈보리 십자가 사건에서 출발한다.

2. 나는 십자가 위에 서 있다

기독교의 핵심은 기독론이다. 포스트모던 사상과 종교다원주의적 맥락에서, 또한 이단과 사이비 사상이 만연하는 현 사회에서 기독교의 정통성을 규정하는 핵심적인 내용은 기독론이다. 조용기 목사의 능력 있는 사역과 여의도순복음교회의 놀라운 부흥은 많은 사람의 관심을 불러오기도 했지만, 다른 한편으로 그의 신앙과 신학에 대해 비판적인 사람도 있었다.[77] 하지만 그는 누구보다도 기독교 신앙의 핵심인 십자가 신앙을 강조했던 목회자였다.

순복음 신앙의 중심

조용기 목사가 주창한 순복음의 신앙이 하나님의 말씀을 '전부', '그대로' 믿고 따른다는 의미임을 전제한다면, 그의 목회 신학의 중

77) 대한 예수교 장로회 총회 사이비 이단 문제 상담소는 여의도순복음교회의 신앙운동이 환상이나 신유 같은 것을 지나치게 강조하여 교회의 건전한 풍토를 어지럽게 하고 있으며 광신적인 신앙운동을 유도하고 그것을 복음과 십자가 이상으로 치중함으로 감각적, 미신적인 생활을 유도할 우려가 있는 것으로 거론한 바 있다. 국제신학연구원, 『여의도순복음교회의 신앙과 신학』 I (서울: 서울서적, 1993), 288.

심에 성경의 핵심 주제인 예수 그리스도, 그의 십자가와 부활 사건이 있어야 함은 자명하다. 그는 예수 그리스도의 십자가를 그가 전하는 "복음의 중심이요, 핵이며, 순복음 신앙의 기반이고 출발점"이라고 규정했다.[78]

> 순복음은 철저히 예수 그리스도의 갈보리 십자가 사건에서 출발합니다. 예수 그리스도 없는 복음은 복음이 아닙니다. 구약성경은 오실 예수 그리스도에 대한 예언이요, 신약성경은 그 예언의 성취로서 이 땅에 오신 예수 그리스도의 사역, 곧 십자가에 달리사 모든 인류를 구원하신 일에 대한 기록입니다. 그러므로 우리의 신앙의 근거는 예수 그리스도의 구속의 대속적 은총인 십자가 밑에서 출발해야 합니다.[79]

그래서 '순복음의 7대 신앙'의 첫 항목이 '갈보리 십자가의 신앙'이다. 갈보리 십자가 신앙은 순서상으로 첫 번째에 위치할 뿐 아니라, 다른 여섯 가지 신앙의 근거이기도 하다. 순복음의 7대 신앙의 다음 항목들인 '오순절의 성령충만', '땅 끝까지 전하는 신앙', '좋으신 하나님의 축복', '병을 짊어지신 예수님의 치료', '다시 오실 예수님에 대한 소망', 그리고 '나누며 섬기는 사랑과 봉사의 신앙'은 모두 예수님의 십자가 구원에서 비롯된다. 오중복음의 첫 항목인 '중생의 복음'도 십자가에서 죽으신 예수님을 구주로 믿음으로써 거듭나는 것을 의미한다. 하나님이 베푸시는 '삼중축복' 역시 "흔들리지 않는 십자가의 토대 위에 있는 것"이다.[80] 기

78) 조용기, 『조용기 목사 설교전집』 제1권 (서울: 서울말씀사, 1996), 머리말.
79) 조용기, 『오중복음과 삼중축복』, 10-11.
80) Ibid., 270.

독교의 축복과 소망은 오직 십자가의 구원 사건에 기인하기 때문이다.[81)]

십자가는 신앙의 출발점인 동시에 신앙을 지속시켜 주는 기반이 된다.[82)] 조용기 목사는 많은 그리스도인이 확고한 믿음을 갖지 못하고 방황하고 있는 것은 이러한 십자가 신앙의 기반이 흔들리기 때문이라고 보았다. 그는 십자가 없는 믿음을 모래 위에 세운 집에 비유하면서[83)] 십자가의 은혜와 구원 없이는 기독교 신앙 자체가 성립되지 않는다고 설명했다. 나아가 오늘날의 신앙인들이 십자가 신앙을 배제한 채 아브라함의 복만 받으려고 하는 경향이 있다고 지적하며 이것이 한국교회의 비극이라고 말하기도 했다. 참된 그리스도인이란 십자가 신앙을 가진 자라고 역설할 만큼 그는 십자가 신앙을 강조했다.

2018년 3월 27일 고난주간 특별새벽기도회

81) 조용기, “인자도 들려야 하리니”, 『조용기 목사 설교전집』 제11권 (서울: 서울말씀사, 1996), 136-137.
82) 김호성, “영산의 십자가 신앙과 신약성서”, 『영산신학저널』 Vol. 20 (2010), 38-39.
83) 조용기, 『보혈의 신비』 (서울: 서울말씀사, 2004), 209-214.

구원의 시작과 완성

십자가는 인간의 실존을 깨닫고 구원의 은혜를 발견하는 통로이기도 하다. 인간은 실존적 불안과 두려움을 해결하기 위해 철학이나 사상, 심지어 샤머니즘과 복술을 의지하기도 하지만, 이러한 방법을 통해서는 인간 내면에 있는 근본적인 불안이 절대 해결되지 않는다. 피조물인 인간은 오직 창조주 하나님 안에서 참된 평안을 찾을 수 있는데, 하나님을 만나는 유일한 통로가 십자가이다. 죄인인 인간이 의로우신 하나님을 만나기 위해서는 예수 그리스도께서 우리를 대신하여 흘리신 십자가의 피가 있어야 하기 때문이다(히 9:22). 지성소의 휘장을 가르는 십자가가 하나님을 만날 수 있는 유일한 장소이다.

십자가를 통하지 않고는 하나님과 우리는 절대로 함께 되지 않습니다. 하나님은 영원히 의로우시고 우리는 영원한 죄인인데 하나님과 우리가 하나 될 수 없습니다. 하나님은 절대 죄를 용납하지 않습니다. 죄에 대한 심판만 있을 것입니다. 그런데 예수님께서 하나님과 우리 사이에 오셔서 심판을 받아서 죄를 다 청산해 버리고 우리와 십자가에서 하나 되게 만들어서 하나님과 사람이 하나가 될 수 있는 곳이 바로 십자가인 것입니다. 십자가를 통하지 아니하고 전지전능, 무소부재하신 하나님과 인생은 하나 될 길이 결코 없는 것입니다.[84)]

조용기 목사는 십자가를 통해 하나님을 만난 사람만이 하나님이 베푸

84) 조용기, "나의 새 생명의 모태 십자가", 여의도순복음교회 주일예배 설교 (2006. 12. 03).

시는 구원의 은혜를 받을 수 있다고 강조했다. 십자가를 통해 죄의 결과인 죽음과 질병, 가난과 저주에서 벗어나 영원한 생명과 치유, 부요와 축복을 누릴 수 있는 것이다. 그의 표현을 빌리면, 십자가는 죄로 말미암아 인간의 영혼과 육체와 환경에 임한 삼중저주를 삼중축복으로 바꾼 것이다. 그렇기에 십자가는 "자랑과 영광의 표상"이며 "승리의 상징"이다.[85)]

또한 조용기 목사는 십자가 구원과 축복을 받은 삶에서 십자가를 지는 삶으로 한 걸음 더 나가야 한다고 주장했다. 즉, 십자가 구원의 은혜를 누리게 된 성도는 육신의 정욕과 안목의 정욕과 이생의 자랑을 십자가에 못 박고, 예수 그리스도의 말씀에 순종하며 복음을 전하는 삶을 살아야 한다는 것이다.[86)] 그래서 그는 복음을 위한 박해를 거부하지 말고, 이웃을 위한 수고와 헌신의 십자가를 져야 한다고 강조했다.

> 우리가 말하는 십자가는 자기의 정과 욕심을 쳐죽이고 자기를 깨뜨려서 참으로 그리스도를 섬기고 주님 중심으로 서게 하는 그런 자기와의 처절한 싸움을 계속하는 이것이요, 또 나아가 주님의 영광을 위해서 그리스도의 복음을 위해서 자기의 모든 일생을 내어놓고 자원해서 스스로 고통을 감수하며 나가는 이런 것들인 것입니다.[87)]

십자가를 지는 삶은 곧 복음을 전하는 삶이기도 하다. 조용기 목사는 "유대인은 표적을 구하고 헬라인은 지혜를 찾으나 우리는 십자가에 못

85) 조용기, "십자가와 부활", 여의도순복음교회 주일예배 설교 (2009. 10. 11).
86) 조용기, "십자가와 믿음", 여의도순복음교회 송구영신예배 설교 (1984. 01. 01).
87) 조용기, "참된 십자가", 여의도순복음교회 주일예배 설교 (1995. 09. 03).

박힌 그리스도를 전하니"(고전 1:22-23)라는 말씀에 근거하여 기독교가 십자가 보혈에 대한 메시지를 증거하지 않으면 형식적인 종교, 즉 죽은 종교로 전락하고 만다고 보았다.[88] 그래서 그 자신도 철저하게 십자가 중심의 메시지를 전했다. 그는 꿈과 희망을 이야기할 때도 "십자가 밑에서" 꿈을 가지라고 말했다.[89] 또한 "희망의 설교 중에 가장 위대한 것은 십자가 설교밖에 없습니다. 십자가를 통하지 않고는 희망을 줄 수 없습니다."라고 강조하기도 했다.[90] 예수 그리스도의 십자가는 그의 "인생의 전부"이자 "설교의 핵심"이었다.[91]

이처럼 조용기 목사의 신학과 그가 전한 메시지는 십자가에서 출발하여 십자가로 향하고 있다. 그리고 그가 일평생 가고자 한 길도 주님이 가신 십자가의 길이다.

3. 예수님을 만나고 체험하라

인생에 있어 만남은 매우 중요하다. 누구를 만나는지에 따라 인생의 방향이 달라지기도 한다. 성경은 예수님을 만나고 변화된 사람들의 이야기로 가득하다. 다양한 환경에서 다양한 성격과 기질을 갖고 태어났지만, 대부분 예수님을 만나서 부서지고 깨어진 사람들이다. 그리고 예

88) 조용기, 『보혈의 신비』, 70.
89) 조용기, "목회와 미래의 설교 방향", 『성령』 제4집 (1988), 155.
90) 조용기, "성령의 역사와 설교", 『성령』 제5집 (1989), 157.
91) 조용기, 『조용기 목사 설교전집』, 머리말.

수님 안에서 다시 회복되어 새로운 삶을 살게 된 사람들이다. 오늘날에도 예수님을 만나 인생이 달라지는 역사는 계속되고 있다. 조용기 목사 역시 예수를 만나고 인생이 완전히 바뀐 사람이다.

내가 만난 예수님

조용기 목사는 신앙에 있어서 '만남'을 중요하게 여겼다. 그러나 그가 말하는 만남은 단순히 길을 가다가 어깨를 스치거나 몇 마디 대화를 나누는 피상적인 만남이 아니다. 그는 "인격의 부딪힘"이 있고 "상호 간에 깊은 영향력과 변화를 가져오는 만남"이 진짜 만남이라고 강조했다.[92) 인간은 이러한 만남을 통해 변화를 경험하게 되는데, 그중 첫 번째 만남이 부모와의 만남이고, 둘째는 스승과 친구들과의 만남이며, 셋째는 부부와의 만남이라고 설명하면서, 이 모든 만남보다 훨씬 더 중요한 네 번째 만남이 있다고 덧붙였다. 그것이 바로 예수님과의 만남이다.

> 모든 만남은 종국적으로 죽음을 통하여 다 사라져 버릴 만남입니다. 사람들이 참으로 삶을 삶답게 살고 가치와 목적을 갖고 살며 영원히 살기 위해서는 제4의 만남이 반드시 있어야만 합니다. 그것이 바로 예수님과의 만남입니다.[93)]

조용기 목사의 인생에서도 귀중한 만남이 많았다. 부모와의 만남, 동

---

92) 조용기, "만남과 변화", 여의도순복음교회 주일예배 설교 (1974. 03. 17).
93) Ibid.

역자인 최자실 목사와의 만남, 그리고 아내 김성혜 총장과의 만남 등이 그의 인생길에서 중요한 역할을 했다. 그러나 그의 인생을 완전히 바꾼 가장 소중한 만남은 예수님과의 만남이었다. "예수쟁이들은 다 미쳤다. 내는 예수고 뭐고 믿지 않는다."라며 복음 전하던 사람을 쫓아내던 그가 예수를 만난 후에는 "예수를 믿으면 구원받고 병도 고침을 받습니다. 저는 폐병 3기의 사형선고를 받았던 사람입니다. 그러나 예수님께서 내 병을 다 고쳐주셨습니다."라고 간증하면서 예수를 전했다.[94)]

기독교인이라고 해도 언제 어떤 상황에서 예수님을 만났는지에 따라 신앙생활의 모습도 조금씩 다르다. 그러나 한 가지 공통점은 예수를 만나 변화된 사람은 예수를 위해 살게 된다는 것이다. 베드로와 사도 바울이 그러했고, 루터나 웨슬리도 그러했다. 그리고 조용기 목사도 그런 삶을 살았다. 그는 예수님을 만난 후 예수 그리스도의 복음을 전하는 일에 몰두했다. 목회 50년, 그리고 은퇴 후 12년 넘게 매주 강단에서 십자가의 복음을 전했고 하나님 품에 안기기까지 그는 자신이 만난 예수님을 전했다.

1968년 5월 심령대부흥성회 포스터를 들고 오티스 키너 목사와 함께

94) 국제신학연구원 편, 『여의도의 목회자』, 195.

체험신앙의 힘

예수를 만나고 성령의 역사를 통해 살아계신 하나님을 체험한 조용기 목사는 늘 성도들에게 신앙 체험을 강조했다. 그는 많은 사람이 하나님에 대한 체험이 없기에 확신 있는 신앙생활을 하지 못한다고 여겼다. 그래서 신앙은 체험하는 것이 중요하다고 역설했다.

> 신앙이란 이론적, 형식적, 이성적 3차원의 세계를 의지하여 말하는 철학이 아닙니다. 제아무리 그 어떤 이론을 개발해도 살아서 체험할 수 있는 은혜가 아니고서는 믿을 수가 없습니다. 고로 신앙이 체험에 뿌리를 두고 가슴에 뿌리를 내려야 … 되는 … 것입니다. 맛있는 요리를 앞에 두고 그 맛에 대해 아무리 설명을 해도 먹어보지 않고는 그 맛이 진실로 어떤 것인지 알 수가 없습니다. 아무리 멋진 풍경을 그림으로 그려놔도 실제로 가서 보는 것에 비교할 수가 없습니다. 신앙도 마찬가지입니다. 하나님에 대해서 이론적인 설명을 아무리 듣는다고 해도 하나님을 직접 만나는 것과는 비교할 수 없습니다. 아무리 기막힌 신앙의 이야기를 한다 해도 체험해보는 것보다 못합니다. 신앙은 체험해보는 것이 중요한 것입니다.[95)]

조용기 목사가 강조한 체험은 개인의 영적 풍성함의 차원을 넘어 능력 있는 복음 전도자가 되는 동력을 제공한다. 누구나 자신이 체험한 것을 더 자신 있게, 더 분명하게 전할 수 있기 때문이다. 체험이 없는 신앙

95) 조용기, "체험하는 복음", 여의도순복음교회 주일예배 설교 (2017. 08. 13).

은 약하다. "누가 그랬다더라."라는 식의 말은 진정성이 느껴지지 않는다. 다른 사람이 예수님을 만나 경험을 전달하는 것이 아니라, 내가 만난 예수님을 전할 때 그 말에 힘이 있다. 그렇기에 우리는 체험을 통해 보이지 않으시는 하나님을 증거해야 한다.

> 하나님은 눈으로 볼 수 없는 분이기 때문에 인간의 힘으로는 그분의 존재를 증명할 수 없습니다. 우리는 하나님을 증거하는 주의 일꾼으로 부르심을 입었습니다. 그런데 그 모습을 본 적도 없고 그 음성을 직접 들은 적도 없는 하나님을 증거하자니 참으로 어려운 일입니다. 아무도 가본 적이 없는 천국을 증거해야 하므로 이 또한 힘이 듭니다. 따라서 우리는 체험을 가지고 하나님과 천국을 증거할 수밖에 없습니다. 체험보다 더 큰 역사는 없습니다.[96)]

조용기 목사가 신앙의 체험을 강조했다고 해서 모든 체험을 지지했다는 의미는 아니다. 한때 한국교회가 은사주의 집회로 몸살을 앓은 적이 있었다. 손을 뻗기만 해도 사람이 쓰러지고, 이빨이 금니로 변하거나 금가루가 떨어지는 현상을 보고 많은 성도가 미혹되었다. 하지만 기독교 체험의 근거는 오직 성경이어야 한다. 아무리 신비한 체험이라고 해도 성경 말씀에 비추어 분별되어야 한다.[97)] 조용기 목사는 성경에 근거한 체험적인 신앙을 강조했고, 이를 통해 한국교회의 말씀과 기도운동에 역동성을 주었다고 평가받는다.

---

96) 조용기, 『설교는 나의 인생』 (서울: 서울말씀사, 2005), 88.
97) Ibid., 98-100.

여의도순복음교회에 와서 예수님을 만나고 성령체험을 한 성도들에게 전도는 자연스러운 일이었다. 사마리아 여인이 우물가에서 예수님을 만난 후에 마을로 달려가 "와서 보라"(요 4:29)라고 말했던 것처럼, 그들은 "일단 와 봐."라고 말했고 그 말을 듣고 여의도순복음교회에 온 사람들은 오자마자 성령을 체험하는 일이 허다했다. 이처럼 체험이 전도로 이어지면서 모인 사람들이 결국 수십만 명에 이르렀다. 체험신앙의 힘으로 지금의 여의도순복음교회가 만들어졌다고 말할 수 있을 것이다.

4. 만복의 근원 하나님

조용기 목사의 설교를 여러 번 들어본 사람은 그의 설교의 흐름 가운데 특정한 신학적 주제들이 거의 매번 빠지지 않고 등장한다는 것을 발견할 수 있다. 그것은 아담의 범죄와 타락으로 인한 인류와 세상의 절망적 상황, 그리고 예수 그리스도의 십자가 사건을 통한 구원의 길, 마지막은 하나님이 구원받은 자에게 주시는 '축복'이다. 조용기 목사에게 있어서 구원과 축복은 마치 하나로 연결되어 있는 것처럼 보이기까지 한다. '순복음교회'하면 떠오르는 이미지 중 하나도 축복을 강조하는 교회라는 것이다. 이러한 배경과 근거는 어디에 있을까? 그리고 그것은 온당한 것일까?

축복의 당위성을 되찾다

'축복'이라는 주제는 조용기 목사의 삶과 신학을 관통하는 핵심적인 요소이자 그의 목회 사역의 가장 독창적인 표지였다. "사랑하는 자여 네 영혼이 잘됨 같이 네가 범사에 잘되고 강건하기를 내가 간구하노라" 라는 요한삼서 1장 2절 말씀에 입각한 '삼중축복'의 신학은 조용기 목사가 평생토록 품었던 목회 철학이었다.

나아가 순복음 신앙의 뼈대라고 할 수 있는 오중복음은 중생, 성결, 신유, 재림으로 구성된 성결교의 사중복음에 '축복'이라는 요소를 첨가함으로써 조용기 목사가 체계화한 것이었다. 다시 말해, 오중복음을 이루는 다섯 가지 기둥 가운데 한국적 상황에서 세계 최대의 교회를 이룬 순복음 교회가 강조한 내용이 반영된 부분이 '축복의 복음'이라는 뜻이다.

대조동의 천막교회

조용기 목사가 축복을 강조한 배경에는 그의 개인적 체험, 그리고 한국의 경제·사회적 상황이 깊이 결부되어 있다. 일찍이 폐병으로 시한부 인생을 선고받았던 조용기 목사는 예수 그리스도를 만나 구원과 치료를 경험하고, 자신에게 복된 미래와 꿈을 허락하시는 하나님을 체험한 바 있다. 또한 그는 목회자로서 한국전쟁 이후 절망과 빈곤 속에 놓여있던 사람들을 마주하는 가운데, 가난은 결코 하나님의 뜻이 아님을 확신하게 되었다. 성경을 펼쳐 읽어보아도 구약과 신약 모두는 하나님의 축복에 대한 메시지로 가득한 것을 발견할 수 있었다.[98)]

조용기 목사가 또 하나 발견한 것은 한국교회에 통용되고 있는 하나님에 대한 왜곡된 관점이었다. 많은 교회의 강단에서 하나님이 그저 준엄하고 두려운 심판자처럼 소개되어왔기에 성도들은 하나님께 무언가를 기대하거나 구하는 것 자체를 주저하고 있었다. 하나님에 대한 관점이 축복에 대한 인식에 커다란 영향을 끼친 것이다. 이처럼 가부장적 전통에서 하나님의 절대주권, 엄위하신 하나님을 강조하던 것을 조용기 목사가 '좋으신 하나님' 신앙을 통해 하나님 이해에 대한 근본적 변화를 가져왔다. 조용기 목사는 우리가 만일 하나님께 그 무엇도 기대할 수 없다면 그것만큼 비극적인 것이 없다고 힘주어 말했다.

> 하나님은 좋으신 하나님이십니다. … 기독교 신앙 중에 가장 비극적인 것은 기대가 없는 신앙입니다. 이런 사람들은 마치 탕자 비유에 나오는 맏아들과 같아서, 하나님 아버지를 '염소 새끼 한 마리 주지 않는 아버지'로 생각하고 하나님의 부요에 대한 기대를 저버린 신앙을 가졌으므로, 이러한 사람들에게는 좋으신 하나님, 부요하신 하나님이 임재할 수 없습니다.[99)]

이처럼 조용기 목사는 하나님께 복을 구하는 것이 이상한 게 아니라, 복을 구하지 않는 신앙이 도리어 불완전한 것이라는 인식의 대전환을

98) 홍영기, 『조용기 목사의 영성과 리더십』, 96.
99) 조용기, 『나는 이렇게 설교한다』 (서울: 서울말씀사, 1996), 411.

만들어냈다. 하나님이 만복의 근원이시라고 찬양하는 그리스도인들이 다른 어디에서 복을 구하겠는가?

하나님 아버지는 태초부터 만물과 인간에게 복을 주셨고, 타락한 인류와 세상을 구원하기 위하여 사람과 민족, 나라를 구별하여 택하셨을 때도 언제나 그들에게 복을 주셨다. 그리고 그 축복이 절정을 이룬 곳이 갈보리 언덕의 십자가였다. 아들이신 예수님이 십자가에 못 박히셨을 때, 이 피조 세계에 드리운 가난, 저주, 죽음의 그림자가 십자가에 함께 못 박혀 죽은 것이다. 그러기에 예수님을 구주로 고백하는 사람이 가난을 당연시하거나 하나님의 축복을 기대하지 않는 것은 예수님의 십자가 사역을 무효로 만드는 것과 같았다.

조용기 목사가 한국과 세계교회에 남긴 가장 큰 공적 중 하나는 바로 하나님의 자녀들이 예수 그리스도의 십자가를 힘입어 하나님 앞에서 당당하게 복을 구할 수 있다는 것, 그 축복의 당위성을 찾도록 한 것이라고 말할 수 있다.

"우리 주 예수 그리스도의 은혜를 너희가 알거니와 부요하신 이로서 너희를 위하여 가난하게 되심은 그의 가난함으로 말미암아 너희를 부요하게 하려 하심이라"(고후 8:9)

기복신앙이라는 지적에 맞서

조용기 목사 생전에 그를 끈질기게 따라다녔던 쟁점 중 하나는 그의 설교가 번영신학에 입각하여 기복신앙을 부추기는 것 아니냐는 논란이었다. 만일 물질적인 축복을 신앙의 다른 모든 요소보다 우선적인 것으로 취급하며, 이 땅에서 부를 축적하고 안정과 행복을 누리는 것이 기독교 신앙의 목적이 된다면 이는 분명 그릇된 것이다.

그런데 소위 '번영신학'과 '기복신앙'이라는 용어를 가지고 특정 신학과 신앙의 양상을 비판하기 전에 먼저 확인해야 할 것은, 과연 성경 자체가 번영과 기복이라는 요소를 경시하거나 배제하는가 하는 점이다. 성경은 소유에 집착하거나 물질을 향한 탐욕에 사로잡히는 것을 분명히 경계한다. 돈을 사랑하는 것이 일만 악의 뿌리라는 말씀(딤전 6:10)도 있고, 탐심은 우상 숭배라는 경고(골 3:5)도 있다. 이러한 말씀들을 살펴볼 때 그리스도인들은 물질에 대해 지나친 관심을 두지 않는 게 좋다.

그런데 동시에 성경은 하나님은 복의 근원이시며, 자기 백성들에게 복을 베푸시는 분이심을 분명하게 강조하고 있다. 그리고 그 '복'이란 하나님과 관계하는 사람이 영적으로만 누리는 것이 아니라, 그를 둘러싼 환경 전반, 그리고 물질적, 육체적인 영역에까지 미치는 총체적인 복이다. 하나님이 복을 선별해서 영적인 복은 베푸시고 물질적, 육체적인 복은 배제하신다는 생각 자체가 모순이다. 사랑하는 자녀가 영혼은 건강한데 몸은 비쩍 마른 상태로 있는 모습을 보면서 기뻐할 부모가 어디 있겠는가? 하나님이 만드신 피조 세계가 번성과 풍요 없이 메마른 땅과 야윈 짐승들, 오염된 대기와 바다, 병약한 인간들로 채워져 있는 것이 과연 자연스러운가?

그런데 일부 기독교인들 가운데는 '축복'에 대해 거부 반응을 보이고, 자발적 가난 혹은 청빈의 태도만이 기독교적 가치에 부합한다고 생각하는 이들이 있다. 이는 마치 2세기에 몬타누스파가 등장하여 극단적 성령운동을 한 이후 교회 역사가 '성령' 자체에 대해 언급하기를 주저해온 그림을 떠올리게 만든다. 마찬가지로 번영, 축복 등을 이야기하던 일부 목회자들의 변질과 타락으로 인해 우리 교계 전반에 하나님 안에서 누릴 수 있는 축복 그 자체에 대한 반감이 생겨난 것은 아닐까?

물질적 부요함은 우리가 우선순위를 두어야 할 가치도 아니고 그리스도인들이 추구하는 성공의 목표 또한 더더욱 아니다. 그러나 물질세계를 경시하면서 영적이고 내면적인 신앙만 추구하는 것도 기독교 신앙의 올바른 모습이 아니다. 기독교 복음은 사람의 영, 혼, 육, 그리고 물질세계의 모든 영역을 하나님이 기뻐하시는 모습으로 번성케 하는 것을 추구한다. 그것은 "생육하고 번성하여 땅에 충만하라, 땅을 정복하라"(창 1:28)라고 하신 태초의 명령을 전인적으로 수행해 나가는 과정이다.

조용기 목사는 성경에 흐르는 번영의 주제가 사탄에 의해 잃어버린 것으로서 마땅히 되찾고 회복해야 하는 하나님의 선물임을 분명히 간파했다. 그렇다고 그가 그리스도 안에서 청빈한 삶과 하나님의 특별한 목적과 연결된 가난을 부정했던 것도 아니다. 다만 "목적 없는 가난을 축복으로 받아들여서는" 안 된다고 말했다.[100]

100) Ibid., 412.

한 인터뷰에서 조용기 목사는 그의 목회가 기복신앙으로 비쳐질 수 있지 않겠냐는 질문을 받은 적이 있다. 그때 조용기 목사의 대답은 "복을 구하는 '기복' 자체가 성경이 말하는 것이며, 우리가 이를 피하는 것이 아니라 누리는 목회를 해야 한다."라고 강조했다.[101)]

> 예수님이 전한 근본적인 신앙도 기복신앙이라고 생각합니다. 예수님 사역의 2/3는 병 고치는 사역이셨어요. 예수님은 배고픈 사람들을 먹이셨고, 고난도 극복하게 만드셨습니다. 예수님 자신이 가난을 멸하고 병을 고치고 행복한 삶을 살 수 있도록 하신 것입니다. 우리가 예수님을 따라 목회를 하려면 우리 사회의 병들고 가난하고 고난받는 사람들에게 용기와 힘을 주어 일어나게 해야 합니다. 용기와 희망을 주는 것이 기복신앙이라고 한다면 예수님의 사역을 어떻게 말하겠습니까. … 중요한 것은 우리 삶에 가장 큰 복, 가장 큰 성공은 예수님의 구원을 누리는 것입니다.[102)]

하나님이 본래 사람들에게 주고자 하셨던 복을 예수 그리스도의 복음 안에서 전달하는 것이 마땅하다고 믿었고, 성경이 말하는 복의 총체적 차원을 바르게 전하고자 했던 목회자가 바로 조용기 목사였다. 기복신앙으로 비판받기도 했지만, 그를 통해 한국과 전 세계교회가 축복을 누렸고, 그 복의 유산은 지금도 이어지고 있다.

---

101) "[조용기 목사의 마지막 대담] 나의 축복론은 가난하고 병든 자를 향한 복음전파", 아이굿뉴스 (2021. 09. 14).

102) Ibid.

5. 나사렛 예수의 이름으로 명하노니

오늘날 성령 시대에는 예수님 시대에 하던 일은 다 지나갔다고 생각하면 안 됩니다. … 예수님 시대에 귀신 쫓아내던 사역도 오늘날 예수의 이름으로 계속되고, 예수의 이름으로 병자를 고치는 사역도 그대로 이루어지고, 예수 이름으로 변화를 가져오는 것도 성령이 그대로 하는 것입니다.[103)]

2002년 4월 10일, 조용기 목사가 소위 '은사중지론'을 주장하는 예장 합동 교단에 속한 한 교회에서 부흥회를 인도하던 중 선포한 내용이다. 이날 그는 성령의 역사에 대해 설교했고, 기도 시간에는 부흥회에 참석한 성도들에게 신유의 은혜가 임하도록 간절히 구했다. 회중석을 꽉 메운 성도들은 뜨거운 목소리로 "아멘"을 외치며 화답했다. 조용기 목사의 부흥회가 자기 교회 스타일과 맞지 않다며 우려하던 목소리들은 완전히 사라졌고, 모두가 성령을 체험하고 은혜의 도가니에 빠지는 시간이었다.

그가 선포한 대로 지금은 성령의 시대이다. 오늘날에도 성령은 귀신을 쫓아내고 병자를 고치는 일을 하신다. 특히 성령의 강력한 임재로 말미암은 병 고침의 역사는 조용기 목사의 사역에 나타난 주요한 특징 중 하나이다.

신유, 오늘 우리의 이야기

조용기 목사는 어느 부흥회에 가든지 병 고침을 강조했다. 그가 인도

103) 조용기, "보혜사", 사랑의교회 강단교류 설교 (2002. 04. 10).

하는 집회에서 질병의 치료를 경험한 사람들의 간증 거리는 셀 수 없이 많다. 지금도 여의도순복음교회의 예배 순서에는 신유기도 시간이 빠지지 않고 들어간다. 어둠의 세력과 병마를 대적하고 쫓아내는 기도는 순복음 신앙에 있어서 지극히 자연스럽고 당연한 것이다.

대전 유성구에 있는 국군의무학교에는 '살려야 한다'라는 다섯 글자가 돌비에 새겨져 있다. 이를 두고 조용기 목사는 만약 군의학교에 '살려야 한다'라는 말이 쓰여 있다면 교회에는 '치료해야 한다'라는 슬로건이 붙어있어야 한다고 말했다.[104] 이러한 확신은 어디에서 나온 것일까? 성경이다. 예수님의 공생애 사역 가운데 3분의 2가 병자를 고치는 사역이었고(마 4:23, 9:35), 제자들도 예수님의 명령에 따라 복음을 전함과 동시에 병든 자를 고쳤으며(마 10:7-8), 초대교회의 대표적 사역 가운데 하나도 믿음의 기도를 통해 병든 자를 구원하는 것(약 5:14-15)이었다는 성경 말씀이 그의 확신의 근거였다. 무엇보다 예수님이 채찍에 맞으심으로 우리가 나음을 입었고(사 53:5), 십자가에서 죽으심으로 모든 질병과 저주의 권세가 무너졌다고 성경은 말씀한다(고전 15:55-57). 이러한 말씀에 근거하여 조용기 목사는 "모든 질병은 우리 몸에 불법주차한 것"이며, "예수님께서 십자가에 못 박히심으로 우리는 이미 2천 년 전에 합법적으로 모든 치료를 받은 것"이라고 강조했다.[105] 치유는 성경에 나타난 하나님의 뜻이다.

104) 조용기, "전인치료", 여의도순복음교회 주일예배 설교 (2011. 12. 04).
105) 조용기, "삼중축복", CBS 시청자대성회 설교 (2006. 06. 22).

이것은 성경 속 이야기를 성령의 역사를 통해 '오늘 우리'의 이야기로 받아들이는 오순절적 성경 읽기 및 해석의 분명한 사례이기도 하다. 성경 속에서 병을 짊어지신 예수님은 오늘도 우리의 병을 짊어지고 치료하시는 예수님이며, 성경 속 병자들을 치료했던 교회는 지금 이 땅에서 각종 몸과 마음의 질병으로 고통당하는 이들을 주의 이름으로 낫게 해야 하는 교회인 것이다. 따라서 신유란 성경책에만 기록되어 있는 과거의 이야기가 아니라, 오늘 성령을 사모하며 기도하는 모든 신자의 삶에서 펼쳐질 수 있는 우리의 이야기이다.

삶의 정황이 만들어낸 신유의 종

조용기 목사를 신유의 종으로 만든 것은 그가 처했던 삶의 자리였다. 그는 스스로 원해서 '신유의 종'이 된 것이 아니며, 오히려 그를 둘러싼 환경이 그를 신유의 종으로 만들었다고 고백한 바 있다.[106] 폐결핵 3기로 6개월 시한부 인생을 선고받았을 때 주님을 만나 완치되었던 경험, 중풍에 걸린 여인이 낫고, 걷지 못했던 소년이 일어나 뛰며, 듣지 못했던 사람이 듣게 되는 기적이 나타났던 대조동 천막교회에서의 경험 등을 통해 그는 오늘날에도 하나님이 병든 자를 치료하신다는 사실을 체득할 수 있었다. 삶 속에서 그 자신이 신유의 역사를 분명하게 체험했기에 가는 곳마다, 서는 곳마다 '치료하시는 하나님'을 선포할 수밖에 없었다. 요컨대 조용기 목사가 처했던 그의 '삶의 자리'가 그로 하여금 신유의 복음을 전할 수밖에 없도록 했다.

106) 조용기, "보혜사", 사랑의교회 강단교류 설교.

지구를 밀어내는 믿음으로

조용기 목사는 그 어떤 목회자보다도 병 고침에 대한 메시지를 많이 선포했고 그를 통해 신유의 기적도 많이 나타났지만, 놀랍게도 그는 자신이 '신유의 은사'를 받았다고 말하지 않았다. 오히려 그는 성령이 필요에 따라 자신을 통해 은사를 나타내실 뿐이라고 말했다.[107] 반면 조용기 목사 자신이 분명히 받았다고 주장한 은사가 한 가지 있었는데, 그것은 바로 '믿음의 은사'였다.

> 내가 받은 은사를 한 가지 말씀드리자면, 바로 그리스도 안에서의 담대한 믿음입니다. 담대함을 가지고 믿음으로 선포하면 성령께서 역사하십니다. 성경은 표적이 여러분의 믿음보다 앞선다고 하지 않습니다. 표적은 여러분의 믿음 뒤에 따를 것이라고 했습니다.[108]

천막교회 시절, 걷지 못하던 소년이 조용기 목사를 찾아왔을 때, 처음에는 그가 낫는다는 것을 믿는 것 자체가 불가능해 보였다. 그런데 그가 한 시간이 넘도록 간절히 하나님께 기도했을 때, 뭉게구름 같은 믿음이 그의 마음으로부터 차오르기 시작했다. 조용기 목사는 그때의 기분이 마치 지구를 자기 손으로 밀면 지구가 밀릴 것 같은 느낌이었다고 간증했다.[109] 하나님이 주신 이러한 믿음으로 기도하고 선포함으로써 조용기 목사는

---

107) 조용기, 『4차원의 영적 세계』 (서울: 서울말씀사, 1996), 52; 조용기, 『나의 교회성장 이야기』, 75-76.
108) 조용기, 『4차원의 영적 세계』, 53.
109) 조용기, "부흥을 사모하라", 온누리교회 간증집회 (2007. 04. 20).

그 소년을 포함한 수많은 이들의 병을 고칠 수 있었다.

1995년 8월 22-24일 인도네시아 이리안자야 성회에서 다리를 고침 받고 환호하는 성도

조용기 목사는 병 낫기를 간구하는 기도가 응답받지 못하는 이유는 믿음의 기도를 드리지 못하는 데 있으며, 이는 주님의 말씀에 담긴 뜻을 잘 알지 못한 결과라고 지적했다.[110] 신유의 역사는 단 한 번도 중단된 적이 없다. 하나님이 예수 그리스도 안에서 만물을 회복시키시고 하나님의 나라를 완성하실 때까지 성령은 살아 역사하셔서 은사를 베푸시고 병든 자들을 일으키실 것이다. 중요한 것은 우리가 신유를 체험할 수 있는 믿음의 기도를 드리고 있는지, 또한 믿음으로 "나사렛 예수의 이름으로 명하노니 모든 질병은 물러갈지어다!"라고 담대히 선포할 수 있는지에 관한 것이다. 하나님은 지금도 우리의 질병을 고치길 원하신다. 그러나 이에 앞서 '지구를 밀어낼 수 있는 믿음'을 부여받을 기도의 사람들을 먼저 찾고 계심을 우리는 기억해야 한다.

---

110) 조용기, 『병을 짊어지신 예수님』 (서울: 서울말씀사, 2017), 29.

1. 보이지 않는 세계가 보이는 세계를 다스린다

하나님의 계시 | 4차원은 3차원을 지배한다 | 하나님의 능력이 나타나는 매개체

2. 이왕 그리려면 호랑이를 그려라

마음 하늘에 하나님의 생각을 담다 | 크고 분명하게 생각하라

3. 달걀을 가지고 바위를 치면

믿음의 토대 | 선포된 말씀이 들려오기까지

4. 하나님의 꿈을 꾸는 사람

꿈과 희망의 그릇 | 꿈은 하나님으로부터 시작된다

5. 인생을 결정하는 '운명의 핸들'

말에는 권세가 있으니 | 믿음의 언어를 개발하라

6. 교회 성장 리더십의 비밀

하나님이 주시는 영적 권세 | 평신도 리더를 세우다 | 빨간 가방의 기적 | 위기 돌파 리더십

4장

가늠할 수 없는 꿈의 크기

4장

가늠할 수 없는 꿈의 크기

마음 하늘에 하나님의 꿈을 그려넣어라. 그러면 당신의 인생이 그대로 될 것이다.

-『365일 4차원의 말씀』

1. 보이지 않는 세계가 보이는 세계를 다스린다

조용기 목사가 쓴 책 중에 세계적인 베스트셀러를 꼽으라고 하면 단연 『4차원의 영적 세계』이다. 이 책은 1979년 미국에서 영문판 '*The Fourth Dimension: Discovering a New World of Answered Prayer*'('4차원: 응답받는 기도의 신세계 발견하기')이란 제목으로 먼저 출판되었고, 이후 한국어, 독일어, 아랍어, 중국어 등 총 37개 국어로 번역되어 전 세계 그리스도인들의 삶에 영향을 끼쳤다. 이 책이 이처럼 전 세계적으로 인기를 얻게 된 이유 중 하나는 저자 조용기 목사의 성공적인 목회가 뒤따랐기 때문이다. 영문판이 출판될 당시 여의도순복음교회의 성도 수는 5만여 명이었지만, 한국어 번역판이 출판된 1996년에는 그 수가 이미 70만 명을 넘었다. 그리고 이러한 교회 성장의 배경에는 이 책에서 시작된 '4차원의 영성'이 있었다.

조용기 목사 저서 『4차원의 영적 세계』(한글)과 번역본들

하나님의 계시

조용기 목사는 어느 날 한 성도에게 이런 질문을 받았다. "불교나 샤머니즘을 믿는 스님이나 무당들도 사람들의 병도 고치고 기적도 행하는 것을 보게 됩니다. 만약 기독교의 하나님이 참된 신이라면 왜 하나님을 믿지 않는 타 종교에서도 기적이 일어날까요?" 조용기 목사는 이 질문을 갖고 씨름하면서 기도했다. 그리고 기도 중에 하나님으로부터 응답을 받게 되었는데 그것이 바로 4차원의 세계에 대한 비밀이었다.

조용기 목사의 4차원의 영성은 그가 스스로 만들어낸 것이 아니다. 어떤 철학자나 사상가로부터 배운 것도 아니다. 그가 말하는 4차원의 영성은 성령님과 오랜 교제 가운데 기도하다가 하나님으로부터 받은 계시였다.

이 4차원의 영성을 제가 목회의 원동력으로 적용하게 된 것은 저 스스로 연구한 것도 아니고 제가 누구에게서 배운 것도 아닙니다. 성령님께서 오랜 시간 교제하는 가운데 제게 가르쳐주신 비밀입니다. … 저는 기도실에 들어가 앉아서 한 시간 이상씩 하나님의 음성을 거듭해서 들었습니다. 굉장히 감격적이고 저의 영혼 속을 뒤흔들어놓는 하나님의 계시였습니다.[111)]

조용기 목사의 4차원 영성에 대해 한편에서는 그가 '뉴에이지' 기법을 교회에 도입했다거나, 혹은 하나님의 권위와 영성의 신빙성을 상실케 한다는 이유로 비판하기도 했다. 그러나 4차원의 영성은 그가 성경에서 발견하고 목회 현장에서 직접 체험한 믿음의 법칙이다. 그는 한국어 번역판 『4차원의 영적 세계』 서문에 이렇게 썼다.

이 책에 기록된 믿음의 법칙은 모두 성경 말씀에서 발견된 것입니다. 그러나 이러한 모든 것이 하나님의 절대 주권 안에서, 하나님께서 허락하실 때만 가능케 될 수 있음을 밝혀둡니다. 따라서 우리에게 필요한 것은 하나님에 대한 전적인 신뢰와 하나님 뜻에 대한 순종입니다. 전폭적으로 하나님을 믿고 의지할 때 하나님의 뜻 가운데 모든 것이 합력하여 선을 이루는 역사가 나타날 것입니다.[112)]

조용기 목사는 성경을 통해 발견한 4차원의 영적 세계의 원리를 통해

111) 조용기, 『3차원의 인생을 지배하는 4차원의 영성』, 24.
112) 조용기, 『4차원의 영적 세계』, 저자의 글.

자신의 삶과 목회에 대변혁이 일어났다고 고백했다.[113] 이에 대해서는 그 누구도 부정할 수 없을 것이다. 그가 일평생 인도한 부흥회 현장, 그리고 여의도순복음교회의 성장 과정 자체가 그 증거이기 때문이다. 조용기 목사는 자신이 발견하고 경험한 영적 비밀, 즉 4차원의 영성을 다른 목회자들과 성도들에게 전하면서 그들 모두가 대변혁의 역사에 동참하기를 바랐다.

4차원은 3차원을 지배한다

'4차원'이란 말은 기하학에서 빌려온 용어이다. 1차원은 선이고, 2차원은 면이고, 3차원은 시간과 공간과 물질로 구성된 입체이고, 4차원은 이 모든 것을 뛰어넘는 영적 세계이다. 각 차원의 관계에 대해 조용기 목사는 이렇게 설명한다.

> 선을 긋는 순간에 벌써 그어진 선은 1차원이 아닙니다. 이미 두께가 생겼기 때문에 정확하게 말하면 2차원이 됩니다. 선이 그어진 만큼의 아주 긴 평면이 되는 것입니다. 그러니까 1차원은 절대로 두께도 없고, 평면도 없는 선이 되어야 하기 때문에 1차원적인 개념의 선은 가상의 선이 되는 것입니다. 그렇기 때문에 우리가 표현하고 그리는 1차원은 그리는 순간에 운명적으로 2차원 속에 들어가 지배를 받는 것입니다. 그러나 그런 상황을 1차원 입장에서 보면 1차원은 2차원을 포함하고 끌어안은 1차원으로 이해됩니다.[114]

113) Ibid., 61.
114) 조용기, 『3차원의 인생을 지배하는 4차원의 영성』, 26.

4차원의 영적 세계를 설명하는 조용기 목사

이런 식으로 하여, 2차원인 면도 3차원에 포함되고 3차원의 지배를 받는다. 3차원의 입체와 물질세계도 4차원에 포함되고 4차원의 지배를 받게 된다. 3차원은 입체, 즉 시간과 공간을 포함하고 있다. 시간과 공간은 생기는 동시에, 시간은 영원에 속하면서도 영원을 포함한 시간이 되고 공간은 무한에 속하면서도 무한을 포함한 공간이 되는 것이다. 4차원은 물질과 감각의 세계를 뛰어넘은 영혼의 세계, 즉 영적인 세계이다. 그리고 이 영원과 무한의 세계의 주인은 하나님이시다. 인간은 영·혼·육을 가진 영적인 존재이기 때문에 3차원의 세계에 있으면서 4차원에 속하는 존재가 되는 것이다. 다시 말해, 하나님의 형상대로 지음 받은 인간의 영은 몸 속에 있지만, 3차원의 지배를 받지 않고 육신을 초월해 있는 것이다.

인간뿐 아니라 마귀와 천사도 4차원의 세계에 속한다. 또한 4차원의 세계 역시 3차원의 세계와 마찬가지로 하나님의 권세 아래에 있다. 하나님은 눈에 보이는 세계와 눈에 보이지 않는 세계, 그리고 그 안에 속한 모든 만물을 창조하시고 다스리시는 분이시다(골 1:16). 조용기 목사에 의하면, 똑같은 4차원 중에서도 인간은 가장 낮은 수준의 4차원, 마귀나 천사는 중간 수준의 4차원, 그리고 하나님은 가장 높은 수준의 4차원이시다. 사탄도 4차원에 속한 존재이기에 자기보다 낮은 차원인 인간과 3차원의 세계를 지배하려고 든다. 그리고 자신이 유혹하거나 점령한 인간들을 통해 하나님이 만드신 창조 세계 안에서 모든 악한 일을 행한다.

이러한 4차원 세계의 특성을 이해하고 있다면 앞서 언급한 성도의 질문에 관한 대답을 찾을 수 있게 된다. 즉, 사탄도 4차원의 영적 능력을 갖고 있기에 인간 세계에서 어느 정도 제한된 기적을 행할 수 있는 것이다. 그런데 4차원의 세계 가운데서도 가장 높으신 하나님의 능력, 하나님의 은사를 받은 그리스도인이라면 능히 사탄을 제어할 수 있는 권세를 갖게 된다.[115] 조용기 목사는 사탄과의 영적전쟁에서 이기기 위해서라도 모든 성도가 4차원의 영성으로 무장해야 한다고 강조했다.

하나님의 능력이 나타나는 매개체

그렇다면 어떻게 4차원의 영성으로 무장할 수 있을까? 조용기 목사는 4차원 영성이 생각과 믿음과 꿈과 말, 이 4가지 요소로 구성되어 있다고 설명하면서 이를 신앙생활에 활용해야 한다고 말했다.

> 성경에 보면 하나님은 말씀을 통해서 나타나셨는데 말씀은 하나님의 생각이요, 그 하나님의 생각은 인간의 생각을 매개로 해서 나타납니다. 그

115) Ibid., 31.

리고 하나님이 인간과 관계를 맺을 때는 꿈과 환상이 언제나 개입됩니다. 그다음에는 믿음이 중요한데 믿음이 없이는 하나님과 인간과의 관계가 맺어지지 않기 때문입니다. 여기에 덧붙여서 강력한 입술의 신앙고백을 통해서 언제나 놀라운 기적이 일어났습니다. 그래서 성경 전체를 볼 때 생각과 꿈과 믿음과 말씀이라는 매개체를 통해서 4차원의 하나님의 능력이 3차원이란 현실적 물질세계 속에 나타난 것을 볼 수 있습니다.[116)]

4차원 영성을 이루는 4가지 요소인 생각, 믿음, 꿈, 말은 모든 사람이 알고 있는 일반적인 것들이지만, 영적인 관점에서 보면 3차원의 현실세계를 다스리는 4차원의 영역에 속한 자원들이며, 하나님의 능력이 나타나는 매개체라는 것이다. 따라서 4차원의 영성으로 무장하려면 이 4가지의 요소를 적극적으로, 또 구체적으로 활용해야 한다. 다시 말해, 생각을 바꾸고, 믿음을 갖고, 꿈을 바라보며 언어로 선포해야 한다. 조용기 목사는 이 같은 4차원의 영적 원리를 깨닫고 나서 자신의 설교와 목회와 교육, 훈련 등 사역 전반에 활용했고, 그 결과 하나님의 놀라운 역사를 경험할 수 있었다.

2. 이왕 그리려면 호랑이를 그려라

영국의 로저 베니스터가 1마일(1.6km) 달리기에서 4분의 벽을 깬 비결은 불가능은 없다는 생각의 전환이었다. 암을 진단받은 사람이 어떤 생

116) "조용기 목사, '4차원의 영적 세계'를 말한다", 기독일보 (2005. 03. 22).

각을 하느냐에 따라 치료 경과나 생존 기간이 달라진다. 이처럼 생각이 가진 힘을 보여주는 예들은 많다. 조용기 목사 역시 생각에는 눈에 보이지 않지만 삶을 결정하고 바꾸는 힘이 있다고 보았다. 생각은 4차원의 세계에 속해 있어서 시간과 공간을 초월하고 사람의 감정과 행동, 신체 반응 등을 지배하기 때문이라는 것이다. 결국 생각에 따라 삶의 태도가 바뀌고 인생의 성공과 실패가 좌우된다는 게 조용기 목사의 주장이다.

마음 하늘에 하나님의 생각을 담다

생각은 크게 육신적인 생각과 영적인 생각으로 나눌 수 있다. 성경은 인간이 어떤 생각을 선택하느냐에 따라 다른 삶을 살게 된다고 말씀한다(롬 8:5-7). 조용기 목사는 우리의 생각이 육신을 따르는 잘못된 길을 가고 있다면 '신약'과 '구약'이라는 말씀의 약을 먹고 치료받아야 한다고 말했다.[117] 하나님의 말씀인 성경은 하나님의 생각으로 가득한 책이다. 따라서 우리의 생각을 하나님의 생각으로 바꾸기 위해서는 성경말씀을 꾸준히 읽고 묵상하고 내면화해야 한다.

> 말씀 묵상을 통해 하나님의 생각을 닮으십시오. 하나님과 대화하면서 자신의 생각을 점검하고 성찰하고 회개하여 바꾸십시오. 능력이 있는 생각이란 성령과 말씀, 그리고 기도가 함께하는 하나님 안에서의 4차원적인 생각입니다. … 축복은 우리의 인생이 하나님의 말씀대로 준행하며 생각하는 삶이 될 때 비로소 이루어진다는 것을 말입니다. 당신의

---

117) 조용기, 『3차원의 인생을 지배하는 4차원의 영성』, 79.

생각을 하나님의 말씀으로 채우십시오.[118]

조용기 목사는 하나님의 생각이 가득한 상태를 '마음 하늘'이라는 개념을 들어 설명했다. 그가 교회를 개척했을 때, 7년 동안 중풍으로 고생하던 한 여성이 안수를 받고 건강을 회복했다. 며칠 후 그가 교회로 찾아와서 상담을 요청했다. "목사님, 하나님의 은혜가 너무 감사해서 선물을 좀 보내고 싶은데 하나님의 주소를 좀 가르쳐주십시오." 그는 이러한 질문을 받아본 적이 없어서 깜짝 놀랐다. 그리고 이 일을 계기로 하나님의 주소에 대해 깊이 생각하게 되었다. 훗날 "셋째 하늘, 마음 하늘"이라는 제목의 설교에서 그는 이때의 일을 언급하며 마음 하늘에 대해 다음과 같이 설명했다.

성경을 보면 셋째 하늘은 영적인 하늘입니다. 첫째와 둘째는 시간과 공간을 가지고 있는 하늘이지만 셋째 하늘은 3차원을 뛰어넘은 영적인 세계를 말하고 있습니다. … 그러면 이 셋째 하늘인 영적인 하늘에 성도들이 접할 수 있고 누릴 수 있는 주소가 어디일까요? 예수님을 믿고 영혼이 구원받아 하나님의 백성이 되면 우리의 마음이 성전이 되고 그 마음속에 아버지와 아들과 성령이 와서 계시기 때문에 바로 하늘나라가 우리 마음속에 있게 됩니다. 하나님의 주소는 곧 우리 마음속이 하나님의 주소가 되는 것입니다.[119]

조용기 목사는 우리의 마음이 하나님이 계시는 성전이며 하나님의

118) Ibid., 99-101.
119) 조용기, "셋째 하늘, 마음 하늘", 여의도순복음교회 주일예배 설교 (2005. 12. 04).

주소가 된다고 믿었다. 그렇기에 그는 항상 마음을 잘 정돈해서 하나님이 거하시기에 부족함이 없게 만들어야 한다고 강조했다. 다시 말해, 하나님이 거하시는 곳에 불평과 질투, 미움과 두려움, 후회과 같은 부정적인 생각을 채워 넣으면 안 되는 것이다. 말씀으로 마음 하늘을 깨끗이 청소하고 하나님의 말씀에 담긴 하나님의 생각, 즉 축복과 평안, 기쁨과 소망이 가득한 생각으로 마음을 채워야 한다. 그러면 마음에 가득한 생각이 밖으로 나와서 우리의 환경을 긍정적이고 희망적인 상황으로 변화시킨다. 조용기 목사는 많은 사람이 이 간단한 원리를 알지 못해서 하나님의 축복을 누리지 못하고 있다고 말했다.

크고 분명하게 생각하라

나아가 생각과 관련하여 조용기 목사가 강조하는 것은 크고 분명한 생각이다. 그의 제자들이 한국을 넘어 세계 여러 도시에서 대형교회를 세우고 많은 열매를 맺고 있는데, 이에 대한 비결이 무엇이냐는 질문을 받았을 때, 그는 "왕대밭에 왕대 난다."라는 속담을 인용했다.[120] 그가 이룬 큰 목회 스타일을 그의 제자들이 보고 배우면서 생각의 틀이 커졌기 때문이라는 것이다. 교회 지도자의 생각은 교회의 성장과 미래를 좌우한다. 그렇기에 교회가 부흥하기 위해서는 교회 지도자가 미래에 대해 '분명하고 크게 생각해야'(Think clear and Think big) 한다.

여기서 그가 말하고자 하는 것은 인간적인 욕심이나 야망을 담은 생각

120) 조용기, 『3차원의 인생을 지배하는 4차원의 영성』, 109.

이 아니다. 이사야 55장 8-9절은 하나님의 생각에 대해 이렇게 말씀한다. “이는 내 생각이 너희의 생각과 다르며 내 길은 너희의 길과 다름이니라 야훼의 말씀이니라 이는 하늘이 땅보다 높음 같이 내 길은 너희의 길보다 높으며 내 생각은 너희의 생각보다 높음이니라” 하나님의 생각은 우리의 생각보다 훨씬 더 크고 위대하다. 그래서 조용기 목사는 큰 하나님의 생각을 조금이라도 닮아가기 위해서는 가능한 한 크게 생각해야 한다고 주장했다. 이를 고양이와 호랑이 그림에 비유하여 다음과 같이 설명했다.

> 이왕 그리려면 고양이를 그리지 말고 호랑이를 그려야 합니다. 처음부터 고양이를 그리면, 쥐를 그리게 되거나, 더 이상 꿈이 커지지 않지만, 처음부터 호랑이를 그리면 아무리 부족해도 고양이 정도까진 그릴 수 있습니다.[121]

그는 이 원리를 자신의 목회에 적용했다. 끼니조차 때우기 힘들었던 천막교회 시절에도 그는 은빛 날개를 타고 전 세계를 다니며 선교하는 꿈을 꾸었다. 서대문에서 여의도로 교회를 이전할 때도 재정적인 어려움과 큰 반대가 있었지만, 그는 하나님이 주신 큰 생각을 가지고 앞으로 나아갔다. 하나님의 생각이 그의 마음 하늘에 임하여서 보통 사람들이 생각하는 것 이상으로 그의 목회의 지경을 넓힌 것이다. 그는 50여 년의 목회를 돌아보며 다음과 같이 회고했다.

> 저는 지금까지 50여 년 목회하면서 언제나 목표를 크게 잡았습니다. 목표와 기대를 크게 하다 보니 남보다 기도도 많이 하게 되고, 무엇을 하

---

121) 조용기, 『성공 설계도를 펼쳐라: 하나님의 성공법칙』 (서울: 서울말씀사, 2012), 18.

든지 간에 더 노력하게 되었습니다. 사실 큰 목표를 세웠건 작은 목표를 세웠건 간에 애쓰고 힘쓰며 노력하는 것은 별 차이가 없습니다. 그럴 바에야 목표를 크게 갖는 것이 낫습니다.[122)]

아시아의 작은 나라, 한국의 목회자인 조용기 목사가 세계 최대의 교회를 세우고, 전 세계 사람들에게 말씀을 전하며, 세계 성령운동의 중심에 서게 된 것은 그가 인간의 생각이 아닌 하나님의 생각을 마음에 품었기 때문이다. 하나님의 크고 분명한 생각이 그의 삶을 이끈 결과였다.

3. 달걀을 가지고 바위를 치면

'믿음이란 무엇인가?'라는 물음은 누구나 답할 수 있는 가장 단순한 질문 같으나 기독교 사상가들이 평생 각자의 기준에서 분명한 정의를 내리기 위해 고민한 질문이기도 하다. 그런데 이에 대한 조용기 목사의 대답은 의외로 간단하다. 한 인터뷰에서 아나운서가 "믿음이 무엇입니까?"라고 물었을 때 조용기 목사는 이렇게 말했다. "내가 하나 물을 테니까 대답을 해주십시오. 달걀을 가지고 바위를 치면 어떻게 됩니까?" 아나운서는 "말할 필요 없이 달걀이 깨지는 거지요."라고 대답했다. 이때 조용기 목사는 이렇게 말했다. "틀렸습니다. 달걀을 들고 바위를 치면 바위가 깨집니다." 어떻게 그런 일이 있을 수 있냐고 되묻는 아나운서에게 조용기 목사는 다음과 같이 덧붙였다.

---

122) Ibid., 19.

그게 믿음입니다. 상식적으로 이성적으로 체험적으로 생각하면 달걀을 들고 바위를 치면 달걀이 깨질 것 같은데 우리 믿음이란 것은 달걀을 가지고 바위를 치면 바위가 깨어질 것을 믿는 것이 믿음입니다.[123)]

이처럼 조용기 목사에게 있어서 믿음이란 단순하고 명확한 것이었다. 그의 사역 전반에서 성령이 행하시는 기적과 이사가 자연스럽고 풍성하게 나타났던 것은 달걀로 바위를 깰 수 있다는 믿음, 즉 '불가능을 가능케 하는 것이 바로 믿음이다.'라는 분명한 이해가 있었기 때문이다.

믿음의 토대

믿음의 유무보다도 더 중요한 문제는 믿음의 토대에 관한 것이다. 우리는 기독교 신앙에 뿌리내리지 않은 허황된 믿음이 남발하는 현대 사회를 살아가고 있다. 가령 오스트레일리아의 작가인 론다 번의 『시크릿』 같은 책은 강력한 믿음이 있으면 우주의 에너지가 부와 성공을 끌어다 준다는 내용을 요지로 하고 있다. 이 책은 3,500만 부 이상 팔리는 베스트셀러가 되어 많은 사람을 매료시켰지만, 실상 그 내용은 인본주의의 토대 위에 세워진 유사 과학이자 하나님과 상관없이 인간의 욕망을 실현하는 데에 그 기초를 두고 있다.

반면 조용기 목사에게 있어서 믿음이란 '기록된 하나님의 말씀'(로고스)을 특별히 내게 '선포된 말씀'(레마)으로 듣는 데서 생겨나는 것이

123) 조용기, "사차원의 기도", 여의도순복음교회 주일예배 설교 (2012. 02. 05).

다.[124] 이와 관련하여 그가 예로 든 인상적인 이야기가 있다. 옛날 한국에서 유명했던 염○○이라는 여자 목사가 삼각산에서 큰 규모의 청년 수련회를 가진 적이 있었다. 한 번은 수련회를 하는 동안 비가 엄청나게 내려 계곡이 넘쳤는데 이때 그만 비극적인 일이 일어나고 말았다. 수련회에 참석했던 세 명의 소녀가 베드로는 믿음으로 물 위를 걸었다는 성경 구절을 인용하며 물 한가운데로 발을 내딛다가 급류에 휩쓸려 익사하고 만 것이다. 얼마 뒤 일간지들은 "왜 하나님은 그들의 믿음의 기도에 응답하지 않았는가?", "그들의 하나님은 그들을 구원할 수 없었다." 등의 도발적인 제목으로 이 사건을 대서특필했고 이로 인해 믿음을 잃거나 회의에 빠진 사람들도 있었다.[125]

조용기 목사는 물 위를 걸었던 베드로와 물에 빠져 익사한 세 소녀의 차이가 '선포된 말씀'을 들었는지의 여부에 있다고 설명한다.[126] 베드로는 자신에게 걸어오라는 예수님의 선포된 말씀을 분명히 듣고 나아갔기에 물 위를 걸을 수 있었지만, 세 소녀는 하나님에 대한 일반적인 지식에 자신들의 감각적인 믿음만 결부시켜 모험을 감행한 결과, 물에 빠질 수밖에 없었다.

이처럼 조용기 목사는 선포된 주님의 말씀에 토대를 둔 믿음을 강조한 목회자였다. 이는 자기가 원하는 것을 마음에 생생히 그리고 간절하게 믿으면 무엇이든 얻어낼 수 있다는 현대 자기계발서의 모래성 같은

124) 조용기, 『4차원의 영적 세계』, 112.
125) Ibid., 113-114.
126) Ibid., 114-115.

믿음도 아니고, 개인의 소원을 성취하기 위해 성경에 기록된 말씀을 편향적으로 골라 읽으면서 자기 확신에 사로잡히는 경우와도 근본적으로 다른 믿음이다. 조용기 목사에게 있어서 믿음의 토대는 자기 자신으로부터 출발하는 것이 아니라, 하나님의 선포된 말씀(레마)에서부터 출발하여 세워지는 것이었다. 그리스도인들이 흔히 말하는 '믿음도 하나님이 주시는 것이다.'라는 말의 핵심이 바로 여기에 있다.

선포된 말씀이 들려오기까지

조용기 목사가 서는 강단마다 성령의 기름 부으심이 강하게 나타나고 그의 메시지를 들은 사람들에게서 치유와 문제 해결 등 수많은 간증이 쏟아져 나온 비결 역시 여기에 있다. 성경에 기록된 말씀이 특정한 상황 속에서 기도하고 있는 자신에게 '선포된 말씀'이 되어 들려오기까지 조용기 목사는 엎드려 부르짖기를 멈추지 않았던 목회자였다. 그리고 마침내 하나님으로부터 그 말씀을 받았을 때, 그는 달걀을 가지고 바위를 깨는 것을 주저하지 않았다.

성경은 "세상을 이기는 승리는 이것이니 우리의 믿음이니라"(요일 5:4)라고 말씀한다. 그리스도인들은 거짓 믿음이 난무하는 세상 가운데에서 참된 믿음을 통해 하나님이 행하시는 역사가 이 땅 가운데 충만하게 드러나도록 해야 할 의무가 있다.

4. 하나님의 꿈을 꾸는 사람

"성령이 계시는 곳에는 반드시 꿈과 환상이 주어집니다." 이는 조용기 목사가 설교하기 위해 단에 설 때마다 강조했던, 짧지만 분명한 메시지였다. 그에게 있어서 성령은 꿈을 주시는 분이셨다. "그 후에 내가 내 영을 만민에게 부어 주리니 너희 자녀들이 장래 일을 말할 것이며 너희 늙은이는 꿈을 꾸며 너희 젊은이는 이상을 볼 것이며"(욜 2:28)라는 성경 말씀이 증언하고, 조용기 목사 자신이 살아온 삶 역시 생생하게 드러내고 있는 사실이다.

꿈과 희망의 그릇

조용기 목사는 4차원의 영성을 이루는 생각, 믿음, 꿈, 말이라는 4가지 요소 중에서도 '꿈'을 매우 강조했다.[127] 조용기 목사에게 있어서 꿈이란 미래를 향한 희망과 동의어였다. 꿈이 있다는 것은 곧 희망이 있다는 것이다. 조용기 목사 자신이 일평생 '꿈꾸는 사람'으로 살았고, "꿈이 없는 백성은 망한다."라고 단언했으며, 성도들에게 항상 주님 안에서 꿈꾸는 삶을 살라고 강조했던 것도 바로 이 때문이었다. 십자가에 달리신 예수님을 믿고 하나님의 자녀가 되어 성령과 더불어 살게 된 사람이 꿈도 희망도 없이 인생을 산다는 건 있을 수 없는 일이다.

예수님은 이 땅에 절망하는 사람에게 희망을 주시기 위해 오셨습니다. 우리가 예수님을 믿음으로 성령님을 인정하고 환영하고 모셔 들이며

---

127) 영목회, 『영산의 기슭에서』 (서울: 교회성장연구소, 2022), 275.

의지하면 성령님은 삶의 고통 속에서도 꿈과 희망을 마음속에 심어주고 꿈과 희망은 하나님의 생기와 생명을 부어 주시게 되는 것입니다. 꿈과 희망이란 우리가 인생 가운데 복을 받고 살 수 있는 그릇인 것입니다. 그 그릇을 성령께서 우리에게 심어주시는 것입니다.[128)]

우리는 조용기 목사가 꿈을 '그릇'에 빗대어 설명한 것을 유념해야 한다. 그릇이 있어야 그 안에 어떤 내용물이든 담을 수 있는 것처럼, 사람에겐 '꿈'이라는 그릇이 있어야 하나님의 복을 받을 수 있다는 것이 조용기 목사가 힘주어 말한 내용이었다.

나아가 이 맥락에서 우리는 '꿈의 크기'가 곧 하나님의 복을 담을 수 있는 '그릇의 크기'와 일맥상통하는 것임을 알게 된다. 사실 조용기 목사는 십 대에 심각한 폐병으로 죽음을 마주하고 살았던 병약한 청년에 불과했다. 그런데 하나님은 예수 그리스도를 통해 그를 만나 주시고 병을 치료하셨을 뿐 아니라, 장차 세계 최대의 교회를 세우고 전 세계를 누비며 복음을 전하는 종이 될 것이라는 꿈을 심어주셨다. 질병과 죽음이라는 헤어나올 수 없는 절망적인 상황 위로 성령이 운행하시자, 그의 절망과 고통은 하나님의 꿈과 희망을 담는 축복의 그릇으로 뒤바뀐 것이다.

꿈은 하나님으로부터 시작된다

하나님이 성령을 통해 그에게 주신 꿈은 광대했다. 기독교 역사상 전

128) 조용기, "꿈과 희망", 여의도순복음교회 주일예배 설교 (2012. 09. 30).

례 없는 큰 교회를 일구고 지구 전역을 돌며 복음을 증거하는 전도자가 될 것이라는, 그야말로 가늠할 수 없는 그의 꿈은 인간 조용기에게서 출발한 것이 아니라 하나님의 성령에게서 나온 것이었다.

꿈을 꾸는 주체는 사람인 것 같으나 하나님을 위한 꿈과 열망은 사실 하나님에게서 나온다. "너희 안에서 행하시는 이는 하나님이시니 자기의 기쁘신 뜻을 위하여 너희에게 소원을 두고 행하게 하시나니"(빌 2:13)라는 말씀 그대로다. 조용기 목사 자신도 하나님이 우리 안에 소원을 일으키신다고 말하면서, 우리가 우리의 소원을 통해 주님의 뜻을 나타내도록 간구해야 한다고 강조한 바 있다.[129]

그러기에 조용기 목사가 말하는 4차원의 '꿈'에서 이런 본질적인 토대를 빼놓은 채, 개인이나 특정 집단의 사적인 욕망과 목적을 이루기 위해 꿈꾸는 것으로 오해하여 그를 비판하는 일은 잘못된 것이다. 조용기 목사에게 꿈이란 하나님의 성령이 하나님의 영광을 위해서 품게 하시는 것이다. '나의 뜻이 아니라 하나님의 뜻이 이루어지게 해달라고 기도하는 것'과 '하나님 안에서 거룩한 꿈과 소원을 품는 것'은 서로 충돌하는 것이 아니다. 하나님은 하나님의 뜻을 이루시기 위해서 우리 안에 꿈이라는 그릇을 예비하시기 때문이다.

또한, 꿈은 '생을 향한 의지'라고 말할 수 있다. 예수 그리스도를 만나 하나님이 주시는 꿈을 품으면 무언가를 소원할 수도, 바랄 수도 없는 절

129) 조용기, 『4차원의 영적 세계』, 128.

망스러운 인생도 거룩하고 아름다운 하나님의 소원을 자기 인생에 수놓으며 살고자 하는 힘을 얻게 된다. 예수 안에서 미래에 대한 기대를 품게 되므로 지금 아무리 힘들어도 다시 일어날 수 있는 것이다.

> 꿈과 희망은 '장차 미래에 이루어지기를 바라는 기대'입니다. 그러나 우리 크리스천이 말하는 꿈과 희망은 세상 사람들이 말하는 미래에 대한 막연한 기대가 아닙니다. 우리가 꿈과 희망을 가지는 것은 분명한 근거를 가지고 있기 때문인 것입니다. … 우리가 가지는 꿈과 희망은 십자가를 통하여 다 이루어진 것입니다.[130)]

이런 면에서 그리스도인들은 한 사람도 빠짐없이 꿈꾸는 사람이 되어야 한다. 믿음 없이 자신의 꿈을 좇아 사는 사람들이 아니라, 하나님의 꿈을 꾸는 사람이 되어야 한다.

2011년 6월 6일 전국청년부흥대성회에서 하나님의 꿈을 품으라고 설교하는 조용기 목사

하나님의 꿈은 환경에 가로막히지 않는다. 하나님의 꿈은 사람들의

130) 조용기, "나는 믿음의 사람인가?", 여의도순복음교회 주일예배 설교 (2016. 06. 19).

말에 휘둘리지 않는다. 오직 하나님의 말씀을 믿으며 성령 안에서 꿈을 향해 나아가는 것, 이것이 꿈꾸는 사람 조용기 목사가 우리에게 남긴 고귀한 유신이라고 말할 수 있다. “꿈과 희망을 품고 살라.”라고 선포했던 그의 메시지는 시대를 초월하여 오늘을 살아가는 우리 모두에게도 필요한 말씀일 것이다.

5. 인생을 결정하는 ‘운명의 핸들’

우리나라 사람들은 ‘죽겠다.’라는 말을 많이 사용한다. 배고프면 “배고파 죽겠다.” 배가 부르면 “배불러 죽겠다.”라고 한다. 그렇다고 정말 죽을 지경에 놓인 것도 아니다. 그저 부정적인 언어를 습관적으로 내뱉는 것이다. 그러나 이렇게 별생각 없이 하는 말이 우리 삶에 큰 영향을 미친다. 2012년 방영된 EBS 다큐멘터리 『언어발달의 수수께끼』에서는 언어가 인간의 생각, 시각, 태도, 심리를 모두 바꾸는 힘을 가지고 있다고 설명했다. 그러면서 다양한 실험을 통해 어떤 말을 하느냐에 따라 생각과 행동이 좌지우지된다는 것을 보여주었다. 조용기 목사 역시 말이 가진 힘에 대해 잘 알고 있기에 말을 가려서 해야 한다고 강조했다.

말에는 권세가 있으니

언어는 인간과 세계를 연결시키는 통로이다.[131] 언어는 생각과 느낌을

131) 이철수·김준기, 『언어와 언어학의 이해』 (서울: 한국문화사, 2000), 18.

표현하는 수단일 뿐 아니라 생각과 느낌을 형성하고 규정한다. 그러기에 인간이 어떤 언어를 사용하느냐에 따라 사고도 달라지고 그 사람의 인격과 삶도 달라질 수 있다. 이것이 언어가 가진 힘이다. 조용기 목사는 언어가 가지는 힘에 대한 이해가 누구보다 탁월했던 목회자였다. 그는 긍정적이고 적극적이며 창조적인 말의 선포를 통해 4차원 영적세계의 능력이 3차원 삶의 현장 속에 역사하도록 할 수 있다고 주장했다.[132)]

조용기 목사가 말의 힘을 강조하게 된 근거는 성경에 있다. 무엇보다 하나님의 창조 사역의 중심에 '말씀'이 있기 때문이다. 태초에 하나님이 말씀으로 천지 만물을 창조하셨다(창 1:1-3; 요 1:3). 하나님의 말씀은 혼돈 속에 질서를 부여한 능력의 말씀이다. 생명을 불어넣는 말씀이다. 하나님의 형상에 따라 지음 받은 인간의 말도 하나님의 말씀과 똑같을 수는 없으나, 하나님 자녀의 언어로서 능력을 갖고 있다. 그렇기에 성경 곳곳에서도 말의 힘에 대해 이야기하고 있다. "죽고 사는 것이 혀의 힘에 달렸나니 혀를 쓰기 좋아하는 자는 혀의 열매를 먹으리라"(잠 18:21). "혀도 작은 지체로되 큰 것을 자랑하도다 보라 얼마나 작은 불이 얼마나 많은 나무를 태우는가 혀는 곧 불이요 불의의 세계라 혀는 우리 지체 중에서 온 몸을 더럽히고 삶의 수레바퀴를 불사르나니 그 사르는 것이 지옥 불에서 나느니라"(약 3:5-6). 이 말씀들은 모두 말의 강력한 힘을 시사하고 있다.

언어는 단순히 의사소통을 위해 인간이 만든 무언가가 아니라 인간의 존재를 가능하게 만드는 지평이다. 조용기 목사는 하나님의 말씀이 창

132) 이기성, "4차원 영성의 말", 『영산신학저널』 Vol. 17 (2009), 278.

조적인 능력을 가진 것처럼 하나님의 형상대로 지음을 받은 인간의 말에도 창조적인 능력이 있다는 사실에 집중했다.[133] 그의 표현을 빌리면 말은 인생의 행복과 불행을 결정하는 "운명의 핸들"이다.[134] 자동차 핸들을 어떻게 조종하느냐에 따라 종착점이 달라지는 것처럼 사람이 하는 말에 의해 그 인생의 모습이 달라진다. 말을 통해 내면의 생각과 믿음과 꿈이 밖으로 드러나며 구체화되기 때문이다. 말과 인간 존재, 그리고 인생의 관계에 대해 조용기 목사는 다음과 같이 설명했다.

> 여러분과 나는 하나님의 형상과 모양대로 지음 받았기 때문에 우리도 말씀을 통해서 우리 주변을 다스리고 창조해 나갈 수가 있는 것입니다. 말씀으로써 자기 세계를 지어가는 것이 우리 인간이기 때문에 우리 인간은 말과 분리시킬 수가 없습니다. 여러분의 말과 여러분의 환경은 분리시킬 수 없습니다. 여러분의 입술의 말이 여러분의 환경을 만들어갑니다. 과거에 자주 말했던 것이 현재 일어나는 것입니다. 현재 말하고 있는 것이 미래 일어나게 되는 것입니다. 말과 여러분의 존재를 분리시킬 수가 없습니다.[135]

많은 사람이 조용기 목사를 찾아가서 "어떻게 세계 최대의 교회를 이루었는가? 당신 뒤에 누가 있는가? 누가 당신에게 돈을 대주었는가? 어떤 교육을 받았는가?"라고 물었다. 그때마다 조용기 목사는 교육도 많이 받지 못했고 돈을 대준 후원자도 없지만 "할 수 있다. 하면 된다. 해

---

133) 조용기, 『3차원의 인생을 지배하는 4차원의 영성』, 165.
134) 조용기, 『말』 (서울: 교회성장연구소, 2007), 21.
135) 조용기, "말의 창조적 힘", 여의도순복음교회 주일예배 설교 (2013. 03. 18).

보자!"라고 외쳤고, 아무리 안 되는 환경에도 "된다. 좋아진다. 승리한다."라는 입술의 선포를 시작으로 모든 것을 이룰 수 있었다고 대답했다.[136] 그가 이렇게 선포할 수 있었던 것은 모든 것이 합력하여 선을 이루게 하시는 좋으신 하나님 아버지에 대한 믿음, 그리고 십자가에서 모든 것을 이루시고 완전한 구원을 이루신 그리스도에 대한 믿음 때문이었다. 이 절대 긍정의 믿음에 근거한 입술의 선포는 성령의 역사가 나타나는 매개체가 된다.

믿음의 언어를 개발하라

조용기 목사는 4차원의 '말'이 하나님이 주신 생각과 꿈이 옷을 입고 나온 모습이라고 표현했다.[137] 그렇다면 어떻게 4차원의 말을 활용할 수 있을까? 어떻게 하면 하나님의 생각과 꿈을 우리의 입술로 말할 수 있는가?

조용기 목사는 우리의 말을 긍정적이고 적극적이며 생산적인 말로 변화시키기 위한 원천으로서 성경을 최우선으로 꼽았다. 그는 "성경말씀을 암송하고 말하는 것은 우리 자신의 4차원에 굉장한 프로그래밍을 하는 것"[138]이라고 말하면서, 하나님의 말씀을 믿음으로 선포하라고 역설했다. 예를 들어 요한삼서 1장 2절 "사랑하는 자여 네 영혼이 잘됨 같이 네가 범사에 잘되고 강건하기를 내가 간구하노라"와 같은 성경말씀을 우리의 입술로 직접 선포하는 것이 우리의 말을 4차원의 말로 변화

136) 조용기, "말의 힘", 여의도순복음교회 주일예배 설교 (2011. 02. 13).
137) 조용기, 『5일간의 결단』 (서울: 서울서적, 1977), 30.
138) 조용기, 『3차원의 인생을 지배하는 4차원의 영성』, 47.

시킬 수 있는 가장 효과적인 방법이라는 것이다.[139)]

나아가 조용기 목사는 기도가 믿음의 언어를 개발하는 좋은 방법이라고 말했는데, 그중 하나가 미래형의 기도를 과거형의 기도로 전환시키는 것이다. "앞으로 병이 나을 것을 믿습니다."와 같은 미래형 기도는 불확실성을 포함하고 있다. 반면 과거형 기도는 "하나님 아버지, 병을 이미 치료해주심을 감사합니다."와 같이 그리스도 안에서 이미 우리에게 주어진 하나님의 은혜를 확증하고 선포하는 기도이다. 없는 것을 있게 하시고 죽은 자를 살리시는 하나님을 신뢰하고 그 믿음을 미리 입술로 선포하라는 것이다.

2014년 5월 6일 도쿄 성회에서 성경말씀을 강조하는 조용기 목사

조용기 목사의 말에 대한 강조는 순복음의 예배 스타일에도 많은 영향을 끼쳤다. "예수님 안에서 좋은 일이 일어납니다."라는 긍정의 인사말을 나누는 것, 신유기도를 할 때 예수의 이름으로 질병을 쫓아내는 입술의 선포를 하는 것, 설교를 들을 때 "아멘"으로 화답하는 것 등이 그 실례이다. 또한 그의 설교를 들은 순복음의 성도들 사이에서는 '죽겠다.'라는 말 대신 '살겠다.'라는 말을 사용하자고 서로 권면하기도 했다. 만약 주위에 "배고파 살겠

139) 조용기, 『말』, 11.

네."라고 말하는 사람이 있다면 그 사람은 조용기 목사의 설교를 들은 순복음 성도일 확률이 높다.

6. 교회 성장 리더십의 비밀

한국교회는 '교회 성장사' 또는 '부흥운동사'라고 불릴 만큼 120여 년의 역사 속에서 부흥과 성장을 거듭했다. 특히 조용기 목사가 담임했던 여의도순복음교회는 1958년 불과 다섯 명으로 시작하여 약 78만 명의 재적 성도를 가진 세계 최대교회로 성장했고 한국교회의 부흥에 큰 영향을 끼쳤다. 여의도순복음교회의 이러한 성장은 세계교회를 놀라게 했고 많은 학자의 연구 대상이 되었다.[140)]

여의도순복음교회의 성장 요인 중 하나가 조용기 목사의 리더십이다. 일제강점기에 길선주 목사, 김익두 목사, 이용도 목사와 같은 영적 지도자들에 의해 큰 부흥운동이 일어났던 것처럼, 조용기 목사 역시 탁월한 영적 지도력을 발휘하며 교회의 부흥을 이끌었다. 여의도순복음교회가 기독교 역사상 유례없는 놀라운 성장을 거듭하며 세계교회의 롤모델로

---

140) 여의도순복음교회에 대한 연구로 다음 논문들을 참고하라 Young-Hoon Lee, "The Holy Spirit Movement in Korea: Its Historical and Doctrinal Development" (Ph.D. Dissertation, Temple University, 1996); Sung-Hoon Myung, "Spiritual Dimensions of Church Growth as Applied in the Yoido Full Gospel Church" (Ph.D. Dissertation, Fuller Theological Seminary, 1990); Boo-Woong Yoo, *Korean Pentecostalism: Its History and Theology* (Frankfurt-am-Main: Peter Lang, 1987); Jae-bum Lee, Pentecostal Type Distinctives and Korean Protestant Church Growth (Ph. D. Dissertation, Fuller Theological Seminary, 1986).

자리매김하기까지의 과정을 돌아보면 하나님의 은혜와 더불어 조용기 목사의 리더십을 이야기하지 않을 수 없다.

하나님이 주시는 영적 권세

조용기 목사의 리더십의 첫 번째 특징으로 '카리스마 리더십'을 꼽는다.[141] 카리스마 리더십이란 지도자의 천부적인 재능과 비범한 자질로 사람들에게 강력한 영향력을 행사하는 것이다. 기독교에서 카리스마 리더십은 성령과 관련된다. 즉, 하나님이 성령을 통해 허락하시는 하나님의 권세이다. 인간의 직책이나 권력에서 나오는 힘이 아니다. 카리스마를 신학적으로 표현하면 '영적 권세'라고 말할 수 있다. 조용기 목사는 그 누구보다 영적 권세가 드러나는 카리스마 리더십을 소유한 목회자였다.

하나님의 말씀을 강력하게 선포하는 조용기 목사

141) 홍영기, 『조용기 목사의 영성과 리더십』, 56.

조용기 목사의 카리스마 리더십 역시 성령의 역사에서 비롯된 것이다. 성령의 강력한 임재로 그가 말씀을 전하고 기도하면 귀신이 쫓겨 나가고 병든 자들이 고침을 받았다. 당시 여의도순복음교회의 성도들 대부분은 질병, 사업 실패, 가정 불화 등의 절망적인 상태에서 신앙생활을 시작했는데, 조용기 목사를 통해 문제 해결을 받고 병 고침을 체험함으로써 삶의 희망을 되찾게 된 것이다. 그 결과 교회는 날로 부흥했고 조용기 목사의 영적 권세는 더욱 견고해졌다.

이 같은 카리스마 리더십은 우연히 생기지 않으며, 단기간에 만들어지는 것도 아니다. 그 밑바탕에는 끊임없는 기도와 금식, 그가 매일같이 쏟아낸 눈물과 땀이 있었다. 기도야말로 하나님에게서 나오는 영적 권세를 받고 보존하는 통로이다. 영적 권세는 본래 하나님의 것이다. 하나님이 필요하신 경우, 하나님이 쓰시고자 하는 사람에게 영적 권세를 부어주시고, 또 언제든지 다시 가져가실 수도 있다. 조용기 목사는 이 사실을 너무나 잘 알고 있었기에 일평생 기도하는 것을 멈추지 않았고 기도로써 성령과 동역하기 위해 몸부림쳤다.

평신도 리더를 세우다

좋은 리더는 사람을 세우고 성장시킨다. 리더십의 대가 존 맥스웰은 상위 1% 이내에 드는 위대한 지도자들은 좋은 인재를 발굴하여 함께 일하는 공통점을 가지고 있다고 말했다.[142] 이처럼 지도자는 다른 사람과 협력

142) 존 맥스웰, 『당신 주위에 있는 사람을 키우라』, 임윤택 역 (서울: 두란노, 1977), 11.

하며 자신의 권한을 과감하게 위임할 수 있어야 한다. 조용기 목사는 자신의 권한을 위임하고 리더를 양성하는 데 탁월한 능력을 보인 목회자였다.

제24회 조장·구역장 세미나를 마치고 나오는 성도들

물론 그가 처음부터 목회적 권한을 위임하려는 계획이 있었던 것은 아니다. 사역 초기 그는 자신의 능력으로 모든 일을 혼자 감당할 수 있다고 여겼다. 그러다 1964년, 무리한 일정을 소화하다가 결국 과로로 쓰러지게 되었고 모든 사역을 혼자서 감당할 수 없음을 깨닫게 되었다. 체력적으로 한계에 부딪힌 조용기 목사는 성도들이 사역할 수 있도록 목회적 권한을 위임하는 것을 제도화하고 평신도 지도자들을 세우기 시작했다.

그 결과 탄생한 것이 '구역조직'이다. 조용기 목사는 성도를 15명 단위의 구역으로 나누고 구역장을 세워서 각 구역에 소속된 성도들을 관리하게 했다. 이는 교회 안에 잠자고 있던 평신도 리더십, 특히 여성 리더십을 개발하는 계기가 되었으며, 폭발적으로 늘어난 성도들을 효율적으로 관리하는 획기적인 목회 시스템으로 발전하게 되었다. 구역조직은 여의도순복음교회가 폭발적으로 성장하는 데 견인차 역할을 했다. 여의도순복음교회는 2022년 7월 말 기준으로 21,071개의 구역조직을 가지고 있으며 지금도 계속해서 확장되고 있다.[143] 조용기 목사가 구축한 구역조직은 한국을 넘어 전 세계 수많은 교회에서 벤치마킹했고 성공적인 사례들이 나타나고 있다.[144]

빨간 가방의 기적

조용기 목사는 평신도 리더십 중에서도 특히 여성의 리더십을 적극적으로 활용했다. 그가 사역을 시작했을 당시 한국 사회는 조선 시대 유교 사상의 영향으로 가부장적인 사고방식이 지배적이었다. 요즘에야 여성 리더십이 자연스럽게 인식되고 있지만, 1960년대만 해도 한국의 여성들은 사회활동에 적극 참여할 수 없었다. 여성은 경제적으로 남성에 의존하여 살 수밖에 없었고 여성의 주된 역할은 아이를 양육하고 가정을 돌보는 것으로 인식되었다. 교회도 예외는 아니었다. 은사나 능력과 상관없이 성별에 따라 역할이 규정되었다. 즉, 남성들이 주로 앞에 나서서 설교하고 예배를 인도했으며, 여성들은 주로 뒤에서 봉사하고 섬기는 일을 담당했던 것이다.[145]

143) 여의도순복음교회 교무국 제공 (2022. 08. 21).
144) 교회성장연구소, 『카리스 & 카리스마』 (서울: 교회성장연구소, 2003), 239.
145) 조귀삼, "최자실 목사의 기독교 영성이 여성 리더십 발전에 끼친 영향에 관한 연구", 『영산신학저널』 Vol. 29 (2013), 155.

1960년대 교회를 위해 헌신한 여성 집사들

그러나 조용기 목사는 여성의 가치를 인정하며 그들을 구역장으로 세워서 맘껏 사역할 수 있는 장을 마련해주었다. 그 효과는 실로 엄청났다. 훗날 조용기 목사는 교회 성장의 비결로 '여성 구역장의 활약'을 꼽을 정도였다. 열정적인 여성 구역장들은 어려운 일을 당한 성도에게 가장 먼저 달려가 위로하고 도움을 베풀었다. 또한 그들은 교회에서 구역장에게 나눠주는 빨간 가방을 들고 다니며 전도에 헌신했다. 여성 구역장들의 열성적인 전도로 인해 다음과 같은 유머가 생길 정도였다.

> 일단 '빨간 가방'에게 전도 대상자로 지목을 당하면 그 사람은 두 가지 길밖에 없다. 한 가지는 먼저 세상을 뜨거나, 다른 한 가지는 여의도순복음교회에 다녀야 한다.[146)]

조용기 목사는 여성들이 사회활동을 할 수 없던 시대에 그들을 평신

146) 교회성장연구소, 『여의도순복음교회 성장동력』, 146-147.

도 지도자로 세움으로써 시대를 앞서나갔다. 조용기 목사의 여성 리더십 활용은 한국 사회에서 여성들을 바라보는 시선에 변화를 가져왔고 여성의 사회적 가치를 고양했다는 점에서 큰 의의를 지닌다.[147)]

위기 돌파 리더십

진정한 리더는 고난과 역경을 겪으며 성장한다. 조용기 목사 역시 갖은 시련을 겪어야 했고, 그의 리더십은 위기 속에서 더욱 빛을 발했다. 예를 들어 1969년 조용기 목사는 주변의 거센 반대에도 불구하고 여의도 모래벌판에 성전 건축을 진행했는데, 이내 석유파동이 일어나서 교회 건축이 중단되는 사태가 벌어졌다. 교회 내 의견이 분열되고 재정난까지 겹치게 되면서 순탄하게 성장하고 있던 교회는 큰 위기에 봉착했다. 이때 조용기 목사는 뒤로 물러서지 않고 철야기도와 새벽기도로 위기를 돌파했다.

또한 1982년, 조용기 목사에 대한 이단 시비가 제기된 적이 있었다. 이때도 그는 움츠리거나 자신의 목회 방향을 바꾸지 않았다. 그는 성경에 없는 다른 복음을 전한 일이 없었기에 자신에 대한 오해를 성경적, 신학적으로 논증하며 당당하게 맞섰다. 결국 조용기 목사를 비난하던 교계 지도자들도 그를 인정하지 않을 수 없었고, 1994년 그에 대한 이단 논란은 공식적으로 완전히 해제되었다.[148)]

---

147) 마원석, "사회적 차원에서의 성령의 역사", 국제신학연구원 편, 『성령의 사역에 있어서 그리스도인의 성화』 (서울: 국제신학연구원, 1997), 161.

148) 여의도순복음교회 60년사 편찬위원회, 『여의도순복음교회 60년사』 (서울: 서울말씀사, 2018), 164.

이후 그는 교회 사유화 논쟁이나 가족 갈등과 같은 개인적인 위기를 겪기도 했는데, 이런 위기에 직면했을 때도 그는 물러서거나 피하지 않았다. 그는 자신의 잘못을 인정하며 성도들 앞에 무릎 꿇고 사죄했다.[149] 나아가 그는 2008년 민주적인 절차를 통해 후임 이영훈 목사에게 담임목사직을 물려주고 은퇴함으로써 교회 세습 문제로 진통을 겪고 있는 한국교회에 모범적인 사례를 남겨주었다.

강단에서 간절하게 기도하는 조용기 목사

조용기 목사의 리더십을 완벽하다고 말할 수는 없을 것이다. 그도 사람이기에 부족한 면이 있고 약점도 있을 수 있었다. 그러나 한 가지 분명한 것은, 그는 늘 자신의 잘못을 인정하고 하나님 앞에 엎드려 항복했다는 것, 심지어 성도들 앞에서도 자기 잘못을 고백하며 용서와 기도를 요청하는 목회자였다는 사실이다. 그렇기에 여의도순복음교회의 성도들은 조용기 목사를 더욱 사랑했고, 존경했으며, 한마음으로 그를 따랐다.

149) "교인 앞에서 사죄하며 끝내 무릎 꿇은 조용기 목사", 이투뉴스 (2011. 04. 23).

1. 세상을 놀라게 하는 교회

성령 공동체 | 가장 큰 교회, 가장 작은 교회 | 세상을 바꾸는 공동체

2. 전 세계를 주님의 교구 삼아

지구를 120바퀴 돌다 | 세계 기독교 시대의 중심에 서다 |
하나님의 선교에 동참하는 교회

3. 온 세상의 구원을 바라보는 신학

오순절운동의 지평을 넓히다 | 십자가 두 나무의 의미

4. 미래의 순복음을 위하여

역동성을 유지하는 힘, 오직 기도와 성령충만 |
사회를 향해 열린 오순절운동을 펼쳐가자 | 순복음은 순복음이어야 한다

5장

꺼지지 않는 순복음의 횃불

5장

꺼지지 않는 순복음의 횃불

하나님이 세우신 우리 교회는 주님 오시는 날까지 당당하게 서 나갈 것입니다.
한국과 세계를 살리는 교회가 될 것입니다.

- 2011년 4월 22일 고난주간 특별새벽예배

1. 세상을 놀라게 하는 교회

예수님을 구주로 고백하는 지상의 모든 교회는 교회의 머리 되신 그리스도를 섬기며 한 몸을 이룬다는 점에서 하나의 교회이다. 하지만 교회는 여러 전통과 지역과 각각의 특수한 삶의 정황에 영향을 받아 다양한 모습을 띠며 활동하고 있다. 한 분이신 하나님을 한 분 그리스도를 통해 믿고 예배한다는 점에서 이 땅의 교회들은 공통점을 가지고 있지만, 성경과 전통, 교리 등에서 어떤 부분을 특히 강조하는지에 따라 차이를 보이기도 한다.

타락한 중세 로마 가톨릭의 부조리에 대항하여 16세기 마르틴 루터를 중심으로 일어났던 종교개혁의 결과, 개신교는 성례를 간소화하고 성경 말씀에 중점을 두었다. 그로 인해 개신교 예배에서는 설교, 즉 성경에 기록된 말씀을 청중에게 전달하는 일이 중심에 자리하게 되었고 이 직무를 맡은 목회자의 역할이 자연스레 중요해졌다.

현대 교회에 이르러서는 그 중요성이 더욱 커지고 있다. 목회자가 어떤 비전을 갖고, 또 어떤 리더십으로 사역을 펼치는지에 따라 교회 전체의 모습이 달라진다. 한 교회가 영적으로 얼마나 건강한지, 그리고 얼마나 능력 있게 하나님의 뜻을 실현하고 있는지의 척도 역시 그 교회를 섬기는 목회자의 영성과 역량에 달려있다고 해도 과언이 아니다.

여의도순복음교회는 현대 교회의 역사 가운데 숱한 화제를 불러일으킨 교회였다. 가장 많은 신자가 등록된 세계 최대교회로 온 세계 교회를 주목하게 한 힘은 여의도순복음교회의 역동성, 나아가 사람들의 삶과 문화를 선도했던 탁월한 역량이었다. 그리고 그 이면에는 조용기라는 목회자가 있었다.

신년축복 열두광주리 특별새벽기도회

성령 공동체

‘여의도순복음교회’라는 명칭이 사람들에게 불러일으키는 첫 번째 이미지가 있다면 그것은 바로 ‘성령’일 것이다. 이는 비단 여의도순복음교회가 교회사적으로 현대 오순절 부흥운동의 선상에 있기 때문만은 아니다. 사람들은 심령을 파고드는 조용기 목사의 말씀 선포, 그에 따른 각종 이사와 기적을 통하여 성령의 실제적인 임재가 여의도순복음교회라는 현실상의 교회에 나타난다는 데 더욱 놀라워한다. 한마디로 성령이 그 어느 곳보다 생생하게 역사하고 있는 교회라는 점에서 여의도순복음교회는 세계교회와 세상이 주목하는 현장이 되었다.

‘성령 공동체’라 불리기에 마땅한 여의도순복음교회의 모습은 조용기 목사의 성령에 대한 인식과 분리될 수 없다. 그는 일찍부터 성령을, 사역을 위한 능력이 아닌 인격자로 깨닫고 그분과의 인격적인 교제에 힘을 쏟았다는 점, 여의도순복음교회의 담임목사는 성령이시며 자기는 성령께 순종하는 부교역자라고 생각했던 점 등은 조용기 목사가 성령을 어떻게 인식했는지를 잘 보여주는 단적인 예이다.[150)]

성령의 강권적인 역사가 나타나는 곳, 그것이 조용기 목사가 추구하는 교회의 모습이었다. “내가 하나님의 성령을 힘입어 귀신을 쫓아내는 것이면 하나님의 나라가 이미 너희에게 임하였느니라”(마 12:28)라고

---

150) “영적 목마름 있는 자들에게 생명수를 … 소망·기쁨의 메시지 선포”, 국민일보 (2021. 09. 17).

하신 예수님의 말씀처럼, 여의도순복음교회 예배에 참석하는 사람들은 천국의 요소를 이 땅에서 미리 맛볼 수 있었다. 그가 메시지를 선포하는 곳에서는 희망이 샘솟고 삶에 대한 의욕이 생겨났다. 성령의 뜨거운 불길이 죄, 가난, 저주, 질병, 절망 등을 태우고 그 자리에 용서와 치료와 기쁨을 채워주었다. 그렇기에 여의도순복음교회의 예배는 전인적인 치유를 경험하는 현장이 되었다. 믿음으로 기도하면 병이 낫고, 간절히 구하면 성령침례를 받고 방언을 말할 수 있었다. 심지어 성령이 누구인지를 잘 몰라도 성령을 만나는 일이 빈번하게 일어났다. 이와 같은 성령의 역동성을 동력으로 삼아 여의도순복음교회는 나날이 성장했고 폭발적인 부흥을 이뤘다.

목회자 한 사람이 성령에 사로잡히면 이처럼 세상을 놀라게 만드는 일이 벌어진다. 교회는 세상살이에 지친 영혼들이 성령 안에서 천국을 맛보는 공동체가 되어야 함을 조용기 목사는 여의도순복음교회를 통해 보여준 것이다.

가장 큰 교회, 가장 작은 교회

나아가 조용기 목사는 여의도순복음교회를 통해 세상에서 가장 큰 교회가 세상에서 가장 작은 교회로 존재할 수 있음을 보여주었다. 오늘날 많은 한국교회에서 활용하고 있는 셀, 조, 목장, 다락방 등의 소그룹 조직은 그 원조가 사실상 여의도순복음교회의 구역 조직이다. 1964년, 여의도순복음교회의 성도가 3천 명에 육박했을 때 건강상의 어려움을 겪던 조용기 목사는 에베소서 4장 11-12절의 말씀에 주목했다. 그는 목사의 역할이 성도를 온전하게 하여 봉사의 일을 하도록 만드는 데 있다는 결론을 내리고 사는 지역에 따라 성도들을 나누고 그들 중에 '구역장'을 세웠다. 이로써 목회자 한 사람이 교회 전체 성도들을 돌보는 것이 아니라, 평신도가 각 구역의 리더가 되어 다른 지체들을 돌보는 시스템을 만든 것이다.[151)]

구역예배를 드리는 모습

조용기 목사는 구역장이 인도하는 모임을 '구역교회'로, 거기서 행해지는 의식은 '예배'로 표현한 바 있다.[152)] 이는 목회자에 의해서만 인도되는 예배의 전통을 넘어섬과 동시에, 평신도들을 교회의 주체적인 리더들로 세워 교회의 성장과 유기성을 극대화했다고 말할 수 있다. 그의 표현을 빌리면, 교회는 하나의 몸이고 구역은 몸을 구성하는 작은 세포들이다. 그렇기에 여의도순복음교회는 외면적으로 볼 때 세계 최대의

151) 국제신학연구원 편, 『여의도의 목회자』, 398-409.
152) 조용기, 『희망목회 45년』, 19.

신도수를 가진 교회이지만, 내면적으로는 수천수만의 작은 공동체들이 모여 한 교회를 구성하고 있는 유기체와 같다. 따라서 '대형교회' 혹은 '메가처치'라는 틀로써 여의도순복음교회를 비판하는 이들의 주장은 여의도순복음교회의 구역 조직들이 얼마나 생명력 있게 활동하는지, 또한 얼마나 유기체적으로 잘 연결되었는지를 간과한 것이었다.

대형교회를 향한 비판의 목소리는 지금도 심심찮게 들려온다. 큰 교회가 교계와 사회에서 마땅히 감당해야 할 책무를 등한시하며 개교회의 유익만을 위해 움직일 때 이러한 비판에 노출되는 것은 당연하다. 우리는 그 비판의 소리에 귀를 기울이고 자성의 기회로 삼아야 한다. 하지만 교회를 단순히 대형교회, 중형 및 소형교회로 나누고 규모로 교회의 모습을 판단하는 것은 문제가 있다. 비판의 초점은 교회의 내면, 즉 그 교회가 얼마나 건강한 교회인지의 여부에 있어야 할 것이다. 이는 어떤 사람이 몸집이 크다고 해서 반드시 건강하다고 말할 수 없고, 몸집이 작다고 해서 그 사람이 건강하지 않다고 말할 수 없는 것과 같은 이치다. 이런 맥락에서 조용기 목사가 여의도순복음교회를 통해서 세계교회에 보여준 교훈은, 가장 큰 교회일지라도 가장 작은 교회로서 존재할 수 있다는 것, 그리고 그 중심에는 자율적이고 주체적으로 움직일 수 있는 건강한 평신도들이 있어야 한다는 것이라고 말할 수 있다.

세상을 바꾸는 공동체

교회는 세상 속에 있으나 세상과 구별되는 공동체이다. 나아가 세상을 바꾸는 공동체여야 한다. 세상의 흐름을 뒤따라가고, 세상적인 방법을 그대로 받아들이는 교회는 세상 속에서 진정한 영향력을 발휘할 수 없기 때문이다. 예수님이 그러셨듯이, 또한 초대교회가 그랬듯이 "예수가 그리스도시다."라는 신앙의 고백 위에 세워진 교회는 세상 한복판에서 개혁적인 성격을 드러낼 수밖에 없다. 특히 교회가 개혁성을 분명히 보여주어야 하는 영역이 있다면, 하나는 '십자가 복음의 능력'이고, 다른 하나는 '삶의 방식'에 있다고 말할 수 있다.

십자가 복음의 능력

오순절 날 성령의 충만함을 경험했던 제자들에게서 가장 특징적으로 나타났던 모습은 예수 그리스도의 십자가 죽음과 부활을 근거로 담대하게 복음을 전파한 것이었다. 부활하신 예수님을 만나고 나서도 여전히 두려움 속에 머물러 있던 제자들은 성령강림 이후 세상을 뒤흔드는 복음 전도자들이 되었다. 가는 곳마다 병자를 치유했고 귀신을 쫓아냈으며 가난한 이들을 구제함으로써 세상 사람들을 놀라게 하는, 그야말로 능력 있는 사역을 펼쳤다.

조용기 목사가 여의도순복음교회를 통해서 보여준 것이 바로 이 초대교회의 신앙에서 나타나는 십자가 복음의 능력이었다. "주의 성령이 내게 임하셨으니 이는 가난한 자에게 복음을 전하게 하시려고 내게 기름을 부으시고 나를 보내사 포로 된 자에게 자유를, 눈 먼 자에게 다시 보게 함을 전파하며 눌린 자를 자유롭게 하고 주의 은혜의 해를 전파하게 하려 하심이라"(눅 4:18-19)라고 하셨던 예수님의 말씀처럼 조용기 목사는 절망이 있는 곳에 희망을, 병이 있는 곳에는 치료를, 죽음이 있는 곳에 생명을, 가난이 있는 곳에는 부요케 되는 복음을 선포했다. 그리고 그가 전한 이러한 복음을 듣고 믿음으로 구하는 사람들의 삶에 실제적인 변화들이 일어났다.

오늘날 많은 교회가 복음을 고상한 것으로 포장하려 한다. 그러다 보니 십자가 복음의 원색적인 내용과 실제적인 능력을 잃어버리고 있다. 복음에 타협은 없다. 예수님을 믿으면 천국에 가고 믿지 않으면 지옥에 간다. 예수님을 믿으면 복을 받고 믿지 않으면 저주 속에서 살아갈 수밖에 없다. 오늘날 교회가 세상 사람들의 눈치를 보지 않고 이러한 원색적인 복음을 그대로 전하고 있는지 자문해봐야 한다. 조용기 목사는 "가난하고 굶주린 사람들에게 하나님이 복 주시는 분이라는 사실을 전하는 곳이 교회"라고 주장한 바 있다.[153] 세상 가운데 죄와 악의 세력이 역사하여 사람들로 하여금 하나님의 복을 누리지 못하게 가로막고 있다면, 교회는 예수 그리스도의 이름과 능력으로 그러한 상태를 변화시켜야 한다고 단순명료하게 주장한 것이 조용기 목사였다.

그런 의미에서 조용기 목사가 이끈 여의도순복음교회는 '급진적(radical) 교회'라고 부를 수 있다. 급진적인 교회란 유별난 사역을 하는 곳이 아니라 예수 그리스도의 십자가 복음에 담긴 복되고 기쁜 소식을 있는 그대로 오늘의 현실 속에 선포하고 실천하는 교회라고 말할 수 있을 것이다. 그리고 이러한 길을 걷는 교회들이 많이 나타날 때 세상은 하나님의 역사가 성경을 넘어 지금 여기, 우리의 삶에서 펼쳐지는 것을 보게 될 것이다.

---

153) "[조용기 목사의 마지막 대담] 나의 축복론은 가난하고 병든 자를 향한 복음전파", 아이굿뉴스.

세상을 앞서가는 삶의 방식

또 한편으로 교회가 개혁성을 드러내야 할 영역은 바로 삶의 방식이다. 성경에 기록된 진리의 말씀(text)은 불변하지만, 사람들을 둘러싼 문화와 상황(context)은 끊임없이 변한다. 급변하는 시대의 정황 속에서 알맞고 적절하게 옷을 바꿔입지 않는 모든 국가, 사회, 기업 등은 도태되거나 소멸할 위기에 처한다. 교회는 이런 맥락에서 "새 포도주를 낡은 가죽 부대에 넣는 자가 없나니 만일 그렇게 하면 새 포도주가 부대를 터뜨려 포도주와 부대를 버리게 되리라 오직 새 포도주는 새 부대에 넣느니라 하시니라"(막 2:22)라고 하신 예수님의 말씀을 기억해야 한다. 교회는 변치 않는 하나님의 말씀을 변화하는 시대 상황을 고려하여 지속적으로 전해야 할 책임이 있다.

이런 면에서 조용기 목사는 시대 상황과 사람들의 필요에 누구보다 민감하게 반응하며 효과적인 방식으로 복음이 전파될 수 있도록 노력했던 목회자였다고 말할 수 있다. 특히 방송과 인터넷을 포함한 대중매체를 통해 복음을 전파한 것은 조용기 목사가 사역하던 당시 한국 토양에서는 획기적인 일이었다.[154] 여의도순복음교회의 예배를 서울 여의도에 와서만이 아니라 국내 전역과 전 세계에서 온라인을 통해 참석할 수 있는 길을 이미 20세기 말에 열기 시작한 것이다. 당시 예배를 TV나 컴퓨터로 드리는 것은 거룩하지 못하다며 비판하는 소리도 적지 않았다. 그러나 시간이 지남에 따라 온라인 사역은 현대인들의 삶 속에 자연스럽게 스며들었다.

---

154) 『여의도순복음교회 60년사』, 108-110.

1982년 6월 30일에 열린 TV 스튜디오 개관식

2019년 말부터 시작된 코로나19를 거치면서 전 세계 모든 교회는 온라인 예배를 당연한 것으로 받아들였고, 대면 예배가 다시 시작되고 나서도 여러 가지 유익으로 인해 온라인 사역을 병행하는 교회가 많다. 조용기 목사는 이미 수십 년 전에 급변하는 시대를 재빠르게 통찰하여 복음이 효과적으로 전달될 수 있는 빠르고 유익한 길을 찾은 것이다. 보수적인 한국 교계의 토양에서는 이러한 급진적인 방식 뒤에 늘 비난이 따르지만, 그는 이를 두려워하지 않았다. 그리고 결과적으로 그의 선택은 시대를 앞서갔던 길이었다.

나아가 조용기 목사의 소신을 바탕으로 여의도순복음교회가 내렸던 여러 굵직한 결정들은 '공교회성'이 요구되는 작금의 시대에 더욱 주목할 만하다. 조용기 목사의 뒤를 이을 목회자를 선출할 때 민주적인 절차를 따라 이영훈 목사를 세웠던 일, 그리고 2008년 조용기 목사의 원로

목사 추대 이후 20개 지성전을 '제자교회'로 독립시켜 지역사회를 섬기도록 했던 일 등은 한국과 세계교회를 놀라게 한 파격적인 선택이었고 여러 가지 문제로 비난받는 한국교회에 청량제 같은 좋은 선례를 남겼다고 할 수 있다.[155] 나아가 세계 최대 교회의 리더십을 민주적 과정을 따라 승계한 조용기 목사의 결정은, 단순히 한국에 있는 한 개교회의 결정이 아니라, 지상에 존재하는 모든 교회를 고려한 공교회적 차원의 결정이었음을 우리는 기억해야 한다.

오늘날 교회를 분립 개척하는 일이 많이 나타나고 있다. 이는 한 개교회가 너무 비대해지는 것을 막고, 교회 생태계와 지역사회를 지키기 위한 공교회적 차원의 결정이라고 말할 수 있다. 그러나 전술한 바와 같이 조용기 목사는 이미 십수 년 전에, 당시 그 어떤 교회도 감행하지 못할 규모의 분립 개척을 실행한 바 있다. 오늘날 전국 각지에 존재하고 있는 순복음교회들이 바로 그 증거이다. 또한 그의 뜻을 계승한 이영훈 목사 역시 21개의 지교회를 제자교회로 독립시켰고, '흩어지는 교회'라는 슬로건 하에 지역을 기반으로 한 소규모 교회들의 분리 작업을 추진하고 있다.[156]

세상이 표준, 혹은 상식이라고 생각하는 수준에 머무르거나 그것에조차 이르지 못하는 교회는 결코 세상을 바꿀 수 없다. 교회가 세상과 다르게, 그리고 세상을 뛰어넘어 시대 정신을 앞서나갈 때 교회가 전하는 복음의 메시지는 더욱 힘을 얻어 세상을 바꾸는 원동력이 될 것이다.

155) "여의도순복음교회 20개 제자교회 독립완료", 기독신문 (2010. 01. 12).
156) "이영훈 목사 '흩어지는 교회로 전환해 지역 섬기는 교회 돼야'", 연합뉴스 (2021. 02. 02).

2. 전 세계를 주님의 교구 삼아

감리교의 창시자인 존 웨슬리는 일찍이 "세계는 나의 교구다."라고 외치며 영국 전역에서 말을 타고 복음을 전하는 삶을 살았다. 한편 한국에는 "전 세계는 주님의 교구입니다."[157]라고 말한 인물이 있었다. 바로 세계 최대 교회를 세우고 오대양 육대주를 여행하며 선교 사역을 감당했던 조용기 목사이다.

1967년 5월, 세계오순절총회를 마친 조용기 목사는 18개국, 39개 도시를 다니며 복음을 전했다. 무리한 일정을 소화하던 그는 결국 스위스에서 쓰러졌다. 그는 간신히 일어나 엽서 한 장을 들고 자신의 이름과 사인을 적은 뒤 하나님 앞에 간절히 부르짖어 기도했다. 이튿날이 밝았을 때 조용기 목사는 하나님이 주시는 힘을 얻고 일어나 다시 복음의 행진을 이어갈 수 있었다.

주님의 종으로 부름 받았으니 이 시대에 한 획을 긋는 종이 되리라.

이것이 1967년 여름, 선교 여행 중에 쓰러졌던 조용기 목사가 스위스의 한 허름한 여관에서 적었던 메모였다. 이러한 경험은 조용기 목사가 목회 사역 가운데 선교를 항상 강조하게 된 배경이 되었다.[158]

157) 선교백서편찬위원회, 6.
158) Ibid., 31-32.

지구를 120바퀴 돌다

조용기 목사는 늘 '밖을 향해 뻗어나가는', '보내심을 받은 자의 책무를 다하는' 선교중심적 목회자였다. 웨슬리가 영국 국교회에 얽매이지 않고 자국을 누비며 복음을 전한 전도자였다면, 조용기 목사는 교단은 물론 한국을 넘어 전 세계를 다니며 하나님의 나라를 확장한 목회자였다. '지구를 120바퀴 돈 전도자'라는 수식어는 그가 일평생 복음이 필요한 곳을 향해 끊임없이 나아갔던 사역자였음을 보여준다. 조용기 목사는 일평생 '보냄 받은 선교사'라는 정체성 위에서 세계를 무대 삼아 사역한 하나님의 일꾼이었다. "전 세계 사람들이 한국의 대통령 이름은 몰라도 'David Yonggi Cho'라는 이름은 안다."[159]라는 말이 회자된 것만 보아도 조용기 목사가 얼마나 열정적으로 선교 사역에 매진했는지, 또 그 영향력이 세계적으로 얼마나 지대했는지를 알 수 있다.

2012년 11월 28일에 열린 조용기 목사 초청 인도 하이데라바드 대성회

159) "'한국 대통령은 몰라도 조용기는 안다' 국내외 석학의 평가", 국민일보 (2021. 09. 14).

세계 기독교 시대의 중심에 서다

과거 기독교 신학과 선교는 서구 교회의 전유물처럼 여겨졌던 것이 사실이다. 기독교의 주요 교리들을 형성한 것도, 세계 각지로 굵직한 이름의 선교사들을 파송하여 선교의 열매를 맺었던 것도 서구 교회였다. 이에 서구 교회는 아시아나 아프리카, 라틴아메리카 등 비서구권 국가에 속한 교회들을 자신들의 들러리처럼 여기는 경향도 있었다. 그러나 20세기에 이르러 서구 교회는 갈수록 쇠퇴를 거듭했고, 반대로 비서구권 교회가 급속히 성장하는 현상이 나타났다. 이런 역사적 흐름 가운데 한국이라는 한 작은 나라에서 혜성처럼 나타난 '조용기'라는 인물은 기독교 선교의 주체를 서구 교회에서 비서구 교회로 전환시키는 데 크나큰 역할을 했다.

조용기 목사에 의해 설립된 여의도순복음교회는 교회사에 전례 없는 세계 최대의 교회로 자리매김했고 그의 리더십 하에 촉발된 강력한 성령운동은 한국교회의 부흥을 견인하는 차원을 넘어 전 세계로 복음의 물결이 확산되도록 만들었다. 이로써 한때 '복음 수혜국'이었던 한국은 이제 가장 적극적이고 담대하게 세상을 선교하는 '복음 전파국'의 이미지를 갖게 되었다. 이는 갈수록 침체되어 가던 서구 교회에 작지 않은 충격을 주었으며, 동시에 기독교 선교 역사의 흐름이 서구 교회 중심에서 '세계 기독교'의 차원으로 확장되었음을 알리는 신호였다. 조용기 목사의 선교 사역은 지금까지의 선교 역사의 큰 물줄기를 바꾸는 변곡점이 되었다고 말할 수 있다.

하나님의 선교에 동참하는 교회

누군가 "가장 순복음다운 삶이란 무엇인가?"라고 묻는다면, 우리는 주저함 없이 "성령의 충만함을 힘입어 하나님이 보내시는 곳에 나아가 선교하는 삶이다."라고 대답할 것이다. 이것이 바로 국내외 선교에 평생을 바친 조용기 목사의 삶이었고, 그의 선교 정신을 이어받은 모든 순복음 성도들의 소망이기 때문이다.

성경에서 하나님은 인류와 세상을 구속하시고자 아들 예수 그리스도를 이 땅에 보내셨고, 나아가 제자들이 땅 끝까지 이르러 선교하는 권능의 증인이 되도록 성령 하나님을 그들에게 보내셨다. 이 세상 그 어느 교회나 단체가 선교를 시작하기도 전에 이미 하나님이 세상을 선교하시고자 자기 아들과 성령을 보내신 것이다. 이는 선교란 일부 교회나 특정 사역자에 의해 주도되는 것이 아니라 하나님이 직접 펼쳐나가시는 것임을 보여준다. 모든 교회, 모든 사역자는 하나님이 주도적으로 진행하고 계신 이 땅에서의 선교에 동참하는 것이다. 이런 면에서 "전 세계는 주님의 교구입니다."라고 했던 조용기 목사의 고백이야말로 참된 선교의 정의를 분명하게 드러내는 표현이라고 말할 수 있다.

"예수께서 나아와 말씀하여 이르시되 하늘과 땅의 모든 권세를 내게 주셨으니 그러므로 너희는 가서 모든 민족을 제자로 삼아 아버지와 아들과 성령의 이름으로 침례를 베풀고 내가 너희에게 분부한 모든 것을 가르쳐 지키게 하라 볼지어다 내가 세상 끝날까지 너희와 항상 함께 있으리라 하시니라"(마 28:18-20)라고 하셨던 예수님의 지상명령은 그분이

재림하실 때까지 이 땅에 있는 성도들이 감당해야 할 선교의 사명을 가리킨다. 성역 50주년을 맞았던 2008년, 조용기 목사는 여의도순복음교회가 일사각오의 믿음으로 전념해 온 선교 사역을 회고하면서, 모든 순복음의 성도들이 예수 그리스도의 재림의 날까지 지상명령을 끊임없이 수행해나가야 할 것을 당부하기도 했다.[160] 순복음의 깃발을 들고 주 예수의 다시 오심을 준비하며 믿음의 경주를 하는 오늘날의 교회가 조용기 목사로부터 반드시 전해 받아야 하는 영적 바통이 있다면, 바로 이 말씀에 근거한 '선교의 바통'이라고 말할 수 있다.

2008년 5월 8일 세계선교대회에서 말씀을 선포하는 조용기 목사

선교하는 교회, 선교하는 성도야말로 진정한 순복음 교회, 순복음 성도이다. 교회가 선교를 멈추고 교회 밖 복음의 불모지를 향하지 않을 때, 교회는 침체와 쇠퇴의 길을 걷게 된다. 조용기 목사 안에 넘치던 순복음 영성이 많은 사람의 가슴에 희망을 불러일으키고 꽉 막힌 현실을

160) 『여의도순복음교회 선교백서』, 5.

극복할 수 있게 했던 것은 그의 선교 열정, 즉 하나님이 이 땅에서 행하시는 선교에 '나 자신'이 쓰임 받고자 했던 열망이었음을 우리는 잊지 말아야 한다.

3. 온 세상의 구원을 바라보는 신학

오늘날 세계교회의 흐름에는 크게 세 가지 축이 있다. 하나는 세계복음주의자연맹(World Evangelical Alliance, WEA)을 중심으로 한 '복음주의운동'이고 또 하나는 세계교회협의회(World Council of Churches, WCC)를 중심으로 한 '교회연합운동'이며, 마지막 하나는 위의 두 운동이 내포한 귀중한 가치들을 통합하여 세계교회를 이끌어가고 있는 '세계오순절협의회'(Pentecostal World Fellowship, PWC)를 중심으로 한 '오순절운동'이다.

일반적으로 복음주의운동은 성경의 절대 권위와 구원의 복음 등을 강조하고, 에큐메니컬운동은 교회 일치와 사회 구원을 강조하고, 오순절운동은 성령의 역사와 영적 부흥을 강조하는 경향이 있다. 대개 목회자들은 어느 교파에 속하고, 어떤 신학을 공부하느냐에 따라 복음주의운동이나 교회연합운동, 오순절운동 중 한쪽에 무게를 두고 사역하곤 한다.

오순절운동의 지평을 넓히다

조용기 목사의 탁월한 점은 오순절운동의 폭넓은 스펙트럼 가운데에서 복음주의운동과 교회연합운동 모두를 통합적으로 품어내는 사역을 감당했다는 점, 그리고 이를 통해 미래의 오순절 사역자들이 한 진영의 신학에 치우치지 않고 통전적인 사역을 감당할 수 있는 항로를 열어놓았다는 데 있다. 특별히 2005년은 조용기 목사의 목회 방침에 있어 대전환을 맞이하는 해였다. 여의도순복음교회 신년 시무 예배에서 그는 2005년을 사회구원 사역을 시작하는 해로 선포하면서 다음과 같이 고백했다.

> 새로운 한 해의 시작에 나는 어떠한 일에 대해 깊은 회개를 했습니다. 나는 나의 조국의 정치에 대해 충분히 기도하지 않았습니다. 나는 그리스도의 십자가 신학에 대해 너무 편협하게 해석하였습니다. 나는 사회적 악을 도외시했고, 자연의 대재난에 대해 무관심했습니다. … 지금까지 우리는 인간을 지향하는 순복음 공동체였지만, 이제 우리는 세계를 포용하는 순복음 공동체가 되어야 합니다. 그리스도의 심정으로 세상을 껴안는 순복음 공동체가 되어야 합니다.[161]

이는 기존에 펼쳐오던 개인의 영혼 구원 중심의 사역을 넘어 사회와 자연을 아우르는 구원 사역으로 확대해나가자는 뜻이었다. 당시 그의 이러한 발언은 많은 이들에게 충격을 주었다. 그 이유는 '사회구원' 또는 '생태구원'이라는 개념이 흔히 진보 진영 교단의 전유물처럼 여겨지고 있었을 뿐만 아니라, 조용기 목사의 사역이 주로 개인의 영혼 구원과 교회 성장이라는 전통 보수적 기독교 가치관에 제한된 것으로 여겨지

161) "삶을 위한 신학 신학을 위한 삶2 (몰트만)", 국민일보 (2009. 05. 12).

고 있었기 때문이다. 한마디로 이는 조용기 목사 자신이 이제까지 품어왔던 신학과 강조해왔던 신앙적 가치들을 훌쩍 뛰어넘어 더욱 넓은 지평을 향해 나아가겠다는 선언이었다.

세계적인 희망의 신학자로 유명한 위르겐 몰트만 박사는 이러한 조용기 목사의 사역 전환에 대해 기쁨과 찬사를 표하면서 순복음가족신문에 특별기고문을 보내 다음과 같이 언급하기도 했다.

> 조 목사님처럼 위대하고 성공적인 목회활동을 이룩하신 분께서 신학적인 새로운 깨달음과 새로운 발견을 위해 '변하겠다'며 담대하게 말씀하신 것을 볼 때 저는 고개가 절로 숙여집니다. … 지금까지 이룩해놓은 것을 유지하는 정도가 아니라 아예 새로운 것을 시도하는 일에는 엄청난 신앙의 용기가 필요합니다. … 성령님의 사역은 십자가에 달리시고 부활하신 예수님께로부터 나와서 세 흐름에서 이뤄집니다. 첫째 믿음을 불러일으키시어 영혼이 구원을 얻도록 하는 일, 둘째 인간 사회의 삶을 새롭게 회복시키시는 일, 셋째 대지(大地)를 모든 생명체의 모태로 새롭게 회복시키시는 일이 바로 그것입니다. 저는 여의도순복음교회가 성령님의 이러한 활동들을 따라 행할 때, '세상을 포용하는 순복음교회'가 될 수 있음을 확신합니다.[162]

조용기 목사의 새로운 목회 방침에 대해 몰트만 박사는 한마디로 '성

---

162) "[몰트만 박사 특별기고 원문] die Welt umfassenden Full Gospel Gemeinde", 순복음가족신문 (2005. 02. 11).

령론적 구원론', 즉 성령이 이 땅에서 행하시는 구원의 역사와 맥을 같이한다면서 지지를 표한 것이다. 성령은 인간의 영혼만을 구원하는 것이 아니라, 사회와 피조물의 세계 전체를 치유하고 회복하려는 데까지 나아가신다는 것, 따라서 구원받은 영혼들은 성령이 행하시는 그 총체적인 구원 사역에 동참해야 한다는 것이 몰트만 박사의 요지였다.

조용기 목사가 바라보는 사역의 방향을 성령이 행하시는 구원 사역과 연결하여 설명한 몰트만 박사의 통찰은 아주 중요한 의미가 있다. 통상적으로 교회의 사역은 신학의 강조점에 따라 영혼 구원을 위한 사역이나 사회구원을 위한 사역 중 한 방향으로 치우치기 쉽다. 교회 역사 속에서 복음주의 진영과 에큐메니컬 진영이 하나 되지 못하고 평행선을 걸어온 것도 이런 이유 때문이었다.

그러한 상황 가운데 세계 오순절운동의 대표 주자인 조용기 목사가 영혼 구원에 대한 강조에 머무르지 않고 사회와 자연에까지 이르러 온 세상을 품어내는 포용의 신학을 제시한 것이었다. 이는 작게 보면 조용기 목사 한 사람의 신학적 지평이 확장된 것이지만, 더 넓은 차원에서 보면 이 시대 오순절운동에 동참하고 있는 모든 이들, 그리고 마땅히 하나 됨을 추구해야 할 지상의 모든 교회가 품어야 할 온전한 신학을 제시한 것이라고 말할 수 있다.

십자가 두 나무의 의미

십자가를 이루는 나무는 하나는 수직으로, 다른 하나는 수평으로 이루어져 있다. 수직의 나무는 인간의 영혼을 구원하시고자 하는 하나님의 사랑을 의미한다고 볼 수 있고, 수평의 나무는 이웃과 더불어 사는 우리 사회와 모든 피조 세계의 영역을 향한 하나님의 사랑을 상징한다고 말할 수 있다. 두 나무가 함께 모일 때 온전한 십자가를 이루는 것처럼, 영혼 구원의 열정과 이 세계의 회복을 위한 노력이 함께할 때 교회는 진정으로 예수 그리스도 안에서 성령이 이루시는 온전한 구원에 참여할 수 있다.

이런 점에서 조용기 목사는 오순절운동의 지평을 한 차원 높이 제고시켰다고 평가할 수 있다. 그러나 이보다 귀한 것은, 그가 자신의 신학적 인식에만 머무르지 않고, 담대하게 진리를 향한 새로운 도전을 주저하지 않는 목회자였다는 사실이다.

자기의 신학적 틀에 갇히지 않고 언제나 진리 안에서 그것을 교정하고 확장해나가는 것을 두려워하지 않는 목회자는, 끊임없이 변해가는 시대적 풍조 가운데서도 가장 올바르고 효과적인 방법으로 복음을 전할 수 있다. 이것이 바로 특정 신학의 체계나 진영 논리에 갇히지 않고 자기 신학을 유연하게 넓혀가며 시대와 소통했던 조용기 목사의 힘이었다.

2008년 성역 50주년을 맞은 조용기 목사는 은퇴를 선포한 후, ‘영산조용기자선재단’을 세워 우리 사회의 소외계층을 섬기고 사랑과 행복을 나누는 일을 통해 제2기 사역을 해나갔다. 이 같은 사회구원 사업은 그의 리더십을 이어받은 이영훈 목사에 의해 더욱 확대, 발전되었다. 여의도순복음교회는 매년 예산의 3분의 1을 구제와 선교사업, 재난구호 및 환경보호 활동에 사용해오고 있다. 이에 전 세계교회는 오순절운동의 산실에서 개인의 영혼구원만이 아니라 사회구원 및 생태구원을 위한 사역까지 활발하게 진행되고 있는 상황을 목격하게 되었다.

간혹, 성령운동은 개인적인 삶의 필요와 영적 체험만을 강조하기 때문에 도덕적, 영적 영향력을 갖지 못한다고 비판하는 목소리가 있다. 이는 자신을 포함한 주변의 상황에 대한 진지한 신학적 고민이 없기 때문이라는 것이다. 즉, 신학적 뒷받침이 없다는 비판이다. 그러나 이러한 지적은 적어도 여의도순복음교회에 적용될 수 없다. 앞서 언급한 바와 같이 조용기 목사를 중심으로 한 여의도순복음교회의 오순절 성령운동은 항상 성도들의 삶의 현장뿐만 아니라 교회가 대변하는 사회 현장 안에서도 진지한 신학적 고민을 통해 구체화 되어 왔기 때문이다. 이런 면에서 오순절운동은 특정 신학의 체계나 교단의 울타리에 갇히지 않고 성령의 역동적인 역사에 참여하면서 상황에 따라 자기 신학적 한계를 유연하게 확장해나가는 신앙운동이라고 할 수 있다. 이것이 바로 조용기 목사로 하여금 개인의 영혼 구원을 넘어 사회와 자연을 포함한 온 세상을 위한 구원이라는 신학적 도약을 가능케 한 이유였다.

서해안 기름 제거 봉사활동을 하는 조용기 목사

"하나님이 세상을 이처럼 사랑하사 독생자를 주셨으니 이는 그를 믿는 자마다 멸망하지 않고 영생을 얻게 하려 하심이라"(요 3:16)라는 말씀대로, 하나님은 인간 개개인의 영혼과 더불어 하나님이 창조하신 온 피조세계를 사랑하시고 그리스도 안에서 만물을 구속하여 새롭게 하기를 원하신다. 조용기 목사가 오순절 신앙 안에서 깨달았던 것은 하나님이 인류와 온 세계를 구원하시려는 계획을 성령을 통해 이루어가고 계신다는 것이었다.

잃어버린 영혼들, 타락하고 병든 문화와 사회, 고통으로 신음하고 있는 자연과 피조물들 가운데로 우리는 강도 만난 자의 이웃이 되어주었던 사마리아인처럼 보냄을 받았다. 우리가 만나는 모든 사람과 세상의 영역 가운데 치유와 평화, 구원이 임하도록 성령과 함께 행진하는 것, '그리스도의 심정으로 세상을 껴안는 순복음 공동체'가 되는 것, 이것이 바로 조용기 목사가 우리에게 남긴 귀중한 신학이자 영적 유산이다.

4. 미래의 순복음을 위하여

조용기 목사에 의해 전 세계로 확대된 순복음의 불길이 한 시대를 풍미한 후에 과거의 뒤안길로 사라졌다는 평가를 받지 않기 위해서는 '미래의 순복음'을 위한 지속적인 기도와 노력이 필요하다. 이는 조용기 목사의 신학과 신앙을 계승함과 동시에 그것을 변화하는 시대적 상황에 맞게 교정하고 확장하는 일이 우리에게 과제로 남아있음을 의미한다.

역동성을 유지하는 힘, 오직 기도와 성령충만

오순절운동, 그리고 순복음 신앙의 힘은 역동성에 있다. 특정한 신학 체계나 교회 조직, 시스템 안에 갇히지 않고 계속해서 활발하게 움직이고 도전하는 모습이 순복음 신앙의 본질이라고 말할 수 있다. 조용기 목사가 여의도순복음교회를 통해 펼친 오순절 성령운동이 한국을 넘어 전 세계에까지 확장될 수 있었던 것도 순복음 신앙의 역동성 때문이었다. 그러므로 순복음교회가 생명력을 유지하는 비결 또한 역동성을 지속적으로 유지하는 데 있다고 말할 수 있다.

교회 역사를 보아도 부흥을 경험했던 교회는 모두 역동적이었다. 문제는 시간이 지나면서 부흥을 일으켰던 역동적 요소들이 시들고, 소위 관리형 모델로 교회 조직이 전환됨에 따라 쇠퇴의 길을 걷게 된다는 점이다. 신약학자인 존 드레인은 『초대교회의 생활』에서 막스 베버의 글을 인용하면서 다음과 같은 분석을 한다.

> 막스 베버는 카리스마적인 지도자가 시작한 단체는 지도자의 죽음과 함께 반드시 변화를 겪게 된다고 주장한다. … 그에 의하면 당초 지도자의 측근들은 나중에 공적 대표자들이 된다. 따라서 그들은 단체의 발전에 관심을 두게 되며 자신들을 하향식 조직체계의 특수층에 올려놓고 개발운동에 참여한 다른 멤버들의 일을 통솔하면서 그들에게 임금을 지불하는 위치가 된다. 이같은 과정을 지나는 동안 처음 지도자가 지녔던 다이나믹한 영감은 상실되고 카리스마는 한 직책에서 다른 직책으로 옮겨갈 수 있는 훨씬 가시적인 내용으로 바뀌게 된다. 이것이

교회에서 일어났던 상황임에는 틀림이 없다.[163)]

성령의 역동적인 역사를 상실한 교회, 또는 성령의 역사를 시스템이나 기구조직의 테두리에 가두는 교회는 필연적으로 이와 같은 길을 걸을 수밖에 없다. 그렇다면 조용기 목사의 성령운동을 통해 놀라운 성장과 부흥을 경험한 순복음 교회는 이를 피하기 위해 어떤 길로 나가야 할 것인가? 존 드레인의 계속되는 설명을 통해 한 줄기 빛을 찾을 수 있다.

그러나 교회가 지도자들의 유익을 위해 존재하는 기관으로 발전될 수 없었던 한가지 확신이 있었다. 그것은 예수가 죽지 않고 살아있어 성령의 능력을 통해 신자들 속에서 계속 역사한다는 통일된 믿음이었다. … 성령에 의해 세워진 공동체라는 인식이 지속되는 한 교회의 기구적 발전은 저지될 수 있었다.[164)]

초대교회가 부흥 이후에도 경직된 조직으로 나아가지 않고 그 역동성을 견지할 수 있었던 비결은 바로 성령의 강력한 역사에 있었다. 성령의 능력을 통해 주님이 우리 공동체와 함께하신다는 믿음을 가졌기에 교회는 멈추지 않고 계속해서 앞으로 나아갈 수 있었던 것이다.

마찬가지로 조용기 목사의 카리스마적 리더십을 바탕으로 성령의 강력한 역사와 부흥을 경험했던 순복음교회도 앞으로 나아가기 위해서는

---

163) 존 드레인, 『초대교회의 생활』, 이중수 역 (서울: 두란노, 2000), 79-80.
164) Ibid., 79-80.

성령의 능력을 붙들어야만 한다. 그리고 성령의 능력을 힘입기 위해 가장 필요한 것은 기도이다. 조용기 목사는 기도운동의 중요성에 대해 다음과 같이 설교한 적이 있었다.

> 성령으로 충만함을 받기 위해서는 맹렬한 기도 운동이 있어야 합니다. 기도 없이 성령으로 충만하고 성령침례를 받을 수 없습니다. 과거 우리 교회에서 구역예배로 모여 부르짖어 기도하면 얼마나 크게 소리 지르며 뜨겁게 기도했던지 이웃에서 신고하여 경찰차가 출동될 정도였습니다. 뿐만 아니라 새벽기도, 철야기도 등을 통해 우리 순복음은 뜨겁게 기도해 왔습니다. 이러한 기도가 식어지면 성령 충만의 체험과 방언의 역사는 사라집니다. 기도와 성령 충만은 병행하는 것입니다.[165]

교회의 역동성은 오직 기도를 통해서만 지속될 수 있다. 기도가 살아있는 곳에서만 성령이 강하게 역사하신다. 과거 여의도순복음교회 예배에 참석했던 이들은 예배 도중에 괴성을 지르는 사람들이 더러 등장했던 일을 기억할 것이다. 성령이 강하게 역사하시는 곳에서는 어둠에 있던 일들이 드러나기도 한다. 그래서 죄를 회개하며 통곡하는 소리가 끊이지 않았고, 귀신과 질병이 쫓겨나는 일이 부지기수로 나타났다. 이러한 성령의 능력이 강하게 나타나는 교회에서는 부흥이 사그라들 수가 없다.

---

165) 조용기, "순복음의 정체성", 여의도순복음교회 수요 교직원 예배 설교.

금요성령대망회에서 뜨겁게 기도하는 성도들

오늘날 순복음교회를 필두로 한 오순절운동은 조용기 목사에 의해 주창되었던 강력한 기도운동을 이어가야 한다. 이는 성도 개개인의 영성을 위한 길이며, 동시에 교회의 역동성을 지키는 길이기도 하다. 오직 기도를 통해 성령의 능력을 지속적으로 체험하는 교회만이 성령의 불을 들고 어두운 세상을 밝힐 수 있을 것이다.

사회를 향해 열린 오순절운동을 펼쳐가자

한국교회가 양적 성장만 추구하는 것이 아니라 질적 성숙을 함께 도모해야 한다는 목소리가 들려온 지도 오래되었다. 더불어 교회를 바라보는 사회적 인식, 세상 사람들의 관점도 변화되었다. 세상은 교회를 사회와 동떨어져 있는 종교기관으로 바라보기보다는 지역사회에 선한 영향력을 끼치고 세상과 소통할 수 있는 공동체가 되기를 바란다.

이런 시대적 상황 속에서 순복음의 교회가 나아갈 방향은 성숙한 오순절주의이다. 특히 사회를 향해 열린 오순절운동을 지향해야 한다. 지금까지 오순절 성령운동에서 강조되었던 것은 성령충만을 경험한 개인의 변화, 그리고 그렇게 변화된 개인들에게 주어지는 은사와 능력 있는 전도를 통해 이루어지는 개교회의 성장이었다고 말할 수 있다. 성령충만의 경험이 개인의 삶을 송두리째 바꿔놓고 폭발적인 교회의 성장을 불러올 수 있는 전도의 능력을 제공하는 것은 분명한 사실이다. 사도행전에 나타난 제자들의 모습만 보아도 성령충만을 받으면 죽음도 두려워하지 않을 만큼 담대하게 복음을 전파하게 된다는 사실을 알 수 있다. 하지만 그것이 성령충만한 신앙의 전부는 아니다.

성령충만한 신앙은 우리를 개인의 영역에 머무르지 않게 한다. 성령은 우리 개개인을 복음의 능력으로 강력하게 무장시키실 뿐 아니라, 사회적 영역에서 사랑과 정의, 화합, 그리고 창조적인 변화를 실천하도록 우리를 이끌어가신다. '희망'이라는 개념을 신학계와 교계 전반에 각각 전해 온 몰트만 박사와 조용기 목사는 이러한 주제에 있어 의견을 같이 한 바 있다. 2016년, 조용기 목사의 집무실에서 만났던 두 사람은 "희망의 신학이 세상 속에서 어떻게 확대될 수 있을까?"라는 질문을 받았다. 이때 몰트만 박사는 "부활의 영이신 성령은 불의와 폭력, 빈곤과 가난에 맞서도록 격려하신다."라고 답변했고, 조용기 목사는 "성령이 움직이시면 희망을 안겨주시고, 우리가 기도하면 영적인 힘을 갖게 되어 이 세상과 사회를 엄청나게 바꾸는 변화를 가져올 수 있다."라고 답했다.[166)]

---

166) "[공존과 희망의 메시지-몰트만 박사-조용기 목사] 사회 곳곳 절망의 그림자 … 그래도 희망을 가져라", 국민일보 (2016. 03. 28).

성령의 충만함을 바탕으로 세워졌던 초대교회에서는 신자들이 물건을 서로 통용하고(행 2:44), 자기 재산과 소유를 팔아 이웃의 필요를 따라 나눠주었다(행 2:45). 즉, 성령은 초대교회의 성도들이 개인의 신앙을 세우는 것을 넘어 이웃의 형편을 돌보는 데까지 나아가게 하신 것이다. 이러한 모습을 목격한 세상 사람들은 교회를 칭송했고, 그것이 곧 초대교회가 더욱 부흥하는 요인이 되었다(행 2:47).

오순절 성령강림 사건을 통해 세워진 초대교회의 이러한 사랑의 섬김, 선교와 구제의 모습을 성령운동을 주도하는 순복음교회가 계속해서 펼쳐나가야 할 것이다. 21세기의 오순절운동은 교회 안에서만 뜨거운 '종교인'을 양산하는 것이 아니라, 타인과 시민사회, 그리고 생태계까지 모두를 사랑으로 돌보고 섬기는 '참 신앙인'을 세우는 운동으로 나아가야 한다. 이를 통해 그리스도의 복음이 이 세상의 모든 영역에까지 이를 수 있도록 해야 한다. 그것이 곧 주님이 바라시는 교회의 모습이다.

조용기 목사의 리더십을 이어받은 이영훈 목사는 이미 수십 년 전에 오순절운동이 사회참여에 대해 소극적 자세를 취해온 것을 지적하면서, 미래의 오순절운동은 개개인의 삶의 변화를 기초로 하여 이웃에 대한 사랑과 사회적 책임의식을 강조하는 방향으로 나아갈 필요가 있다고 언급한 바 있다.[167] 이렇게 개인의 성령충만과 영적 성장을 넘어 사회와 피조 세계의 구원을 위한 일에도 능동적으로 참여할 수 있는 폭넓고 성숙한 오순절운동이 앞으로도 계속 펼쳐져야 할 것이다.

---

167) 이영훈, "오순절 운동이 한국교회에 미친 영향", 『오순절 신학 논단』 Vol. 1 (1998), 120.

순복음은 순복음이어야 한다

교회는 기독교 신앙 공동체다. 그래서 모든 교회는 창조주 하나님을 섬기며, 예수 그리스도가 이 땅에 오셔서 우리를 위해 십자가에서 죽으심으로 우리를 구원하셨다는 사실을 믿고, 오직 예수님을 통해서만 구원을 받을 수 있다는 것과 오늘날 성령을 통해 하나님의 역사가 나타난다는 것 등에 대해 동일한 신앙고백을 한다. 각기 다른 교회를 다닐지라도 모든 성도가 다 같은 하나님의 백성이며, 거룩한 공교회를 이루는 지체들이다. 그러나 모든 교회가 같은 모습, 같은 색깔을 띠고 같은 역할을 하는 것은 아니다. 다양성 속에 조화와 일치를 이루는 것이다. 교회마다 강조점에 차이가 있고 자기 교회의 정체성을 갖고 있다.

순복음교회도 순복음의 정체성을 갖는다. 조용기 목사는 "순복음교회로 부르심을 받은 것은 순복음의 정체성을 어깨에 짊어지고 복음을 증거하라는 사명을 받은 것"이라고 강조하면서 다음과 같이 덧붙였다.

> 온 세상에 사시사철 코스모스 꽃만 피어난다면 어떨까요? 봄에는 개나리뿐 아니라 진달래도 피고 여름에는 해바라기가 피고 가을에는 코스모스가 피는 등 온 땅은 계절에 따라 각기 다양한 꽃을 피움으로써 우리는 다양한 은혜를 받습니다. 이와 마찬가지로 똑같은 기독교이지만 교파가 다르고 교단이 다른 것은 하나님께서 주시는 은혜의 내용을 각 교회마다 달리하심으로 더욱 풍성한 하나님의 교회를 만들기 위한 것입니다.[168)]

---

168) 조용기, "순복음의 정체성", 여의도순복음교회 수요 교직원 예배 설교.

내 것이 익숙해지면 시시해 보이고 오히려 남의 것이 좋아 보일 수 있다. 십자가 대속의 신앙, 성령충만, 오중복음과 삼중축복, 전인구원, 4차원의 영성, 절대 긍정의 믿음 등의 메시지를 계속 듣다 보면 순복음 신앙의 소중함을 간과할 수 있다. 그러나 그러한 모든 내용이 순복음의 핵심이다. 순복음의 것을 지키는 일을 등한시하고, "어느 교회가 무슨 프로그램을 했더니 부흥했다더라." "요즘 교회에서는 다 이걸 하더라."라는 기류에 휩쓸리는 교회가 되어서는 안 된다. 순복음교회는 순복음의 정체성을 확실히 안고 가야 한다.

순복음교회가 모든 면에 있어 완전하다고는 말할 수 없다. 교회가 단기간에 급성장하면서 외부로부터 이러저러한 비판과 공격을 받기도 했다. 그러나 한국과 세계교회에 여러 가지 측면에서 긍정적으로 지대한 영향을 끼친 것 또한 사실이다. 세계 곳곳에서 조용기 목사와 여의도순복음교회의 영향을 받아 '순복음식'으로 교회 사역을 펼치는 일들이 일어나고 있는데, 정작 순복음교회가 자기 정체성을 확고하게 지키지 않으면 어찌 될까? 구심력이 있어야 원심력을 발휘할 수 있다. 순복음교회가 자기 정체성을 갖고 내면을 단단하게 만들 때 밖으로 뻗어나갈 힘을 얻을 수 있을 것이다.

사도 바울은 생애의 마지막에 디모데에게 편지를 보내면서 "내가 선한 싸움을 다 싸우고 달려갈 길을 달려가고 믿음을 지켰다"(딤후 4:7)라고 고백했다. 사도 바울은 이방인의 사도로 부르신 하나님의 부르심에 순종하며 한평생 믿음의 길을 달려갔다. 우리도 순복음교회로 부르신 하나님의 부르심에 순종하여 맡겨진 사명을 감당하기 위해 최선을 다해 달려갈 길을 달려가야 한다. 조용기 목사가 한평생 달려갔던 십자가 대속 사역의 선포, 성령충만의 신앙, 절대 긍정의 믿음, 삼중축복, 오중복음, 4차원의 영성, 땅 끝까지 복음을 전하는 선교의 길을 우리도 전력을 다해 달려가야 할 것이다. 우리 주 예수 그리스도의 재림의 그날까지. "아멘, 주 예수여 오시옵소서"(계 22:20).

조용기 목사 연보

1936년 - 2월 14일 울산광역시 울주군 삼남읍 교동리에서 부친 조두천 씨와 모친 김복선 여사의 5남 4녀 중 맏아들로 출생

1953년 - 폐결핵으로 6개월 시한부 선고를 받아 병원에 있을 때 누나 친구에게 받은 성경을 읽고 예수 그리스도를 영접
- 부산 부흥성회(켄 타이즈 선교사 설교)에서 은혜를 받고 금식기도 중 성령충만을 체험, 이때 병 고침과 더불어 주의 종의 소명을 받음

1956년 - 순복음신학교 입학

1958년 - 2월 13일, 순복음신학교 졸업(제4회)
- 5월 18일, 서울 서대문구 대조동에서 최자실 전도사와 교회 창립 예배

1961년 - 1월 30일 군 입대(8월 25일 의병제대)
- 서대문 로터리로 교회 이전(1962년 '순복음중앙교회'로 개칭)

1962년 - 4월 26일, 목사 안수

1964년 - 미국하나님의성회 초청으로 해외 성회 시작

1965년 - 3월 1일, 김성혜 사모와 결혼

1966년 - 기독교대한하나님의성회 총회장
- 미국 국무성 초청으로 부흥회 인도

1968년 - 미국 베다니신학대학에서 명예 신학박사 학위 취득

1970년 - 종교법인 기독교대한하나님의성회 재단 이사장

1973년 - 여의도로 교회 이전(1984년 '여의도순복음교회'로 개칭)
- 제10차 세계오순절대회(PWC) 준비위원장

1976년 - 국제교회성장연구원(CGI) 총재

1979년 - 성도 10만 명 돌파

1981년 - 미국 제40대 레이건 대통령 취임 축하식에 주 강사로 초청

1982년 - 성도 20만 명 돌파
- 재단법인 순복음선교회 이사장
- 대통령 표창(행정자치부) 수상
- 홀트학교 건립후원 및 장애아동 복지사업

1983년 - 지성전 건립 시작

1984년 - 성도 40만 명 돌파

1985년 - 성도 50만 명 돌파

1986년 - 사회복지법인 엘림복지회 대표이사, 한세대 재단 이사장

1989년 - 한국기독교총연합회 고문
- 오랄로버츠대학 명예목회학박사 학위 취득

1990년 - 미국 리전트대 명예목회학 박사

1992년 - 11월 4일, 세계오순절하나님의성회연합회 조용기 목사 초대 총회장 취임 축하 예배

1993년 - 기네스북에 세계 최대 교회로 등재(성도 70만 명)

1994년 - 제26회 국가조찬기도회 인도
- 적십자헌혈유공장 금장(대한적십자사) 수상

1995년 - 제1회 환경대청상 금상(한국기독교환경대책협의회) 수상

1996년 - 국민훈장 무궁화장(보건복지부) 수훈
- 심장병 어린이 시술지원 및 소년소녀 가장 돕기

1997년 - 세계하나님의성회 제3대 총재
- 제1회 한국교회 군선교 대상(일반후원부문) 수상

1998년 - 한국 기독교 지도자협의회 공동회장

1999년 - 사단법인 굿피플(NGO) 이사장

2000년 - DCEM(David Cho Evangelistic Mission) 총재

2005년 - 더 패밀리 오브 맨 메달리온(뉴욕기독교교회협의회) 수상

2007년 - '자랑스런 한국인' 인증서 수여(미 연방의회)

2008년 - 여의도순복음교회 원로목사 추대
- 영산 조용기 자선재단 이사장

2009년 - 로열 나이트 오브 프렌드십 오브 더 킹덤 오브 캄보디아 수훈

2010년 - 출산장려국민운동본부 총재
- 국민일보 발행인 겸 명예회장

2012년 - 한국기독교공공정책협의회 대표고문
- 탈북난민북한구원한국교회연합 상임고문
- 국민일보 명예회장

2021년 - 9월 14일, 향년 85세 일기로 하나님의 부르심을 받음

참고문헌

조용기 목사 설교 및 강의

조용기. "만남과 변화". 여의도순복음교회 주일예배 설교 (1974. 03. 17).
______. "십자가와 믿음". 여의도순복음교회 송구영신예배 설교 (1984. 01. 01).
______. "성령의 은사와 목회". 『성령』 제4집 (1988). 78-97.
______. "성령의 역사와 설교". 『성령』 제5집 (1989). 149-158.
______. "참된 십자가". 여의도순복음교회 주일예배 설교 (1995. 09. 03).
______. "천국을 가지신 분 예수". 여의도순복음교회 주일예배 설교 (1995. 10. 01).
______. "보혜사". 사랑의교회 강단교류 설교 (2002. 04. 10).
______. "여의도순복음교회 성장의 핵심 요인". 영산 목회자 영성 세미나 (2003. 05. 13).
______. "순복음의 정체성". 여의도순복음교회 수요 교직원 예배 설교 (2004. 05. 05).
______. "셋째 하늘, 마음 하늘". 여의도순복음교회 주일예배 설교 (2005. 12. 04).
______. "삼중축복". CBS 시청자대성회 설교 (2006. 06. 22).
______. "나의 새 생명의 모태 십자가". 여의도순복음교회 주일예배 설교 (2006. 12. 03).
______. "부흥을 사모하라". 온누리교회 간증집회 (2007. 04. 20).
______. "이 모든 백성으로 더불어 일어나 요단을 건너라". 수요예배 설교 (2008. 05. 14).
______. "변화와 기적을 가져오는 믿음". 여의도순복음교회 주일예배 설교 (2009. 07. 12).
______. "십자가와 부활". 여의도순복음교회 주일예배 설교 (2009. 10. 11).
______. "나를 다스리는 힘". 여의도순복음교회 주일예배 설교 (2010. 07. 11).
______. "말의 힘". 여의도순복음교회 주일예배 설교 (2011. 02. 13).
______. "전인치료". 여의도순복음교회 주일예배 설교 (2011. 12. 04).
______. "사차원의 기도". 여의도순복음교회 주일예배 설교 (2012. 02. 05).
______. "꿈과 희망". 여의도순복음교회 주일예배 설교 (2012. 09. 30).
______. "말의 창조적 힘". 여의도순복음교회 주일예배 설교 (2013. 03. 18).
______. "갈보리 십자가". 여의도순복음교회 주일예배 설교 (2013. 12. 08).
______. "나는 믿음의 사람인가?". 여의도순복음교회 주일예배 설교 (2016. 06. 19).

______. "체험하는 복음". 여의도순복음교회 주일예배 설교 (2017. 08. 13).
______. "예수님과 강도". 여의도순복음교회 주일예배 설교 (2020. 07. 19).

조용기 목사 저서

조용기. 『새벽의 명상』. 서울: 영산출판사, 1976.
______. 『5일간의 결단』. 서울: 서울서적, 1977.
______. 『순복음의 진리(上)』. 서울: 서울서적, 1979.
______. 『삶과 사색』. 서울: 서울서적, 1981.
______. 『성공적인 구역』. 서울: 서울서적, 1989.
______. 『쓸모 있는 사람과 쓸모 없는 사람』. 서울: 서울서적, 1990.
______. 『나는 이렇게 설교한다』. 서울: 서울말씀사, 1996.
______. 『조용기 목사 설교전집』. 제1권. 서울: 서울말씀사, 1996.
______. 『조용기 목사 설교전집』. 제11권. 서울: 서울말씀사, 1996.
______. 『조용기 목사 설교전집』. 제12권. 서울: 서울말씀사, 1996.
______. 『조용기 목사 설교전집』. 제19권. 서울: 서울말씀사, 1996.
______. 『4차원의 영적 세계』. 서울: 서울말씀사, 1996.
______. 『삼박자 구원』. 서울: 서울서적, 1997.
______. 『에베소서 강해』. 서울: 서울말씀사, 1997.
______. 『현대인을 위한 오중복음 이야기』. 서울: 서울말씀사, 1998.
______. 『다니엘서 강해』. 서울: 서울말씀사, 2001.
______. 『하나님의 손에 상처입은 사람』. 서울: 서울말씀사, 2002.
______. 『보혈의 신비』. 서울: 서울말씀사, 2004.
______. 『불같이 생수같이』. 서울: 서울말씀사, 2004.
______. 『희망목회 45년』. 서울: 교회성장연구소, 2004.
______. 『3차원의 인생을 지배하는 4차원의 영성』. 서울: 교회성장연구소, 2004.

______. 『구역예배공과 5』. 서울: 서울말씀사, 2005.
______. 『나의 교회성장 이야기』. 서울: 교회성장연구소, 2005.
______. 『설교는 나의 인생』. 서울: 서울말씀사, 2005.
______. 『말』. 서울: 교회성장연구소, 2007.
______. 『그래도 사랑해야지』. 서울: 서울말씀사, 2008.
______. 『성공 설계도를 펼쳐라: 하나님의 성공법칙』. 서울: 서울말씀사, 2012.
______. 『병을 짊어지신 예수님』. 서울: 서울말씀사, 2017.

단행본

60년사 편찬위원회 편. 『성령과 함께한 기독교대한하나님의성회 60년사』. 서울: 하늘창, 2013.
교회성장연구소. 『카리스 & 카리스마』. 서울: 교회성장연구소, 2003.
______. 『여의도순복음교회 성장동력』. 서울: 교회성장연구소, 2008.
국제신학연구원 편. 『여의도의 목회자』. 서울: 서울말씀사, 2008.
국제신학연구원. 『여의도순복음교회의 신앙과 신학 Ⅰ, Ⅱ』. 서울: 서울서적, 1993.
드레인, 존. 『초대교회의 생활』. 이중수 역. 서울: 두란노, 2000.
맥스웰, 존. 『당신 주위에 있는 사람을 키우라』. 임윤택 역. 서울: 두란노, 1997.
명성훈. 『교회성장과 기도』. 서울: 서울서적, 1992.
박명수. 『한국교회 부흥운동 연구』. 서울: 한국기독교역사연구소, 2003.
에와르트, 프랭크 J. 『20세기의 오순절』. 박선규 역. 서울: 보이스사, 1976.
여운학 편. 『주여 뜻대로 이루소서』. 서울: 규장문화사, 1982.
여의도순복음교회 30년사 편찬위원회. 『여의도순복음교회 30년사』. 서울: 여의도순복음교회, 1989.
여의도순복음교회 40년사 편찬위원회. 『여의도순복음교회 40년사』. 서울: 신앙계, 1998.
여의도순복음교회 50년사 편찬위원회. 『여의도순복음교회 50년사』. 서울: 여의도순복음교회, 2008.

여의도순복음교회 60년사 편찬위원회. 『여의도순복음교회 60년사』. 서울: 서울말씀사, 2018.
여의도순복음교회 교육기획포럼. 『여의도순복음교회 교육핸드북』. 서울: 여의도순복음교회 교육기획포럼, 2013.
여의도순복음교회 교육훈련국. 『여의도순복음교회 교육매뉴얼』. 서울: 여의도순복음교회 교육훈련국, 2017.
여의도순복음교회 선교백서편찬위원회. 『여의도순복음교회 선교백서』. 서울: 서울말씀사, 2008.
영목회. 『영산의 기슭에서』. 서울: 교회성장연구소, 2022.
이덕주. 『한국 토착교회 형성사 연구』. 서울: 한국기독교역사연구소, 2000.
이영훈. 『성령운동의 발자취: 하나님의성회 교회사』. 서울: 서울말씀사, 2014.
______. 『성령운동의 발자취』. 서울: 대한기독교서회, 2018.
이철수·김준기. 『언어와 언어학의 이해』. 서울: 한국문화사, 2000.
최자실. 『나는 할렐루야 아줌마였다』. 서울: 서울말씀사, 2010.
한국기독교역사학회 편. 『한국 기독교의 역사 III』. 서울: 한국기독교역사연구소, 2009.
______. 『한국 기독교의 역사 I』. 서울: 기독교문사, 2011.
홍영기. 『조용기 목사의 영성과 리더십』. 서울: 교회성장연구소, 2003.
Kendrick, Klaude. *The Promise Fulfilled. Springfield*, MO: Gospel Publishing House, 1961.
Sherrill, John L. *They Speak with Other Tongues.* Michigan: Chosen books, 2004.

논문

김호성. “영산의 십자가 신앙과 신약성서”. 『영산신학저널』 Vol. 20 (2010). 33-59.
마원석. “사회적 차원에서의 성령의 역사: 한국오순절 교회를 중심으로.” 『성령의 사역에 있어서 그리스도인의 성화』 제6회 국제신학학술세미나, 서울: 국제신학연구원, 1997. 141-155.
민경배. “조용기 목사의 성령신학과 한국교회”. 『영산신학저널』 제1호 (2004). 32-60.
박명수. “한국교회사의 전토에서 본 조용기 목사의 오중복음”. 『영산의 목회와 신학: 영산 조용기 목사 성역 50주년 기념 논총』 제3권 (2008). 265-298.

______. "해방 후 한국교회사와 여의도순복음교회의 조용기 목사". 『영산신학저널』 Vol. 23 (2011). 203-239.

배덕만. "한국 오순절 운동의 역사와 현황". 『2022 한국오순절대회』 (2022). 88-137.

배현성. "영산의 신학세계와 희망 이해". 『십자가, 성령 그리고 희망』. 영산신학연구소 편. 군포: 한세대학교 출판부 (2018). 137-166.

소태영. "'주여 삼창'의 순복음교회 기도 양식에 내재된 탄식의 영성과 교육". 『영산신학저널』 Vol. 40 (2017). 107-140.

이기성. "4차원 영성의 말". 『영산신학저널』 Vol. 17 (2009). 261-295.

이영훈. "오순절 운동이 한국교회에 미친 영향". 『오순절 신학 논단』 Vol. 1 (1998). 81-127.

______. "조용기 목사의 성령론이 한국교회에 미친 영향". 『영산신학저널』 제1권 제2호 (2004). 125-149.

______. "영산 조용기 목사의 '좋으신 하나님 신앙'이 한국 교회에 미친 영향". 『영산신학저널』 Vol. 7 (2006). 84-112.

______. "세계 오순절 성령운동의 역사". 24-50. 『2022 한국오순절대회』. 2022.

이정환. "영산의 십자가 이해에 대한 신학적 윤리학의 방법론적 소고". 『영산신학저널』 Vol. 21 (2011). 41-82.

이창승. "오순절적 순복음(純福音, Full Gospel)의 기원, 역사와 의미". 『영산신학저널』 Vol. 47 (2019). 219-272.

임형근. "조용기 목사의 성령 이해: 성령과의 교제를 중심으로". 『영산신학저널』 제1권 제2호 (2004). 150-186.

조귀삼. "최자실 목사의 기독교 영성이 여성 리더십 발전에 끼친 영향에 관한 연구". 『영산신학저널』 Vol. 29 (2013). 153-190.

Bloch-Hoell, Nils. *The Pentecostal Movement*. London: Allen and Unwin, 1964.

Jae-bum, Lee. *Pentecostal Type Distinctives and Korean Protestant Church Growth.* Ph. D. diss. Fuller Theological Seminary, 1986.

Sung-Hoon, Myung. *Spiritual Dimensions of Church Growth as Applied in the Yoido Full Gospel Church.* Ph.D. diss. Fuller Theological Seminary, 1990.

Young-Hoon, Lee. *The Holy Spirit Movement in Korea: Its Historical and Doctrinal Development.* Ph.D. diss. Temple University, 1996.

신문

"[공존과 희망의 메시지-몰트만 박사-조용기 목사] 사회 곳곳 절망의 그림자 … 그래도 희망을 가져라", 국민일보 (2016. 03. 28).

"[몰트만 박사 특별기고 원문] die Welt umfassenden Full Gospel Gemeinde", 순복음가족신문 (2005. 02. 11).

"[소년소녀 가장돕기] 소년소녀 가장돕기 25년…48억원 모금 1만1200여명에게 희망 선물", 국민일보 (2013. 12. 10).

"[조용기 목사의 마지막 대담] 나의 축복론은 가난하고 병든 자를 향한 복음전파", 아이굿뉴스 (2021. 09. 14).

"[지령 1만호] n번방, 독일 리포트, 소년소녀가장돕기… 세상을 바꿨다", 국민일보 (2021. 06. 21).

"'낙제' 못 면한 신문업계 96년 경영성적표", 미디어오늘 (1997. 04. 28).

"'사랑과행복나눔' 현판식 열려", 순복음가족신문 (2008. 03. 09).

"'한국 대통령은 몰라도 조용기는 안다' 국내외 석학의 평가", 국민일보 (2021. 09. 14).

"11월 말 현재 1만 구역돌파", 순복음뉴스 (1980. 12. 28).

"15일 지교회운영위원 신년하례 예배", 순복음가족신문 (2008. 01. 20).

"2,000여 명의 여성 지도자들 선교활동에 앞장 설 것을 다짐", 순복음뉴스 (1981. 08. 23).

"78 민족복음화 대성회", 순복음뉴스 (1978. 10. 29).

"81년 청년 초청금식대성회 성황리에 마쳐", 순복음뉴스 (1981. 07. 26).

"92세계성령화대성회 성료", 순복음가족신문 (1992. 08. 23).

"93기네스북 韓國版(한국판) 출판", 경향신문 (1993. 02. 16).

"개막을 앞둔 전 일본선교대회", 순복음소식 (1983. 08. 14).
"고난을 희망으로", 순복음가족신문 (2004. 09. 26).
"교인 앞에서 사죄하며 끝내 무릎 꿇은 조용기 목사", 이투뉴스 (2011. 04. 23).
"교회창립 50주년 관련 행사 회의 진행", 순복음가족신문 (2008. 02. 03).
"교회창립 50주년 기념사업단 출범", 순복음가족신문 (2007. 08. 12).
"교회성장연구소 온라인 교회 건축 프로젝트", 크리스천투데이 (2022. 04. 22).
"구주 지역 기독교 역사상 최대의 부흥성회 마치고", 순복음뉴스 (1980. 08 10).
"국민일보 설립한 조 목사, 사시 '사랑 진실 인간' 직접 정해", 국민일보 (2021. 09. 15).
"국제 신학 학술 세미나 성료", 순복음뉴스 (1980. 03. 16).
"국제신학연구원 학술세미나 열려", 크리스천투데이 (2002. 04. 15).
"굿피플직업훈련센터, 스리랑카 희망 일군다", 순복음가족신문 (2007. 01. 28).
"기적의 역사가 일어났던 1982 싱가폴 민족복음화 대성회", 순복음뉴스 (1982. 06. 13).
"뉴욕지구 대성회 은혜롭게 성료", 순복음소식 (1983. 11. 20).
"당회장 조용기 목사 영국 하나님의 성회 총회에서 말씀증거", 순복음뉴스 (1981. 05. 10).
"당회장 조용기 목사 해군사관학교 교회 헌당 및 졸업 축하예배에서 말씀 증거", 순복음뉴스 (1981. 03. 29).
"대만성회 성령의 불바다", 순복음뉴스 (1980. 01. 27).
"독일 교회성장세미나 성황리에 마쳐", 순복음뉴스 (1981. 06. 14).
"되돌아보니 다 하나님의 은혜였습니다", 순복음가족신문 (2018. 05. 20).
"목포를 뒤덮은 순복음의 열기", 순복음소식 (1983. 09. 04).
"미대통령 취임설교", 중앙일보 (1981. 01. 16).
"미디어 적극 활용했던 조용기 목사와 여의도순복음교회", 크리스천투데이 (2021. 10. 19).
"방송을 통해 전도합시다", 순복음뉴스 (1982. 12. 05).
"본 교회 주일 예배 미 전역에 위성 방영", 순복음소식 (1988. 09. 25).
"본 교회, 홀트 아동복지회에 생활관 및 교회건립 기증", 순복음뉴스 (1982. 12. 19).
"본 교회에서 진해에 세워준 복음과 안식의 전당, 사랑의 집", 순복음뉴스 (1983. 04. 03).

"본 교회 성도 10만명 돌파 기념예배", 순복음뉴스 (1979. 10. 28).
"불우 아동들을 위해 건립 기증한 휠체어 하우스 준공", 순복음뉴스 (1983. 11. 13).
"사회사업 선교회 「아동 복지관」 개관", 순복음뉴스 (1981. 02. 15).
"삶을 위한 신학 신학을 위한 삶2 (몰트만)", 국민일보 (2009. 05. 12).
"새로운 시작 제2의 부흥을 위해-아름다운 세대교체", 순복음가족신문 (2018. 02. 04).
"새로운 시작-한국교회에 새로운 패러다임을 제시", 순복음가족신문 (2018. 02. 18).
"세계 복음화에 총력을 경주하는 순복음세계선교회", 순복음뉴스 (1981. 06. 14).
"세계 하나님의성회연합 초대총재 피선", 순복음가족신문 (1992. 09. 20).
"세계50大(대)교회에 한국23개", 동아일보 (1993. 02. 08).
"세계선교대회 및 구역장 세미나 성황리에 마쳐", 순복음뉴스 (1979. 06. 03).
"세계와 만난 한국 복음운동", 경향신문 (1983. 07. 25).
"소강석 칼럼, 고 조용기 목사님의 사진에 투영된 내 얼굴", 크리스챤연합신문 (2021. 09. 19).
"순복음 50년 역사는 성령과 동행했던 은혜의 시간", 순복음가족신문 (2008. 05. 11).
"순복음 평신도 성경대학 개설하기로", 순복음뉴스 (1980. 05. 04).
"순복음 평신도 성경학교 개강", 순복음뉴스 (1979. 10. 07).
"순복음 평신도 성경학교 제1·2기 졸업예배 마쳐", 순복음뉴스 (1980. 01. 06).
"순복음교회 신학서 『신앙과 신학』 발간", 경향신문 (1993. 08. 22).
"순복음중앙교회 예배 실황", 순복음뉴스 (1982. 09. 05).
"순복음중앙교회는 말세지말에 하나님께서 특별히 쓰시는 교회", 순복음뉴스 (1981. 12. 27).
"신축 세계선교센터 준공예배 드려", 순복음뉴스 (1982. 01. 10).
"아동구역 3,000구역 달성 기념예배", 순복음뉴스 (1981. 06. 07).
"아르헨티나 영적 혁명 일어나다", 순복음소식 (1987. 03. 22).
"엘림복지타운이 준공된다", 순복음소식 (1988. 07. 24).
"여의도순복음교회 '몸 불리기보다 지역 섬김이로' … 제자교회 20곳 독립, 2세대 목회 가속", 국민일보 (2010. 01. 07).
"여의도순복음교회 20개 제자교회 독립완료", 기독신문 (2010. 01. 12).

“여의도순복음교회 이영훈 담임목사 인준”, 연합뉴스 (2007. 07. 08).
“영산 조용기 목사의 65년 목회”, 국민일보 (2021. 09. 14).
“영산 조용기 목사의 삶과 목회”, 국민일보 (2021. 09. 16).
“영산제자교회 독립 1주년 기념예배 개최”, 순복음가족신문 (2010. 10. 24).
“영원한 조연, 목회자의 고품격”, 크리스찬리뷰 (2017. 11. 27).
“영적 목마름 있는 자들에게 생명수를 … 소망·기쁨의 메시지 선포”, 국민일보 (2021. 09. 17).
“우리교회 창립 50주년 기념 예배 드려”, 순복음가족신문 (2008. 05. 25).
“운영위, 17개 지성전 지교회 변경 안 의결”, 순복음가족신문 (2007. 10. 28).
“워싱턴 트루로성공회 교회에서 열린 교회성장 목회자대회”, 순복음소식 (1984. 05. 27).
“유럽 순회 부흥성회 마치고”, 순복음뉴스 (1979. 09. 30).
“은혜와 축복 가운데 택사스성회 성료”, 순복음소식 (1984. 07. 15).
“이영훈 목사 ‘중책 맡아 두렵고 또 두렵습니다’”, 조선일보 (2006. 11. 12).
“이영훈 목사 ‘흩어지는 교회로 전환해 지역 섬기는 교회 돼야’”, 연합뉴스 (2021. 02. 02).
“이영훈 목사, 교계 축복 속 담임 취임”, 크리스천투데이 (2008. 05. 21).
“이영훈, ‘할 수 있다, 하면 된다, 해보자’는 조용기 목사 신앙 이어갈 것”, 서울경제 (2021. 09. 15).
“일본 긴끼 TV 및 로스안젤라스 UHF TV에서 조용기 목사 설교 방영”, 순복음뉴스 (1980. 07. 13).
“일본 성회 마치고 귀국”, 순복음뉴스 (1980. 01. 20).
“일본 일천만구령을 위한 제1회 평신도 방한 대성회”, 순복음뉴스 (1982. 08. 15).
“일천만구령의 초석을 마련한 일본대성회”, 순복음소식 (1983. 08. 28).
“전국 청년초청 금식대성회 은혜가운데 성료”, 순복음뉴스 (1982. 08. 01).
“제1회 순복음 평신도 성경대학 졸업식”, 순복음뉴스 (1980. 12. 07).
“제1회 아동 구역장 연수교육 및 제12회 교사대학 세미나 개최”, 순복음뉴스 (1979. 02. 17).
“제1회 전국 교회 목회자세미나 폐막”, 순복음뉴스 (1980. 11. 16).
“제5회 일본(아시아)성도 방한대성회”, 순복음소식 (1986. 08. 24).

"조용기 목사 NRB, NAE 주최 81 연합 대성회에서 설교", 순복음뉴스 (1981. 02. 01).
"조용기 목사 TV 설교방송 오늘부터 서독 전역에", 순복음소식 (1985. 07. 07).
"조용기 목사 남미성회 성료", 순복음소식 (1991. 02. 03).
"조용기 목사 대만성회 성료", 순복음소식 (1986. 03. 30).
"조용기 목사 동남아지역 부흥성회 성황리에 인도하고 귀국", 순복음뉴스 (1982. 02. 28).
"조용기 목사 몽고메리 대성회", 순복음소식 (1986. 03. 30).
"조용기 목사 방송설교 극동방송국 실시 방송청취율 제1위", 순복음뉴스 (1979. 12. 09).
"조용기 목사 방송설교 청취율 전국 1위 기록", 순복음뉴스 (1980. 08. 24).
"조용기 목사 부친 조두천 장로 빈소 애도물결", 파이낸셜뉴스 (2006. 10. 04).
"조용기 목사 설교방송 중공지역에 전파", 순복음소식 (1985. 07. 07).
"조용기 목사 성역 50주년 출판기념회 열려", 순복음가족신문 (2008. 05. 16).
"조용기 목사 시무연장안 가결", 연합뉴스 (2005. 11. 13).
"조용기 목사 원로목사 추대예배 열려", 순복음가족신문 (2008. 05. 16).
"조용기 목사 초청 브라질 성회", 순복음소식 (1984. 07. 06).
"조용기 목사 초청 전주복음화 대성회", 순복음소식 (1985. 10. 13).
"조용기 목사 홍콩 복음화대성회", 순복음소식 (1986. 11. 09).
"조용기 목사 후임 담임목사에게 치리와 행정 조기 이양", 순복음가족신문 (2008. 02. 06).
"조용기 목사 후임자 선정 한국 교회 이미지 개선 도움될 듯", 뉴스파워 (2006. 11. 12).
"조용기 목사, '4차원의 영적 세계'를 말한다", 기독일보 (2005. 03. 22).
"조용기 목사, 교회 창립 50주년 기념일 은퇴", 크리스천투데이 (2007. 05. 15).
"조용기 목사, 동경 부흥성회 성황리에 마치고 귀국", 순복음뉴스 (1979. 07. 15).
"조용기 목사, 순복음신학교 인가에 '50년 꿈 이뤄져'", 크리스천투데이 (2009. 08. 22).
"조용기 목사는 하나님나라를 탁월하게 다룬 분", 뉴스앤조이, (2008. 05. 16).
"조용기 목사의 희망 목회 45년", 아이굿뉴스, (2004. 02. 29).
"중남미에서 보내온 소식", 순복음뉴스 (1979. 02. 18).
"지령6000호 국민일보가 걸어온 길/'우는 자들과 함께 울라' 民 섬긴 20년", 국민일보

(2008. 06. 24).
"창립 60돌 맞은 여의도순복음교회 이영훈 담임목사", 월간중앙 (2018. 03. 17).
"천막교회서 세계 최대 교회로 … 가난한 서민과 함께한 60년", 조선일보 (2018. 05. 15).
"초대형 교회 목사의 아내, 세 아들 엄마로 내가 겪은 애환", 여성동아 (2003. 11. 10).
"취임 100일 이영훈 목사 '향후 50년도 성령 목회'", 데일리굿뉴스 (2008. 08. 31).
"크램린에 울려퍼진 복음", 순복음가족신문 (1992. 06. 21).
"한교총, '조용기 목사, 한국교회에 큰 족적 남겨'", 국민일보 (2021. 09. 14).
"한국기독교 100주년 선교대회 은혜롭게 막내려", 순복음소식 (1984. 08. 26).
"한국이 세계선교의 주역으로 새롭게 등장", 순복음소식 (1983. 07. 31).
"홍콩, 파키스탄에 가득 찬 성령의 역사 성회 마치고 조용기 목사 귀국", 순복음뉴스 (1980. 10. 05).
"AFKN-TV에 조용기 목사 영어 설교 방영", 순복음소식 (1985. 06. 30).

기타 자료

"[인터뷰] 이영훈 여의도순복음교회 담임목사", 신동아 (2021. 11. 08).
"다시보는 영산의 신학과 목회-오중복음과 삼중축복", 여의도순복음교회 홈페이지.
"사랑과행복나눔, 보금자리 생겼어요!", CTS 기독교TV (2008. 04. 18).
이영훈. 『신앙계 2022년 5월호』. 서울: 신앙계, 2022.
______. 제61회 춘계 지구역장세미나 특강 (2005. 04. 27).
"Head of biggest Church, Spreads the word here", The Washington Post (1984. 05. 19).
ASSEMBLIES OF GOD, https://ag.org/Beliefs/Statement-of-Fundamental-Truths#7
ASSEMBLIES OF GOD, https://ag.org/Beliefs/Statement-of-Fundamental-Truths#8
http://cgikorea.kr/about-us/about-cgi/
http://graduate.fgts.org/G1/WG1_3.htm

http://holybiz.com/a01/05.asp

www.dongjaksilver.kr

색인

연도

1990년대

2000년대

2010년대

2020년대

인명

ㄱ

고유명사

ㅇ

1

2

4

6

8